Peter Kaiser Norbert Moc

Heinz-Peter Zierholz

Blumen für die Fahrt ins Jenseits

Peter Kaiser Norbert Moc
Heinz-Peter Zierholz

Blumen für die Fahrt ins Jenseits

Giftmorde vom Mittelalter bis zur Gegenwart

Verlag Das Neue Berlin

Illustrationen von Günter Lück

ISBN 3-360-00165-6

1. Auflage

Lizenz-Nr. 409-160/228/88
Umschlag- und Einbandgestaltung: Günter Lück
Printed in the German Democratic Republic
Gesamtherstellung: Karl-Marx-Werk Pößneck V15/30
622 826 2

01280

Inhaltsverzeichnis

Mord im Tower

I

Gideon Weston gehörte zu jenen Menschen, die das Tageslicht scheuten. Nicht, daß er ein Krüppel gewesen wäre oder gar ein von den Pocken verunstaltetes Gesicht gehabt hätte und sich deshalb schämte, anderen Leuten unter die Augen zu treten. Im Gegenteil. Gideon Weston war ein wohlgestalteter Mann, nach dem sich heimlich auch die schüchternsten Frauen umwandten und dem schon so mancher stille Seufzer gegolten hatte. Vom Scheitel bis zur Sohle maß er sechs Fuß und ein paar Inch. Sein klares, ebenmäßiges Gesicht mit der einen Hauch zu scharfkantigen Nase war von einem dichten schwarzen Vollbart umrahmt. Weston hatte langes, seidig glänzendes Haar, das in Wellen auf die Schultern herabfiel.

Die Gründe, weshalb Weston lieber die Nacht zum Tag machte, waren anderer Natur. Sein Beichtvater in dem kleinen Dorf in der Grafschaft Essex, das ihm der Herrgott zu seinem Geburtsort bestimmt hatte, war der erste Mensch gewesen, der einen Blick hinter Westons schöne Fassade getan hatte. Es war in einem Moment geschehen, als Gideon seine Augen einmal nicht rechtzeitig unter Kontrolle brachte. Und statt des sonst gewohnten treuherzigen, ein wenig verwunderten Blicks war dem Pater ein unbändiges Feuer entgegengeschlagen, so daß er vermeinte, Satan persönlich habe im Beichtstuhl der ärmlichen Kirche Platz genommen und flehe ihn um die Vergebung seiner Sünden an.

In diesem Herzen wohnt der Teufel, dachte der Pater

erschreckt und beging die Unvorsichtigkeit, seine Meinung auch laut zu äußern. An jenem Tag sah er sein Beichtkind zum letzten Mal.

Gideon Weston war wenig später mit dem Segen seines Vaters, der ein kleines Landgut besaß, das die Familie schlecht und recht ernährte, zur Überraschung der Dorfbewohner nach Cambridge gegangen und hatte sich dort im Pembroke College als Student eintragen lassen. Seine Barschaft, die ihm ein angenehmes Leben nach seinen Vorstellungen ermöglichen sollte, war nicht gerade üppig, doch zu der vom Vater schweren Herzens ausbezahlten Unterstützung für das Leben in der Fremde hatte sich Gideon die gleiche Summe kurz vor der Abreise heimlich aus der eisenbeschlagenen Truhe neben des Vaters Bettstatt noch einmal genommen, so daß er sich nun in der Lage wußte, nicht bei jeder Gelegenheit den Halfpenny umdrehen zu müssen.

Weston hielt sich nach diesem Ereignis keinesfalls für einen schlechten Menschen, sondern vielmehr für einen gefestigten Charakter, der weiß, was er im Leben erreichen will, und der kein Mittel scheut, seine Wünsche, Vorstellungen und Träume zur Realität werden zu lassen.

Was das gestohlene Geld anlangte, so war dessen Erwerb für Gideon Weston nur ein selbst vollzogener Akt der Gerechtigkeit. Solange der Vater das Geld in seiner Truhe aufbewahrte, brachte es keinen Nutzen. Und starb der Vater, so gehörte es dem Sohn ohnehin. Was lag also näher, als einen kleinen Vorgriff in die Zukunft zu tun?

Geld spielte seit jenen Tagen eine immer entscheidendere Rolle im Dasein des Gideon Weston. Kein Behältnis, in dem jemand sein Vermögen bewahrte und mit dem man Gideon länger als fünf Minuten allein ließ, war vor seinen gierigen Händen sicher. Und keine Arbeit, die man ihm antrug, war ihm zu niederträchtig, wenn sie nur ausreichend gut bezahlt wurde. Dabei dachte Weston natürlich nicht an körperliche Arbeit. Das waren Schindereien, die Gott einer anderen Kategorie von Menschen zugedacht hatte.

Für Weston war Arbeit nur all jenes, wofür er seine geistigen Fähigkeiten nutzen konnte, und bei dem sich die gute Bezahlung obendrein noch mit einem Schuß Abenteuer, mit unbekannten Gefahren verband. Verständlich also, daß Weston nicht daran interessiert war, seinem Gewerbe dann nachzugehen, wenn die Sonne schien und ihn jeder beobachten konnte.

Schiefgegangen waren ohnedies auch in dunkler Nacht schon einige Unternehmen. Einmal hatten ihn sogar zwei Männer vom »Geheimdienst der Krone« festgenommen, zwei von jenen gefährlichen Burschen, die gedungen waren, den König und seine Höflinge zu bewachen.

Weston war im Tower gelandet, ehe er nur recht wußte, wie ihm geschah. Doch da man einige Zeit benötigte, für eine Anklage gegen ihn brauchbares Material zu sammeln, fand er genügend Muße, seine vorfristige »Entlassung« aus dem schaurigen Staatsgefängnis zu betreiben.

Weston nämlich nutzte die Gelegenheit einer zufälligen Begegnung mit dem Tower-Kommandanten Sir Gervase Elways, um sich bei diesem ins beste Licht zu rücken und dessen Mitleid zu erwecken. So kam es zu einem zweiten Gespräch, bei dem der Gauner den Kommandanten, der, das hatte Weston schon nach wenigen Minuten der Unterhaltung erkannt, von der Natur mit einem Minimum an Intelligenz bedacht worden war, wahrhaftig von seiner Unschuld überzeugte und ihn dazu bewog, bei Nacht das Tor zu öffnen.

Sir Gervase Elways, der durch Westons Flucht doch einigen Ärger gehabt hatte, war wiederum nicht so dumm, seinen zufälligen Bekannten gänzlich aus den Augen zu verlieren. Vielmehr ließ er ihn hin und wieder auch für sich »arbeiten« und veranlaßte Weston vor allem zu solchen Tätigkeiten, die seine eigenen Fähigkeiten und sein Begriffsvermögen weit überstiegen. So kam mit der Zeit eine erquickliche Gemeinsamkeit zustande.

Im Oktober des Jahres 1605 rettete die Freundschaft mit dem Tower-Kommandanten Gideon Weston das Leben. Das kam so:

Seit mehr als zwei Jahren herrschte in England Jakob I., ein Sohn der früheren schottischen Königin Maria Stuart und ihres zweiten Gatten Henry Darnley, der 1567 auf Geheiß seiner gekrönten Ehefrau ermordet worden war. Jakob, am 19. Juni 1566 in Edinburgh geboren, war schon ein Jahr später infolge der Abdankung seiner Mutter zum König von Schottland gekrönt worden, stand allerdings noch lange Zeit unter der Regentschaft des schottischen Hochadels. Offiziell aber saß er bereits sechsunddreißig Jahre auf dem schottischen Thron, bevor er 1603 nach dem Tode der englischen Königin Elisabeth I. als nächstberechtigter Nachkomme Heinrichs VII. auch König des reichen und mächtigen Englands wurde, der erste Herrscher der Dynastie Stuart.

Verübelte es ihm das Volk schon, daß er der Verurteilung und Hinrichtung seiner Mutter untätig zugesehen und sich sogar kurz vor diesem schrecklichen Ereignis für ein Jahrgeld von fünftausend Pfund mit Elisabeth »verbündet« hatte, so riefen sein starres Festhalten an der im Niedergang begriffenen absolutistischen Regierungsform, die die aufstrebende Bourgeoisie in ihrer Entwicklung behinderte, und seine scharfen Maßregelungen der katholischen Kirche in weiten Kreisen Haß und Verbitterung hervor. So war es nicht verwunderlich, daß einige katholische Fanatiker, angeführt von Robert Catesby und Thomas Percy, den Entschluß faßten, den unliebsamen Herrscher samt eines möglichst großen Teils seiner Vasallen und Günstlinge aus dem Weg zu räumen. Ziel dieser Verzweiflungstat war es, die durch Jakobs Innen- und Kirchenpolitik – wir werden an anderer Stelle darauf zurückkommen – von jedem politischen Einfluß ausgeschlossenen englischen Katholiken wieder in eine günstigere Position innerhalb des Staatsgefüges zu bringen.

Den 5. November 1605 hielten die Verschwörer für besonders geeignet, den Anschlag auszuführen. An diesem Tag nämlich sollte durch den König die neue Parlamentssession eröffnet werden, und es schien erfolgversprechend, mit Hilfe einer im Keller versteckten Pulvermine Jakob samt den Parlamentsabgeordneten in die Luft zu jagen.

Mit Elan ging man an die Planung der Details der Aktion »Gunpowder plot« – Pulververschwörung. Schließlich einigte man sich als Täter auf den mutigsten unter den Verschwörern, auf Guy Fawkes. Doch ganz allein mochte der nicht die Verantwortung für den Erfolg des Unternehmens tragen.

Zufällig lief ihm Gideon Weston über den Weg, der sich erstens für einen fanatischen Katholiken hielt, sich zweitens durchaus dazu berufen fühlte, eine geschichtliche Großtat zu vollbringen und der drittens der ihm angebotenen Belohnung wegen ihrer beträchtlichen Höhe nicht widerstehen konnte. Er sagte zu, an dem Komplott teilzunehmen, wollte aber seinen Namen vor erfolgreichem Abschluß der Aktion weder im Kreis der Verschwörer noch sonstwo genannt wissen. Welch dankenswerte Eingebung seines Intellekts!

Alles lief planmäßig, die Bombe lag bereit, die Stunde der Abrechnung mit dem katholikenfeindlichen Jakob rückte immer näher. Noch einige Tage, dann war alles überstanden und die Rolle der einzigen und wahren Kirche auch in England wieder gesichert. An alles hatte man gedacht, doch auf das Simpelste war niemand gekommen, daß man nämlich auch im Kreis der besten und bis in den Tod verschworenen Jünger immer wieder nach dem Judas suchen muß, und daß man den Sieg nicht feiert, bevor der Kampf überhaupt begonnen hat.

Der Termin rückte immer näher, doch im entscheidenden Augenblick wurde die Verschwörung aufgedeckt. Alle Beteiligten landeten im Tower und wurden am 30. und 31. Januar 1606 unter großer Anteilnahme der Londoner Bevölkerung hingerichtet; die Stadt zählte schon damals mehr als zweihunderttausend Einwohner.

Hingerichtet bis auf einen: Gideon Weston. Er war nur Fawkes bekannt, und der hatte den Kopf voll, um sich vielleicht noch aus der Schlinge zu retten, als daß er daran gedacht hätte, seinen als zweiten Sprengmeister vorgesehenen Kameraden auch noch anzuzeigen. Doch dessen war sich Weston nicht ganz sicher. Kaum hatte er von der aufgeflogenen Aktion erfahren, eilte er zu Sir Gervase Elways in den Tower und forderte ihn auf, ihm für ein paar Monate ein sicheres Versteck herzurichten. Denn hier, in der Höhle des Löwen, würden ihn die Häscher ganz gewiß nicht suchen.

Elways fragte nicht lange nach den Motiven des Freundes. Er fand eine abgelegene Zelle, die er einrichtete, so gemütlich es eben ging. Dann schloß er Weston ein und versorgte ihn bis Mitte Februar des folgendes Jahres in der Hoffnung, daß er künftig mit Gideon noch einträglich zusammenarbeiten würde.

In den seither vergangenen fünf Jahren hatten die beiden Männer schon viele Gelegenheiten gefunden, sich gemeinsam die Taschen zu füllen und so ihre Freundschaft zu vertiefen. Weston nutzte jede Möglichkeit, den Kommandanten zu besuchen, mit ihm ein Fläschchen zu leeren und die nächsten Unternehmungen zu besprechen. So hielt er sich freiwillig sehr oft in jenem Gebäude Londons auf, das eigentlich sein Domizil für den Rest des Lebens hätte sein müssen.

Heute aber, an diesem 6. August 1611, war Gideon Weston in tiefster Nacht für einen anderen Auftraggeber unterwegs, betätigte sich, wenn auch schweren Herzens,

als Postillon d'amour. Das war eine zwangsläufige Folge seines bewegten Lebens in den letzten Jahren.

Vor einigen Sommern, als sein Gewissen noch weit weniger mit schweren Verbrechen belastet war, begegnete er einer wunderschönen Frau. Frances Howard hatte ein Faible für hübsche und gutgewachsene Männer, und noch bevor er richtig aktiv werden konnte, um ihre Bekanntschaft zu machen, hatte sie bereits den entscheidenden Schritt getan.

Zugegeben, es gehörte zu dem Gewerbe, dem sich die ansehnliche Frances damals verschrieben hatte, das Glück nicht vorbeistreifen zu lassen. Aber ganz so energisch, fand Weston an jenem dämmernden Freitagabend, hätte sie ihn doch nicht anzugehen brauchen. Es fehlte nicht viel, so wäre er der Versuchung erlegen, sie wütend von sich abzuschütteln. Doch glücklicherweise bemerkte er noch rechtzeitig ihre in verschwenderischer Fülle vorhandenen Reize, und so folgte er ihr willig in die Absteige, die sie sich in einer finsteren und schmutzigen Gasse in der Nähe der London-Bridge gemietet hatte.

Diesem Abend folgten Monate unbeschwerten Glücks und heißer Liebe. Weston besorgte das Geld für den Lebensunterhalt, und Frances saß zu Hause, machte sich schön und wartete ungeduldig auf ihn. Dieses Leben wie im siebenten Himmel hätte unbegrenzt so weitergehen können, wenn nicht beide eigentlich andersgeartete Vorstellungen von ihrem Dasein auf dieser Welt gehabt hätten.

Weston war nicht darauf aus, sich für immer an ein und dieselbe Frau zu ketten, und Frances Howard wollte ihr schäbiges Quartier so bald wie möglich gegen etwas Besseres, etwa das hochherrschaftliche Haus eines Grafen oder anderen Adligen eintauschen.

Sie kannte und liebte das Leben des Adels, denn sie war eine Tochter des Herzogs von Suffolk. Doch da sie sich, kaum den seidenen Kinderschuhen entwachsen, der

Fürsorge ihrer Gouvernante entzogen und ihr höchstes Glück im Anknüpfen immer neuer Männerbekanntschaften gesucht hatte, welche sich beim besten Willen nicht unter die standesgemäßen und ehrenhaften einstufen ließen, zog der Herzog den Schlußstrich und ließ das mißratene Töchterlein aus dem Hause jagen. Ohne Mitgift, versteht sich.

So wurde Frances' bisheriges Vergnügen zum Beruf, einem bitteren Beruf, mit dessen Ausübung sie keineswegs so viel verdiente, wie sie auszugeben gewohnt war. Die Affäre Weston brachte da schon einen beträchtlichen Aufschwung mit sich.

Des ständigen Wartens auf den Geliebten überdrüssig, nutzte Frances schließlich Westons Abwesenheit in geschäftlicher Mission, andere Bekanntschaften zu suchen. Vielleicht würde sich auf diese Weise etwas finden, womit sich die vom Vater so unverhofft zugeschlagene Tür in die feine und reiche Welt wieder öffnen ließ, sei es auch nur einen Spaltbreit.

Und wahrhaftig half ihr der Zufall. Eines Tages lernte sie einen Mann kennen, einen schwächlichen Jüngling mehr, der sich als Prinz von Galles zu erkennen gab und vermeinte, in ihr die Frau seiner Träume kennengelernt zu haben.

Zwar erwiderte Frances Howard dieses Gefühl keineswegs, doch der romantische junge Mann, der es tunlichst vermied, ihr vor der Hochzeit körperlich nahezutreten, besserte zumindest ihre Börse um erhebliche Beträge auf. Das wiederum weckte Westons Verwunderung und Mißtrauen, so daß sie ihm schließlich beichten mußte.

Von jenem Tag an gingen die beiden daran, den Prinzen gemeinsam zu schröpfen. Doch der wollte für sein gutes Geld auch irgendwann einmal etwas Handfestes haben und drängte auf Hochzeit, was weder Frances Howard noch Gideon Weston gelegen kam.

Zu guter Letzt wußte man sich des aufdringlichen

Prinzen nicht mehr anders zu erwehren, als ihm eine Prise Arsenik zu verabreichen, das Weston von einem ihm bekannten Apothekergehilfen bezogen hatte. Dann tauchte das saubere Paar für eine Weile unter, obwohl man in London allgemein annahm, der etwas schwächliche Prinz sei eines natürlichen Todes gestorben. Auf Mord tippten nicht einmal die Böswilligsten.

Ein wirklicher Mann für Frances Howard fand sich bald darauf in Gestalt des Robert Devereux, des 3. Earl of Essex. Bevor sich Weston noch richtig klarwerden konnte, was da geschah, stand er wieder allein auf weiter Flur.

Mit dieser Hochzeit wandelte sich die neue Gräfin von Grund auf. Dank ihrer Erziehung fand sie sich sofort in ihre Rolle, nichts erinnerte mehr an die vergangenen, düsteren Jahre. Was sie jedoch nicht vergessen konnte, war Weston, den sie zwar aus ihrem Bett, nicht aber aus ihren Gedanken verbannt hatte, denn er war doch, besah man es recht, ein auf vielfältige Weise nutzbarer Bekannter. Da sich auch der Herzog seiner nun standesgemäß verheirateten Tochter wieder zugewandt hatte, fiel es ihr nicht schwer, Weston neben ein paar zärtlichen Stunden auch ab und an einen kleinen Teil ihres nun ansehnlichen Vermögens zu gewähren, als Vorschuß quasi auf Dienstleistungen, zu denen sie ihn vielleicht irgendwann einmal würde bitten müssen.

Auch diese Zeit kam. Der Earl of Essex, Beamter an des Königs Hof und nebenbei auch noch Besitzer eines beträchtlichen Landgutes, war öfter auf längere Zeit von zu Hause abwesend. Aber als Abwechslung im eintönigen Rhythmus der gräflichen Haushaltung genügte ihr der alte Freund nicht mehr, der doch nun so weit unter ihr stand, gesellschaftlich zumindest. Vielmehr sah sie sich auf gleicher Ebene nach einem neuen Zeitvertreib um.

Sie fand den Mann ihrer Wahl während eines Festes am königlichen Hof. Er war jung und ausgesprochen schön, hieß Robert Carr, stammte wie der König aus Schottland, führte den Titel eines Viscount of Rochester und hatte sich dank seiner Wendigkeit und Eleganz vom einfachen Pagen beim Herrscher schon so weit hochgedient, daß er in absehbarer Zeit hohe Staatsämter und wenigstens einen Grafentitel zu erwarten hatte.

Das einzige, was Carr zu seinem vollständigen Glück noch fehlte, war eine schöne Frau, die er lieben und mit der er sich sehen lassen konnte. Die Gräfin von Essex ließ ihn nicht lange darüber im Unklaren, daß sie bereit war, diese Rolle in seinem Leben zu spielen, wenn er seine Ziele erreichen und ihr mehr bieten würde als der ihr Angetraute. Doch vorerst war sie immerhin schon bereit, mit ihm hin und wieder das Bett zu teilen.

Da man in der näheren Umgebung des pedantischen und – wenigstens nach außen – peinlich auf die Einhaltung der Sittenregeln bedachten Königs bei derartigen Amouren und Rendezvous vorsichtig zu Werke gehen mußte, wurde jeder neue Treff unter konspirativen Bedingungen so heimlich und so kurzfristig wie möglich vereinbart. Bindeglied der beiden Ehebrecher war dabei – wie konnte es anders sein – Gideon Weston, der damit endlich den fälligen Dienst für seine nicht unbeträchtlichen Vorschüsse ableisten konnte.

Heute, am Abend dieses 6. August, sehnte sich die Gräfin von Essex wieder nach ihrem Geliebten Robert Carr. Ihr Mann war seit sechs Monaten im Auftrag des Königs auf einer Reise in verschiedenen Ländern Europas. Es bestand keine Gefahr, daß er ausgerechnet in dieser Nacht zurückkehren würde. So entließ die Gräfin ihre Dienerschaft zeitig, beorderte Weston, dessen Unterschlupf in der Nähe der Essexschen Besitzungen sie gut kannte, mittels eines taubstummen Knaben zu sich und befahl ihm, Carr umgehend auf dem schon oft benutzten Weg herbeizuschaffen.

So paddelte nun Gideon Weston seit zwanzig Minuten in einem kleinen Boot mit der Strömung die Themse hinab. Die Nacht war warm, der Mond noch nicht aufgegangen. Nur das Glitzern der Sterne spiegelte sich im leicht gewellten Wasser. Es war nichts zu hören als das leise Eintauchen der Ruder, die Weston mit besonderer Vorsicht handhabte, denn auch des Nachts waren des Königs Häscher allgegenwärtig. Und Weston hütete sich, ihnen in die Arme zu laufen.

In knapp zehn Minuten würde er den Temple Kai erreicht haben. Von dort waren es nur wenige Schritte bis zu Carrs Haus. Rechnete Weston stromauf eine dreiviertel Stunde für die Rückfahrt, so war er noch vor Mitternacht mit Carr bei der Gräfin.

Weston pfiff leise vor sich hin. Er hatte sich damit abgefunden, nur noch selten Geliebter, dafür aber öfter Dienstbote zu sein. Immerhin wurde er für die geringe Mühe erstaunlich gut entlohnt. Auch von Carr, der es nie an einem ordentlichen Trinkgeld fehlen ließ.

2

»Ich darf doch annehmen, Exzellenz, daß Sie diese eines Viscount of Rochester, gelinde gesagt, unwürdige Liaison mit der Gräfin von Essex in Ihrer jetzigen Stellung nicht mehr aufrechterhalten werden?«

Sir Thomas Overbury fiel es schwer, die richtigen Worte zu finden, um seinem Unwillen in der gebührenden Form Ausdruck zu verleihen. Seit sechs Jahren nun schon war er, der Oxford-Absolvent und ob seiner staatsmännischen Weitsicht allseits anerkannte Sekretär der königlichen Administration, Berater bei Robert Carr, dem Günstling Jakobs mit dem kometenhaften Aufstieg vom Kammerherrn zum Geheimen Rat, einem Titel, der ihm soeben, im April 1612, verliehen worden war.

Gewiß, Carr vereinigte eine ganze Reihe guter Eigenschaften in sich, die ihn dafür prädestinierten, zum Vertrauten des Königs zu avancieren. Abgesehen davon, daß beide Männer die gleiche Heimat hatten, fand Carr dank seines Einfühlungsvermögens immer im rechten Moment die richtigen Worte, um dem König in einer delikaten Angelegenheit zu raten, oder um ihm einen weniger guten Entschluß auszureden. Dabei kam ihm zustatten, daß Jakob, ganz im Gegensatz zu Elisabeth, die niemals Gefahr lief, unter den Einfluß ihrer Ratgeber und Höflinge zu geraten, leicht den Einflüsterungen fremder Zungen unterlag und sich gar zu oft nach ihrem Wunsch seine Meinung bildete.

Carr selbst war verschwiegen, recht solide gebildet, er besaß hervorragende Umgangsformen – und er war ebenfalls lenkbar. Denn sobald es galt, in Entscheidungen des Königs politischer oder wirtschaftlicher Art helfend einzugreifen, dann mußte Overbury, der der bessere und weitsichtigere Staatsmann war, seiner Beraterfunktion gerecht werden und Carr auf den für die Monarchie und ihre Erhaltung besten Weg bringen.

Das klappte seit Jahren gut, und mittlerweile hatte der ursprünglich scherzhaft geprägte Satz »Overbury governed Carr and Carr governed the King« schon eine ernstzunehmende Bedeutung.

So hatte Sir Thomas, damals freilich noch über einen anderen, weniger einflußreichen und wendigen Sekretär, schon im Jahre 1607 veranlaßt, daß der König im Norden Irlands – in den sechs Grafschaften Ulsters nämlich – den Boden für die Krone konfiszieren ließ, die Iren weitgehend aus ihrem angestammten Territorium vertrieb und die englisch-schottische Kolonisation der grünen Insel forcierte.

Und seit Jahren nun war es Robert Carr, hinter dem Sir Thomas stets beratend stand, der im Unterhaus gemeinsam mit dem Kronanwalt Francis Bacon sehr entschieden für die Interessen des Königs focht und sich mit dem renitenten Parlament auseinandersetzte. Da also war der junge Mann durchaus an der Führleine zu halten.

Bloß im Hinblick auf seine amourösen Abenteuer mit dieser Gräfin von Essex ließ sich der bis über beide Ohren verliebte Carr nicht regieren. Wenn es Overbury nicht gelang, ihn von dieser Frau wegzubringen, gleich, mit welchen Mitteln, dann konnte das für alle Beteiligten irgendwann der Untergang sein.

So nutzte Thomas Overbury die Gunst der Stunde, um noch einmal eindringlich mit seinem Vorgesetzten zu sprechen. Der war noch glücklich über die Verleihung des Titels Geheimer Rat und konnte, sollte sich der Gesundheitszustand des Obersten Ministers des Königs, Sir Robert Cecil, Graf von Salisbury, nicht bald bessern, durchaus damit rechnen, in absehbarer Zeit vor allen anderen Bewerbern zum Minister berufen zu werden. Das allein war Grund genug, ihn von dieser Frances Howard zu lösen, doch Overbury wußte, daß man bei der Liquidation des gefährlichen Verhältnisses vorsichtig zu Werke gehen mußte, denn verliebte Männer waren nicht fähig, klar zu denken und deshalb gefährlich. Also kleidete Sir Thomas seine Forderung in eine Formulierung der Hoffnung.

Robert Carr ließ, kaum daß das letzte Wort verklungen war, ein Lachen hören. »Aber nein, mein bester Sir Thomas, da muß ich Euch leider enttäuschen!«

»Wie das, Exzellenz?«

»Weil ich nicht im entferntesten daran denke, die Gräfin von Essex aufzugeben. Was hat das mit meiner Stellung zu tun, Overbury?« Carr rekelte sich auf dem Stuhl, den er vor den Kamin gerückt hatte, und beschäftigte sich angelegentlich mit seiner Pfeife.

»Die Gräfin ist verheiratet . . .«, warf Overbury ein, sicher, ein schlagendes Argument zu haben.

»Nicht mehr lange . . .« Carr sah von seiner Beschäftigung auf, ein triumphierendes Grinsen um die Mundwinkel.

»Wie soll ich das verstehen, Exzellenz?« Overbury war blaß geworden.

»Ganz einfach. Ich werde ihre Ehe scheiden lassen und sie danach heiraten.« Carr lachte und strich sich vergnügt seinen Spitzbart. Es kam selten vor, daß Overbury sprachlos war, man mußte solche Augenblicke auskosten.

»Exzellenz!« Es war ein Aufschrei. Der sonst so kühle und berechnende Diplomat wirkte derartig konsterniert ob dieser Eröffnung, daß Carr nun herzhaft zu lachen begann. »Was ist denn da so Schlechtes dran, Sir Thomas? Ihr tut ja gerade so, als hätte ich mich für ein Bündnis mit dem Teufel entschieden.«

Overbury sprang erregt auf. »Wenn schon nicht mit ihm, dann doch zumindest mit seinem Weibe«, sagte er.

Carr schoß ebenfalls vom Stuhl hoch. »Keine Beleidigungen, Sir!« drohte er. »Ich lasse nicht zu, daß die Frau, der ich mein . . .«

»Verzeihung, Exzellenz, es tut mir leid«, lenkte Overbury ein, besorgt um den Erfolg seiner Mission. »Aber bedenken Sie, bitte, Exzellenz, welchen Ruf die Gräfin hier in London hat.«

»Sie ist eine Ehrendame!« beharrte Carr eigensinnig auf seiner Meinung.

»Für Sie vielleicht, Exzellenz, aber bei Hofe . . . Man weiß um ihre jahrelangen Ausflüge in die . . ., bitte, verstehen Sie mich recht . . ., in jene Schichten des Volkes also, in denen man Liebe kauft und verkauft . . .«

»Papperlapapp, Sir Thomas. Sie glauben doch nicht etwa auch diesem Geschwätz von Hohlköpfen und Neidern, die allseits ehrenwerte Gräfin habe sich eine Zeitlang als Hure betätigt?«

»Leider doch, Exzellenz. Es gibt zu viele Anzeichen, die dafür sprechen, daß es sich nicht nur um Hohlkopfgeschwätz handelt. Ich hoffe, Sie begreifen, Exzellenz, wie sehr das Ihrem Ruf als künftiger Minister des Königs schaden könnte.« Overbury wurde vertraulich, denn ganz ohne Wirkung schienen seine eindringlichen Worte nicht zu bleiben. Carrs hübsches Gesicht war merklich blasser geworden, seine Augen irrten unstet im Zimmer umher, fanden keinen Halt. Die schmalen, gepflegten Hände zitterten leicht.

Hätte Sir Thomas Overbury allerdings geahnt, daß es nicht Gewissensbisse und eine tiefe Einsicht in die Unehrenhaftigkeit seines Verhältnisses waren, die Carrs plötzliche Veränderung hervorriefen, sondern daß in dem jungen Schotten in ebendiesem Moment ein Gefühl der Abneigung und des Mißfallens gegen seinen Berater zu keimen begann, er hätte bestimmt nicht noch weiter Öl ins Feuer gegossen.

Da er jedoch Carrs Erregung falsch deutete, fuhr er fort: »Bedenken Sie, bitte, zwei Dinge, Exzellenz: Ihre hohe Stellung und Ihr Ansehen bei Hofe – und den Leumund der Gräfin von Essex ... Sie werden bald, wahrscheinlich innerhalb von wenigen Wochen, zu den einflußreichsten Männern in der unmittelbaren Umgebung des Königs gehören, man wird Sie achten, aber Sie werden auch viele Neider haben. Das ist der Lauf der Dinge. Von denjenigen Menschen, welche Ihnen Achtung entgegenbringen, haben Sie nichts zu befürchten. Gefährlich hingegen sind die Neider. Ihr Gefühl verbirgt sich hinter der Maske des Biedermannes, hinter ständig devotem Lächeln und tiefen Verbeugungen. Solche Menschen, Exzellenz, werden Ihnen stets nur freundliche Worte sagen und Sie der unverbrüchlichen Treue versichern. Aber hinter Ihrem Rücken werden sie keine Gelegenheit ungenutzt lassen, über Eure Exzellenz herzufallen und Sie nach besten Kräften zu diskreditieren. Muß man diesen zwielichtigen Gesellen noch Vorschub leisten, frage ich Euch? Muß man ihnen die Waffen bei vollem Bewußtsein noch höchstpersönlich in die Hände geben? Sie, Exzellenz, sind auf dem besten Wege dazu.«

Overbury holte tief Luft nach dieser langen Rede, trank einen Schluck Wasser und starrte, die Hände auf dem Rücken und, zufrieden mit seinen Worten, auf den Zehenspitzen wippend, seinen Vorgesetzten und Freund an.

Carr stopfte mit fahrigen Bewegungen seine Pfeife, bemüht, Overbury nicht anzusehen, bevor er seiner Erregung Herr geworden war. Dann, nach langen Augenblikken des Schweigens, das nur vom Prasseln der Scheite im Kamin unterbrochen wurde, sagte er: »Ich werde über Eure Worte nachdenken, Sir Thomas, gründlich nachdenken, das verspreche ich Euch ... Doch jetzt laßt mich bitte allein.«

Overbury verabschiedete sich in der Hoffnung, Erfolg gehabt zu haben.

3

Drei Wochen nach diesem für die Zukunft der beiden Männer so bedeutsamen Gespräch zwischen Robert Carr und Sir Thomas Overbury segnete der schon längere Zeit schwerkranke Erste Minister Sir Robert Cecil, Earl of Salisbury, das Zeitliche.

Schon Elisabeth hatte bei ihrem Amtsantritt mit der alten Tradition gebrochen, zwei Secretaries of State zu berufen. Doch sie holte sich in die Funktion des Ersten Ministers hochgebildete und kluge Staatsmänner wie Sir William Cecil, den späteren Lord Burghley, wie Lord Walsingham oder zuletzt Sir Robert Cecil, Earl of Salisbury. Sie führten beinahe alle Geschäfte des Königs, sorgten sich um die Innen- wie um die Außenpolitik, waren Siegelbewahrer, persönliche Berater des Herrschers und erledigten auch seine geheimste Korrespondenz.

Dabei wurden sie für ihre Dienste nicht gerade gut bezahlt. Abgesehen von ihrem Platz an der Tafel des Königs betrug ihr jährliches Salär etwa einhundert Pfund, das sich allerdings noch ein wenig durch Honorare und andere Nebenverdienste aufbessern ließ. Doch dieses Geld wurde zum großen Teil wieder für geheime Informationen ausgegeben, ohne die sich nur schlecht regieren ließ.

Da die Arbeit von einem Mann allein kaum zu bewältigen war, entschloß sich Elisabeth im Jahre 1600, Robert Cecil einen »Hilfssekretär« zur Seite zu stellen, Sir John Herbert, der trotz seiner großen Fähigkeiten allgemein als »Mister Zweitrangig« bezeichnet wurde.

Jakob I. war, als er den Thron bestieg, von der bisher geübten Form der Administration nicht recht überzeugt. Im Jahre 1608 berief er Robert Cecil noch zusätzlich zum Schatzmeister, nahm ihm dafür jedoch schrittweise einen sehr wichtigen Teil seiner Arbeit ab, die Bewahrung des Siegels und damit die persönliche und geheime Korrespondenz des Königs. Sie ging an seine Günstlinge über, von denen Robert Carr sehr bald als einziger und damit unumschränkter Favorit übrigblieb.

Nun, da Cecil gestorben war, ließ sich Jakob auf ein Experiment ein, das zwischen 1590 und 1596 schon bei Elisabeth nicht den gewünschten Erfolg gebracht hatte: er verzichtete zur Gänze auf die Berufung eines Ministers und behielt nur Sir John Herbert als Hilfssekretär im Amt. Die Siegel – und damit Einfluß und Macht – übertrug Jakob im vollen Umfang auf Robert Carr, der nunmehr sein einziger Intimus war. Zugleich setzte der König außer dem Gehalt jährlich eine Summe von 1.400 Pfund für die Beschaffung geheimer Nachrichten aus. Und da er sich kaum noch um die Angelegenheiten selbst kümmerte, auf Bittgesuche und Eingaben ausschließlich seinen Sekretär antworten ließ – der bei jedem erfüllten Wunsch die Hand aufhielt und ein Honorar kassierte –, konnten Carrs Jahreseinkünfte auf etwa sechseinhalbtausend Pfund ansteigen.

Werfen wir einen kurzen Blick auf die politischen und gesellschaftlichen Verhältnisse zur Zeit von Jakobs Machtantritt.

Mit der Erweiterung des englischen Wollexports war es im 15. Jahrhundert zu einer beträchtlichen Vergrößerung der Schafherden gekommen. Die dafür benötigten Weiden wurden durch Einhegungen von Gemeindeland und Vertreibung der Kleinbauern geschaffen. Sie stellten billige Arbeitskräfte für die neuen kapitalistischen Manufakturen. Zugleich drang durch die Bildung landwirtschaftlicher Großbetriebe und durch das Pächtersystem die kapitalistische Produktionsweise auch in die Landwirtschaft ein.

Diese Ereignisse bildeten die Grundlage der ursprünglichen Akkumulation des Kapitals in England.

In den an Bedeutung gewinnenden Städten formierte sich die Bourgeoisie zur Klasse. Durch Landkauf wurde ein Teil ihrer Vertreter auch zu Gutsbesitzern, die sich mit jener Gruppe des kleinen und mittleren Adels verbündeten, die den Übergang zur kapitalistischen Produktionsweise auf dem Lande vollzog. Es entstand der »neue Adel«, die Gentry. Bürgertum und Gentry förderten gemeinsam die Ausbildung der absolutistischen Zentralgewalt des Hauses Tudor, das nach Abschluß der Rosenkriege (1455 bis 1485) in England herrschte.

Trotz dieser absolutistischen Regierung gelang es dem Parlament, Einfluß auf die Steuergesetzgebung zu behalten. Erst Heinrich VII. stellte die volle Macht der Krone wieder her. Er war es auch, der den Handel entscheidend vorantrieb, unter anderem durch eine staatliche Begünstigung des Schiffbaus.

Unter Heinrich VIII. wurde diese Entwicklung fortgesetzt. Zugleich begann eine begrenzte Reformation der Kirche. So forderte die sogenannte Suprematsakte, den König durch Eid als obersten Kirchenherren anzuerkennen. Für Eidesverweigerer war die Todesstrafe vorgesehen. Heinrich trennte die englische Kirche, obwohl sie in Lehre und Kultus sehr viele katholische Traditionen beibehielt, vom Papst ab. Und: Er verhinderte den weiteren Geldabfluß nach Rom.

Diese Reformation, insbesondere aber der Verkauf großer Teile des in den Jahren 1536 bis 1539 eingezogenen Klosterbesitzes an die Bourgeoisie und den neuen Adel sowie die damit einhergehende Freisetzung von Arbeitskräften, der Mönche und Klosterbauern, verstärkten die kapitalistische Entwicklung.

Seeräuberei und Negersklavenhandel brachten der englischen Bourgeoisie ebenso wie die Ausbeutung der Volksmassen hohe Gewinne. Zwischen 1566 und 1570 wurden die ersten Banken und die Börse gegründet.

Das Bündnis zwischen absolutistischem Königstum und den neu entstandenen Klassen begann brüchig zu werden, in dem Maße, wie diese sich ihrer Interessen bewußt wurden. Sichtbar wird das vor allem in dem gegen die anglikanische Staatskirche und damit gegen den Absolutismus überhaupt gerichteten Puritanismus und in einer steigenden Opposition im Unterhaus.

Außenpolitisch steht diese Ära ganz im Zeichen der Auseinandersetzung mit dem feudalistisch-katholischen Spanien. England unterstützte die Freiheitsbestrebungen der Niederlande, und ab 1588 tobte der Krieg zwischen beiden Mächten, ein kostspieliger Krieg, den erst Jakob 1604 beendete, wobei er die Niederlande schmählich verriet und entgegen den Wünschen seines eigenen Volkes ein gutes Verhältnis zu Madrid anstrebte.

Zuvor jedoch hatte England seine Überlegenheit bewiesen. Die Vernichtung der spanischen Armada schaffte die Voraussetzungen für seine ausgedehnte Kolonialpolitik und legte den Grundstein für seine spätere Weltgeltung. Erheblichen Machtzuwachs brachten in der Folgezeit noch die Union mit Schottland sowie die Unterwerfung Irlands, das immer mehr zur Kolonie absank.

So sah das Erbe aus, das Jakob I. 1603 antrat. Er hielt starr an der absolutistischen Regierungsform fest und hemmte damit unbewußt das wirtschaftlich erstarkte Bürgertum, das in der kirchlich-politischen Reformbewegung der Puritaner eine feste Organisation gefunden hatte. Immer stärker entwickelte sich der Konflikt zwischen König und Parlament.

Dort traten dem Monarchen die bürgerlichen Grundbesitzer und die städtische Bourgeoisie entgegen, vertreten durch Kaufleute, Bankiers, Handwerker und Juristen. Sie wandten sich in offenem Widerstand gegen Zollerhöhungen, unerschwingliche Geldstrafen und die parasitären Gewinne des Königshauses aus der Vergabe von Patenten, alles Maßnahmen des sich stets in finanziellen Schwierigkeiten befindenden Regenten, welche der bürgerlichen Entwicklung im Wege standen.

Die Auseinandersetzungen fanden ihren politischen Ausdruck im Streit um das Gottesgnadentum der königlichen Herrschaft. Während Jakob aus dieser Lehre seine Unabhängigkeit vom allgemeinen Gesetz ableitete, forderte das Parlament das common law, gleiches Recht für alle Glieder der Gemeinschaft, als die auch für den König verbindliche Grundlage. Die Konsequenz der parlamentarischen Forderung bestand darin, daß es dem König nicht erlaubt sein sollte, Gesetze zu erlassen und Steuern zu erheben, ohne daß das Parlament ihnen zustimmte.

So weiteten sich die Streitigkeiten aus. Jakob pochte auf die Macht, die Bourgeoisie hielt im Parlament und mit dem Kampf der kirchlich-politischen Reformbewegung dagegen.

Vor allem die Puritaner machten Jakob erhebliche Sorgen, und er war oft gezwungen, Robert Carr um Rat zu fragen, wie er sich am besten gegen sie zur Wehr setzen konnte.

Schon in Schottland hatte er den Puritanismus energisch bekämpft. Dort war er ihm in der Form des Presbyterialsystems entgegengetreten. In England bekam er nun noch mehr mit ihm zu tun.

Bereits 1604 hatte Jakob in Hamptoncourt auf einer Beratung englischer Geistlicher über Kirchenfragen aus seiner Feindschaft gegenüber den neuen Tendenzen kein Hehl gemacht und gesagt: »Ihr wollt Versammlungen von Presbytern nach schottischer Art, aber das stimmt so wenig mit der Monarchie überein wie der Teufel mit Gott. Dann fangen Jack mit Tom, Will und Dick an sich zu versammeln, und sie werden mich, meinen Rat und unsere ganze Politik tadeln.«

Und damit hatte er nicht unrecht. Mit den »39 Artikeln des anglikanischen Glaubensbekenntnisses« hatte sich die reformierte anglikanische Kirche unter Elisabeth zwar endgültig vom Papsttum unabhängig gemacht, sich aber gleichzeitig dem König unterworfen. Der schloß die Klöster, löste ihr Eigentum aus der kirchlichen Gebundenheit, tastete jedoch den Grundbesitz der Bischöfe nicht an und beließ den kirchlichen Stiftungen ihren Status. Der aus dem Mittelalter überlieferte Kirchenzehnt mußte von den Bauern weiter entrichtet werden, und der Episkopat, die Gesamtheit der Bischöfe der Kirche, blieb bestehen.

Die anglikanische Kirche wurde schnell zur gehorsamen Dienerin der Krone, die Geistlichen avancierten zu Beamten des Königs, die seine Erlasse von der Kanzel herab verkündeten und die Gläubigen zum unbedingten Gehorsam gegenüber der Obrigkeit aufriefen. Da auf diese Weise Kirche und Staat vollkommen miteinander verschmolzen waren und sich die Geistlichkeit als verläßlichste Stütze des Absolutismus erwies, richteten sich Zorn und Haß des Volkes gegen den Absolutismus konsequenterweise gleichzeitig gegen die anglikanische Kirche. Die politische Opposition führte somit auch zum Dissentismus, der Kirchenspaltung.

Die bürgerliche Opposition gegen den Absolutismus fand ihre religiöse Ausprägung im Puritanismus, welcher die Vollendung der Reformation, also die Säuberung der anglikanischen Kirche von allen Überbleibseln des Katholizismus forderte.

Dabei entwickelten sich schon unter Jakobs Herrschaft, verstärkt aber unter der Regierung seines Sohnes Karl I. zwei Richtungen, die Presbyterianer, im wesentlichen in der Großbourgeoisie und im kapitalistischen Adel angesiedelt, und die Intependenten, die vorwiegend in der Mittelbourgoisie, im kleinen Landadel sowie bei den Bauern und Pächtern zu finden waren.

Während die erste Gruppe nur die Aufhebung des Episkopats und den Ersatz der Bischöfe durch Synoden eigens gewählter Presbyter (Ältester) forderte und nicht organisatorisch mit der anglikanischen Kirche brach, gingen die Independenten (Unabhängige - D.A.) wesentlich weiter. Sie traten für die Selbstverwaltung der Glaubensgemeinde ein, lehnten sowohl Bischöfe als auch Presbyterialsynoden ab und bezeichneten sich selbst als »Werkzeuge des Himmels«. Sie leiteten ihre Gemeinden nach dem Willen der Mehrheit der Gläubigen.

Zu den wichtigsten Theorien der Independenten zählte die Lehre vom »Gesellschaftsvertrag«, die besagte, daß der König seine Macht nicht von Gott, sondern von den Menschen erhalten habe, vom Volk. Infolgedessen seien die Rechte des Königs von alters her durch einen Vertrag zwischen ihm und dem Volke festgelegt. Er habe den Auftrag, das Land im Interesse des Volkswohls zu regieren. Halte der König diesen Vertrag ein, sei seine Macht unantastbar. Beginne er jedoch, seine Macht tyrannisch zu mißbrauchen, so müsse der Vertrag durch die Untertanen annulliert werden. Sperre der König sich dagegen, sei es Untertanenpflicht, sich gegen ihn zu erheben und ihn abzusetzen.

Die Verfolgung der Puritaner jeder Couleur nahm demgemäß unter Jakobs Herrschaft unerhörte Ausmaße an, viele von ihnen retteten sich vor Folter und Gefängnis durch die Flucht auf das Festland oder über den Ozean nach Nordamerika. Bekanntgeworden sind die »Pilgerväter«, die 1620 vor der Verfolgung auf der »Mayflower« nach Amerika emigrierten und dort die Grundlage für die Neuenglandstaaten schufen.

Jakob hatte damit einen Teil seiner Kritiker und Feinde vertrieben, angestachelt durch seinen Haß auf alles, was sich nicht an die Regeln der anglikanischen Hochkirche halten wollte, angestachelt aber auch durch Mitarbeiter wie Robert Carr.

4

Ende Mai des Jahres 1612 kam der bedeutsamste Tag in Robert Carrs Karriere heran, der Tag seiner Ernennung zum Sekretär und Siegelbewahrer des Königs.

Wenn er es recht bedachte, hatte er es mit seinen zweiundzwanzig Jahren, die er gerade zählte, schon sehr weit gebracht. Noch nicht einmal fünf Sommer waren ins Land gegangen, seit er sich von seinem kleinen Geburtsort im Nordwesten Schottlands nach England auf den Weg gemacht hatte, mit weniger als zehn Pfund in der Tasche, aber mit dem Willen, einmal zu jenen Leuten zu gehören, vor denen andere den Kopf neigten.

Es zählte schon zu den Glücksumständen, als »Zugereister« sogleich eine Pagenstelle am Hofe zu bekommen. Es hatte nicht lange gewährt, bis Carr dem König ins Auge gefallen war. Jakob war von der Schönheit und Eleganz des jungen Schotten so bezaubert, daß er ihn bereits nach kurzer Zeit zum Ritter schlug und nur noch selten auf seine Gesellschaft verzichten wollte.

Führten die beiden Landsleute anfangs nur belanglose Gespräche, so wurden die Unterhaltungen bald mehr und mehr zu ernsthaften Beratungen über Kirchenfragen, über innen- und außenpolitische Probleme, über die Erziehung des Thronfolgers Karl.

Die Freundschaft zu seinem Berater Sir Thomas Overbury trug entscheidend dazu bei, daß Carr seinen Einfluß und sein Ansehen beim König immer mehr vergrößern konnte.

So hatte sich alles in Carrs Sinne entwickelt, bis zu jenem Tag, an dem Overbury begann, Carr wegen seiner Liebschaft mit der Gräfin Essex zu tadeln. Was dachte sich dieser Mann eigentlich, an ihm, dem Günstling des Monarchen, herumzumäkeln und seine Geliebte mit Schmutz zu bewerfen? War er nicht von heute auf morgen austauschbar und spielte mit seiner Zukunft?

Wenn Robert Carr ehrlich mit sich zu Rate ging – was freilich in der letzten Zeit selten geschah –, dann mußte er diese Frage verneinen. Im Grunde genommen hing seine eigene Zukunft vom staatsmännischen Geschick Overburys ab. Und so Unrecht hatte der vielleicht nicht, was das Vorleben der Gräfin betraf. Immerhin schwieg sie sich über einige ihrer Lebensjahre aus, und die Leute, die

Carr vorsichtig befragte, machten Ausflüchte und gaben ihm keine klare Antwort.

Aber solche Gedanken schob Carr weit von sich. Er liebte Frances Howard, also wollte er sie auch besitzen, koste es gar die Freundschaft Overburys. Und er war mittlerweile auch schon so sehr von seinen Fähigkeiten überzeugt, daß er glaubte, bald gänzlich auf den Rat des Freundes verzichten zu können.

Bis jetzt hatte er Frances noch nichts von der Unterredung am Kaminfeuer erzählt. Sie würde wohl kaum gezögert haben, ihn zu Handlungen gegen Sir Thomas zu drängen, die er vielleicht später bereuen mußte. Das beste war, sich über das Thema vorerst auszuschweigen und abzuwarten, wie die nächsten Monate in der neuen Funktion beim König verlaufen würden. Heute kam es erst einmal darauf an, einen guten Eindruck zu hinterlassen.

Robert Carr legte den breiten weißen Kragen aus Brüsseler Spitze um, schloß ihn vorn mit einer diamantenbesetzten Brosche, kämmte sein langes Haar und besah sich sein Werk zufrieden im Spiegel. Dann verließ er das Haus, vor dem bereits die Kutsche auf ihn wartete.

Im Thronsaal des St. James Palace hatten sich die Vertreter der oberen Stände versammelt. Da waren die Herren des neuen Adels, die sich eng mit der Entwicklung des Unternehmertums im Lande verbunden fühlten. In gebührendem Abstand verharrten die Mitglieder des alten Adels, die Landlords, trotz ihrer Würde der Tatsache bewußt, daß sie wesentlich ärmer waren als die neuen Adligen aus den Städten. In einem anderen Teil des Saales standen reiche Bourgeois, die der König zu Rittern geschlagen hatte, und ganz in der Nähe des Thrones fand man die Bischöfe und andere kirchliche Würdenträger, ohne deren Anwesenheit am Hofe Jakobs kein Festakt vonstatten ging.

Als der König erschien, verstummte das Gemurmel, und selbst die Mitglieder des Hochadels beugten den Rükken vor ihm.

Carr hielt sich, äußerlich ruhig, aber mit klopfendem Herzen, in unmittelbarer Nähe des Thrones auf. Als Viscount of Rochester war er einer der Geringsten unter den versammelten Herren, doch schon in wenigen Minuten würden selbst die sonst so kühlen und unnahbaren Peers viel darum geben, ihm die Hand reichen zu dürfen und in schwierigen Situationen seine Vermittlung beim König für sich in Anspruch nehmen zu können.

Es war schon ein erhebendes Gefühl, zu jenen Auserwählten zu gehören, welche die Macht in Händen hielten, die mit einem Fingerzeig Leben beenden oder höchste Ehren verteilen konnten.

Mittlerweile hatte Jakob den Lordoberrichter Sir Edward Coke an seine Seite gerufen. Ein Kammerherr des Königs reichte ihm eine in weiches Leder gebundene Bibel. Dann rief Sir Edward den Viscount of Rochester vor des Königs Thron, hieß ihn niederknien, die rechte Hand zum Schwur erhoben. Und feierlich sprach er ihm, dem künftigen Sekretär Jakobs und königlichen Siegelbewahrer, jenen Eid vor, den sonst nur die Minister zu leisten hatten: »Du sollst schwören, des Königs Majestät ein getreuer, aufrechter und wahrheitsliebender Diener zu sein. Du sollst in keiner Weise handeln oder auch nur sprechen gegen seiner Majestät Person, Ehre, Krone oder königliche Würde, sondern solchen Handlungen mit ganzer Kraft widerstehen. Du sollst geheimhalten alle Dir enthüllten Angelegenheiten und sie nur im Rat behandeln ... Du sollst leben im tiefsten Vertrauen zu des Königs Majestät, seinen Erben und gesetzlichen Gehilfen. Du sollst verteidigen alle Rechtsprechungen seiner Majestät, auch gegenüber ausländischen Fürsten, Prälaten oder Potentaten. Und allgemein in allen Dingen sollst Du sein wie ein treuer und aufrechter Diener. So hilft Dir Gott und der heilige Inhalt dieses Buches.«

Robert Carr legte seine Linke auf die Bibel und sagte mit belegter Stimme: »Ich schwöre es, so wahr mir Gott helfe!« Dann erhob er sich, trat zum König und küßte ihm die Hand.

Zögernd näherten sich die ersten Gratulanten. Sie alle kannten den jungen Mann bereits und mochten ihn wegen seiner Natürlichkeit. Doch wie würde er sich in der neuen Machtposition verhalten?

5

Die schöne Frances Howard, Gräfin von Essex, spie Gift und Galle vor Wut und traktierte ihre gesamte Dienerschaft mit Fausthieben und Fußtritten.

Drei Dinge hatten zur schlechten Laune der Lady beigetragen. Da war einmal das unentschuldbar nachlässige Verhalten ihres Geliebten Robert Carr. Seit seiner Avance zum engsten Vertrauten des Königs hatte er noch keine Minute Zeit gefunden, ihre Glückwünsche persönlich entgegenzunehmen. So oft in den letzten drei Wochen der getreue Gideon Weston auch Nacht für Nacht die nebelverhüllte Themse hinabgerudert war und an Carrs Haustür geklopft hatte, stets war er ohne ihn zurückgekehrt und hatte die ersten Wutausbrüche der Gräfin über sich ergehen lassen müssen.

Und Abend für Abend schwor sich die Lady, sich von dem undankbaren Carr loszusagen. Doch solche Gedanken waren zumeist nur von kurzer Dauer, denn ohne Carr, ohne sein nun schon achtbares Vermögen, ohne die noch zu erwartenden Ehren und Belehnungen durch den König würde sich ihr Traum, bei Hofe eine entscheidende Rolle zu spielen, nie und nimmer erfüllen lassen. Denn Robert Devereux, ihr jetziger Gatte, dieser fleißige, aber viel zu bescheidene Staatsdiener, konnte ihr den Weg nach oben nicht ebnen. Fest stand, daß dieser Mann zu ehrlich war, um sich von Posten zu Posten hinaufzulügen, und zu stolz, sich hinaufzudienern. Er war mit seinem Leben so zufrieden, wie es eben war. Zu allem Unglück liebte er seine Frau auch noch von Herzen. Ihr Sinnen und Trachten jedoch ging schon seit Jahren in Richtung auf eine Scheidung. Doch dafür bedurfte es in ihren Kreisen einer vom König eingesetzten hohen Kommission, welche die Gründe der Trennung genau prüfte. Besser wäre es da schon, der Earl of Essex ginge aus dem Leben, so daß sie als trauernde Witwe übrigblieb und sich dann neu entscheiden konnte. Robert Devereux aber erfreute sich bester Gesundheit.

Und das war Grund Nummer zwei für die seit Wochen schon fast krankhafte Unausgeglichenheit der Gräfin. Entweder war dieser Devereux ein Wundermensch oder aber das von Weston bei seinem angeblich glaubwürdigen Apothekenhelfer Harry Franklin besorgte Gift war von minderer Qualität. Hatte Frances Howard auch aus Gründen der Vorsicht die ihrem Mann mit dem Essen verabreichten Arsenik-Portionen so klein wie nur irgend möglich gehalten, so mußte doch mittlerweile schon eine Giftmenge zusammengekommen sein, die normalerweise ein Pferd getötet hätte. Aber Devereux lebte nach wie vor und sah gesund aus, wenn er auch sehr rasch sein Haupthaar einbüßte und seine Fingernägel brüchig und unansehnlich wurden.

Nun blieben der Gräfin nur noch zwei Möglichkeiten: entweder die Dosis zu erhöhen und sich der Gefahr auszusetzen, wegen Mordes angeklagt zu werden, oder die Scheidung zu beantragen. Dann würde sie das demütigende Geschwätz der senilen Herren der königlichen Kommission über sich ergehen lassen müssen, die ihr mit glänzenden Augen intime Einzelheiten ihrer Ehe zu entlocken trachteten.

Der dritte und entscheidende Grund für Frances Howards Tobsuchtsanfall aber war ein Ereignis, das sich gegen sie persönlich richtete und das völlig überraschend kam. Seit den frühen Morgenstunden kursierten in London Abschriften eines langen, außerordentlich gefährlichen Poems mit dem Titel »Ein Weib«. Autor dieses Werkes von hoher literarischer Qualität, das sofort in aller Munde war und der Gräfin im Verlauf des Tages eine Vielzahl hämischer Blicke eingetragen hatte, war ein gewisser Sir Thomas Overbury.

Frances Howard hatte den Namen schon des öfteren im Zusammenhang mit Staatsgeschäften von Robert Carr vernommen, bei dem dieser Overbury eine Art Sekretärstelle bekleiden mußte. Mehr aber wußte die hübsche Lady nicht, schon gar nicht, warum sich der junge Mann derart intensiv mit ihrer Vergangenheit befaßt hatte. Denn sein Gedicht entpuppte sich, ohne ihren Namen zu nennen, als Frances Howards lückenloser Lebenslauf. Dieser hinterhältige Schreiberling malte ein Charakterbild der Gräfin, das ihr ausschließlich teuflische Züge ließ. Overbury deutete an, was eigentlich kein Mensch außer ihr und Carr, und möglicherweise noch Weston wissen konnte, daß sie nämlich die Absicht hatte, sich von ihrem Ehegatten zu trennen und sich einem neuen Mann zuzuwenden, der größeren Einfluß und mehr Macht bei Hofe hätte als jeder andere ... Deutlicher konnte man das Ziel ihrer Bemühungen kaum beschreiben.

Frances Howard grübelte seit Stunden darüber nach, woher dieser Sir Thomas das wohl alles wissen konnte. War Robert Carr vielleicht so dumm und unüberlegt gewesen, ihn in das Wenige, das er wußte, einzuweihen? Oder hatte Weston geschwatzt? Oder waren sie in der Vergangenheit zu unvorsichtig gewesen und von Spitzeln beobachtet worden, welche ihr Entgelt von Leuten erhielten, die Robert Carr sein Glück neideten?

Weil sie keine befriedigende Antwort auf ihre Fragen finden konnte, beschloß sie, der Sache auf den Grund zu gehen und sich noch in dieser Nacht zu Carr zu begeben. Sie schickte den taubstummen Jungen ihrer Kammerzofe, den sie stets für die Erledigung geheimer Botengänge benutzte, denn er war auch des Lesens unkundig, nach der Wohnung Gideon Westons und kleidete sich ausgehfertig an.

Zehn Minuten später war Weston zur Stelle. Sie empfing ihn im Garten ihres Besitztums. Eine überraschende Entdeckung war nicht zu befürchten, denn der Graf Essex befand sich seit einiger Zeit im Auftrag des Königs in Schottland und würde weder heute noch morgen zurückkehren.

»Hast du irgendwo über unsere Geheimnisse geplaudert?« fragte die Gräfin ihren langjährigen Komplicen anstelle einer Begrüßung.

Weston sah sie verständnislos an. Was nahm sich diese Frau heraus, so herrisch mit ihm zu reden? Wie konnte sie ihn für so dumm halten, sich durch Geschwätz um eine gut fließende Einnahmequelle zu bringen? »Ich verbitte mir diesen Ton, Frances«, sagte er wütend. »Und diese Unterstellung auch! Worüber soll ich denn gesprochen haben?«

»Über meine Vergangenheit . . .«

»Du spinnst, Liebste! Wer außer mir weiß . . .?«

»Overbury«, fauchte sie.

»Der Sekretär deines Geliebten?«

»Genau der!«

»Dann hat ihm Carr alles erzählt!«

»Ich werde ihn fragen«, entschied die Gräfin. »Bring mich zu ihm, schnell!« Damit raffte sie ihre Röcke und

eilte hinter Weston her, der den Weg zum Fluß einschlug. Weston ruderte angestrengt. Sie schafften die Strecke bis zum Temple Kai in kurzer Zeit. Beide sprachen kein Wort mehr, sondern hingen ihren Gedanken nach, zornigen, verbitterten und haßerfüllten Gedanken.

Weston half der Gräfin aufs Ufer hinauf, als sie ihr Ziel erreicht hatten. »Soll ich warten?« fragte er.

»Nur einen Moment«, entschied sie. »Wenn ich nicht gleich zurück bin, dann habe ich ihn angetroffen. Du kannst nach Hause fahren und holst mich kurz vor der Morgendämmerung hier ab.«

Carr freute sich, seine Geliebte nach so langer Zeit wiederzusehen. Doch als er ihr vor Zorn glühendes Gesicht sah, ahnte er, weshalb sie gekommen war, und daß es an diesem Abend kein liebevolles Tête-à-tête geben würde.

Im Verlaufe des Tages hatten ihm einige Höflinge wortlos, aber mit sichtlicher Schadenfreude, Abschriften des Overbury-Poems zugesteckt.

Carr hätte nicht einmal im Traum vermutet, daß sein Berater diesen ungewöhnlichen und gefährlichen Weg wählen würde, um ihn davon abzubringen, die Gräfin zu heiraten. Sie hatten an den vergangenen Abenden viele Stunden mit nutzlosen Debatten über das Für und Wider eines solchen Arrangements vertan, sich böse Worte an den Kopf geworfen und ihre Freundschaft einer harten Bewährungsprobe ausgesetzt. Nun hatte Overbury das Band endgültig zerrissen.

Carr gestand seinem klugen und weitsichtigen Sekretär durchaus gute Absichten zu, wenn er die Liaison mit Frances Howard zu verhindern trachtete. Doch mit dem Poem war Overbury zu weit gegangen. Es fügte nicht nur der Gräfin einen gesellschaftlich kaum wieder gutzumachenden Schaden zu, sondern es machte auch vor aller Welt offenbar, wer mit dem neuen Favoriten der schönen Frances gemeint war. Hier half nur noch rasches Handeln, bevor die Einflüsterungen von Carrs Neidern beim König Gehör fanden.

Frances Howard nahm sich nicht einmal Zeit für einen flüchtigen Kuß, als Robert Carr die Tür hinter ihr geschlossen und sie in den Salon geführt hatte. Mit zitternden Händen holte sie das verhängnisvolle Schriftstück hervor und hielt es ihm vors Gesicht: »Was soll das?« fauchte sie. »Ist dieser Kerl denn ganz von Gott verlassen, uns beide so in den Schmutz zu ziehen? Wo hat er eigentlich seine Weisheiten her? Von dir etwa?«

»Nein, natürlich nicht.« Carr nahm ihr die Zettel weg und legte sie auf den Tisch. Besänftigend ergriff er ihren Arm und führte die Gräfin zu einem breiten plüschbezogenen Sofa. Dort ließ er sich neben ihr nieder und sagte: »Overbury weiß seit langem mehr aus deiner Vergangenheit, Frances, als ich jemals erfahren habe. Er muß mit

Leuten in Kontakt stehen, die dich bereits als Kind kannten und dich auch später nie aus den Augen verloren haben. Anders ist seine intime Kenntnis deines Lebens nicht zu erklären.«

»Wie kann er es wagen, so etwas zu veröffentlichen?« Frances Howard bemerkte, wie ihre Wut unter seiner liebevollen Berührung langsam verrauchte. Traurig und zusammengesunken saß sie da, den Tränen nahe.

»Er will verhindern, daß ich dich heirate, Liebes. Ich mußte es ihm sagen, denn er drängt mich seit Wochen, unsere Verbindung abzubrechen. Und seit Wochen antworte ich ihm, daß es das beste für mich ist, wenn ich immer mit dir zusammensein kann. Weil ich dich liebe. Er warnt mich vor den angeblichen Konsequenzen und prophezeit mir, daß ich beim König in Ungnade fallen werde, wenn wir beide heiraten. Ich habe mich nicht beeinflussen lassen, glaub' es mir.«

Die Gräfin sah ihn lange ausdruckslos an. Die Offenbarung, daß sich in unmittelbarer Nähe ihres Geliebten ihr ärgster Feind befand und versuchte, ihre Pläne zu stören, lähmte sie für einen Moment. Mit diesem Sir Thomas hatte sich ihr ein Hindernis in den Weg gestellt, das sich durchaus schon als das Ende ihrer Karriere bei Hofe erweisen konnte.

In Frances Howard erwachte die Energie, mit deren Hilfe sie bislang jede Schwierigkeit gemeistert hatte. Das wäre doch gelacht, wenn sich dieser dichtende Staatsmann nicht in die Knie zwingen ließ! Sie, die Tochter des Herzogs von Suffolk, war nicht umsonst zur Dirne geworden, und sie hatte nicht umsonst als Zwischenstation bei ihrem Aufstieg diesen langweiligen Grafen von Essex geheiratet. Und sie hatte ganz bestimmt nicht umsonst die Aufmerksamkeit dieses noch nicht ganz fertigen schottischen Jungen erregt, als sie merkte, in welcher Gunst er beim König stand. Nur mit ihm ging es weiter nach oben. Da durfte sich kein Overbury in den Weg stellen.

»Der Mann muß weg!« sagte sie entschlossen. »Für ihn und mich ist nicht zugleich Platz in deiner Nähe.«

»Aber ich kann ihn doch nicht umbringen«, entgegnete Carr und sprang auf.

Frances Howard blieb höflich und gelassen. »Dann laß dir etwas anderes einfallen, aber rasch, mein Freund, bevor es zu spät ist.«

Als Gideon Weston sie im Morgengrauen nach Hause ruderte, war sie fröhlich und ausgeglichen. »Ich werde bald wieder einmal für eine große Sache deine Hilfe brauchen, mein bester Freund«, sagte sie bedeutungsvoll und gab ihm einen leichten Kuß auf die Wange.

6

Sir Thomas Overbury war nicht besonders erstaunt, als er zum König befohlen wurde. Es kam zwar selten vor, daß der Herrscher ihn bei einer schwierigen Angelegenheit unmittelbar zu Rate zog, doch so außergewöhnlich war eine derartige Audienz nun auch wieder nicht. Overbury ahnte nicht, daß das Gespräch von entscheidender Bedeutung für sein weiteres Leben sein würde. Hätte der junge Jurist aus Compton Scorpion in der Grafschaft Warwickshire gewußt, welches Ereignis dem königlichen Befehl vorausgegangen war, dann wäre er wohl nicht mit der Sicherheit eines sich seines Wertes bewußten Mannes zum St. James Palace geeilt.

Jakob I. konnte es auf den Tod nicht leiden, wenn einer seiner Günstlinge Trübsal blies. Ihm war schon seit Tagen aufgefallen, daß mit seinem Intimus Robert Carr Veränderungen vor sich gegangen waren, die jene spöttische Leichtigkeit der Unterhaltung, die der König an seinem Landsmann so liebte, hatten verschwinden lassen. Carr erledigte zwar seine Arbeit ohne Fehl und Tadel, und sein Rat erwies sich meist als der klügste. Doch er war blaß, und er würzte seine Rede nicht mit dem sonst gewohnten Sarkasmus. Carrs Augen verloren zunehmend ihren Glanz, und seine feingliedrigen Hände zitterten, es war ein Jammer, ihn anzusehen.

Jakob beschloß, ihm eine Freude zu machen und dabei zugleich nach dem Grund für diese Wandlung zu forschen. Nach der Morgenaudienz ließ er den Sekretär in seine Privatgemächer kommen. Dort, wo er auf strenge Umgangsformen verzichten konnte, drückte er Carr in seinen Lieblingsstuhl vor dem Kamin und sah ihn lange aufmerksam an. »Was ist los mit dir?« fragte er ihn dann unvermittelt.

Carr sprang auf. »Nichts, Majestät«, beteuerte er heftig, »es geht mir gut.« Doch der Blick seiner Augen strafte seine Worte Lügen. Carr hätte dem König gern von seinen Sorgen erzählt, hatte aber gleichzeitig Angst vor den möglichen Folgen dieser Unterredung.

Jakob winkte ärgerlich ab. »Das kannst du anderen erzählen, nicht mir, der ich dich wie meinen Sohn kenne. Also, heraus mit der Sprache, Robert Carr! Was fehlt dir? Bist du etwa verliebt?«

Er weiß es nicht, dachte Carr erleichtert. Das vereinfacht die ganze Sache, denn dann kann ich alles im besten Lichte darstellen. »Ja«, sagte er mit schuldbewußtem Augenaufschlag.

»Darüber solltest du glücklich und nicht traurig sein«, sagte Jakob tadelnd. »Oder verschmäht dich das Weib gar?«

»Nein, nein! Auch sie liebt mich, bloß . . .«

»Ist sie niederen Standes?« fragte der König. Solche Liebschaften waren nicht ganz ungewöhnlich, und er wäre auf der Stelle bereit gewesen, aus jeder beliebigen Magd durch seinen Befehl eine Comtesse werden zu lassen, nur, um Carr wieder lachen und normal reden zu hören.

Der Sekretär lächelte. »Nein, im Gegenteil, Majestät, es ist eine Gräfin.«

Ein Lächeln des Verstehens kam auf das Gesicht des Königs. »Aha!« rief er, »ich verstehe! Die Dame ist verheiratet. Und ihr beiden Sünder wißt nun nicht, wie die Ehe am besten und schnellsten kaputtzukriegen ist, oder?«

»Ja, Majestät, es ist, wie Sie sagen.« Carr war die Zerknirschung in Person, beobachtete aber seinen Herrn verstohlen aus den Augenwinkeln.

»Dann werden wir wohl eine Kommission einsetzen müssen, die euch keine Schwierigkeiten macht«, bestimmte der König, um dann verschwörerisch und neugierig hinzuzufügen: »Wer ist denn die Hübsche?«

»Die Gräfin Frances von Essex«, antwortete Carr leise.

Jakob pfiff durch die Zähne. »Die ehemalige Dirne?«

Carr erschrak heftig, doch der König fuhr schon fort: »Na, egal. Hübsch soll sie ja sein, und von der Liebe wird sie wohl auch was verstehen. Mir soll's gleich sein, ich will sie schließlich nicht heiraten. Also, hiermit gebe ich dir mein Wort: Sie wird geschieden, und du kannst sie heiraten. Und damit sie nichts an Stellung und Rang verliert, verleihe ich dir als Hochzeitsgeschenk gleich noch den Titel eines Earl of Somerset ... Herr Graf, es darf wieder gelacht werden.« Der König deutete eine tiefe Verbeugung vor Carr an, der über und über rot wurde.

Bis hierher war alles blendend verlaufen. Carr hatte schon vergessen, daß er tagelang wie ein todkranker Mann umhergegangen war. Wenn nun auch noch die andere Hälfte des Unternehmens gelingen würde ...

»Majestät, da ist noch etwas.« Carr wagte den Versuch, alle seine Probleme auf einen Schlag zu lösen.

»Was noch? Willst du gar Herzog werden?« fragte Jakob.

»Nein. Aber mein Verhältnis zu meinem Sekretär ... Sir Thomas Overbury ... wir haben uns ... es war schon ... kurz«, er holte tief Luft, bevor er fortfuhr, »ich will ihn aus meiner Nähe haben. Er ist renitent und will mich zu Dingen verleiten, die nicht immer ... im Interesse Eurer Majestät sind.«

»Dann sperren wir ihn ein«, sagte Jakob, der bei solcherlei Kleinigkeiten nicht viel Federlesens machte. Es kam ja nicht selten vor, daß ihn einer der Höflinge bat, ihm einen anderen Menschen vom Halse zu schaffen. Warum sollte er seinem treuesten Diener eine solche Gefälligkeit nicht erweisen? Auf einen Sir Thomas Overbury mehr oder weniger kam es wohl nicht an. Daß alles, was ihm Carr zu tun oder zu lassen riet, nicht aus seinen, sondern ausschließlich aus Overburys Überlegungen erwuchs, konnte der König ja nicht wissen.

Carr, der gegenüber dem langjährigen Freund nun doch ein schlechtes Gewissen bekam, hatte noch einen anderen Vorschlag. »Verzeiht, Majestät«, sagte er schnell, als sich der König schon zum Gehen wandte, »aber es wäre besser und würde weniger darauf hindeuten, daß ich ... Schlagen Sie doch Overbury bitte vor ...« Er trat, obwohl sie nicht belauscht werden konnten, ganz nahe an Jakob heran und flüsterte ihm den Rest des Satzes ins Ohr.

»Hören Sie, mein Bester«, sagte der König gönnerhaft, als Sir Thomas ihn mit einer tiefen Verbeugung begrüßt hatte und höflich abwartend zurückgetreten war. »Mein Sekretär, der Graf von Somerset«, er deutete mit dem Daumen schräg hinter sich auf Carr, der seinen Freund und Berater aufmunternd, aber auch ein wenig schuldbewußt anlächelte, »hat mir da einige höchst interessante Dinge über Sie und Ihre aufopferungsvolle Tätigkeit im Dienste unseres Landes erzählt.«

»O danke, Majestät, stets zu Diensten.« Overbury verbeugte sich leicht. Dabei dachte er über Carr nach, der es nun bereits zum Grafentitel gebracht hatte. Dieser Karrierist ist fast ausschließlich durch die Verkündung meiner Ansichten hochgekommen, welche ich ihm mühselig eingeblasen habe, sinnierte Overbury.

Doch im Moment konnte er solchen Gedanken nicht weiter nachhängen, denn der König fuhr fort in seiner Rede. »Ich kann nicht einsehen«, sagte Jakob, »daß ein so kluger Kopf wie der Ihre nur dazu geschaffen sein soll, meinem Sekretär, der ja durchaus allein in der Lage ist, sich Gedanken um das Wohl und Wehe Englands zu machen, als politischer Berater zu dienen. Ihr Wissen, bester Overbury, kann für mich weitaus nutzbringender eingesetzt werden. Ich habe deshalb beschlossen, Sie als Gesandten nach Frankreich zu schicken. Na, was sagt Ihr dazu, Sir Thomas?«

Jakob lehnte sich befriedigt zurück und faltete die Hände über dem Bauch.

O mein Gott, dachte Overbury, den Verzweiflung packte, das hat er sich wirklich nicht allein ausgedacht! Was weiß er schon von mir? Nur Carr kann ihm ein solches Angebot eingeflüstert haben, um mich loszuwerden. Carr? Nein, der ist auch hier nur Mittelsmann! Das war das Werk der Gräfin, dieser verfluchten Dirne. Sie will mich aus dem Weg räumen. Overbury war ratlos. Er wollte nicht weg von London, er wollte weder seine gute Janet noch seine Studien aufgeben. Und er konnte diesen Carr nicht in sein Unglück rennen lassen! Der König würde, er mußte das verstehen, wenn er ihm erklärte . . .

»Majestät«, sagte er, mühevoll das Zittern in seiner Stimme unterdrückend, »ich weiß durchaus die Ehre eines so hochherzigen und wichtigen Auftrags Eurer Majestät zu würdigen und wäre glücklich, könnte ich Eurer Majestät Befehl freudigen Herzens und mit innerer Überzeugung folgen, doch . . .«

»Ihr wollt nicht?« fragte Jakob drohend, mitten in seine Worte hinein. Er beugte sich angespannt vor, auf seiner Stirn wurden tiefe Falten sichtbar. Des Königs Augen schleuderten böse Blicke, die Augäpfel bekamen einen rötlichen Schimmer. Innerhalb von Sekunden war aus dem väterlich-gütigen, huldvollen Herrscher ein wütender Tyrann geworden. Wer Jakob in dieser Verfassung sah, mußte auf alles gefaßt sein.

»Majestät«, setzte Overbury, der mit dieser schroffen Wandlung nicht gerechnet hatte, verzweifelt an. Und während ihm Carr hinter dem Rücken des Königs Zeichen gab, sich nicht durch unbedachte Worte noch mehr ins Unglück zu bringen, schnitt ihm Jakob schon die Rede ab. »Schweigt, Overbury!« donnerte er. »Ich will kein einziges Wort mehr von Euch hören! Nie wieder! Und merkt Euch eines: Wer meine Güte und mein Vertrauen so mit Füßen tritt, wie Ihr es soeben getan habt, der ist nicht wert, an meinem Hofe eine einflußreiche Stellung zu bekleiden! Ich werde Euch in den Tower stecken! Dort habt Ihr Zeit, darüber nachzudenken, wie man seinem König in Ehren dient! Wache!« schrie er und bedeutete den beiden Männern vom »Geheimdienst der Krone«, den sich mit aller Kraft wehrenden Overbury hinauszuführen und im Tower abzuliefern.

Als sie allein waren, drehte sich der König, nunmehr wieder völlig ruhig, mit spöttischer Miene zu Carr um, als wolle er ihn fragen: »Na, wie war ich?«

»Danke, Majestät.« Das war das einzige, was Robert Carr über die Lippen brachte, und es klang nicht wie ein Freudenschrei. So sehr er sich danach gesehnt hatte, von Overbury und seinem Einfluß freizukommen, so konnte er doch sein schlechtes Gewissen dem Mann gegenüber, den er soeben seiner Liebe zur Gräfin Essex geopfert hatte, nicht unterdrücken. Und ihm wurde bewußt, daß er nicht nur einen Berater, sondern einen Freund, vielleicht sogar den besten, den er je besessen, verloren hatte.

7

Die Scheidung Frances Howards von Robert Devereux, dem Earl of Essex, war schnell ausgesprochen worden. Die alten Herren der vom König eingesetzten Kommission hatten sich darauf beschränkt, die Gräfin aus lüstern glitzernden Augen zu betrachten und sie nicht mit unnötigen Fragen gequält. Devereux mußte als Prügelknabe herhalten und wurde für schuldig befunden, seine Frau vernachlässigt und die Ehe damit sinnlos gemacht zu haben. Er trug den Schuldspruch geduldig. Nun konnte er sich noch gewissenhafter seiner Arbeit widmen.

Die Trauung der schönen Frances mit dem Grafen von Somerset – Robert Carr trug seinen neuen Titel mit Freuden und unbeschwert, er hatte mittlerweile seinen Freund Overbury fast völlig vergessen – wurde bald nach der Scheidung vollzogen und fand großen Anklang in der Londoner guten Gesellschaft. Was Rang und Namen am Hofe Jakobs I. hatte, drängte sich nach einer Einladung – und bekam sie, denn Carr war es einer großen Zahl von Höflingen schuldig, sich ihr Schweigen über die Vergangenheit seiner Frau auch dadurch zu erkaufen, daß er sich gut mit ihnen stellte. Das Flüstern und Wispern nahm während des Balles kein Ende, und die meisten der anwesenden Männer versuchten, wenigstens einmal in die unmittelbare Nähe der Braut zu kommen, denn es war doch aufregend, der berühmt-berüchtigten Lady die Hand zu reichen. Mochten sie auch noch so prüde tun, im Grunde genommen beneideten sie Carr um sein Glück.

Frances Howard genoß es, Mittelpunkt zu sein. Sie sah sich mit dieser Heirat fast am Ziel ihrer Wünsche. Je mehr Einfluß Robert Carr beim König errang, desto schneller würden sich Klatsch und Tratsch um ihre Person beruhigen.

Die einzigen, die in der königlichen Gunst mit Carr

konkurrieren konnten, waren Georg Villiers, der neue Herzog von Buckingham, und der neue spanische Gesandte Graf Gondomar, ein überaus gewandter Diplomat, der es schon bei der ersten Begegnung verstanden hatte, den König ganz für seine Person einzunehmen. Auf ihn mußte man besonders achten, doch auch er war, wie Frances Howard rasch bemerkte, weiblichen Reizen nicht abhold.

Einen besonderen Glanzpunkt erhielt der Hochzeitsball, als zu vorgerückter Stunde der König dem jungvermählten Paar die Ehre seiner Anwesenheit gab. Jakob kam natürlich nicht mit leeren Händen, sondern verlieh Robert Carr, den er vor wenigen Wochen erst zum Grafen gemacht hatte, nun auch noch das Amt des Schatzmeisters von Schottland, womit sich dessen Bezüge beträchtlich erhöhten.

Während sich seine Todfeindin nach Herzenslust amüsierte, saß Sir Thomas Overbury in seiner Zelle im Tower. Man hatte ihm nicht das schwärzeste und schmutzigste Verlies zugewiesen, denn er war ja immerhin ein Ritter. Doch der Kommandant, Sir Gervase Elways, der Sir Thomas einmal zu einem belanglosen Gespräch besucht hatte, wußte von seinem Busenfreund Gideon Weston, daß der junge Mann nicht hier im Staatsgefängnis saß, weil er das Vertrauen des Königs verloren hatte, sondern daß ihn der König auf Bitten seines Sekretärs von der Bildfläche Londons verschwinden ließ. Das aber bedeutete, daß niemand sich des Ritters erinnern, daß niemand ihm einen Prozeß machen und er so lange hinter den Mauern am Ufer der Themse eingeschlossen sein würde, bis Robert Carr starb oder beim König in Ungnade fiel. Beides aber schien auf Jahrzehnte hinaus unmöglich zu sein.

Overbury kannte die genauen Zusammenhänge nicht, doch er war sich darüber klar, daß seine Freiheit so lange ein unerfüllter Traum bleiben würde, wie es Frances Howard und ihren unerbittlichen Haß gab. Doch er war bereit, um sein Leben zu kämpfen. Overbury fühlte sich keineswegs dazu verpflichtet, Carr nach dem Verrat ihrer Freundschaft auch noch im Gefängnis die Treue zu halten. Er wollte so schnell wie möglich wieder aus dieser Festung heraus. Dazu würden ihm aber weder Sir Gervase noch der König, dazu konnte ihm nur Robert Carr verhelfen. Doch man würde ihn wohl zwingen müssen.

Viele Tage und Nächte des Grübelns hatten Sir Thomas Overbury schließlich den einzig möglichen Weg erkennen lassen, den er in Richtung Freiheit beschreiten mußte, der ihn jedoch auch in den Tod führen konnte. Jedoch er sah keine andere Möglichkeit.

Über seinen Gefängniswärter bat er Sir Gervase um die Erlaubnis, einen Brief schreiben, ihn mit seinem Ring siegeln und für einen guten Botenlohn direkt durch seinen Wärter befördern lassen zu dürfen, ohne mit Kontrollen oder Schwierigkeiten rechnen zu müssen. Es handle sich, gab er als Grund an, um die Aufzeichnung einiger Geheimnisse, die für den König wichtig seien.

Elways war beschränkt genug, sich mit dieser Notlüge seines hochrangigen Staatsgefangenen zu begnügen und versorgte Overbury mit allem, was der für einen Brief benötigte.

Sir Thomas nutzte die wenigen Stunden, zu denen Tageslicht in seine Zelle fiel, und schrieb an Robert Carr:

»Sir!

Ich habe die lange Zeit, die ich nun bereits als Gefangener unseres großmächtigsten Königs im Tower verbringe, auf eine Nachricht von Ihnen gehofft, die den Verdacht ausräumt, ich hätte diese Behandlung meiner Person nicht dem Herrscher, sondern viel mehr Ihnen und der Gräfin von Essex zu danken.

Leider habe ich bisher weder einen Brief von Ihnen noch eine andere Botschaft erhalten. So scheint sich also meine Vermutung zu bewahrheiten, und ich muß Ihnen mitteilen, daß meine bislang freundschaftlichen Gefühle für Sie sich mehr und mehr in Abscheu vor Ihrem schändlichen Verhalten verwandeln.

Wenn auch die Gräfin Ihre Liebe nicht verdient, so bin ich doch bereit, Ihre Gefühle für sie zu akzeptieren. Was ich jedoch weder mit dem Herzen noch mit dem Verstand jemals begreifen werde, ist, wie Sie, Sir Robert, mit unserer Freundschaft umgegangen sind, wie Sie mir meine Fürsorge und Hilfe bei Ihrer Karriere gedankt haben.

Ich bin zu jung, um mein Leben hinter dicken Mauern und abgeschieden von der Welt zu verbringen. Wenn ich je gefehlt habe, dann nur insofern, als ich nicht stark genug war, Sie davon zu überzeugen, in welch verderbliches Abenteuer Sie sich mit der Gräfin von Essex einlassen.

Sie wissen, Sir Robert, daß es während unserer gemeinsamen Tätigkeit in den vergangenen Jahren Ereignisse gab, von denen nur wir beide wissen, und die, sollte der König je von ihnen erfahren, Ihren Sturz in eines der tiefsten Verliese des Tower bewirken können. Ich erinnere an unsere gemeinsamen Intrigen gegen Sir Robert Cecil, die Ihnen, bedenkt man es recht, letztlich Ihre heutige Position einbrachten, oder auch an unsere Gespräche mit den ausländischen Gesandten, von denen wir ziemlich viel Geld erhielten.

Ich verzichte darauf, hier Einzelheiten darzulegen, um einem möglichen Zensor keine weitere Handhabe gegen uns zu geben. Ich hoffe, daß Sie noch rechtzeitig zur Einsicht kommen und mir zur Freiheit verhelfen. Sollte sich diese Hoffnung allerdings nicht erfüllen, werde ich Mittel und Wege finden, meine Kenntnisse an die richtigen Personen weiterzuleiten, ohne dabei Schaden fürchten zu müssen.

Ich sehe mich leider zu diesem Vorgehen gezwungen, ist es doch das einzige, das einem in Vergessenheit geratenen Gefangenen noch bleibt.

Ich rechne auf Ihren Verstand, Sir Robert, und vielleicht auf einen Rest unserer früheren freundschaftlichen Gefühle. Reagieren Sie schnell.

Ich zeichne als Sir Thomas Overbury«

Robert Carr erhielt diesen Brief in den frühen Abendstunden. Seine Frau ließ sich gerade von ihrer Dienerschaft für den Abend herrichten, so daß er sich in Ruhe mit dem Schreiben befassen konnte, dessen Schriftzüge ihn schon in Schrecken versetzt hatten. Er hatte Overburys korrekte steile Handschrift sofort erkannt.

Robert Carr erbrach das Siegel, faltete das steife braune Papier auseinander, rückte seinen Stuhl näher an die blakende Öllampe und begann zu lesen. Ließ schon die ungewöhnlich knappe Anrede nichts Gutes ahnen, so stieg Carrs Erregung von Satz zu Satz und wurde schließlich zu panischer Angst.

Was Overbury plante, war Carrs Untergang, das konnte man drehen und wenden, wie man wollte. Wenn dieser Mann sprach oder sein Wissen zu Papier brachte – es war nicht auszudenken! Ade, Sekretär des Königs, ade, Schatzmeister von Schottland, ade, Viscount of Rochester, ade, Earl of Somerset, und ade auch, Frances Howard!

Das durfte nicht sein! Er mußte Mittel und Wege finden, Overbury Gerechtigkeit zu verschaffen, ihm wieder zur Freiheit zu verhelfen und ihn dann zu überreden, außer Landes zu gehen.

So saß der Sekretär des Königs lange Zeit und grübelte. Es war Mitte Juli und ungewöhnlich warm. Durch das geöffnete Fenster drang das Rauschen der Bäume aus dem weitläufigen Park herein. Carr jedoch nahm die Ruhe dieses herrlichen Abends nicht wahr.

Seit mehr als einer Stunde hatte er sich nicht bewegt, als Frances Howard den Salon betrat. Sie trug ein weites, ungewöhnlich dünnes Gewand aus chinesischer Seide mit tiefem Dekolleté. Ihr dunkles Haar umrahmte das schöne

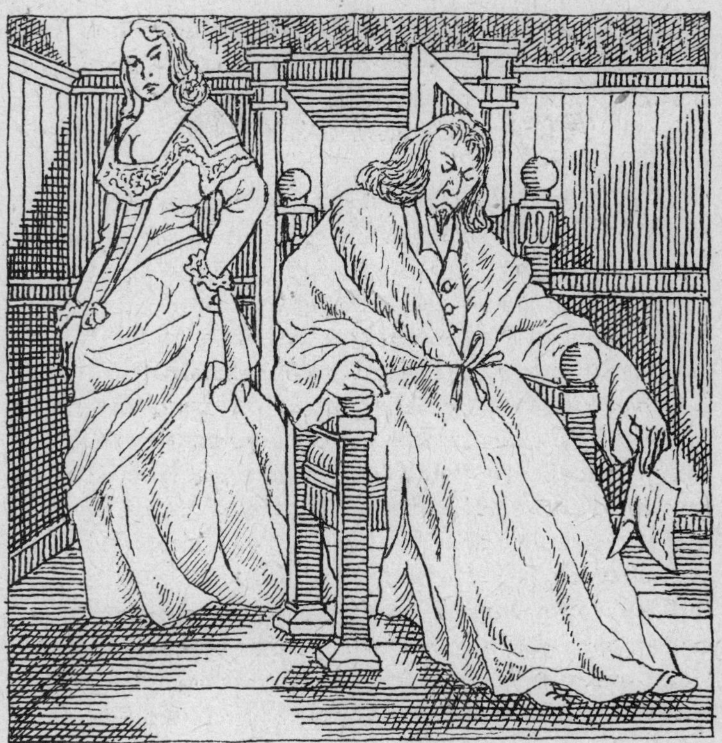

weiße Gesicht. Als einzigen Schmuck trug die Gräfin einen großen Rubin.

Carr sah nicht einmal auf, als sie in diesem verführerischen Gewand vor ihm erschien. Ihre gute Laune war im Nu verflogen. Langsam ging sie auf ihn zu, einen mißbilligenden Blick in den blauen Augen.

Endlich bemerkte er sie, fuhr aus seinem Dämmerzustand hoch und versuchte, den verhängnisvollen Brief hinter seinem Rücken zu verstecken. Doch sie hatte das Papier bereits gesehen und riß es ihm aus der Hand.

»Was ist das?« fragte sie drohend und trat einen Schritt zurück, um ihre Beute in Sicherheit zu bringen.

»Ein Brief«, entgegnete er nach langem Zögern.

»Ein Brief? Von wem? Schreiben dir schon andere Weiber, mein Bester?«

Carr wehrte erschrocken ab. Das fehlte noch, daß sie ihm eine Eifersuchtsszene machte. »Nein, nein. Von einem Mann.«

»Von welchem? . . . Mein Gott, rede endlich! Kenne ich ihn?«

»Ja.«

»Also, wer ist es?« drängte Frances.

»Sir Thomas Overbury«, sagte er leise.

»Der?« fuhr sie unvermittelt auf. »Was hat der dir noch zu schreiben? Reicht es ihm noch nicht, im Gefängnis zu hocken? Ich habe dir damals gleich gesagt, du sollst ihn uns ein für allemal vom Halse schaffen. Aber der Herr Sekretär wußte wieder einmal alles viel besser als ich. Was will der Mann?«

»Er braucht meine Hilfe.«

»Deine Hilfe braucht er? Ausgerechnet deine? Daß ich nicht lache! Lies vor!«

Sie gab ihm mit herrischer Gebärde den Brief zurück. Vor vielen Jahren hatte sie zwar selbst einmal schlecht und recht bei einem Hauslehrer des Herzogs von Suffolk das Lesen gelernt, doch sich seither nie wieder darin geübt. So war ihr nur die Erinnerung an einige Buchstaben geblieben, gerade genug, um ihren Namen schreiben zu können und nicht unter jedes Dokument ein Kreuz malen zu müssen. Jetzt bedauerte sie dies zum ersten Mal, denn sie traute dem Gatten durchaus zu, daß er ihr etwas anderes vorlas, als wirklich in diesem Schreiben stand, oder daß er ihr wichtige Passagen verheimlichte. »Aber lies, was da steht, und belüg mich nicht«, beugte sie deshalb vor.

Carr blieb keine Wahl. Er fügte sich in sein Geschick und las, was Overbury geschrieben hatte, wohl wissend, daß in diesem Moment seine Vorsätze, dem verratenen Freund zu helfen, zu Illusionen wurden. Und jetzt erschien ihm jedes einzelne Wort noch bedrohlicher als beim ersten Mal.

»Aha!« rief Frances, nachdem er den Brief wieder hatte sinken lassen. Sie war in den letzten Minuten ungeduldig im Zimmer hin- und hergegangen, die Hände auf dem Rücken verschränkt. Mit keinem Wort hatte sie ihren Mann unterbrochen, wenn sie auch gegen Ende des Briefes vor Ingrimm und Wut laut hätte aufschreien mögen. »So ist das also. Er droht dir, erpreßt dich. Und du, was tust du? Du faselst von Hilfe und hast noch Mitleid mit dem Kerl, ausgerechnet mit ihm, der uns schon immer im Wege stand und nun unsere Existenz bedroht!«

»Unsinn«, sagte Carr, aber es klang nicht überzeugt. Die Gefahr, die von Overburys Drohung ausging, war groß. Was konnte er tun, als nachzugeben? »Ich muß ihm helfen, seine Freiheit wiederzuerlangen, dann wird er schweigen.«

»Du Tropf!« sagte sie und sah ihn voller Verachtung an. Nein, mein Lieber, dachte sie, in diesem Fall wirst du deine Meinung nicht durchsetzen, hier geht es um unsere Zukunft. Etwas milder fuhr sie fort: »Du glaubst doch nicht etwa, daß Overbury schweigen und die Schmach verwinden wird? Kaum wieder unter Leuten, wird er reden. Und dann sind wir geliefert. Hilfe, Freiheit – das sind schöne Worte, mein lieber Robert. Vergiß alles, den Brief, den Mann, die Probleme. Überlaß die Sache mir, ich werde schon damit fertig werden, darauf kannst du dich verlassen! Und ich werde gleich mit meinen Vorbereitungen beginnen.«

Sie nahm Carr den Brief wieder ab, faltete ihn säuberlich zusammen und ging hoch erhobenen Hauptes aus dem Zimmer.

Carr sah ihr ängstlich nach und rief: »Aber daß ihm kein Leid geschieht!«

Die Antwort war nur ein höhnisches Lachen.

8

Es tat gut, auf dem Rücken zu liegen, die Arme hinter dem Kopf verschränkt, den Blick zur Decke gerichtet. Sir Thomas Overbury war monatelang verzweifelt in seiner Zelle hin- und hergewandert, immer acht Schritte zum Fenster, Kehrtwendung, acht Schritte zur Tür, Kehrtwendung, acht ... Dabei hatte er jedes einzelne Detail, jedes Wort seines Gespräches mit dem König noch einmal überdacht und war immer wieder nur zu dem Schluß gekommen, daß alles ein von Carr inszeniertes Schauspiel gewesen und seine Verbannung in den Kerker vermutlich schon beschlossen war, bevor er den Thronsaal überhaupt betreten hatte.

Nun, da der Brief an den Grafen von Somerset abgeschickt war, schöpfte Overbury wieder Hoffnung. Wie schön würde es sein, Janet wiederzusehen, die nicht einmal wußte, wo er sich zur Zeit befand. Wie schön würde es sein, wieder arbeiten und schreiben zu können, seinem bereits fertigen, aber noch unveröffentlichten Werk »Observations in His Travailes Upon the State of the XVII Provinces« (Beobachtungen auf meinen Reisen durch die 17 Provinzen) weitere wissenschaftliche Schriften folgen zu lassen. Er wäre sogar bereit, mit Janet darüber zu sprechen, ob diese ihm nach Paris an die Gesandtschaft folgen würde.

Das Wichtigste war, daß Carr nicht so dumm war, den Brief der Gräfin zu zeigen. Sie würde, dessen war sich Overbury sicher, Mittel und Wege finden, ihn für alle Zeiten zum Schweigen zu bringen. Und so verknüpfte er seine Gedanken an die Zukunft mit inbrünstigen Gebeten, in denen er Gott ersuchte, Carr von jenem Schritt abzuhalten.

Eine Woche des Abwartens und Hoffens war seit der Bestellung des Briefes an den Sekretär des Königs vergangen, als sich zu ungewohnter Zeit die Zellentür öffnete und, von zwei Wächtern des Towers begleitet, ein Mann in das Verlies trat, den der Gefangene noch nie gesehen hatte. Er war von athletischer Gestalt, elegant gekleidet, trug das schwarze Haar bis über die Schultern herab und sprach mit tiefer, angenehmer Stimme.

»Sir«, sagte er höflich, »ich bin Gideon Weston, Ihr neuer Wärter. Ich bin vom Tower-Kommandanten Sir Gervase Elways beauftragt, Ihnen mitzuteilen, daß unser gnädiger König Ihr Strafmaß im Hinblick auf Ihr renitentes Verhalten verschärft hat ... Schweigen Sie, ich bin noch nicht am Ende! Sie werden sofort in eine andere, kleinere Zelle im Innern des Tower verlegt, und Sie erhalten täglich nur noch eine Mahlzeit. Es ist Ihnen verboten zu schreiben oder mit anderen Menschen außer mir zu reden. Wer den Sekretär des Königs beleidigt und verleumdet, tut diesen Schimpf zugleich seiner Majestät an und muß dafür büßen. Folgen Sie mir!«

Overbury konnte diesen plötzlichen Wandel von froher Hoffnung zu völliger Ausweglosigkeit nicht begreifen. Er ahnte lediglich, daß etwas geschah, das einem Todesurteil gleichzusetzen war. Mechanisch raffte er seine Utensilien zusammen, mit denen er bisher noch sein Äußeres notdürftig gepflegt hatte. Sie würden in der Dunkelzelle nutzlos sein, waren aber seine einzigen Erinnerungen an das normale Leben.

Gideon Weston lächelte stillvergnügt, als er dem kleinen Zug voranschritt. Das war wieder mal ein Auftrag nach seinem Geschmack. Nicht mehr nur Bote sein und Prügelknabe! Overbury würde sicherlich schon nach kurzer Zeit sein Vermögen darum geben, ihm nie begegnet zu sein. Daß diese einschneidenden Veränderungen im Leben des Ritters ausschließlich von ihm ausgedacht und mit Sir Gervase' Hilfe realisiert worden waren und daß weder Carr noch der König wußten, was in ihrem Namen hinter den Mauern der Festung geschah, verlieh dem Auftrag seinen besonderen Reiz.

Von nun an besuchte Weston sein Opfer täglich. Zunächst quälte er Overbury, um ihm die im Brief angedeuteten Geheimnisse zu entlocken, mit denen er Carr später selbst einmal erpressen wollte, durch lebhafte Schilderungen des Lebens in der Freiheit, mit Berichten von Festen und Feierlichkeiten am Hofe Jakobs, mit erfundenen Nachrichten über die Untreue Janets.

Später ging er dazu über, Overbury an seine Lagerstatt zu fesseln und körperlich zu quälen. Als ihm das keinen Spaß mehr bereitete, entzog er ihm tagelang das Essen und ersetzte es dann plötzlich durch Gerichte, die mit übermäßig viel Fett gekocht waren und dem Gefangenen Verdauungsstörungen bereiteten.

Overbury schwieg, was ihm auch angetan wurde. Für Weston zeigte er nur Verachtung.

Zwei Monate waren so schon vergangen, ohne daß der Wärter auch nur ein Wort von seinem Gefangenen gehört hatte.

Da ließ Weston eine große eichene Tür und mehrere Feldsteine herbeischleppen. Dann zwang er den schon recht schwachen Overbury, sich auf den Boden der Zelle zu legen. Weston wuchtete die Tür auf sein Opfer und beschwerte sie zusätzlich mit den Steinen. Jetzt war Overbury klar, daß es seinem Ende entgegenging, denn auf diese Weise wurden seit Jahren in den englischen Gefängnissen die Schwerverbrecher hingerichtet.

Doch Weston hoffte noch immer, etwas Brauchbares zu erfahren, mit dem er Carr und die sich immer herrischer gebärdende Frances Howard in die Hände bekam. Also dosierte er die Folter und hielt Overbury lange an der Grenze zwischen Leben und Tod. Aber umsonst, der tapfere Mann schwieg beharrlich.

Weston war, da Frances Howard bereits ungeduldig wurde, nun endlich entschlossen, Sir Thomas Overbury seinem Herrgott zu empfehlen. Doch wie Mord durfte das Ende des jungen Mannes nicht aussehen, das war auch

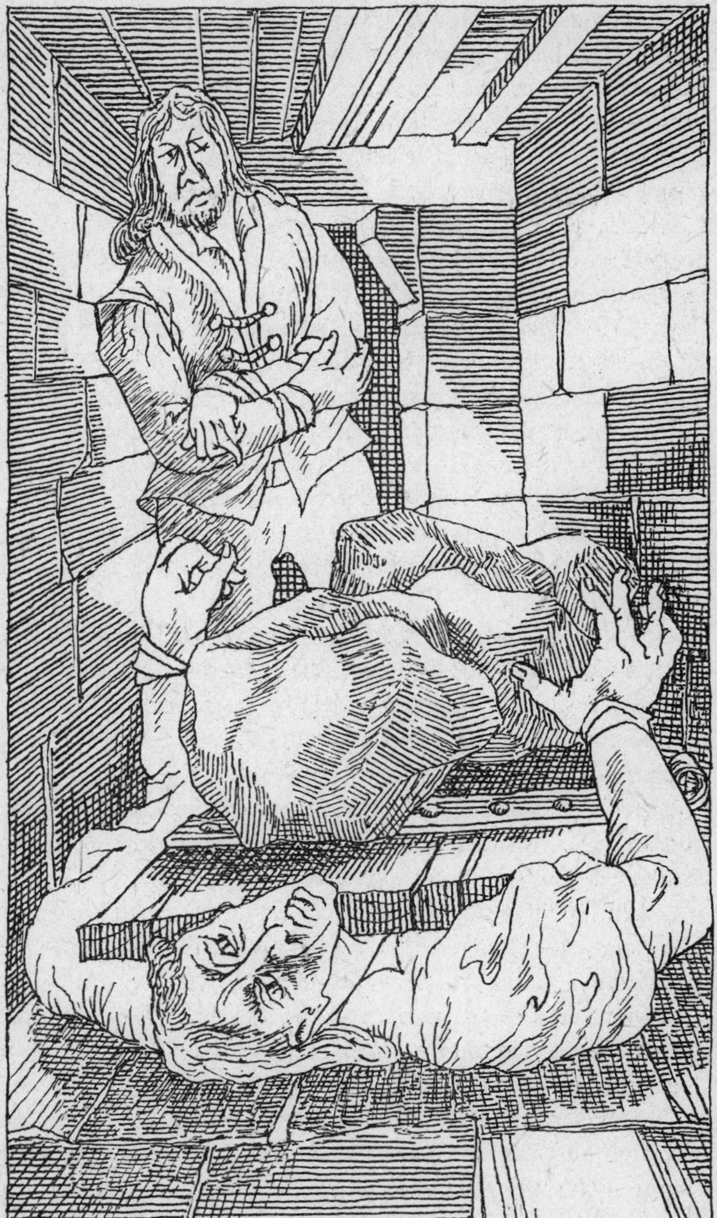

nach der langen Zeit, in der sich niemand um den Ritter gekümmert hatte, noch gefährlich. Also gab er dem schwachen Mann gutes Essen, er versorgte die von der Tortur verursachten Wunden, ließ ihm die Haare frisieren und bot ihm die Möglichkeit, sich wieder wie ein Mensch zu pflegen.

Gleichzeitig jedoch befahl er seinem alten Freund Harry Franklin, in der Apotheke Arsenik zu beschaffen. In kleinsten Mengen gab er es dem Essen Overburys bei. Der starb zwar nicht daran, er bekam aber erneut heftige Verdauungsstörungen, was Weston schließlich ermöglichte, ihm zur Linderung ein Klistier anzubieten. Trotz böser Ahnungen ging Overbury auf den Vorschlag ein. Dies war sein Verhängnis.

Das Klistier enthielt mehr Arsenik als nötig war, ihn umzubringen. Sir Thomas Overbury, der Literat und Staatsmann, starb am 15. September 1613 unter entsetzlichen Schmerzen.

Der König nahm die Nachricht von seinem Tode gelassen hin. Im Hause des Grafen von Somerset aber gab wenige Tage danach die Gräfin einen festlichen Empfang, natürlich mit einem unverfänglichen Grund für die Einladung.

Gideon Weston sprach an diesem Abend gemeinsam mit seinem Freund Sir Gervase Elways übermäßig dem Alkohol zu.

9

Overburys Leichnam wurde mit den Ehren beigesetzt, die einem Ritter zukamen.

In der Umgebung des Königs nahm man die von Carr verbreitete Information hin, der junge Mann sei »an einer plötzlich aufgetretenen Krankheit des Leibes« gestorben. Doch außerhalb der königlichen Gemächer und des Thronsaales verbreitete sich das Gerücht, Overbury sei bestimmt ermordet worden, und die Somersets wären daran nicht unbeteiligt.

Laut jedoch sprach niemand diesen schrecklichen Verdacht aus, denn noch herrschte Robert Carr über des Königs Meinung und seine Handlungen.

Knapp zwei Jahre gingen nach Overburys Tod noch ins Land, dann bekamen die Gerüchte über den Mord neue Nahrung und wurden durch einen Zufall über Nacht zur Gewißheit.

Der greise Lord Shrewsbury nämlich empfahl einem Staatsrat, der bei ihm um Unterstützung nachgesucht hatte und für die Regelung einer ihm wichtigen Angelegenheit einen vertrauenswürdigen Mann brauchte, zu ebendiesem Zweck den Tower-Kommandanten Sir Gervase Elways, den der Lord zwar für ein bißchen beschränkt, aber nichtsdestoweniger für fähig hielt, dem Staatsrat den gewünschten Dienst zu erweisen.

Der Staatsrat, ein vorsichtiger Mann, suchte Elways zunächst etwas kennenzulernen und fragte ihn über sein Leben aus. Dieser war dumm genug, das Gespräch auf Overbury zu bringen. Er erzählte, wie sehr er sich um Overburys Leben und Gesundheit bemüht habe. Gegen die Machenschaften Westons und Franklins sei er allerdings nicht angekommen. So gedachte er seine Klugheit und Gerechtigkeit ins rechte Licht zu setzen und sich als Freund des allseits geachteten Overbury darzustellen. Doch damit war heraus, was er eigentlich hatte verschweigen sollen. Er hatte eingestanden, daß er um den Mord wußte und sich damit selbst verdächtig gemacht. Der Staatsrat zeigte ihn an.

Man holte sich die Mörder, und auch Elways wechselte vom Zimmer des Kommandanten in eine Zelle. Ein peinliches Verhör folgte dem anderen. Elways widerstand der Folter nicht lange. Er belastete Weston nach besten Kräften. Der aber ließ kaum etwas auf sich sitzen, sondern opferte bedenkenlos seine langjährige Vertraute und Geldgeberin, die Gräfin von Somerset. Und er ließ auch durchblicken, daß Carr durchaus von dem Mord gewußt haben müsse. Das traf auch zu, denn Robert Carr ahnte, was sich, nachdem Frances Howard den Brief in die Hände bekommen hatte, hinter den Mauern des Tower ereignete.

Lordoberrichter Sir Edward Coke zögerte nicht, die Mörder und Mitwisser zum Tode zu verurteilen und sofort hinrichten zu lassen, nachdem Jakob das Urteil bestätigt hatte. Dann erst berief er die Verhandlung gegen Robert Carr und Frances Howard ein, die mittlerweile auch festgenommen worden waren.

Es sollte ein Prozeß werden, der deutlich machte, wie auch im mittelalterlichen England für gleiches Vergehen unterschiedliches Recht gesprochen wurde, wie man Vertreter der niederen Schichten und Angehörige der oberen Gesellschaftskreise behandelte.

10

Am 24. April 1613 ging in Whitehall ein handschriftlich vervielfältigter Brief in alle Teile des Landes ab, mit dem die Peers zu Gericht geladen wurden. Der Lordoberrichter schrieb ihnen:

»Herzlichen Gruß zuvor an Ewigliche Gnaden! Alldieweilen Seine Majestät der König beschlossen hat, daß der Earl of Somerset und die Gräfin, seine Frau, jüngst der Felonie bezichtigt und angeklagt wegen Mordes und Vergiftung des Sir Thomas Overbury, dazumal Gefangener Seiner Majestät im Tower, empfangen sollen ihr gesetzliches und öffentliches Recht durch die Peers, alsbald nach Beendigung dieser gegenwärtigen Ostersitzung. Und ist beim Verfahren wider diese hochgeborenen Personen Ewiglicher Herrlichkeit Gegenwart von Nöthen, sowohl als Peer des Reiches als nicht minder wegen Ihrer erprüften Weisheit und Unbescholtenheit. Hierdurch erfahren demnächst Ewigliche Herrlichkeit, daß es Seiner Majestät

Wille ist und mittelst dieses Schreibens sein Befehl, daß Ewigliche Herrlichkeit sich nach der Stadt London begebe und zwar am elften Tage des folgenden Monats Mai, also einige Tage vor dem eingesetzten Gerichtstage, wo dann Ewigliche Gnaden mehr von Seiner Majestät Willen erfahren werden. So, nicht zweifelnd, daß Ewigliche Herrlichkeit nicht säumen werden, Seiner Majestät Weisung Folge zu leisten, befehlen wir Sie Gott.«

Pünktlich am festgesetzten Tag fanden sich die Vertreter des Hochadels zum Gerichtshof ein. Mitte Mai begann der Prozeß gegen Graf und Gräfin Somerset in der Justice Hall Westminster unter dem Vorsitz von Lordoberrichter Sir Edward Coke. Als Anwalt der Krone fungierte Sir Francis Bacon, der spätere Lordkanzler und Siegelbewahrer, Autor der klassischen Utopie »Neue Atlantis« und von Karl Marx als »Stammvater des englischen Materialismus« bezeichnet.

Sir Edward trennte das Verfahren gegen Robert Carr von der Verhandlung gegen Frances Howard ab, und es fiel den Peers keinen Augenblick schwer, den in Ungnade gefallenen Günstling Jakobs, vor dem sie noch Wochen zuvor gezittert hatten, des Mordes für schuldig zu befinden. Obwohl Carr beharrlich seine Mitschuld am Tode Overburys leugnete, brach der beisitzende Richter Sir Richard Koningsby den Stab über ihn. Das Urteil lautete: Tod durch den Strang.

Am nächsten Tag wurde Frances Howard vor die Schranken des Tribunals geführt. Die Haft im Tower hatte ihr wenig angehabt, sie war schön wie eh und je, nur ein bißchen blasser vielleicht als sonst, was ihre Wirkung auf die Peers jedoch nur noch erhöhte. Als sie, mit einem feinen Leidenszug in den Mundwinkeln und schamvoll niedergeschlagenen Augen, die Justice Hall betrat, ging ein Raunen durch den Raum.

Sir Edward Coke, bei dem die Gräfin ebenfalls tiefen Eindruck hinterließ, eröffnete die Sitzung mit dem vorgeschriebenen Zeremoniell und sagte: »Mylords, der Grund, weshalb Sie heute hierher berufen sind, ist, als Peer über Frances, Gräfin von Somerset, zu Gericht zu sitzen.«

Dann wandte er sich der Angeklagten zu, die bleich und schön wie eine Venus vor ihm stand, und der glitzernde Tränen die Wangen hinunterliefen. Mit zarter Stimme fragte der sonst so harte und bedenkenlose Mann: »Frances, Gräfin von Somerset, was sagst du darauf? Bist du schuldig der Felonie und des Mordes oder nicht schuldig?«

Einige Peers hielten jetzt den Atem an und die älteren sogar die Hand hinter die Ohrmuscheln, um besser hören zu können, doch nur die ersten, der Gräfin am nächsten Sitzenden hatten das Glück, ihr mit schwacher, zitternder Stimme vorgebrachtes »schuldig« zu vernehmen, das ihnen einen wollüstigen Schauer den Rücken hinunterjagte. Es kam wirklich selten vor, daß jemand so einsichtig war, sein Verbrechen zuzugeben, bevor noch der Ankläger das erste Wort gesprochen hatte. Frances Howards Verhalten nahm ausnahmslos alle Peers für sie ein, und selbst der Kronanwalt konnte sich kaum enthalten, ihr seine Sympathie zu bekunden. Und darauf hatte es die Gräfin ja auch angelegt. Sie wußte, wie sie die greisen hohen Herren am wirkungsvollsten beeindrucken konnte. Wenn es irgend etwas gab, das sie vor dem Galgen oder dem Beil zu retten vermochte, dann waren es Einsicht und Reue. Während des gesamten Prozesses fehlte es ihr keinen Augenblick daran.

Als das Schuldbekenntnis der Gräfin verklungen und lange genug in den Gemütern der Peers nachgehallt war, erhob sich der Kronanwalt zu einer langen Rede, gespickt mit Artigkeiten gegenüber der Lady, wie sie wohl kaum je ein Ankläger in einem Mordprozeß von sich gegeben hat. Mit dieser wohlgesetzten »Anklage« nahmen Seine Herrlichkeit wesentlichen Einfluß auf den Verlauf des Prozesses. Im Protokoll der Verhandlung liest sich das, was er sagte, so:

»Ich bin froh, ein so freies Eingeständnis aus dem Munde der Dame zu vernehmen, denn ein Eingeständnis ist edel. Diejenigen, welche vor ihr angeklagt wurden, verharrten nach der Klage in Leugnen, nämlich Weston, Elways und Franklin. Aber Sie sehen in dieser Lady Demut und Reue, indem sie so vor Gericht plädiert. Und in der Tat kann sie auch nur ein Gegenstand des Bedauerns sein, mögen Sie nun ihr Geschlecht oder ihre hohe Abkunft ins Auge fassen.«

Sir Francis Bacon setzte eine kummervoll-strenge Miene auf, sah bedeutungsvoll in die Runde und fuhr in beschwörendem Ton fort: »Aber heute und morgen hat die Krone nur das Amt der Gerechtigkeit. Sitz der Gnade ist im inneren Teil des Tempels, der Thron steht offen vor aller Augen. Und deshalb kann ich nur bitten, das soeben gehörte Geständnis zu bedenken und erst dann zu urteilen.

Da die Peers nun einmal versammelt sind, ist es gut, um der Ehre Willen des Königs Gerechtigkeit feierlich walten zu lassen. Seit Seiner Majestät Regierungsantritt *ist kein adliges Blut vergossen worden.* Aber sei er auch der gütigste Herr von der Welt, das hindert ihn nicht, der beste König zu sein. Der ist ein rechter Stellvertreter, der kein Ansehen der Person gelten läßt.«

Der Kronanwalt sagte seinen letzten Satz nicht mit der sonst üblichen Eindringlichkeit, sondern eher etwas gequält und gelangweilt, mit schleppender leiser Stimme, wie eine lästige Pflicht.

Dann ging er schnell zu seiner eigentlichen Anklage über: »Sir Overbury starb vergiftet im Tower von London am 15. September. Er war noch nicht lange tot, als sich das Gerücht verbreitete, es sei mit seinem Tode seltsam gewesen. Obgleich Overburys Blut nach Rache schrie, ward zwei Jahre hindurch die Vox Dei nicht gehört. Es heißt aber: Gloria Dei celare, regis perscrutare rem – es ist der Ruhm Gottes, ein Ding zu verbergen, der des Königs aber, es ausfindig zu machen.

Mittlerweile blendete Gott die Augen dieser beiden großen Anstifter und ihrer Werkzeuge, daß die ersteren nicht um sich sahen, die letzteren nicht flohen. Endlich brach es heraus, und wie die Entdeckung aller Mordtaten, so war auch diese fast wunderbar.«

Sir Francis rückte seine lang herabwallende Perücke gerade, klopfte einige Stäubchen Puder von seiner Robe, räusperte sich umständlich und fuhr fort: »Lord Shrewsbury, der nun bei Gott ist, empfahl Sir Gervase Elways einem Staatsrat. Der Staatsrat erwiderte, daß er diese Empfehlung als eine Gunst für sich betrachte, aber er fügte hinzu, es laste doch auf Elways ein schwerer Verdacht in Bezug auf Overburys Tod, und er müsse wünschen, daß Elways sich zuvor davon rein mache und einige Aufklärung über die Sache gebe.

Als Lord Shrewsbury dieses dem Elways wiedererzählte, war derselbe sichtlich betroffen und machte schon eine Art von Enthüllung. Er sagte nämlich, ja, es wären einzelne Versuche gegen Overburys Leben vorgenommen worden, aber ohne Erfolg, denn er habe sie vereitelt.

Mochte dies auch wahr sein, so hatte er doch mehr aus Schwäche denn aus Rechtsgefühl so gehandelt. Lord Shrewsbury erkannte die ganze Bedeutung dieser Erzählung und teilte sie dem König mit, der augenblicklich befahl, Elways solle seine ganze Kenntnis von der Sache schriftlich niederlegen, was er denn auch tat.

Aber er hielt sich selbst immer noch im Hintergrund und versuchte, lieber andere zu bezichtigen, als sich selbst anzugeben. Der König war entschlossen, die Wahrheit herauszufinden und gab einigen seiner Räte Anweisung, Elways Angaben gründlich zu prüfen. Sie entlockten einiges aus Weston, während wir die weitere Untersuchung Lord Coke überließen, der äußerst sorgsam vorging.

Er vernahm nämlich zwischen zweihundert und dreihundert Personen, und als er fand, daß die ganze Sache wohl auf höhergestellte Personen zurückzuführen sein möchte, bat er, daß ihm noch einige andere Untersuchungsbeamte zugesellt werden möchten, was schließlich nach dem Willen des Königs auch geschah. Aber«, Sir Francis hob die Stimme, »damals wurden auch keine Praktiken unversucht gelassen, um die gewonnenen Enthüllungen wieder zu verfinstern und zu unterdrücken. Man bearbeitete Weston so, daß er gänzlich verstummte. Er sprach erst wieder, als er merkte, daß man ihn fallengelassen hatte. Ähnlich erging es den anderen. So konnten alle Mitspieler der Tragödie verurteilt werden, noch nicht aber ihre Dichter und Verfasser.«

Der Kronanwalt unterbrach sich noch einmal, um der letzten und entscheidenden Passage seiner Rede mehr Spannung zu verleihen. »Jetzt«, rief er dann, zum ersten Mal laut und eindringlich, »wo diese Lady an der Reihe ist, kommt sie der Justiz auf halbem Wege entgegen, durch Bekenntnis, welches der Schlußstein ist entweder von der Gnade oder dem Gericht; doch sagt man, daß Gnade und Wahrheit auch nebeneinander getroffen werden. Wahrheit haben Sie, Mylords, in ihrem Bekenntnis – und das könnte ein Schritt zur Gnade werden, die wir aber dem zu überlassen haben, in dessen Gewalt sie ruht.«

Der Kronanwalt nahm Platz. Er hatte getan, was er für richtig und gut hielt, dem Gericht eine Mörderin zur Verurteilung zugeführt, sie aber zugleich dem König zum Gnadenspruch empfohlen, da sie von Adel war.

Der Rede des Kronanwalts folgte das Verhör. Jeder Peer wollte die schöne Lady nicht nur anschauen, sondern wenigstens auch einmal persönlich mit ihr gesprochen haben. Also dachten sich die Herren Fragen über Fragen aus, solche, die mit dem Mord nicht das geringste zu tun hatten, aber auch solche, mit denen sie Frances Howard immer wieder Gelegenheit gaben, ihre Schuld einzugestehen, sich aber zugleich in Worten und Gesten demütig und reuevoll zu zeigen.

Nach Stunden endlich kam man zum Schluß der langwierigen Verhandlung. Der Kronanwalt erhob sich und sagte, der für solche Fälle vorgeschriebenen Form folgend: »Nachdem Frances, Gräfin von Somerset, angeklagt worden ist als Teilnehmerin der Tat, mit Willen den Sir Thomas Overbury vergiftet und ermordet zu haben, sie auch auf diese Klage verhört worden ist und sich in ihrem Verhöre als schuldig bekannt hat, so fordere ich, daß ihr Bekenntnis einregistrieret und das Urteil gegen die Gefangene gesprochen werde.«

Daraufhin wandte sich der Clerk der Krone als Sekretär des Kronanwalts an die Angeklagte mit der Frage: »Frances, Gräfin von Somerset, hebe deine Hand auf! Nachdem du angeklagt und verhört worden bist und dich für schuldig erkannt hast als Teilnehmerin der Tat, mit Willen den Sir Thomas Overbury vergiftet und ermordet zu haben, was kannst du jetzt für dich anführen, weshalb das Todesurteil gegen dich nicht gefällt werden soll?«

Tiefe Stille herrschte im Saal, als Frances Howard mit brüchiger Stimme und so leise, daß es der Lordoberrichter kaum hören konnte, antwortete: »Ich habe nichts, um mein Vergehen zu verringern. Was ich sagen könnte, wäre nur dazu angetan, es schwärzer zu malen.«

Sir Francis Bacon fühlte sich bemüßigt, noch einmal einzugreifen: »Die Lady ist dermaßen von Reue ergriffen, daß die Zerknirschung sie hindert, ihre Gesinnung laut zu äußern! Aber das, was sie eben in ihrer Verwirrung gesprochen hat, bedeutet, daß sie sich selbst nicht einmal entschuldigen kann, aber um Gnade fleht.«

Jetzt erhob sich Sir Richard Koningsby, der vor dem Lordoberrichter saß. Er ließ sich vor ihm auf die Knie nieder und überreichte Sir Edward Coke den weißen Stab, damit er sein Urteil spreche.

Sir Edward tat es feierlich und nicht ohne innere Erregung: »Frances, Gräfin von Somerset! Nachdem du angeklagt und verhört worden bist und dich für schuldig erklärt und nichts für dich anzuführen hast, ist es jetzt an mir, das Urteil zu sprechen. Nur dies noch voraus: Da die Mylords angehört haben, mit welcher Demut und mit welch tiefem Schmerze du die Tat bekannt hast, so zweifle ich nicht, daß sie es dem König mitteilen werden und seine Gnade für dich zu vermitteln suchen. Dessenungeachtet muß nach dem Gesetz dein Urteil folgendes sein: Du sollst von hier in den Tower von London geführt werden und von dort auf den Richtplatz, und dort sollst du am Nacken gehängt werden, bis du tot bist. Gott sei deiner Seele gnädig.«

Nur bis zum Tower kam Frances Howard wirklich. Dort saß sie mehrere Jahre Zelle an Zelle mit Robert Carr, der nach seiner Inhaftierung wüste Verwünschungen ausstieß und mit der Enthüllung von Geheimnissen drohte, die den König in argen Verruf bringen würden. Trotz –

oder wegen – dieser Drohungen erhielt er im Jahre 1624 gemeinsam mit seiner Frau die Freiheit.

Das Mörderpaar zog sich in eine abgelegene Gegend Englands zurück und lebte dort von dem Rest seines nicht unbeträchtlichen Vermögens, das Carr merkwürdigerweise belassen worden war.

Robert Carr starb 1645, Frances Howard zwölf Jahre später, von der Welt vergessen.

Der Fischer Masaniello

I

Sanftes Licht fiel durch die bunten, reichgeschmückten Fenster der kleinen Kirche del Carmine, wo der Priester Christophorus seinen Dienst an Gott und an den Menschen versah. Es war Sonntag, und wie an jedem Sonntag saß der fast Achtzigjährige in der kleinen, traulichen Sakristei mit seinem Taufkind Tomasso Masaniello im Gespräch beisammen. Irgendwie waren sie auf Campanella gekommen, einen alten, toten Freund des Paters, und dieser Campanella schien Tomasso zu faszinieren.

»Ehrwürdiger Vater, ich bitt' Euch, erzählt mir mehr von diesem Compa . . . Compa . . ., zum Teufel, ich weiß nicht mehr, wie er heißt.«

Der Priester lächelte und verwies den jungen Fischer milde. »Du sollst nicht fluchen und schon gar nicht den Teufel im Munde führen. Campanella heißt er und mit Vornamen Tomasso, genauso wie du und dein kleiner Tomasso.«

Der breitschultrige, groß und kräftig gebaute Mann sah gespannt auf den Priester: »Und dieser Campanella sagt tatsächlich, daß vier Stunden täglicher Arbeit ausreichen, um alle satt zu machen?«

Er lachte schallend.

Der Priester mahnte: »Du befindest dich in einer Sakristei, Tomasso, und nicht auf deinem Fischerboot.«

»Verzeiht, mein Vater, aber wie soll ich glauben, was Euer Campanella sagt, wir arbeiten von Sonnenaufgang bis Sonnenuntergang und dennoch herrscht Hunger in

unseren Hütten. Ich glaube fast, Campanella schwindelt oder er weiß nichts vom Leben.«

»Sprich nicht so, Söhnchen«, sagte Christophorus vorwurfsvoll. »Du kennst ihn nicht, und deine Worte tun ihm Unrecht. Ich aber kenne ihn genau, denn er war über viele Jahre mein Freund.«

»Trotzdem aber verstehe ich nicht, wie einer mit vier Stunden Arbeit satt werden soll.« Tomasso strich sich mit einer schnellen, energischen Geste die Haare aus der Stirn. »Dieses Rezept möchte ich gern kennenlernen! Ach, das wäre herrlich, ab Mittag schon in der Sonne zu liegen und den lieben Gott einen guten Mann sein zu lassen.«

»Ich glaube schon, daß das möglich ist, Tomasso. Dann nämlich, meint Campanella, wenn alle arbeiten und wenn es keine Schurken und Tagediebe mehr gibt.«

»Schurken und Tagediebe? Wen kann Campanella damit gemeint haben? Mich nicht, meine Freunde nicht und auch nicht unseresgleichen. Seht Euch meine Hände an, Vater«, und er hielt ihm seine schwieligen, vom Wind, vom Meer und von der Sonne gebräunten Fäuste entgegen. »Sehen so die Hände eines Tagediebs aus? Vielleicht hat Campanella an die Spanier gedacht, an die Hidalgos und die reichen Neapolitaner, die auf ihren Gütern Tausende für sich arbeiten lassen, nicht vier Stunden, sondern bis in die tiefe Nacht hinein! O diese verfluchten Spanier!«

Den letzten Satz hatte Tomasso fast geschrien.

»Schweig um Gottes Willen, Tomasso. Die Spanier haben ihre Ohren überall. Und schon mancher ist wegen einer geringfügigeren Äußerung an den Galgen gekommen.«

Christophorus bekreuzigte sich hastig: »Campanella meinte einfach die Müßiggänger, und solche gibt es überall.«

Der Priester schwieg, und Tomasso wagte nicht mehr, die Stille zu unterbrechen, so sehr es ihn auch drängte, das Gespräch fortzuführen. Christophorus blickte nachdenklich und voller Zärtlichkeit auf sein »Söhnchen«, wie er Tomasso nannte. Er hatte in der Kirche del Carmine schon den Vater Tomassos, ihn selber und das Kind Tomassos getauft. Und er war es auch gewesen, der den Jungen schon in seinem vierzehnten Jahre lesen und schreiben lehrte. Zum ersten Male erfüllte ihn jetzt der Wissensdurst seines Schützlings mit Sorge. Es konnte für einen einfachen Fischer zum Verhängnis werden, wenn er zuviel wußte und zuviel nachdachte. Noch dazu, wenn er einen Charakter wie Tomasso Masaniello besaß, gutmütig, aber leicht entzündbar und entflammbar. Sein Gerechtigkeitssinn und seine Unerfahrenheit mußten Tomasso in einer Welt, die voller Unrecht und Ungerechtigkeiten war, von Nachteil sein. Christophorus ärgerte sich bereits, daß er das Gespräch auf Campanella gebracht hatte. Er wußte selbst nicht mehr, wie sie plötzlich auf Campanella gekommen waren, auf ihn, der soviel Zündstoff für die Phantasie dieses jungen Heißsporns bot, der ihn jetzt ungeduldig unter seinem blonden, zottigen Haarschopf ansah und darauf wartete, daß er weitersprach. Der Pater versuchte, dem Gespräch eine andere Richtung zu geben.

Er legte vertraulich seine Hand auf das Knie Masaniellos: »Wie geht es deiner Frau Elvira und was macht dein Söhnchen Tomasso? Komm, laß uns von ihnen reden. Ich habe beide seit langem nicht mehr gesehen.«

»O entschuldigt, mein Vater, ich vergaß, Euch den Gruß zu bestellen, den mir Elvira für Euch aufgetragen.«

Tomasso sah schuldbewußt an seinem einfachen sonntäglichen Gewand hinunter, das den Geruch von Meer, Tang und Fisch verbreitete. Dann sagte er verschmitzt: »Aber ich habe Euch unterbrochen, Vater, Ihr wolltet mir ja von Campanella erzählen.«

»Vielleicht ist es nicht gut für dich, Tomasso!«

»Ich will es aber wissen, jetzt gerade, mein Vater«, drängte Masaniello.

Der Priester gab seufzend seinen Widerstand auf. Er wußte, daß er Tomasso mit Ausflüchten nicht mehr würde abschütteln können. Und außerdem: So sehr er auch fürchtete, daß Campanellas Gedanken für Tomasso gefährlich werden könnten, so sehr drängte es ihn auf der anderen Seite, von seinem geliebten Freund zu sprechen. Er verdiente nicht, daß seine Gedanken in Vergessenheit gerieten. Wo aber sollte Campanella sonst weiterleben, wenn nicht im Herzen des einfachen Volkes?

Immer noch unsicher, ob es gut war, das Gespräch auf einen so heiklen Stoff zu bringen, sagte Christophorus: »Wenn du Campanella wirklich verstehen willst, kannst du nicht einfach einen Satz aus dem Zusammenhang herauslösen und daraus Unbedachtes schlußfolgern.«

»Aber ist nicht gerade dies ein Grund, mein Vater, mir mehr von Campanella zu erzählen?«

Christophorus nickte nachdenklich. Er lehnte sich zurück, faltete die Hände in seiner Soutane und überlegte, wie er am besten anfangen könnte. Die Sorge um sein Taufkind gemahnte ihn zur Vorsicht und zu abschwächenden Kommentaren, die Liebe zu seinem Freund wiederum zwang ihn, daß er die Gedanken Campanellas, an deren Wahrheit er glaubte, unverfälscht wiedergab. Zögernd begann er:

»Tomasso Campanella wollte eine Welt voller Licht und Wärme. Er nannte diese Welt den ›Sonnenstaat‹.«

»Das ist ein schöner Name«, warf Tomasso ein. »Ich liebe die Sonne!«

»Ja, Söhnchen, ein schöner Name und ein treffender zugleich. Denn Campanella wünschte, daß in dieser seiner Welt stets und ständig die Sonne des Glücks auf alle scheine.

Die Menschen, sagte Campanella, sollten in dieser Welt nicht den Dingen, sondern die Dinge den Menschen dienen. Deshalb dürfe der einzelne nichts, alle zusammen aber sollten alles besitzen. Jeder sollte gleichermaßen zur Arbeit verpflichtet sein. Zu vier Stunden, Tomasso«, fuhr er lächelnd fort, weil er wußte, welchen Eindruck gerade das auf sein Taufkind gemacht hatte. »Und diese vier Stunden, meinte Campanella, reichten aus, damit jeder und alle in Wohlstand leben könnten.«

Christophorus sah, daß Tomasso die Stirn furchte.

»Was überlegst du, Söhnchen?«

Tomasso sagte, mehr zu sich selbst sprechend, denn zu Christophorus: »Dann müssen sie wirklich unermeßlich reich sein.«

»Wer, Tomasso, muß unermeßlich reich sein?«

»Die spanischen Hidalgos und die anderen in Neapel,

die nichts tun und trotzdem soviel besitzen. Ihr sagtet, mein Vater, wenn jeder in diesem Sonnenstaat vier Stunden arbeiten würde, so könnten alle im Wohlstand leben. Auch heute, obwohl es den Sonnenstaat nicht gibt, arbeiten fast alle und sogar die drei- und die vierfache Zeit. Aber alle, die arbeiten, sind arm geblieben. Wo ist also der Wohlstand hingekommen?«

Tomasso sah den Priester triumphierend an. »Die Hidalgos und die neapolitanischen Grundbesitzer nehmen sich das, was alle erarbeitet haben und was nach Eurem Campanella allen gehören soll. Deshalb müssen sie so unermeßlich reich sein. Ist es so, mein Vater?«

Die Sorge in Christophorus wurde größer, denn er sah, was er in dem Jungen angerichtet hatte, dadurch, daß er ihn lesen und schreiben gelehrt und dadurch, daß er eine mächtige, gefährliche Fähigkeit in ihm entwickelt hatte: die Fähigkeit des Denkens. Wie, wenn er seinen Händen entglitt und diese Fähigkeit ohne seine behutsame Führung gebrauchte?

Dennoch aber vermochte er nicht zu verhindern, daß er in diesem Augenblick auch stolz war auf seinen fast 23jährigen Tomasso, der seinen Verstand so scharf gebrauchte, schärfer und besser als mancher Philosoph, der nie zum Kern der Dinge vorstieß oder vielleicht auch nicht vorstoßen wollte. Tomasso hatte seinen toten Freund gut verstanden.

»Ja, vielleicht will Campanella seine Gedanken so gedeutet wissen«, sagte Christophorus ausweichend.

»Bestimmt«, erwiderte Tomasso zuversichtlich. »Euer Campanella gefällt mir immer besser. Der einzelne darf nichts, aber alle zusammen müssen alles besitzen. Das ist ein guter Satz. Aber hat Euer Freund auch gesagt, wie es dahin kommen soll?«

»Ja, Tomasso, er hat auch darauf eine Antwort gewußt. Die Unwissenheit, so sagte er, ist es, die den Egoismus, die Selbstsucht erzeugt, und der Egoismus wiederum gibt den Menschen ein, auf Kosten der Mitmenschen zu leben. Und deshalb, Tomasso, mußt du dir den Sonnenstaat nicht so vorstellen, daß es mit den vier Stunden Arbeit getan ist, und daß sich dann ein jeder, wie es ihm gefällt, auf seine Bärenhaut legen kann. Nein, Söhnchen, Campanella meint, daß der Sonnenstaat sich ständig erneuern und entwickeln müsse: Durch das Streben der Menschen nach Wissen und Bildung, denn beides sind die Grundlagen dieses Staates. Und deshalb, so sagt mein Freund, müsse sich ein jeder nach seiner Arbeit mit der Wissenschaft und mit Körperübungen beschäftigen, die allein den Geist jung erhalten. Schon in den Kindern soll der Wissensdurst erzeugt und immer wieder wachgehalten werden, zuerst durch Anschauungsunterricht mit Bildern an der Stadtmauer, später durch praktischen Unterricht in Gewerben und in der Landwirtschaft. Das, Söhnchen, ist eigentlich das Wichtigste, was uns Campanella mitzuteilen hat, denn er selbst sagte einmal von sich: Die Unwissenheit zu beseitigen bin ich auf die Welt gekommen.«

Christophorus sah, daß ihm Tomasso mit großer Ungeduld zuhörte und begierig war, wieder selbst zu Wort zu kommen. Kaum hatte Christophorus geendet, platzte er los: »Euer Freund Campanella, Ehrwürdiger Vater, ist bestimmt ein weiser und großer Mann. Aber in diesem Punkte muß er irren.«

»Was meinst du, Tomasso?«

»Das mit der Unwissenheit, die die Menschen egoistisch und selbstsüchtig macht und die sie dazu verleiten soll, auf Kosten anderer zu leben. Unter den Fischern, die Tag für Tag mit mir aufs Meer hinausfahren, ist kaum einer, der lesen und schreiben kann, und dennoch keiner, der egoistisch und selbstsüchtig wäre, und keiner, der nicht von seiner Hände Arbeit lebt. Wir, ich meine die Fischer, würden immer das letzte miteinander teilen!«

»Worauf willst du hinaus, Massaniello?«

Christophorus stellte die Frage, obwohl er die Antwort

vorausahnen konnte. Und sie kam so, wie er sie gefürchtet hatte.

»Lesen und schreiben aber können die spanischen Hidalgos und die reichen Neapolitaner. Sie haben Schulen und Universitäten besucht und besitzen große Bibliotheken. Aber sind nicht gerade sie es, die auf Kosten anderer leben, die egoistisch und selbstsüchtig sind? Verzeiht, mein Vater, ich besitze nur den einfachen Verstand eines Fischers, aber dieser einfache Verstand sagt mir, daß sich Euer großer Freund in diesem Punkte geirrt hat.«

Wenn du deinen einfachen Verstand weiter so gebrauchst, dachte Christophorus, wird er dir noch viel zu schaffen machen. Gleichzeitig aber gestand sich der Priester, daß Tomasso offenbar gerade vermöge dieses einfachen Verstandes befähigt wurde, manche Dinge dieser Welt klarer zu sehen als er selbst. Seine eigene Erfahrung bestätigte ihm, daß Wissen allein die Welt nicht besser machte, und eigentlich hatte sein Freund selbst auch anders gehandelt, als er es in seiner Theorie vom Sonnenstaat verkündete. Er sprach zwar davon, daß man die Welt im Guten und friedfertig zu verändern suchen müßte, aber er war auch bereit gewesen, für dieses Ziel Gewalt einzusetzen.

Christophorus überlegte noch, ob er auch dies seinem jungen Freunde anvertrauen könne, da fuhr Tomasso bereits fort: »Sagt Eurem Freund, mein Vater, daß er sich hier ganz bestimmt etwas Falsches ausgedacht hat. Das ist schade, denn sonst gefällt mir sein Sonnenstaat sehr gut, und er würde sicher auch allen armen Leuten gefallen.«

Nachdenklich sah Christophorus in die Ferne. »Das geht nicht, Tomasso, denn mein Freund ist seit langem tot. Acht Jahre ist es her, da er im Gefängnis starb.«

»Tot und im Gefängnis gestorben?« fragte Tomasso bestürzt und neugierig zugleich.

»Ja, Tomasso. In seinen jungen Jahren, da er stürmisch und unbedacht war wie du, versuchte er, die italienischen

Bauern zum bewaffneten Aufstand gegen die spanischen Eroberer zu bewegen. Mit den Türken verhandelte er, daß sie an den Küsten Italiens ein starkes Heer landeten und gegen die Spanier marschierten. Der Plan aber wurde verraten, und Campanella starb nach siebenundzwanzig Jahren Kerkerhaft in den Verliesen des Vizekönigs.«

»Ah, mein Vater«, rief Tomasso, »das war ein gutes Ziel. Trotz seines Irrtums ist Euer Freund ein Mann nach meinem Geschmack. Tod den Spaniern!«

Tomasso war aufgesprungen und ballte die Fäuste. Erregt stand er vor Christophorus. Der Pater zog ihn am Zipfel seiner Jacke wieder auf den Stuhl zurück. »Um Gottes Willen, schrei nicht so, Söhnchen. Du holst uns die Spanier an den Hals und bringst uns an den Galgen. Um mich ist es nicht schade, denn ich habe mein achtzigstes Lebensjahr bald überschritten und sehne mich nur noch nach Gott. Du aber bist jung. Denk an Elvira und deinen kleinen Tomasso!«

Er legte Tomasso die Hand auf die Schulter und sagte eindringlich: »Hör zu, Tomasso, ob dir die Welt so gefällt, wie sie ist oder nicht. Gott hat sie eingerichtet. Wer aber seine Ordnung in Zweifel zieht, der versündigt sich auch an Gott.«

Christophorus gestand sich ein, daß er gegen seine eigene Überzeugung und nur als Priester sprach, der er vor allem anderen sein mußte. Die Sorge um sein Taufkind zwang ihn, anders zu reden, als er in seinem Innern fühlte. »Campanella begriff die Leidenschaft und die Gewalttätigkeit seiner Jugend als einen Irrtum. Sein Buch ›Der Sonnenstaat‹ hat er nach Jahren tiefen Nachdenkens im Gefängnis geschrieben. Und das, was du als einen Irrtum bezeichnest, ist seine letzte und tiefste Erkenntnis. Nicht durch die Gewalt wird das Reich Gottes auf diese Erde kommen, sondern durch Weisheit und Friedfertigkeit. Und das, Tomasso, solltest du als wichtigste Einsicht mit aus dieser Sakristei nehmen, wenn du mich verläßt.«

»Es fällt mir schwer, aber ich will es versuchen.«

»Denke daran, Tomasso, daß auch Christus, unserem Erlöser, die Gewalt fremd war. Er hat uns durch sein Leben und durch seinen Tod ein wahres Beispiel für unser Erdenwandeln gegeben. Dünke dich nicht klüger als der Sohn Gottes. Zügle die Vermessenheit deiner Gedanken. Versprichst du mir das, Tomasso«, sagte Christophorus voller Unruhe.

Sie wurde größer, als Tomasso ohne eine Antwort, mit dem gewohnten Kuß auf seine welke Greisenhand, von ihm schied.

2

Die Herren des neapolitanischen Senats waren mit einem bangen Gefühl in das Schloß gekommen. Noch nie hatte es Gutes bedeutet, wenn sie der Herzog von Arcos, Vizekönig Seiner Allerchristlichsten spanischen Majestät, zu sich befohlen.

Die düstere Pracht des riesigen Residenzsaales wirkte bedrückend auf die ohnehin ängstlichen Herzen der Senatoren. Philipp IV., umgeben von den Generälen seiner siegreichen Armada, blickte von einem mächtigen Gemälde, das die ganze Stirnwand des Saales einnahm, hochmütig auf seine neapolitanischen Untertanen herab. Der gekreuzigte Christus, die Mutter Gottes mit dem toten Erlöser im Arm und reuige Sünder in den Flammen des Autodafés schmückten die übrigen Wände des Gemachs.

Die mit schwarzem Samt verhangenen Fenster ließen nur spärliches Licht in den Saal hinein, der einer überdimensionalen Gruft des Todes glich. Seine Gnaden, der Herzog von Arcos, machte keine Anstalten, die Senatoren über den Sinn seines Befehls aufzuklären. Die Hände auf dem Rücken verschränkt, schritt er vor ihnen auf und ab, blieb ab und zu stehen, musterte den einen oder anderen kalt, wobei sein Blick stets von den Füßen nach oben glitt, und nahm dann seinen Gang wieder auf.

Die Senatoren wandten, dem Schritt des Herzogs folgend, ihre Köpfe hin und her und empfanden dabei mit Unbehagen, daß die steife spanische Halskrause die Haut des Halses scheuerte. Sie dachten daran, daß ihre Urgroßväter noch die bequeme und freundliche Tracht der Neapolitaner getragen.

Der Herzog von Arcos hatte sich jetzt offensichtlich entschieden, die Senatoren von Neapel nicht länger im Ungewissen zu lassen. Er kehrte ihnen brüsk den Rücken zu und erstieg die Stufen zu seinem Throne, der übrigens unter einem noch weit größeren und prächtigeren stand, bestimmt für Seine auch in Abwesenheit allgegenwärtige Majestät Philipp IV.

Ein Vizekönig der spanischen Krone gab seine Befehle nicht in Tuchfühlung mit seinen Untertanen, sondern in gehörigem und gebührendem Abstand, von jenem Platze aus, der das Sinnbild spanischer Herrschaft in Neapel bedeutete.

Er winkte gelangweilt, kaum wahrnehmbar mit seiner Hand, die Senatoren zu höchster Aufmerksamkeit ermahnend für das, was er ihnen zu sagen hatte.

»Seine Majestät Philipp IV. gedenkt die Senatoren Neapels mit einem neuen Befehl zu beehren. Seine Majestät wünschen, daß die Steuern für den Verkauf von Nahrungsmitteln und für die Nahrungsmittel selber im Vizekönigreich Neapel vom morgigen Tage an erhöht werden.«

Die Senatoren senkten die Köpfe und schwiegen bedrückt.

»Es will mir fast scheinen, Euch mißfällt der Befehl Seiner Majestät«, kam schneidend die Stimme des Herzogs.

Die Senatoren sahen sich hilflos an, bis schließlich ihre Blicke auf dem Präsidenten des Senats haften blieben, dem als dem Ersten unter ihnen die Antwort zukam. Ma-

livetti verbeugte sich vor dem Herzog. Sehr vorsichtig und sofort bereit zum Rückzug begann er: »Laßt Euch, Euer Gnaden, unseres alleruntertänigsten Respekts vor den Befehlen Seiner Majestät versichern. Aber so sehr uns das Herz danach steht, auch diesen Befehl zu erfüllen ... kurz und gut, das Volk Neapels ist arm, sehr arm sogar, Euer Gnaden, und ...«

Der Herzog straffte sich auf seinem Thron und beugte sich lauernd vor. »Es fehlte nur noch, daß Ihr sagtet, die Spanier seien an der Armut der Neapolitaner schuld. Haltet Eure Zunge im Zaum, Malivetti! Treibt Euer faules Gesindel zu fleißiger Arbeit an, dann können die Leute auch ihre Steuern bezahlen.«

Der Senatspräsident nahm den Rest seines Mutes zusammen, den er sich unter der spanischen Herrschaft erhalten hatte.

»Es ist in Neapel schwer geworden, einen Erwerb zu finden, Euer Gnaden. Das Gewerbe und die Gewerke liegen darnieder. Ausländische Waren bevölkern den Markt, denn Seine Majestät schätzt nicht die einheimische Produktion. Wo sind die Waffenschmieden Neapels, wo die Seidenwebereien, wo die Tuchmanufakturen? Die Waffen kauft Seine Majestät in Deutschland, die Seide in Frankreich und das Tuch in England, wohin also sollen die Leute zu fleißiger Arbeit getrieben werden ...?«

Mit einer herrischen Handbewegung unterbrach der Vizekönig den Senatspräsidenten. »Seine Majestät stellt Befehle nicht zum Disput, und schon gar nicht in einer Kolonie. Spart Euch Eure Worte. Die Steuern werden erhöht, ab morgen, Malivetti. Und zwar auf das Doppelte!«

Die Senatoren erstarrten unter der Maßlosigkeit dieses Ansinnens, das Seine Majestät da an die Neapolitaner richtete.

»Unmöglich«, rief der Senatspräsident aus tiefster Überzeugung.

»Unmöglich, Malivetti«, schrie jetzt der Vizekönig, »ist

Euer Benehmen gegen Seine Majestät und den Vizekönig. Noch ein Wort und ich lasse Euch arretieren. Im Kerker mögt Ihr dann darüber nachdenken, was dem Senate zukommt und was nicht!«

Die Senatoren wagten nach dieser Drohung keinen Widerspruch mehr. Denn sie alle wußten, daß sie ihre Ämter nur der Gnade des Vizekönigs zu danken hatten.

Der Herzog winkte Malivetti zu sich heran. Er zog den Senatspräsidenten an seinem Wams zu sich hinab, damit er sich nicht die Mühe machen mußte, lauter zu sprechen. »Übrigens wird nicht die spanische Krone, sondern der Senat von Neapel das neue Steueredikt erlassen. Seine Majestät wünschen nicht, daß, nun, wie soll ich sagen, daß die Liebe seiner neapolitanischen Untertanen durch eine so unpoluläre Maßnahme belastet wird. Deshalb habe ich den Senat zu mir befohlen.«

Der Senatspräsident wußte, daß jeder Widerspruch ausgeschlossen war. Vor kurzem erst, vor wenigen Augenblicken, hatte ihm der Vizekönig seine Stellung ins Gedächtnis gerufen, die er im Neapel des Jahres 1647 innehatte. Neapel starrte von spanischen Waffen.

Zustimmend senkte er deshalb den Kopf: »Wie Ihr befehlt, Euer Gnaden.«

Der Vizekönig stand auf. »Ich erwarte also, daß morgen in aller Frühe durch Trommelschlag und öffentlichen Aushang die Erhöhung der Steuer für alle Nahrungsmittel, als da sind Getreide, Brot, Früchte, Fisch und Fleisch verkündet wird. Auf das Doppelte, Malivetti! Ihr habt mich verstanden. Gleichzeitig sollen die Nahrungsmittelhändler auf dem Markte die doppelte Standgebühr entrichten.«

Mit einer hochmütigen Kopfbewegung entließ der Herzog von Arcos die Senatoren aus der Audienz. Dann befahl er seinem Adjutanten, den Generalissimo del Mondana und Don Lopillo sofort zu sich zu rufen. Der Generalissimo befehligte die spanischen Truppen in Neapel.

Don Lopillo verwaltete die wirtschaftlichen Angelegenheiten des Vizekönigreichs. Sie erschienen kurz nacheinander.

»Ihr habt uns rufen lassen, Euer Gnaden. Wir erwarten Eure Befehle.«

»Zunächst zu Euch, Don Lopillo: Ihr wißt um den Befehl Seiner Allerchristlichsten Majestät? Ich gedenke, die Steuern auf das Doppelte hinaufzusetzen!«

Lopillo wiegte leicht den Kopf.

Der Herzog nahm die kaum merkliche Geste des Bedenkens wahr. »Es ist der Befehl Seiner Majestät«, sagte er scharf. »Ihr wollt Euch doch nicht etwa hinter die Neapolitaner stellen?« Böse sah der Vizekönig auf Don Lopillo, an dem ihn nicht nur das freche Kopfschütteln, sondern auch das altmodische Kissen verdroß, das er sich, um die Wirkung seines ohnehin schon stattlichen Bauches zu erhöhen, unter Hose und Wams gebunden hatte. Der Herzog von Arcos mochte den Verwalter der wirtschaftlichen Angelegenheiten nicht sonderlich, weil er ihn für einen Querulanten hielt.

»Ich bin ein Spanier wie Ihr, Herr Herzog, und ich rechte nicht über einen Befehl Seiner Majestät. Wohl aber steht es mir an«, fuhr Don Lopillo mit größter Nachdrücklichkeit fort, »auf bestimmte Folgen hinzuweisen, die eine schematische Auslegung dieses Befehls haben kann.«

»Bei aller Freundschaft, Ihr geht zu weit, Don Lopillo«, rief der Herzog.

Unbeirrt indessen entwickelte Lopillo seine Gedanken. »Seine Majestät hat nicht befohlen, die Steuern auf das Doppelte zu erhöhen, sondern Euch ganz allgemein angewiesen, die Abgaben aus dem Vizekönigreich Neapel zu vergrößern. Es ist, mit Verlaub, Euer Gnaden, ein sehr risikoreiches Unterfangen, dem Wunsche Seiner Majestät in so drastischer Weise nachzukommen. Wollt Ihr Unruhen in Neapel provozieren, Euer Gnaden? Das würde der spanischen Krone in diesen schweren Zeiten mehr schaden als nutzen!«

»Zu spät«, sagte der Vizekönig. »Mein Befehl an den Senat ist ergangen. Verlangt Ihr von mir, daß ich einen Befehl widerrufe und die Autorität der spanischen Krone in den Augen des Senats herabsetze? Das wäre noch weit schlimmer, Don Lopillo.«

Don Lopillo gab seiner Rede eine Nuance Vertraulichkeit. »Ich verlange gar nichts. Aber es wäre, mit allem Verlaub gesagt, Euer Gnaden, das weitaus klügste, den Befehl zu widerrufen. Das spanische Reich ist in einer tiefen Krise. Denkt an den Abfall Portugals, denkt an den Aufruhr in Katalonien, der nur mit Mühe niedergeschlagen werden konnte.«

»Und wie, Don Lopillo, frage ich Euch, soll die alte Macht Spaniens wiederhergestellt werden? Unser Allerchristlichster König braucht Geld, viel Geld, um Kriege zu führen und Könige zu bestechen. In diesen Zusammenhang solltet Ihr Eure Gedanken einordnen.«

Don Lopillo jedoch blieb hartnäckig. Er begann in seinem Hirn nach Zahlen zu graben, für die er ein ausgezeichnetes Gedächtnis besaß.

»Im Jahre fünfzehnhundert führte das Vizekönigreich Neapel zweieinhalb Millionen Dukaten an Seine Majestät nach Madrid ab. Im letzten Jahr, Euer Gnaden, waren es sieben Millionen Dukaten. Wo soll das Geld herkommen, da das Handwerk Neapels am Boden liegt und da die meisten Neapolitaner auf den Besitzungen der spanischen Hidalgos arbeiten? Nicht für Geld, wie Ihr wißt, sondern für ein wenig Nahrung. Erhöht Ihr jetzt die Steuern auf das Doppelte, so, wie Ihr es vorhabt, so werdet Ihr die hitzigen Gemüter der Neapolitaner zum Überkochen bringen. Und was dann? Ich warne Euch also aus wahrer, begründeter Sorge um das Wohl der spanischen Krone, es bei diesem Entschlusse zu belassen. Versucht auf andere Weise und nicht in so drastischer Art zu Eurem von Madrid gewünschten Gelde zu kommen.« Don Lopillo schnaufte nach der langen, in Erregung vorgetragenen Rede. Seine Leibesfülle hatte ihn etwas kurzatmig gemacht.

Der Vizekönig war wütend. Er, der Spanier, redet tatsächlich wie ein verlauster Neapolitaner, dachte er. Ein wenig laut sagte der Herzog: »Spart Euch Eure Mühe, Don Lopillo, auch wenn sie gut gemeint ist. Ist es Euch lieber, daß der König das zusätzliche Geld, das er braucht, von den Spaniern nimmt? Wozu die Eroberungen, wenn nicht zu dem Zwecke, die Unterworfenen für die Spanier arbeiten und bluten zu lassen?«

In Don Lopillos Stimme war kaum noch Respekt erkennbar. »Dann tut, was Ihr nicht lassen könnt. Ihr seid als Vizekönig für alles verantwortlich, was im Vizekönigreich Neapel geschieht. Aber ich sage Euch – denkt an meine Worte –, Ihr werdet mit Euren unbedachten Maßnahmen den Aufruhr provozieren!«

Im stillen titulierte Don Lopillo den Vizekönig als einen eitlen und halsstarrigen Hohlkopf. Er ist in seiner maßlosen Arroganz und Dummheit tatsächlich eine Gefahr für die spanische Krone, dachte er.

»Aufstand? Das nötigt mir nur ein Lächeln ab, Don Lopillo.« Der Vizekönig verachtete die Neapolitaner mit der Überheblichkeit des Spaniers. »Wozu habe ich meinen alten Mondana. Er wird mir dafür sorgen, daß die heißblütigen Neapolitaner nicht mehr als sonst ihre Schreihälse aufreißen! Eure Truppen sind bereit, Generalissimo?« wandte er sich an den Befehlshaber der spanischen Garnison in Neapel.

Mondana salutierte. »Jawohl! Wie Euer Gnaden befohlen haben. Sie sind in höchster Alarmbereitschaft.«

»Wieviel sind es, Generalissimo?«

»Zweitausend Mann Fußtruppen mit Musketen und neun Geschützen sowie gepanzerte Reiterei.«

Befriedigt nickte der Vizekönig und sagte, wieder zu Lopillo gewandt: »Ich nehme an, das wird auch Euch beruhigen.« Zu Mondana meinte er dann: »Laßt morgen in der Frühe auch die Piazza Toledo, die Piazza Corso und die Piazza Plebiscito umzingeln, wo die Händler ihre Waren feilbieten. Wenn die Steuereinnehmer die höheren Standgebühren erheben und die Händler wollen die neuen Gebühren nicht bezahlen, dann laßt sie durch Eure Truppen von den Plätzen jagen. Ohne Pardon, Generalissimo!«

Der Herzog beendete das Gespräch. »Ich danke Euch, Euch Generalissimo und auch Euch, Don Lopillo, der Ihr mich heute ein wenig geärgert habt. Nun wollen wir etwas Angenehmeres tun als von Politik und von Geschäften zu reden. Seid für eine Stunde noch meine Gäste bei einem guten Mahl und einer Flasche Wein.«

Das alles geschah im Januar des Jahres 1647. Der Vizekönig sollte, zunächst wenigstens, Recht behalten. Die Neapolitaner waren viel zu überrascht, als daß sie sich, noch dazu angesichts der aufmarschierten Kriegsmacht des Generalissimo Mondana, gegen die Steuererhöhung zur Wehr gesetzt hätten.

Ganz Neapel stöhnte unter der neuen Steuerlast. Hatte das Volk bisher schon in Armut gelebt, so wurde sein Dasein nun unerträglich. Ein gefährliches Räderwerk geriet in Gang. Die hohen Steuern änderten die Preise der Lebensmittel, so daß sie für die einfachen Leute fast unerschwinglich wurden und die Händler auf ihren Waren sitzenblieben. Aber danach fragten die Spanier nicht, wenn sie mit harter Hand die höheren Standgebühren eintreiben ließen. Die Armen hungerten noch mehr als sie es ohnehin schon taten, während zugleich große Mengen Lebensmittel, da sie keine Käufer fanden, verdarben. Händler und Käufer litten gleichermaßen unter der Steuererhöhung.

Neapel brodelte wie der Berg Vesuv, der die Stadt überragte. Und als im Mai 1647 die Kunde nach Neapel drang, daß die Sizilianer die dortige Steuererhöhung mit einem Aufstand beantwortet und die spanische Macht zum Teufel gejagt hatten, da gärte auch in Neapel der Aufruhr. Immer häufiger kam es zu Zusammenstößen mit den Soldaten des Generalissimo Mondana, so daß sie weder bei Tage noch bei Nacht in ihre Garnisonen zurückkehren konnten. Neapel glich jetzt einer belagerten Festung. Und am Ende behielt nicht der Vizekönig, sondern Don Lopillo recht, der gründliche Kenner der neapolitanischen Verhältnisse.

3

Am Morgen des 7. Juli 1647 warf die Sonne den ersten, frühen Reichtum ihres Lichtes über das sanftbewegte Wasser des Golfs von Neapel. Der Gipfel des San Martino und der Bergrücken Posilipo lagen noch im Dunst des Frühnebels, aber nach einer halben Stunde schon hatte die Sonne so sehr an Kraft gewonnen, daß sie die Dunstschleier vertrieb.

Auf dem San Martino erhob sich, undeutlich zunächst,

die Silhouette des Klosters San Elmo. Dann aber begannen die goldenen Türmchen und Zinnen des Klosters zu glitzern, und die Morgensonne erschuf rings um sie her tausend Reflexe, gemischt aus Meer und Licht.

Aus der Stadt drang bis in den Hafen hinunter der vielstimmige Chor der Morgenglocken, die den neuen Tag einläuteten. Tomasso konnte die Glocken genau an ihrem Klang unterscheiden, so, als ob sie sich mit ihm in menschlicher Sprache unterhielten.

Majestätisch und machtvoll grollte es aus dem Dom San Gennaro herüber. Schrill und hastig fielen die Glocken von San Domenico Maggiore ein. Lieblich und zart schwebten die Klänge aus dem Turm der Santa Maria del Carmine in den reinen Morgenhimmel empor. Sie ließen Tomasso mit Wärme an Pater Christophorus denken.

Die Sonne hatte inzwischen, soweit das Auge reichte, die ganze Welt um Tomasso in ein gleißendes Licht getaucht. Rechter Hand, ruhig und gar nicht drohend, lag in seinem satten grünen Kleide der Vesuv. Von links her grüßten die weißen Uferfelsen der Posilipohalbinsel, und weit draußen auf dem Meer, kaum noch mit dem bloßen Auge sichtbar, schwammen Ischia und das üppige Capri, die Insel aller Inseln. Masaniello breitete in tiefer Bewunderung für die Schönheit der Natur die Arme aus.

»Tomasso, Tomasso, komm endlich und laß uns aufs Meer hinausfahren!«

Masaniello schrak aus seiner Benommenheit und eilte zu den Fischern hin, die bereits die Netze von den hölzernen Gestellen nahmen. Dann schleppten sie das vielfach geknotete Tauwerk zu den Booten, die im kaum wahrnehmbaren Wellengang an der Mole schaukelten.

»Du bist mir vielleicht einer«, rief Luigi Varese, sein guter Freund, und stieß ihn dabei in die Rippen. »Du stehst eine Stunde lang am Strand, starrst in die Sonne und läßt uns die Arbeit tun.« Aber das war nicht böse gemeint.

Denn Masaniello genoß unter allen Fischern Neapels hohes Ansehen. Sie hatten ihn, obwohl er noch keine 23 Jahre alt war, zum Oberhaupt ihrer Genossenschaft gewählt, die sich aus den frühesten neapolitanischen Zeiten bis in die spanische Besetzung hinein, bis auf diesen Tag erhalten hatte. Tomasso beherrschte nicht nur die vom Vater erlernte Kunst der Seefahrt. Es nötigte den Fischern hohe Bewunderung ab, daß Tomasso gleich gut lesen und schreiben konnte. Sie wußten von ihm, daß er keinen Tag, und sei es auf dem Meer auch noch so schwer gewesen, ohne ein Buch abschloß. »Ja, unser Tomasso«, pflegten sie zu sagen, »das ist ein ganzer Kerl! Er versteht was von den Dingen der Welt.«

Sie gingen zu den Booten, um sie zum Auslaufen fertig zu machen. Es war fast windstill, so daß die Segel schlaff an den Masten der kleinen Fischerboote herabhingen.

Masaniello spuckte in die Hände. »Los, Freunde, wir werden heute unsere Arme kräftig gebrauchen müssen!«

Sie sprangen in die Boote und packten die langen, schweren Ruder.

Die Fischer mochten sich wohl gut anderthalb Stunden vom Hafen entfernt haben und schickten sich gerade an, die Netze auszuwerfen, da sahen sie, wie sich der Strand mit Menschen füllte. Mit ihren Augen, welche durch die Weite des Meeres geschärft waren, konnten sie deutlich erkennen, daß die Leute durcheinander rannten und wild gestikulierten.

Sie ahnten, daß das nichts Gutes bedeuten konnte.

Tomasso legte beide Hände, einen Schalltrichter bildend, an den Mund und schrie zu den anderen Booten hinüber: »Zurück, zurück! Holt die Netze wieder ein. Wir rudern zurück!« Sie wendeten die Boote und legten sich mit Macht in die Riemen.

Die Menge, die sich am Strand angesammelt hatte, mochte mittlerweile gut und gerne hundert Köpfe zählen. Immer neue kamen dazu. Die Fischer erkannten, daß auch ihre Frauen in der kreischenden, winkenden und durcheinanderflutenden Masse waren.

Als sie ihre Boote vertäut hatten und an Land sprangen, wurden sie sofort umringt, und alles schrie auf sie ein, so wild und laut und durcheinander jedoch, daß sie zunächst gar nicht verstehen konnten, was man ihnen sagen wollte.

»Ruhe, Ruhe«, rief Masaniello. »Ruhe, wie sollen wir erfahren, was geschehen ist, wenn alle durcheinander schreien.«

Die Frau Tomassos stürzte zu ihm und fiel ihm weinend um den Hals. »Sie vertreiben uns vom Markte, Tomasso, werfen unsere Stände um und zertrampeln die Fische, das Obst und die Früchte unter ihren Stiefeln. O Tomasso«, schluchzte sie.

Tomasso suchte Elvira zu beruhigen. »Wer zertrampelt? Rede doch endlich, Weib!«

Genarro Amnesse, der Schmiedegeselle, bahnte sich mit seinen Muskeln den Weg durch die Menge. Sein dröhnender Baß sorgte für Ruhe. »Hör zu, Tomasso, Schlimmes ist geschehen. Heute in der Frühe ist es zu schweren Zusammenstößen mit den Spaniern gekommen. Die Händler auf dem Markte weigerten sich, den Steuereinnehmern des Senats die Standgebühr zu entrichten, und da schritten die spanischen Söldner ein. Die hungernden Leute, die den Markt bevölkerten, verbanden sich mit den Händlern gegen die verhaßten Spanier. Ihre knurrenden Mägen vertrugen es nicht, daß die Soldaten des Herzogs die Lebensmittel vor ihren Augen zertrampelten. Die Spanier gingen mit ihren Schwertern und Hellebarden gegen die Menge vor und schlugen nicht mit der flachen, sondern mit der scharfen Klinge zu. Ganz Neapel ist in Aufruhr, Masaniello!«

»Auch ich bin verwundet, Tomasso«, sagte Elvira, die noch immer die Arme um seinen Hals geschlungen hielt.

Tomasso schob sie von sich und gewahrte erst jetzt, daß

ihre Bluse an der rechten Schulter zerrissen und blutdurchtränkt war. Er fühlte, wie ihm die Wut in den Kopf stieg.

»O diese Hunde«, schrie er, »o diese verfluchten spanischen Hunde. Los, Leute, auf zur Piazza del Toledo! Aber nehmt die Ruder mit, damit wir dieser Satansbrut die Schädel einschlagen können!«

Er dachte nicht daran, daß ein hölzernes Ruder wenig tauglich war zum Kampf gegen Hellebarden und Schwerter. Er dachte nicht mehr an die furchteinflößende gepanzerte Reiterei der Spanier, und er hatte in diesem Moment auch vergessen, was ihm Pater Christophorus über die Weisheit und die Friedfertigkeit gesagt hatte. Was er ihm von Campanella erzählt und von der Unantastbarkeit der weltlichen Ordnung, die Gott so eingerichtet hatte und die deshalb auch Gottes Ordnung war.

Vom Zorn Tomassos weiter angestachelt, wälzte sich die vielhundertköpfige Menge vom Hafen in die Stadt, die Via di Toledo hinab zur Piazza del Toledo.

Es war inzwischen zu einer regelrechten Schlacht zwischen den Spaniern und Neapolitanern gekommen. Und es schien so, als ob die Neapolitaner die Sieger werden sollten.

Neben den beiden Feldschlangen, die gegen den Platz in Stellung gebracht worden waren, lagen erschlagene Spanier. Auf den eisernen Rohren saßen Neapolitaner und schwenkten siegestrunken und schreiend ihre Mützen und Tücher, die Leute auf dem Platze zu noch größerer Wut und zu noch kräftigerem Zuschlagen anfeuernd.

Die Neuangekommenen stürzten sich mit Kampfeslust in den Tumult hinein. Die ganze aufgestaute Wut, die sich in den Neapolitanern angesammelt hatte, brach in dieser Stunde aus ihnen heraus.

Wenig nutzte es den Spaniern, daß sie scharfe Schwerter, Hellebarden und schwergepanzerte Reiterei besaßen. Die Reiter, denen es unmöglich geworden war, ihre

Pferde zu bewegen, zerrte man an den Beinen von den Gäulen herunter und zertrampelte sie. Den Fußsoldaten riß man die Schwerter und Hellebarden aus den Fäusten und erschlug sie mit den eigenen Waffen. Nur wenigen gelang es, zu entkommen.

Ein schrecklicher Blutrausch hatte das Volk ergriffen, der, nachdem die Soldaten getötet oder vertrieben worden waren, nach weiterer Abrechnung mit den gehaßten Spaniern verlangte.

Die Neapolitaner fielen nun über die Steuerhäuser der Stadt her, töteten die spanischen Steuerbeamten und steckten die Gebäude in Brand.

Sie stürmten die Verliese und Kerker des Vizekönigs, schnitten der Bewachungsmannschaft die Kehlen durch oder schlugen ihnen die Schädel ein und trugen die Gefangenen im Triumph auf ihren Schultern in die Freiheit. Zuletzt strömte die aufgeputschte Masse zum Hafen hinunter, zum Schloß, um mit dem schlimmsten aller Spanier, dem Vizekönig, abzurechnen.

Da fast die gesamte Kriegsmacht der Spanier in der Stadt gebunden war, mußte die Residenz nahezu schutzlos zurückbleiben, und die Aufständischen fanden kaum Widerstand. Sie drangen in das Schloß des Vizekönigs, der sich in seinem Schlafgemach verborgen hatte. Man zerrte ihn hervor.

Bar seiner sonst so sehr zur Schau getragenen vizeköniglichen Würde stand er jetzt inmitten der tobenden Menge, die ihn vielleicht sofort erschlagen hätte, wenn nicht Masaniello dazwischengetreten wäre.

Der Herzog überlegte fieberhaft. Woher konnte Rettung kommen? Vielleicht von diesem Mann da, der jetzt schützend vor ihm stand und der bei den Leuten offenbar Respekt genoß? »Ich weiß nicht, wie Ihr heißt, aber Ihr scheint mir der Anführer der Leute zu sein«, stieß er hervor. »Über alles wird sich reden lassen. Nur sorgt dafür, daß man mir zuhört.«

»Ruhe, Leute, der Vizekönig hat uns etwas zu sagen«, rief Masaniello. Langsam verebbte der Tumult. Der Herzog wurde zuversichtlicher und gewann seine Fassung zurück. »Ich weiß, daß Ihr erbost über die Steuern seid, Ihr braven Neapolitaner.«

»Das ›brav‹ kannst du dir sparen«, schrie einer dazwischen. Die Stimme des Vizekönigs ging unter in dem ausbrechenden Hohngelächter. Mehrmals mußte er ansetzen, um den Satz zu Ende zu bringen. »Aber die Steuern wurden mir genauso aufgezwungen, mir von Seiner Majestät, dem Senat befehlsgemäß von mir und Euch schließlich vom Senat. Ich verspreche Euch, mich bei unserem König dafür einzusetzen, daß die Steuern zurückgenommen werden!«

»Hört nur, hört nur, ihr Leute!« Ein Fischer schwenkte wie wild seine Mütze. »Der Vizekönig ist plötzlich unser Freund geworden. Komm, Bruder, laß dich küssen!« Er sprang auf den Herzog de Arcos zu, um seine Ankündigung wahr zu machen. Masaniello stieß ihn derb zurück. Das, was der Vizekönig sagte, war immerhin ein Angebot. »Ruhe, Leute, Ruhe, laßt ihn erst einmal ausreden!«

Respektlos, als hätte er einen gewöhnlichen Bauern vor sich, griff Masaniello in das Wams des Vizekönigs. »Also«, rief er mit lauter Stimme, gleichermaßen zu seinen Freunden und zum Vizekönig gewandt. »Ihr wollt Euch dafür verwenden, daß die Steuern aufgehoben werden? Ist es so?«

»Ja«, antwortete der Vizekönig schnell.

»Verwenden ist zu wenig!« Masaniello maß den König mit drohendem Blick. »Ihr werdet unten auf dem Schloßplatz vor allem Volk das feierliche Versprechen geben, daß die neuen Steuern von diesem Augenblick an wieder abgeschafft sind, und Ihr werdet dieses Versprechen durch einen Eid bekräftigen. Wollt Ihr das tun?«

»Ja, ich will es!« Sehr glaubwürdig, sehr ernst klang die Stimme des Herzogs.

Auf einen Wink Masaniellos nahmen ein paar Fischer den Vizekönig in ihre Mitte. Sie hatten Mühe, sich den Weg durch die Menge zu bahnen. Dichtgedrängt standen die Neapolitaner auf den Fluren und Treppen des Schlosses, bis hinunter auf den großen Platz. Der Weg ins Freie erschien dem Herzog unendlich lang, und er hatte Grund, trotz seiner Begleiter mehr als einmal um sein Leben zu fürchten.

Draußen, vor dem Portal des Schlosses, leistete der Vizekönig inmitten der nun schweigenden Menge mit erhobener Hand und zum Himmel gerichteten Augen den Eid. Und er beschwor auf Verlangen Masaniellos weiter, die Abschaffung der Steuern nächsten Tags in einem Vertrag zu besiegeln.

Der Siegestaumel der Neapolitaner war unbeschreiblich. Das Versprechen des Vizekönigs hinderte die Leute jedoch nicht, sich über die Reichtümer des Schlosses herzumachen und sich einen Teil von dem zurückzunehmen, was die Spanier aus ihnen herausgepreßt hatten. Sie waren erstaunt, wie leicht es gewesen war, mit der gefürchteten Kriegsmacht der Spanier fertig zu werden.

Vielen schien es, daß sie erreicht hatten, was sie erreichen wollten. Die Steuerhäuser und die Steuerunterlagen waren zerstört. Den Spaniern hatte man mit Nachdruck gezeigt, daß sie mit den Neapolitanern keineswegs umspringen konnten, wie ihnen der Sinn stand. Der Vizekönig hatte feierlich versprochen, die Steuererhöhung zurückzunehmen.

Außerdem war für die meisten etwas vom Reichtum des vizeköniglichen Schlosses abgefallen. An die Vergeltung der Spanier dachte kaum einer. Im Hochgefühl ihres leicht errungenen Sieges meinten die Neapolitaner, daß sie den Spaniern ein für alle Mal einen gehörigen Schrekken eingejagt hätten.

Tomasso bemerkte, daß einige Leute die eroberten Waffen fallenließen und sich mit ihrer Beute aus dem Staube machten, zunächst einzelne, dann immer mehr.

Er verständigte sich mit seinen Fischern. Sie stellten sich vor dem Tore auf, das den Weg vom Schloßplatz in die Stadt freigab und hielten die Leute zurück.

»Laßt Masaniello sprechen, hört erst Masaniello, bevor ihr euch wieder in eure Hütten verkriecht«, riefen die Fischer. Sie nahmen Masaniello auf ihre Schultern.

»Masaniello soll reden.« Durch gellende Pfiffe verschafften sie dem Haupt ihrer Genossenschaft Ruhe.

»Neapolitaner«, begann Masaniello mit lauter Stimme, »Neapolitaner, hört mich an. Warum werft ihr die Waffen der Spanier so achtlos beiseite und wollt nach Hause laufen? Denkt ihr vielleicht, wir haben bereits über die Spanier gesiegt? Gesiegt haben wir nur über die zweitausend spanischen Soldaten Neapels. Spanien aber ist ein großes Reich. Und es hat eine gewaltige Armee. Philipp IV. wird neue Soldaten schicken, bald sogar, und was soll dann werden, wenn ihr jetzt die erbeuteten Waffen einfach fallen laßt und nach Hause geht? Abschlachten werden sie uns wie das Vieh. Und wir können uns nicht wehren. Der Vizekönig und die Hidalgos werden aus ihren Löchern wieder hervorkriechen, und es wird uns noch schlimmer ergehen als bisher.

Nein, Männer«, rief er, »wir müssen jetzt beieinander bleiben und die Waffen behalten! Nur mit unseren Waffen können wir auch das Versprechen des Vizekönigs für uns schützen. Oder meint ihr, er hält es, wenn wir ihn nicht dazu zwingen?«

Campanella fiel ihm in diesem Momente ein, der versucht hatte, auch die Bauern gegen die Spanier zu bewaffnen.

»Wir müssen sogar noch mehr tun«, fuhr er fort, »wir müssen auch die Bauern um Hilfe gegen die Spanier bitten, damit sie uns stärker machen! Damit wir unbesiegbar sind. Es lebe das freie Neapel! Es lebe die Freiheit!«

»Bravo, Tomasso, Tomasso hat recht«, schrien jetzt viele. Und Masaniello bemerkte erleichtert, daß seine Worte nicht ohne Wirkung blieben.

Genarro Amnesse sprang an die Seite Tomassos und rief: »Und Tomasso soll unser Führer sein! Ihr seht es: Er weiß, was zu tun ist. Es lebe Tomasso! Hebt euern Arm, wenn ihr für Tomasso seid!«

Es gab kaum einen auf dem Platz, der seinen Arm nicht für Tomasso erhob.

So wurde noch am gleichen Tage aus dem Bootsführer und Fischer Masaniello der Generalkapitän des Volkes von Neapel. So nämlich lautete der Titel, den ihm die Neapolitaner gegeben hatten.

Tomasso fühlte sich ein wenig taumelig im Kopf. Er begriff noch gar nicht so recht, was geschehen war. Morgens hatte er noch am Strand gestanden und die Natur genossen. Dann hatte ihn das blutige Hemd seiner Frau Elvira in den Jähzorn getrieben, und sie waren auf die Piazza del Toledo gestürmt und hatten zweitausend Spaniern den Garaus gemacht. Auf dem Schloßplatz hatte er gestanden und geredet, gar nicht so richtig wissend, was, aber offenbar das richtige. Denn die Leute hatten geschrien und Beifall geklatscht. Und fünf Minuten später war er plötzlich Generalkapitän, ohne daß er das gewollt hatte und obwohl er gar nicht wußte, was denn eigentlich ein Generalkapitän des Volkes von Neapel zu tun hatte. Er brauchte eine lange, schlaflose Nacht, um mit sich ins reine zu kommen. In dieser gleichen Nacht aber, da sich Masaniello ohne Ruhe und mit schweren Gedanken auf seiner Bettstatt wälzte, floh der Herzog de Arcos gemeinsam mit seinen Vasallen und den spanischen Hidalgos, zu denen die Kunde von der vernichtenden Niederlage der spanischen Streitmacht auf der Piazza del Toledo gedrungen war, unbemerkt in das Castel nuovo, das weit stärker befestigt war und in vergangenen Jahrhunderten schon mehreren Belagerungen erfolgreich getrotzt hatte. Auch der Vizekönig tat in dieser Nacht kein Auge zu. Er dachte nach.

In den nächsten Tagen ging Masaniello mit größter Umsicht daran, die Bewohner Neapels auf eine Schlacht mit den Spaniern vorzubereiten. Berittene Boten sprengten aus, um die Bauern zu gewinnen und nach Neapel zu führen. Er rüstete sein Heer mit den erbeuteten Waffen der Spanier aus und mit allem, was sonst noch zum Kämpfen geeignet war: mit Sensen und mit Eisenstangen, mit Dreschflegeln und Knüppeln, mit Dolchen und Harpunen.

Hunderttausend Neapolitaner standen Tag und Nacht bereit, um auf Befehl Masaniellos ins Feld zu ziehen. Der Vizekönig, dessen Flucht den Aufständischen anzeigte, wie wenig auf sein Versprechen zu geben war, wurde in seinem Castel von zehntausend gut bewaffneten Neapolitanern belagert.

Als am dritten Tage nach den Ereignissen auf der Piazza del Toledo eine eilends zusammengezogene spanische Armee vor den Toren Neapels erschien, wurde sie von Masaniello und seiner Kriegsmacht vernichtend geschlagen.

In ganz Neapel läuteten die Glocken. Im Castell aber streckte Don Lopillo dem Herzog anmaßend und triumphierend seinen dicken Bauch entgegen: »Wer hat nun recht gehabt, Ihr oder ich?«

4

»Dem Herrgott sei Dank! Da seid Ihr ja endlich!«

Der Herzog von Arcos eilte dem Erzbischof entgegen. Es fehlte nicht viel, und er wäre vor Filomerino auf die Knie gefallen. Erst im letzten Moment besann er sich seiner vizeköniglichen Würde und beließ es bei einem Kuß auf die beringte Hand des Erzbischofs.

Ascanio Filomerino indes starrte offenen Mundes auf

den Vizekönig. Hinter ihm stand gesenkten Hauptes ein Abbate, der die Sterbesakramente trug.

Der Erzbischof brauchte einige Augenblicke, bis er sich wieder in der Gewalt hatte. »Ich dachte, Ihr läget im Sterben und brauchtet die letzte Ölung. Weiß Gott«, fuhr er fort und schnaufte vor Anstrengung, »was habe ich mich beeilt, um zu Euch zu gelangen, bevor Ihr zu unserm Herrn gegangen seid. Und ich treffe Euch bei bester Gesundheit! Ich glaube, Euer Gnaden, Ihr seid mir eine Erklärung schuldig!«

»Aber, aber, Erzbischof, was braucht es da einer Erklärung«, lachte der Herzog, »wie sollte ich Euch wohl sonst in mein Castel hineinbekommen, das von zehntausend Neapolitanern Tag und Nacht bewacht wird. Also habe ich durch meinen Mondana den Belagerern sagen lassen, daß ich, der Vizekönig, im Sterben läge und um die geistliche Tröstung meines Erzbischofs bäte. Und siehe da, Filomerino, schon seid Ihr bei mir!«

De Arcos rieb sich, zufrieden mit dem Erfolg seines Einfalls, die Hände.

»Was also wünscht Ihr dann von mir, Euer Gnaden, denn ohne Grund werdet Ihr Euch ja nicht sterbend gestellt haben?«

»Da habt Ihr allerdings recht, mein lieber Filomerino! Aber setzen wir uns zunächst, wenn ich Euch auch hier nicht die gleiche Bequemlichkeit bieten kann wie in meinem Schloß. Und dann schickt Euern Abbate hinaus!«

De Arcos wurde ernst.

»Zur Sache also! Ich hoffe, Ihr teilt meine Meinung, daß mit dem Ende der spanischen Macht in Neapel der Aufruhr auch Euch verschlingen wird. Es ist eine Erfahrung der Jahrhunderte, daß die Macht der Kirche und die Macht des Staates eins sein müssen, wenn sie nicht beide untergehen sollen.«

Der Bischof lächelte: »Ihr braucht mich nicht zu überzeugen, Herzog. Ich stehe auf Eurer Seite, so wie der

Papst auf der Seite Philipps IV. steht. Die Kirche ist schon immer ein zuverlässiger Verbündeter der spanischen Macht gewesen. Ich wüßte nicht, Euer Gnaden, warum sie es nicht bleiben sollte.«

»Gut denn, Filomerino! Wie heißt der Anführer dieser meuternden Horden da draußen? Nicht einmal das weiß ich«, sagte er, »so sehr bin ich von allem, was da geschieht, abgeschnitten.«

»Tomasso Masaniello.«

»Masaniello? Ah, dann weiß ich, wer es ist. Den Namen will ich mir merken! Kurz und gut. Diesen Masaniello muß ich haben, hier, in meinem Castel! Und Ihr werdet mir dabei helfen!«

Der Bischof schwieg nachdenklich. Dann sagte er: »Was nützt es Euch, Masaniello in Eurem Castel zu haben? Ihr wollt ihn töten, nicht wahr? Aber das, Herzog, fürchte ich, wäre wirklich Euer und mein Ende und Ihr hättet erreicht, was Ihr verhindern wolltet. Mindestens einhundertfünfzigtausend Neapolitaner stehen draußen unter Waffen, und wahrhaftigen Gottes, sie würden den Tod ihres Anführers bitter rächen.«

Der Herzog antwortete ärgerlich: »Für wie dumm haltet Ihr mich eigentlich! Natürlich werde ich diesen Masaniello nicht im Castel töten lassen – aber«, setzte er dann mit einem Lächeln hinzu, »ich werde seinen Tod vorbereiten! Und Ihr, Filomerino, sollt der Bundesgenosse meines Planes sein.«

Der Vizekönig stand auf und ging zu einem schweren Schrank. Einem Geheimfach entnahm er ein kleines, unscheinbares Fläschchen. Dann trat er zu dem Erzbischof und hielt ihm das Gefäß vor die Augen, die rote Flüssigkeit schüttelnd: »Seht her, Eminenz, hier in meiner Hand halte ich ein indianisches Gift mit einer ganz ausgezeichneten Eigenschaft. Es tötet nicht, aber es macht toll, es erzeugt den unbezwingbaren Drang zur Gewalttätigkeit, gegen alle und jeden.« Er machte eine Pause. »Auch gegen

Freunde. Wer dieses Gift zu sich nimmt, der sieht in jedem nur noch den Feind. Es wirkt nicht sogleich, dann aber um so heftiger. Mit einem Wort, es kann so leicht auch kein Verdacht entstehen. Versteht Ihr, Erzbischof, worauf ich hinauswill?«

»Ich beginne zumindest zu verstehen, Euer Gnaden. Berichtigt mich, wenn es Euch notwendig scheint. Mit diesem Gift wollt Ihr Masaniello in Gegensatz zu seinen

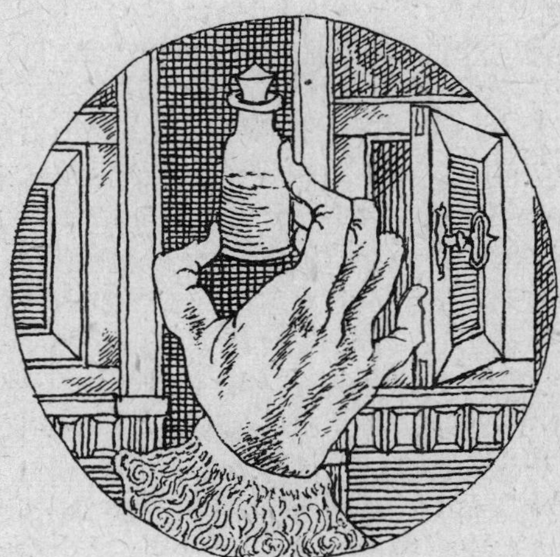

Freunden bringen, Ihr wollt die Aufständischen spalten und hofft, daß Ihr dann mit ihnen ein leichtes Spiel haben werdet.«

»Nur wenn Ihr mir helft, Eminenz, ohne Euch ist dieser Plan wenig wert.«

»Ich höre«, sagte Filomerino.

»Ihr habt Erfahrung im Umgang mit dem Teufel . . .«

»Ich muß doch bitten, Euer Gnaden!«

»Spart Euch den Protest«, sagte der Vizekönig trocken. »Macht den Leuten, wenn Masaniello seine Anfälle bekommt, klar, daß er vom Teufel besessen ist. Wie, das ist Eure Sache. Alles andere laßt dann meine Sorge sein!«

Der Erzbischof nickte versonnen. »Der Plan hat viel für sich. Bleibt nur noch die nicht ganz beiläufige Frage, wie Ihr Masaniello an Eure Tafel bekommt?«

»Mit Gottes und mit Eurer Hilfe! Wenn Ihr mein Castel verlassen habt, werdet Ihr verbreiten, daß der Vizekönig wie durch ein Wunder Gottes vom Tode gerettet worden sei. Schmückt die Stunde vor dem Tod noch ein wenig aus, sagt beispielsweise, daß mir in der letzten Stunde die Einsicht gekommen wäre, daß ich die Neapolitaner unchristlich und ohne die notwendige Nächstenliebe behandelt hätte. Ihr versteht Euch auf solcherlei Dinge besser als ich.

Kurz und gut, der Vizekönig sei jetzt zu dem versprochenen Abkommen mit seinen braven Neapolitanern bereit, in dem er ihnen ihre berechtigten Forderungen schriftlich und mit dem Siegel der spanischen Krone garantieren werde. Er bäte den Herrn Generalkapitän und seine Begleitung, da er selber noch bettlägerig sei, freundlichst in das Castel nuovo, um das Abkommen Punkt für Punkt und in aller Form abzuschließen. Und so weiter, und so weiter! Bietet Euer ganzes Geschick und Eure ganze Beredsamkeit auf. Die spanische Krone wird es Euch zu danken wissen!«

5

»Hier ist einer, der zu dir will, Generalkapitän.« Der Offizier des Aufständischenheeres, der den Mann hergebracht hatte, stieß ihn vor Masaniello.

Masaniello saß gerade mit seinen Freunden bei einem einfachen Mahl.

Der Generalkapitän maß den Fremden mit einem taxierenden Blick. Der stand, offensichtlich von Strapazen schwer mitgenommen, taumelnd vor ihm. »Wo habt ihr den Mann aufgegriffen?«

»Am Tor von Capuano. Er wollte sich nicht ausweisen

und erst, nachdem wir ihn etwas grob angefaßt hatten, sagte er, daß er zu Masaniello, zum Haupt der Fischereigenossenschaft wollte.« Der Offizier lachte: »Nimm's ihm nicht übel, Generalkapitän, daß er dich noch für einen Fischer hält. Er ist offensichtlich ein bißchen zurückgeblieben.«

»Was denn«, rief der Fremde voller ungläubigen Staunens, »ist das die Erklärung dafür, daß am Tor von Capuano keine spanischen Soldaten standen?«

»So ist es«, lächelte Masaniello, dem der Mann gefiel.

»Und bist etwa du«, fuhr der Fremde fort, »der Fischer Masaniello? Und warum sagt dann der da«, er warf dem Offizier einen bösen Blick zu, – »Generalkapitän zu dir, wenn du der Fischer Masaniello bist?«

»Ich bin beides, mein Freund, der Fischer und der Generalkapitän.« Er hatte an der immer größer werdenden Verwunderung des anderen seinen Spaß.

»Setz dich erst einmal zu uns und iß etwas. Du bist müde und sicherlich auch hungrig. Man sieht's dir an!«

Er schob ihm einen Teller mit gebratenem Fisch zu und füllte einen Becher mit Wein: »Iß!«

Masaniello freute sich über den Heißhunger, mit dem der Mann über den Fisch herfiel, und über die Gier, mit der er den Wein hinunterschüttete. Er bezähmte seine Neugier.

»So, nun bist du satt«, sagte er dann, nachdem der Fremde den letzten Bissen in den Mund geschoben und den letzten Schluck getrunken hatte. Masaniello beugte sich vor. »Woher kommst du also, und was willst du von mir?«

»Ich komme von den Aufständischen Siziliens und soll mit dir Verbindung aufnehmen, um auch euch, die Neapolitaner, zum Losschlagen gegen die Spanier zu bewegen.«

»Und warum schickt man dich ausgerechnet zu Masaniello?«

»Weil du das Haupt der Fischereigenossenschaft bist und weil wir wissen, daß es in Neapel fast nur Fischer gibt. Wer aber sollte dann als erster gegen die Spanier gehen, wenn nicht die Fischer?«

»Ah, so ist das also! Da kommst du zu spät, Fremder.« Lachend hieb er die Faust auf den Tisch. »Wir Neapolitaner sind nämlich fixe Kerle. Wir sind schon gegen die Spanier gegangen und haben sie gleich euch zum Teufel gejagt. So ist das, mein Lieber!«

Der Bote aus dem fernen Sizilien sprang auf. »Jetzt wird mir alles klar«, rief er. »Na, um so besser!«

»Was ist besser?«

»Hör zu, Generalkapitän, wir wollten in Sizilien, daß ihr in Neapel losschlagt, um die Kräfte der Spanier zu zersplittern, die gegenwärtig in ganz Italien ein großes Heer sammeln. Das sollte ich dir ausrichten. Jetzt aber, da auch ihr gesiegt habt, werden wir die Spanier gemeinsam aus ganz Italien vertreiben!«

»Sachte, sachte, Fremder«, dämpfte Masaniello die jubelnde Freude des Sizilianers. »Ich weiß nicht mehr, als daß ihr in Palermo im Mai gesiegt habt. Sag mir zuerst, wie eure Sache steht! Und sag mir jetzt auch, nachdem wir uns eine gute Stunde kennen, wer und was du selber bist!«

»Ich heiße Rudolfo und bin ein Bauer.« Masaniello streckte ihm seine Rechte entgegen. »Schlag ein! Wir ernähren uns beide von der Hände Arbeit, also laß uns Freunde sein. Und nun berichte und laß dir nicht jedes Wort aus der Nase ziehn.«

»Alle Spanier, die sich dem Volk widersetzten, sind getötet, und der Vizekönig hat sich in seinem Castel verschanzt.«

»Wie in Neapel«, lachte Masaniello.

Der Mann aus Palermo fuhr fort: »Wir haben dem Vizekönig die Forderungen des sizilianischen Volkes übergeben und verlangt, die Steuern für immer abzuschaffen und das Volk von Sizilien den Vornehmen und Reichen gleichzustellen.«

»Hat der Vizekönig die Forderungen bewilligt?« fragte Masaniello gespannt.

»Nein, er besteht darauf, daß das Volk zuerst die Waffen niederlege. Erst dann, so sagt er, wäre er vielleicht zu Verhandlungen bereit.«

»Und? Seid ihr auf die Bedingungen des Vizekönigs eingegangen?«

»Im Gegenteil. Nachdem die Antwort des Vizekönigs bekannt geworden war, ging es in Palermo erst richtig los«, sagte der Sizilianer. »Auch die Bauern haben jetzt zu den Waffen gegriffen. Sie vertreiben die spanischen Hidalgos und auch die reichen Sizilianer von ihren Gütern und teilen das Land unter sich auf.«

Masaniello wiegte bedenklich den Kopf. »Wenn ihr gegen die eignen Leute vorgeht und euch an ihrem Besitz vergreift, dann werdet ihr auch einen Teil der Sizilianer gegen euch haben. Unser wirklicher Feind aber sind die Spanier!«

»Vielleicht redest du so, Tomasso, weil du ein Fischer und kein Bauer bist. Ich, der Bauer, aber sage dir: die sizilianischen Gutsbesitzer sind nicht besser als die spanischen Hidalgos. Sie stecken mit ihnen unter einer Decke und sind sich einig, wenn es gegen unsereins geht. Aber nicht, um dir das zu sagen, hat man mich aus Sizilien zu dir geschickt, Generalkapitän. Das Volk von Palermo braucht Hilfe. Unsere Sache ist in größter Gefahr!«

»In Gefahr, sagst du, wo doch deinem eignen Berichte nach alles zum besten steht?«

»Noch, Masaniello, aber die Spanier ziehen in ganz Italien, das heißt in jenen Teilen, die sie beherrschen, eine große Heeresmacht zusammen. Unterstützt von deutschen Landsknechten, wollen sie gegen Palermo marschieren, unseren Aufstand niederschlagen und den Vizekönig wieder in seine Rechte einsetzen.«

»Was also verlangst du von mir?«

Der Sizilianer antwortete mit einer Gegenfrage. »Wie ist es bei euch? Droht euch jetzt von den Spaniern Gefahr?«

Masaniello schüttelte den Kopf. »Nein, sie sind vor den Toren Neapels soeben vernichtend geschlagen worden.«

»Na, dann ist doch alles klar«, rief Rudolfo. »Du nimmst deine Kriegsmacht und ziehst nach Palermo, um dich dort mit unseren Truppen zu vereinigen. Nur gemeinsam sind wir stark genug, um die Spanier zu schlagen und ganz Italien vom spanischen Joch zu befreien. Siehst du das nicht ein, Bruderherz?«

Masaniello schwieg.

Der Sizilianer beugte sich vor und sah Tomasso fest in die Augen. »Was soll ich also in Sizilien den Unsrigen sagen? Können wir mit deiner Hilfe rechnen?«

Tomasso straffte sich. »Auf deine klare Frage will ich dir eine klare Antwort geben: Nein, ich werde nicht nach Palermo ziehn! Morgen ist der zwölfte Juli. An diesem Tage werde ich mit den Spaniern verhandeln, und ich rate auch euch, das gleiche zu tun.«

Der Sizilianer sprang auf. »Ist das dein letztes Wort, Masaniello? Du nennst dich Generalkapitän des Volkes und läßt die Sache des Volkes im Stich? Pfui Teufel!« schrie er wütend und spuckte vor Tomasso auf den Fußboden.

Masaniello stürzte sich auf ihn und griff ihm mit beiden Fäusten in das Hemd. »Das läßt du bleiben, Bauer, wenn du heil aus diesem Saale kommen willst! Vor mir spuckt keiner ungestraft aus!«

Luigi Varese warf sich zwischen die beiden wütenden Männer und trennte sie. Er drückte den Sizilianer auf seinen Stuhl zurück. »Beherrsch' dich, immerhin ist es der Generalkapitän, mit dem du sprichst. Auch wenn du recht hast.«

»Was sagst du da, Luigi«, schrie Masaniello, »du stellst

dich gegen mich, auf die Seite dieses Sizilianers, der mich so schwer beleidigt hat?«

Luigi Varese erwiderte ruhig, aber mit großer Bestimmtheit: »Ich stelle mich auf die Seite dessen, der recht hat. Und du, Tomasso, bist im Unrecht und außerdem uns allen eine Erklärung schuldig.«

»Wieso im Unrecht und wieso eine Erklärung?« schnaufte Masaniello, der immer noch wütend war.

»Im Unrecht, weil du das einzig Vernünftige ausschlägst, was wir tun können: uns mit den Sizilianern gegen die Spanier zu verbünden und uns dadurch so stark zu machen, daß wir unbesiegbar sind. Und eine Erklärung bist du mir, bist du uns allen über deine Absicht schuldig, mit den Spaniern zu verhandeln. Ich zum Beispiel, Tomasso, will nicht mit den Spaniern verhandeln!«

Er redet so, weil er es nicht besser weiß, dachte Masaniello. Seine Wut verging, so schnell sie gekommen war. Meinte Luigi, daß Neapel und Palermo ein Weltreich wie das Spanische besiegen könnten? Auch Campanella hat das vergeblich versucht, und vielleicht waren gerade deshalb seine Erkenntnisse am Ende des Wegs andere als die seiner jungen Jahre. Warum weiteres Blut vergießen? Sah nicht der alte, der an Erfahrung gereifte Campanella in der Unwissenheit die eigentliche Wurzel alles Bösen und meinte er nicht, daß die Welt im Guten und friedfertig, durch die Kraft der Einsicht und Überzeugung geändert werden könnte? Sollt es nicht möglich sein, die Spanier zu bessern, wenn man ihnen die Blindheit und die Unwissenheit nahm, wenn man ihnen die Einsicht gab, daß die harte Bedrückung der Neapolitaner ein friedliches Zusammenleben unmöglich machte? Vielleicht gelingt es, den Spaniern solche Einsichten zu vermitteln, falls sie ihnen nach den trüben Erfahrungen nicht schon selbst gekommen sind. Der morgige Tag wird es zeigen.

»Du mußt Vertrauen zu mir haben, Luigi«, sagte Masaniello eindringlich. »Weder wir noch die Sizilianer und auch nicht beide zusammen würden Spanien wirklich schlagen können. Vielleicht in einer Schlacht, vielleicht auch in einer zweiten und dritten. Aber die vierte, entscheidende Schlacht, würden die Spanier gewinnen. Sie sind eine große, eine mächtige Nation.«

Luigi Varese sah seinen Freund überrascht an. »Ich kenne dich nicht wieder, Tomasso. Wir haben den Vizekönig in sein Castel getrieben, und wir haben das spanische Entsatzheer aufgerieben. Was willst du mehr?«

»Ich will das, was wir erreicht haben, bewahren«, sagte Masaniello ungeduldig, »und es nicht leichtfertig aufs Spiel setzen.«

Er rückte näher zu seinem Freund und legte beschwörend den Arm um seine Schulter. »Sieh her, mein alter, guter Luigi, die Spanier haben in den letzten Wochen hier und dort schwere Schlappen hinnehmen müssen. Ihre Lage ist nicht gut. Und sie wissen selbst nicht, wie es für sie ausgehen mag. In dieser Lage, Luigi, werden sie uns, um nicht ganz Italien zu verlieren, Zugeständnisse machen. Große Zugeständnisse sogar. Sie sind für uns mehr wert als ein monatelanger, vielleicht jahrelanger Krieg, den wir am Ende doch verlieren würden. Diese Zugeständnisse aber will ich mit den Spaniern aushandeln, im Castel, in dem sich der Vizekönig verkrochen hat . . .«

»Jetzt bist du ganz verrückt geworden, Tomasso«, rief Luigi, »willst du dich in die Gewalt der Spanier begeben, damit sie dich kaltmachen?«

»Das können sie nicht, Luigi«, sagte Tomasso zuversichtlich, »denn mein, unser Heer wird uns zu den Spaniern begleiten, dich und mich, die Abordnung des Volkes von Neapel. Und dann laß sehen, was uns die Spanier anhaben wollen!«

»Und du glaubst, Fischer«, sagte der Sizilianer verächtlich, »daß die Spanier die Abmachung einhalten, die die Abordnung des Volkes von Neapel ausgehandelt hat? Wenn sie das täten, wären sie keine Spanier!«

»Sie werden es tun«, antwortete Masaniello, blickte aber dabei Luigi an. Er hatte dem Sizilianer noch nicht verziehen, daß er vor ihm auf den Boden gespuckt.

»Und was gibt dir die Gewißheit?« fragte Luigi Varese. »Mich interessiert das genauso wie unseren Freund aus Sizilien.«

»Sie werden diesen Vertrag auf das Kreuz unseres Heilands beschwören.«

»Ah, daher weht der Wind«, rief Luigi aus. »Wußt' ich's doch, daß der Erzbischof Filomerino etwas im Schilde führte, als er heute zwei Stunden mit dir unter vier Augen sprach. Er hat dir das eingeredet, gib' es zu, Tomasso!«

Masaniello schüttelte den Kopf. »Du irrst, Luigi! Nicht der Erzbischof. Mein Freund, der Pater Christophorus, hat mir den Rat gegeben, und ihm kann ich trauen. Ich wüßte nicht, wem ich mehr trauen sollte. Außer dir natürlich«, setzte er schnell hinzu, als er sah, daß sich das Gesicht Luigis verdüsterte.

»Vielleicht meint es Pater Christophorus ehrlich, Tomasso, ich glaube das sogar. Dein Freund kennt zwar Gott, aber kennt er auch die Spanier?«

»Er kennt sie, sei gewiß, Luigi«, sagte Tomasso und dachte dabei an das Gespräch über Campanella, der der Freund des alten Christophorus gewesen und den die Spanier 27 Jahre, bis zu seinem Tode, im Kerker festgehalten hatten. »Und wenn du nach dem Erzbischof Filomerino fragst, Luigi, so laß dir sagen, daß auch mein Gespräch mit ihm seinen guten Grund hatte. Er gab mir auf das Kreuz des Erlösers sein Wort, daß kein Geringerer als der Papst für die Einhaltung unserer Abmachungen sorgen wird. Filomerino versprach, sich beim Papst dafür zu verwenden. Überzeugt dich das, Luigi? Oder meinst du, daß sich die Spanier auch mit dem Papst anlegen wollen?«

»Nein, es überzeugt mich nicht. Aber du, Tomasso, bist der Klügere von uns beiden. Das mag den Ausschlag geben. Und wenn wir beide zusammen zu dem abgetakelten

Vizekönig gehen, werde ich die Augen offenhalten und die Ohren spitzen.«

Tomasso drückte Varese die Hand.

»Und nun zu dir, Sizilianer«, sagte er dann. »Warte bis morgen. Wenn sich Arcos weigert, unseren Forderungen zuzustimmen und die Abmachungen in der Kirche vor Gott zu beschwören, dann sei es; dann werden wir zusammen gegen die Spanier kämpfen. Auch wenn wir dabei am Ende die Unterlegenen sein werden und zugrunde gehen. Aber die Spanier sollen nicht sagen können, daß Neapel und Sizilien keine Männer hätten, die um ihr Recht zu kämpfen und zu sterben verstehen.«

Böse antwortete der Sizilianer: »Ganz bestimmt werden wir zugrunde gehen, aber weniger durch die Spanier, als durch dich, Masaniello! Verhandle nur mit deinem Arcos, Generalkapitän. Inzwischen werden sie die Sizilianer zusammenhaun, und dann seid Ihr an der Reihe. Leichter kannst du es den Spaniern gar nicht machen!«

6

Von nahezu seiner gesamten Kriegsmacht begleitet, erschien Masaniello am 12. Juli 1647 vor dem Castel nuovo. Auf einem weißen Zelter ritt er über die herabgelassene Zugbrücke durch das Tor in die Festung. Es war geschmückt mit Girlanden und Blumen, und auf den Türmen des Castels wehten bunte Fahnen.

Luigi, der neben Tomasso ritt, beugte sich zu ihm hinüber. »Erzähl mir, was du willst, Tomasso, aber der Herzog ist ein Heuchler. Einen Dreck wird der sich an einen Vertrag halten. Wie falsch er ist, das siehst du an dem Firlefanz, der um das Tor und über den Dächern flattert. Es ist gerade so, als ob er Philipp höchstpersönlich empfangen würde. Er ist falsch, glaub mir das, Tomasso.«

»Vielleicht gehört das einfach zur Politik«, erwiderte Masaniello ärgerlich. »Schließlich empfängt er ja nicht irgendwen, sondern die Abordnung des Volkes von Neapel.«

Der Generalissimo del Mondana führte Masaniello und seine Begleitung in den Waffensaal des Castels nuovo, wo sie der Vizekönig erwartete.

Der Herzog tat, was er in seinem Leben so gut wie nie tun mußte: Er stand, als Masaniello und die Abgesandten Neapels eintraten, auf und ging ihnen, mühsam seine Wut verbergend, entgegen. Es kostete den Vizekönig Mühe, ein Lächeln auf seinen Mund zu zwingen. Er würde diesem Fischerjungen die Demütigung heimzahlen, ihm und den Neapolitanern. Noch aber war es nicht soweit, denn draußen belagerten das Castel jetzt nicht mehr zehntausend, sondern hunderttausend Neapolitaner, von denen ein jeder eine Waffe in den Händen hielt.

»Im Namen der spanischen Krone grüße ich den Herrn Generalkapitän des Volkes von Neapel und die hohen Herren seiner Begleitung.«

Zuvorkommend geleitete er sie zu dem Tische, der für die Verhandlung der beiden Parteien in der Mitte des Saales bereitgestellt worden war. Der Herzog klatschte in die Hände, eine Tür öffnete sich, und in langer Reihe erschienen Bedienstete mit erlesenen Speisen und Getränken.

»Sie geben uns das Letzte«, flüsterte Luigi Tomasso ins Ohr, »denn viel können sie nach den Tagen der Belagerung nicht mehr zu fressen haben. Wir müssen ihnen sehr teuer sein.«

Tomasso indessen überlegte, wie er den Vizekönig anreden sollte. Er beschloß, es bei Herzog bewenden zu lassen: »Wir sind nicht gekommen, Herzog, um uns mit Euch an die Tafel zu setzen. Wir, die Abgesandten des Volkes von Neapel, sind hier, um Euch unsere Forderungen vorzutragen. Billigt Ihr sie, so wollen wir sie in einem Vertrag festhalten, billigt Ihr sie nicht, so werden wir uns unsere Rechte erzwingen!«

Das war auch dem Herzog klar, und er war deshalb entschlossen, Masaniello in allen Punkten entgegenzukommen. Der Herzog von Arcos nickte verständnisvoll: »Warum so barsch, Herr Generalkapitän? Über alles läßt sich im guten reden, zumal wir Spanier, wie ich Euch nach reiflichem Überlegen zugestehen muß, in der Regierung Fehler gemacht haben. Ja nun«, fuhr er dann fort, »Fehler, die Ihr vor allem meiner Unerfahrenheit, meiner Unkenntnis der neapolitanischen Verhältnisse zuschreiben müßt. Ihr wißt selber, daß ich noch kein ganzes Jahr das Amt des Vizekönigs innehabe. Ganz im Vertrauen, Herr Generalkapitän«, setzte er dann hinzu, »ich bin überzeugt davon, daß Seine Majestät, Philipp der Vierte, die Entwicklung der Ereignisse im Vizekönigreich Neapel bedauern wird, und ich selbst werde mit einem strengen Verweis Seiner Majestät zu rechnen haben. An warnenden Stimmen aus meiner Umgebung hat es übrigens nicht gefehlt, nur leider habe ich sie auf Grund meiner Unerfahrenheit in den Wind geschlagen. Ich glaube also jetzt durchaus im Namen Seiner Majestät zu handeln, wenn ich alle Eure Wünsche verständnisvoll zu prüfen verspreche. Tragt sie also vor, Herr Generalkapitän, Ihr findet ein offenes Ohr.«

»So höret denn, Herzog«, sagte Masaniello. »Als erstes verlangt das Volk von Neapel die sofortige Abschaffung der neuen Steuer.«

»Das ist bereits versprochen, Herr Generalkapitän. Unser Vertrag wäre schon perfekt, wenn mir nicht meine Krankheit dazwischengekommen wäre.«

»Und warum«, fragte der Generalkapitän mißtrauisch, »seid Ihr dann in das Castel nuovo geflohen, Ihr und Eure Leute?«

»Sollten wir in einem ausgeraubten und geplünderten Schloß herumsitzen, Herr Generalkapitän?« Die Stimme des Herzogs war vorwurfsvoll. Masaniello erschien die Erklärung glaubhaft.

»Weiter verlangt das Volk von Neapel eine Generalamnestie für alle, die infolge der Steuererhöhung zur Gewalt gegen die Spanier gegriffen haben.«

Der Vizekönig zuckte die Schultern. »Die Leute sind ohnehin auf freiem Fuß, und was gewesen ist, das sei für beide Seiten vergessen. Ich höre weiter, Herr Generalkapitän.«

»Das Volk von Neapel besteht schließlich darauf, die Privilegien des spanischen Adels und alle Dienstleistungen für den spanischen Adel abzuschaffen. Die Spanier sollen in Neapel Gleiche unter Gleichen sein. Nicht mehr und nicht weniger!«

Der Vizekönig lächelte. »Das mag einigen schwerfallen, denn Ihr wißt, die Spanier sind ein stolzes Volk. Aber die Regierung verbürgt sich dafür, daß es so gehalten wird, wie Ihr berechtigterweise verlangt. Ein neuer Anfang im Zusammenleben zwischen Neapolitanern und Spaniern kann nur in Gleichberechtigung der beiden Völker gesucht werden. Ist das jetzt alles, Herr Generalkapitän?«

»Nein, Herzog, ein letztes noch: Das Volk von Neapel verlangt, daß der von Spanien eingesetzte und Spanien hörige Senat aufgelöst und an seine Stelle ein Rat des Volkes gesetzt wird, der vom Volke zu wählen ist und der alle Gesetze und Verordnungen des Vizekönigs zu bestätigen hat und selbst Gesetze und Verordnungen erlassen darf.«

»Auch darüber wird sich eine Einigung erzielen lassen, Herr Generalkapitän, wobei Ihr mir allerdings die Frage gestatten müßt, ob nun der Vizekönig seinerseits auch berechtigt sein soll, die Gesetze und Verordnungen des Volksrates zu bestätigen. Denn seht, in diesem Punkte scheint Ihr mir die Gleichberechtigung zu verletzen, die Ihr selbst gefordert habt.«

»Vergeßt nicht, Herzog«, erwiderte Masaniello kalt, »daß Ihr trotz allem Fremde in unserem Lande seid.«

»Ich bin sicher, daß einmal die Zeit kommt, da uns die Neapolitaner nicht mehr als Fremde betrachten.« Der

Herzog erhob sich feierlich. »Im Namen Seiner Majestät bin ich bereit, diese Eure Forderungen in einem Vertrag zwischen dem Volke von Neapel, vertreten durch Euch, Herr Generalkapitän, und der spanischen Krone, vertreten durch den Vizekönig, niederzulegen.«

»Gut, so sei es«, sagte Masaniello. »Soll unser Vertrag die Feindseligkeiten beenden. Aber damit er auch seine Gültigkeit vor Gott erhält, so sollt Ihr ihn, Herzog, zusammen mit mir morgen, also am dreizehnten Juli, in der Kirche del Carmine noch einmal Punkt für Punkt vor Gott beschwören!«

Der Vizekönig nickte: »Der ehrwürdige Erzbischof Filomerino hat diesen Euren Wunsch bereits an mich herangetragen, und Seine Heiligkeit, der Papst selbst, wird, wie der Erzbischof versprach, darüber wachen, daß jede der Seiten den Vertrag getreulich einhält. Einen besseren Schiedsherrn kann sich keiner von uns wünschen, denn dem Papst liegen Neapolitaner und Spanier gleichermaßen am Herzen, so sie nur gute Christen sind.«

Der Herzog von Arcos verbarg seine Ungeduld. Seine winzigen Einwände hatte er ohnehin nur wegen der größeren Glaubwürdigkeit getan. Seine Gedanken waren bereits in der unteren Etage des Castels, dort, wo sein Leibarzt den Wein für Masaniello mit dem Gift zu präparieren hatte. Der Vertrag, den er unterzeichnen und, wenn es denn sein mußte, auch in der Kirche del Carmine beschwören würde, bedeutete ohnehin nichts, wenn nur der vergiftete Wein seine Wirkung tat.

»Wenn es Euch recht ist, Herr Generalkapitän«, sagte er deshalb, »wenn es Euch recht ist, dann laßt uns jetzt das Glas erheben und auf unsern Vertrag und das neue, glückliche Zusammenleben zwischen Spaniern und Neapolitanern anstoßen. Meine Schreiber werden inzwischen den Vertrag ausfertigen, und wir können ihn nachher gemeinsam unterzeichnen. Ich freue mich, daß wir in Frieden und als Bundesgenossen voneinander . . .«

»Halt, Herzog, soweit ist es noch nicht«, unterbrach Luigi Varese den Vizekönig. »Eure Zustimmung kommt mir zu schnell! Selbstverständlich, Herr Generalkapitän, gewiß, Herr Generalkapitän, befehlt nur, Herr Generalkapitän, es war ohnehin der Wunsch der spanischen Krone, die Neapolitaner glücklich zu machen. Es ist merkwürdig, Herr Herzog, daß Ihr gar keine eigene Forderung in den Vertrag einzubringen habt.«

Der Herzog hatte Mühe, seine Fassung zu bewahren. Aber er wußte, daß viel von seiner Antwort abhing. Er bemerkte, daß auch der Generalkapitän mißtrauisch auf seine Entgegnung wartete. »Auch ich habe durchaus meine Forderungen. Beispielsweise ist die militärische Macht im Momente sehr ungleich verteilt.«

»Ihr wollt also, daß das Volk Neapels seine Waffen niederlegt?« fragte Luigi lauernd.

»Wer sagt das?« antwortete de Arcos kaltblütig. »Jede Seite soll ihre Waffen besitzen, die Spanier und auch das Volk von Neapel. Wir werden uns nur darüber einigen müssen, wieviel und zu welchen Teilen.«

»Und warum, Herzog, habt Ihr diese Forderung nicht geltend gemacht, als wir über die Punkte unseres Vertrages sprachen?«

Der Vizekönig beugte sich zu Luigi hinüber und sah ihm mit entwaffnender Ehrlichkeit in die Augen. »Eure Waffen seien neben dem Papst die Garantie dafür, daß wir Spanier den abgeschlossenen Vertrag ehrlich meinen.«

Das Mißtrauen schwand aus dem Blick Masaniellos. Er dachte an jenen Sonntagnachmittag in der Sakristei von del Carmine und glaubte in diesem Augenblick, daß Weisheit und Friedfertigkeit die Welt zu ändern vermochten. Mit diesem Vertrag, so meinte er, hatte das Volk von Neapel einen Sieg erfochten. Es behielt seine Waffen, um diesen Sieg notfalls zu verteidigen. Warum also sollten sie zögern, diesen Vertrag abzuschließen?

Luigi schien noch nicht befriedigt und setzte zu neuer

Rede an. Tomasso stieß ihn mit seinem Ellbogen in die Rippen und flüsterte ihm rasch zu: »Schweig jetzt! Was verlieren wir, wenn wir den Vertrag unterschreiben?« Zum Herzog sagte er: »Sei es denn, soll der Wein unsere Abmachung besiegeln.«

Der Vizekönig atmete auf. Bei sich konstatierte er, daß er sich den Namen Luigi Varese merken müsse. Er wußte jetzt, daß es nicht damit abgetan sein würde, Masaniello zu beseitigen. Dieser Mann da mit dem kühnen Blick schien ihm noch weit gefährlicher als der Generalkapitän, der ihm eigentlich schnell auf den Leim gekrochen war.

Die Offiziere füllten die Pokale.

Der Herzog hob sein Glas gegen den Generalkapitän und beobachtete mit Spannung, wie Masaniello den Pokal zum Munde führte. Gelobt sei Jesus Christus, murmelte der Herzog, als Tomasso einen tiefen Zug aus seinem Kelch tat.

Am nächsten Tage in aller Frühe wurde der Vertrag vom Vizekönig und dem Generalkapitän unterzeichnet. Den Leuten fiel auf, daß Masaniello ein wenig unzusammenhängend redete. Aber vielleicht war das nur die Aufregung dieser großen Stunde. Schon vor dem Zeremoniell war Masaniello genötigt worden, ein reiches, prächtiges Gewand anzulegen, das ihm der Vizekönig schickte. Nach dem Schwur auf den Vertrag ritt er in Begleitung des Vizekönigs, des Erzbischofs und des Generalissimo durch das festlich geschmückte Neapel. Überall läuteten die Glocken. Vor der spanischen Residenz umarmten sich zum Zeichen der Versöhnung der Vizekönig und der Generalkapitän vor dem jubelnden Volke. Feierlich, aber wiederum ein wenig stockend, hielt Masaniello eine Ansprache, die zur Versöhnung mit den Spaniern aufforderte. »Nun, da endlich Friede gekommen ist«, erklärte er, »werde ich fortan wieder unter euch allen als Fischer leben.«

Vorher aber habe er sich entschlossen, und das paßte

eigentlich gar nicht zu seinen friedfertigen Worten, morgen einen Gerichtstag abzuhalten. Die Spanier, fuhr er fort, seien in den letzten Tagen für ihre Missetaten gestraft worden. Neu beginnen könne man aber erst dann, wenn man auch mit den Verrätern in den eigenen Reihen abgerechnet habe. Alles Volk sei also aufgerufen, morgen auf der Piazza del Toledo zu erscheinen, damit die Revolution dort, wo sie begonnen habe, vollendet werde.

Nach diesen Worten stieg Masaniello vom Pferd, legte vor allem Volke sein in der Frühe eilig übergestreiftes prächtiges Gewand ab und ging in der Kleidung des armen Fischers in seine Hütte zurück. Das Gift rumorte in seinem Körper.

Auf der Piazza del Toledo aber wurde den ganzen Tag und die folgende Nacht gearbeitet, um den Platz für den Gerichtstag vorzubereiten, den nun jedermann mit Spannung erwartete.

7

Tomasso stand vor dem Käfig mit dem kleinen Zeisig, den er so sehr liebte. Er spitzte die Lippen und pfiff die ersten Takte eines einfachen neapolitanischen Liedchens. Dann verhielt er und wartete, bis der Vogel auf seine Weise mit hellem Gezwitscher Antwort gab. Das waren ihre Zwiegespräche, die sie jeden Morgen – Tomasso und der Vogel – miteinander führten.

Tomasso öffnete den Käfig, und der Zeisig hüpfte auf seine Hand. Vorsichtig zog sie Masaniello samt dem Vögelchen zurück und führte sie in die Höhe seines Gesichts, freute sich kindlich, als der Zeisig zärtlich und sacht nach seinem Munde pickte. Auch heute, nach diesem schweren Tag, trieb er mit seinem Vogel das Spiel, das sich seit vielen Monaten immer auf die gleiche Weise vollzog, Morgen für Morgen und Abend für Abend.

Leise und leicht strich die Hand Tomassos über das

mattglänzende Gefieder, und seine Lippen wiederholten das Liebesliedchen.

Plötzlich verfinsterte sich das Gesicht Masaniellos, und das Lächeln schwand von seinem Mund. Er wußte nicht warum, aber er verspürte plötzlich das unbezähmbare Verlangen, seine schwere, schwielige Hand fester auf den Vogel zu legen. Erschrocken strich er sich über die Stirn, um diesen ganz und gar unbegreiflichen Gedanken, von

dem er nicht wußte, woher er gekommen war, zu verscheuchen. Und dennoch legte sich seine Hand, von einer unerklärbaren Macht getrieben, mit schwerem Druck auf das kleine, zerbrechliche Tier. Erschreckt über die ungewohnte Mißhandlung schrie der Vogel und versuchte, mit verzweifeltem Flügelschlag der Hand Masaniellos zu entkommen. Entsetzt hielt Tomasso inne. Der Zeisig nutzte den Augenblick und flatterte, ängstlich schreiend, in seinen schützenden Käfig zurück.

Masaniello stand inmitten der Stube und sah verstört auf seine Hände. Aufgeregt schrie in seinem Bauer noch immer der Vogel. Masaniello preßte die Fäuste gegen die Ohren. Er fühlte kalte Wut gegen den Zeisig in sich aufsteigen. In einem letzten klaren Moment empfand er die Ungerechtigkeit dieser Regung. Dann brach die Wut mit einer solchen Wucht über ihn herein, daß sie dieses Gefühl erdrückte.

»Sei still, du Mistvieh«, hörte er sich schreien. »Sei still oder ich dreh dir den Hals um!« Er stürzte zum Bauer, roh griff seine Hand in den Käfig und nach dem Vogel, der in instinktiver Angst um sein Leben zu entkommen suchte. Aber diese Hand war unerbittlich und ausdauernd. Es gelang ihr, den Vogel zu fassen. Reglos lag er in der Hand Masaniellos. Langsam, ganz langsam schloß sich die Hand um den Vogel, der jetzt noch einmal aus ganzer Kraft zu kreischen begann.

Die Frau Tomassos stürzte in die Stube und sah voller Entsetzen, was geschah. »Tomasso«, schrie sie, »Tomasso, was tust du!« Der Aufschrei schien ihm die Besinnung zurückzugeben. Er öffnete verwundert seine Hand. Der Vogel fiel zu Boden. Er war noch nicht tot, aber er vermochte nicht mehr zu fliegen. Mit den Flügeln schlagend hüpfte er über den Boden. Die Augen Masaniellos verfolgten das Tier. Das Mitleid, das ihn für einen kurzen Moment erfüllt hatte, schwand sogleich wieder. Mit zwei Sätzen hatte er den Zeisig eingeholt und zertrat ihn, ehe es seine Frau verhindern konnte, mit dem Absatz seines Stiefels.

Elvira sprang hinzu und schüttelte ihn verzweifelt. »Tomasso, mein Tomasso, was ist mit dir? Komm zur Besinnung, um Gottes willen, komm zur Besinnung!« Mit einer rohen, heftigen Bewegung schleuderte er sie zur Seite, so daß sie strauchelte und mit dem Kopf gegen den schweren Eichentisch schlug, der in der Mitte der Stube stand. Unter ihrem blonden Haar drang Blut hervor. Erst beim Anblick dieses Blutes, das langsam über Elviras Stirn rann, verrauchte die Wut Tomassos, und er schien zu begreifen, was er getan hatte.

Er kniete nieder vor ihr und barg seinen Kopf in ihrem Schoß. »Verzeih mir«, schluchzte er, »verzeih mir. Ich war es nicht. Ich tat es nicht! Es war ein Etwas, das über mich gekommen ist, ein wildes Tier, das in mich hineingekrochen und wieder ausgebrochen ist . . .«

Er hielt inne, weil ihm langsam zu Bewußtsein kam, was mit ihm geschehen war. »Ich bin wahnsinnig«, rief er, »o Herrgott, hilf mir, ich bin wahnsinnig!« Elvira trocknete mit einem Tuch das Blut von der Stirn. Der eigene Schmerz verging vor der Sorge und Angst, die sie für Tomasso empfand. »Du bist krank«, sagte sie. »Ich werde nach dem Wundarzt schicken.«

Weder sie noch Tomasso wußten, daß die zerstörerische Wirkung des Giftes begonnen hatte.

8

Voller Entsetzen starrten die Neapolitaner auf das furchtbare Schauspiel, das sich ihren Blicken bot. Viele suchten aus Angst um ihr Leben zu fliehen. Allein, so wie damals, im Juli, hielten Soldaten die Piazza del Toledo umzingelt. Diesmal allerdings nicht Spanier, sondern Bewaffnete aus dem Kriegsheer Masaniellos.

Inmitten des weitläufigen Platzes war ein mächtiges, aus rohem Holz gezimmertes Gerüst aufgebaut, eine Hinrichtungs- und Marterstätte gigantischen Ausmaßes.

Der Generalkapitän Tomasso Masaniello hielt Gericht. Vor dem Blutgerüst thronte er auf dem Herrscherstuhle Philipps IV., der aus dem Schloß des Vizekönigs herbeigeschafft worden war. Zu seiner Rechten und Linken saß das »Revolutionstribunal des freien Volkes von Neapel«, nicht gewählt jedoch vom Volke, sondern ausgewählt von Masaniello. Keiner seiner engsten Freunde gehörte dazu, weder der Waffenschmied Genarro Amnesse noch der Fischer Luigi Varese. Genarro lag, in Ketten geschlossen, in einem feuchten Verlies, denn er hatte sich dem blutigen Schauspiel zu widersetzen gesucht.

Die, welche dem Revolutionstribunal am nächsten standen, erkannten mit Bestürzung, daß die Delinquenten, die angeblichen Verräter der neapolitanischen Revolution, Nachbarn, einfache Leute waren wie sie selber. Viele der nun Angeklagten hatten an jenem Julitage auf der Piazza del Toledo den gehaßten spanischen Soldaten die Schädel eingeschlagen, die Steuerhäuser in Brand gesteckt und das Schloß des Vizekönigs geplündert. Sie hatten Masaniello zum Generalkapitän des Volkes gewählt und das spanische Entsatzheer vor den Toren Neapels vernichtend geschlagen.

Viele wunderten sich, daß aus so braven, tapferen Neapolitanern Verräter der Revolution geworden sein sollten. Allein es blieb ihnen keine Zeit, darüber nachzudenken, denn Trommelschlag und Trompetengeschmetter verkündeten jetzt die Eröffnung des Gerichtstages.

Die Bewaffneten trieben die Delinquenten in langer Reihe vor das Tribunal. Dann wurde jeder einzelne vor Masaniello geführt, der ihn mit finsterem Blick von seinem Throne herab musterte. Ausrufer verlasen unter Trommelschlag und mit lauter Stimme das Vergehen jedes einzelnen. Und kalt, in lakonischer Kürze wies ihnen der Generalkapitän des Volkes von Neapel die Strafe zu.

»Enthaupten!«

»Aufs Rad!«

»Diesen da bindet an den Brandpfahl.«

»Jenem gebt die spanischen Stiefel und dann hängt ihn am Galgen auf!«

Nach jedem Urteilsspruch wies er mit dem Daumen über die Schulter, dorthin, wo das Blutgerüst stand. Die Delinquenten wurden hinaufgestoßen und von den Henkern und ihren Gehilfen in Empfang genommen.

Gellend hallten die Angst- und Schmerzensschreie über den Platz. Es war eine Blutorgie, wie sie Neapel noch nie gesehen hatte, selbst unter der Herrschaft der Spanier nicht.

Nach einer halben Stunde hatten die Henker und ihre Gehilfen das grausige Werk vollendet. Nun, da das Gebrüll der Gemarterten verstummt war, herrschte eine tiefe Stille über der weiten, riesigen Piazza del Toledo. Den Zuschauern des furchtbaren Schauspiels schnürte das Entsetzen die Kehle zu. Keinen gab es unter ihnen, der den Generalkapitän solcher Grausamkeiten für fähig gehalten hätte. Und was das ganz und gar Unbegreifliche war: Diese Grausamkeit richtete sich nicht gegen die Spanier, sondern gegen ihresgleichen.

War das überhaupt noch ihr Tomasso, dieser Mann da, der auf dem Throne Philipps IV. saß und finster vor sich hin stierte, ihr Tomasso, den sie als gutmütig, heiter und fröhlich kannten und der für jedermann, auch als Generalkapitän des Volkes von Neapel, ein freundliches Wort bereit gehabt hatte?

Als sich die Starre des Entsetzens und der Überraschung gelöst hatte, entstanden Unruhe und Gedränge. Jeder versuchte, so schnell wie möglich den blutigen Ort zu verlassen.

Tomasso sprang auf und brüllte: »Halt, hiergeblieben! Keiner verläßt den Platz! Der Gerichtstag ist noch nicht zu Ende. Wache! Haltet sie auf! Treibt sie zurück, diese ungehorsamen Hunde!«

Die Bewaffneten senkten die Hellebarden und Spieße und verwehrten den Fliehenden den Ausgang.

»Euch will ich's zeigen, sich gegen den Generalkapitän aufzulehnen«, kreischte Masaniello voller Wut. Seine Augen rollten, und Schaum trat vor seinen Mund.

»Wache, greift Euch zehn von diesen Hunden und schleppt sie auf das Blutgerüst! Köpft sie!«

Tatenlos sahen die Leute zu, wie zehn der ihren enthauptet wurden. Jedes Aufbegehren gegen das Ungeheuerliche, was da vor ihren Augen geschah, wurde gelähmt durch die Unfähigkeit der Menschen, das Geschehene zu begreifen. Viele schlugen vor Entsetzen die Hände vors Gesicht oder sanken auf die Knie, um zu Gott zu beten.

Masaniello setzte sich schweratmend wieder auf den

Thron Philipps IV. Trompetengeschmetter und Trommelschlag verkündeten auf den Wink Tomassos, daß der Gerichtstag nunmehr fortgesetzt werden sollte.

Der Generalkapitän ließ seinen Blick über die verängstigte Menge gleiten, bis er in der vorderen Reihe einen Mann entdeckte, der einen nach spanischer Mode gestutzten Bart trug.

Mit ausgestrecktem Arm wies Masaniello auf ihn: »Den bringt mir vor das Tribunal!«

Schlotternd vor Angst stand der Mann vor ihm.

»Bist du ein Spanier oder ein Neapolitaner?«

»Ein treuer Neapolitaner, Herr«, versicherte der Mann. »Ich habe auf der Piazza del Toledo fünf Spanier erschlagen und meinen Arm erhoben, Masaniello, als wir dich zum Generalkapitän des Volkes von Neapel wählten.«

Masaniello lehnte sich zurück: »Vielleicht hast du das nur getan, um uns zu täuschen. Dein Bart ist spanisch, und sicher wirst du auch in deinem Herzen für die Spanier sein.«

Die Angst um sein Leben drückte den Mann auf die Knie. »Den Bart trug ich schon, als ich die Spanier erschlug und dir meine Stimme gab, Masaniello.«

Der Generalkapitän wies mit dem Daumen über seine Schulter zum Blutgerüst. Die Wache packte den Spitzbärtigen und schleppte ihn zum Schafott.

Da entstand Bewegung in der Menge. Luigi Varese drängte sich vor und stellte sich den Soldaten in den Weg.

»Bis hierher und nicht weiter! Du hast genug gemordet! Bist du wahnsinnig geworden? Den Mann da kenne ich. Er ist ein guter Neapolitaner so wie du und ich. Und auch die, die du unschuldig hingerichtet hast, kannte ich als treue Neapolitaner.«

Der Generalkapitän pfiff durch die Zähne. »Sieh da, sieh da, mein Luigi! Willst auch du dich gegen mich stellen?«

Mutig sagte Varese: »Jawohl, Tomasso, ich stelle mich

gegen dich, wenn du dich gegen das Volk von Neapel stellst. Denn es ist gegen das Volk gerichtet, wenn du so viele der Unseren ohne Grund hinrichten läßt. Diesen Mann da bezichtigst du des Verrats, weil er einen spanischen Spitzbart trägt. Du selber aber hast mit den Spaniern verhandelt.«

»Sprich nur weiter, Luigi«, sagte Masaniello gefährlich leise.

»Ja, ich spreche weiter«, rief Varese. »Ich lasse mir von dir nicht den Mund verbieten! Könnte es nicht sein, daß du der Verräter bist, Masaniello? Seit du mit dem Vertrag in der Tasche aus dem Schloß des Vizekönigs zurückgekommen bist, hast du dich verändert. Ich sage dir jetzt auf den Kopf zu: du bist von den Spaniern gekauft!«

Masaniello sprang auf. Er packte mit beiden Fäusten den Tribunalstisch, stieß ihn um und stürzte sich auf Varese.

»Was sagst du da, ich ein Verräter und von den Spaniern gekauft? Hüte deine Zunge, Varese! Auf die Knie mit dir, du wirst mir hier, vor dem versammelten Volke Neapels, Abbitte leisten! Hier und sofort!«

Stolz aufgerichtet stand Luigi Varese vor dem Generalkapitän. »Nein, ich werde dir keine Abbitte leisten. Du kannst auch mich töten lassen. Aber niemals werde ich der Gefolgsmann eines Mörders sein!«

Vielleicht war es diese energische Antwort des langjährigen Freundes, die Tomasso jetzt zurückhielt, Varese sofort zu töten, und die ihn zur Besinnung kommen ließ.

»Hast du vergessen, Luigi, wie wir zusammen aufs Meer hinausfuhren und wie wir uns einer auf den andren verlassen haben, wie wir Wind und Wetter und wie wir den Gefahren getrotzt haben? Hast du unsere lange Freundschaft vergessen, daß du mich jetzt einen Verräter und einen Mörder schimpfst?«

»Nichts habe ich vergessen, Masaniello! Nicht unsere Freundschaft, nicht unsere gemeinsame Arbeit und nicht unseren Sieg auf der Piazza del Toledo. Wenn einer das alles vergessen hat, dann bist du es, Tomasso! Laß diesen Mann hier am Leben, laß ab von deinem sinnlosen Töten, und ich werde vielleicht später einmal das Wort Verräter zurücknehmen.«

Masaniello, durch den Widerspruch Vareses gereizt, fiel in seine Wut zurück: »Auf die Knie, sage ich! Jetzt wirst du Abbitte leisten!«

Varese schwieg und schüttelte den Kopf.

»Aufs Rad, aufs Rad mit ihm«, kreischte Masaniello und hieb auf Varese ein. »Ihn und den spanischen Spitzbart!«

Die Soldaten griffen Varese und den Mann, vor den sich Luigi schützend gestellt hatte und schleppten beide auf das Blutgerüst.

Masaniello folgte ihnen und sah zu, wie seinem Freund Luigi Varese auf dem Rad die Knochen zerschmettert wurden.

Dann brach er in ein Gelächter aus, das den Leuten auf dem Platz noch schrecklicher erschien als alles, was in dieser Stunde geschehen war.

Dem Bischof Filomerino, der ebenfalls Zeuge dieses Schauspiels war, schien dieser Gerichtstag ein Geschenk des Himmels. Aber wenn es dennoch auch jetzt noch Leute geben sollte, die nicht davon überzeugt waren, daß Masaniello vom Leibhaftigen besessen sei, dann würde er morgen auch diesen letzten mit seinem Autodafé die Augen öffnen. Heute hat sich der Generalkapitän selbst verurteilt, morgen wird das auch die Kirche tun. Der Herzog von Arcos und der Erzbischof Filomerino verabschiedeten sich an diesem Abend in großer Zufriedenheit. Der Herzog hatte mit dem Gift das Seine getan, er, Filomerino, würde jetzt das Begonnene mit nicht minder großem Geschick zu Ende führen.

9

Mit dumpfer Gewalt brachen die Glocken des San Gennaro in der vierten Morgenstunde über das schlafende Neapel herein.

Die Ketzer in den Gefängnissen der Inquisition drückten sich in Todesangst in die Winkel des Kerkers, denn sie wußten nun, daß der Tag ihrer Aburteilung gekommen war.

In der Hoffnung, vielleicht mit ein paar Jahren Kerker, mit der Geißelung oder mit dem Schandgewand davonzukommen, unterwarfen sie sich folgsam der Prozedur. Sie ließen sich willenlos scheren, rasieren und in frische Wäsche stecken. Gehorsam aßen sie das reichliche Frühstück, das man ihnen heute anstelle der üblichen kargen Nahrung vorsetzte, obwohl es ihnen fast in der Kehle stecken blieb.

Mit einem Strick um den Hals und einer Kerze in den gefesselten Händen wurden sie auf die Straße geführt. Diejenigen, von denen ihre Peiniger meinten, daß sie die hartnäckigsten Häretiker seien, setzten die Wächter rücklings auf Esel und banden sie fest. Dann trieb man die Gefangenen zur Kathedrale, von der die gewaltigen Glocken noch immer ihr Grollen über die Stadt schickten.

Mittlerweile war das Licht des Tages angebrochen. Es beschien eine Stadt, die sich wie zu einem großen Fest mit Girlanden und Fahnen geschmückt hatte. Gemessen und feierlich formierte sich die Prozession.

An der Spitze trugen zwei Familiare die großen weißgrünen Fahnen der Inquisition. Den Familiaren folgten die Pfarrangehörigen mit ihren bunten, reichgeschmückten Standarten, die jedoch zum Zeichen der Trauer mit schwarzem Flor verhangen waren. Hinter sie traten die Mitglieder der Kongregation des Heiligen Petrus, der sich die Miliz Christi anschloß, das Personal der Inquisition mit Helfern und zahlreichen Informanten. Diese waren mit langen, weißen Kitteln und Kapuzen angetan, die ihre Gesichter verbargen. Sie trugen die Schandmützen und die Sambenitos, die Gewänder der Schande, die man den Gefangenen nach der Urteilsverkündung überstreifen würde.

Den Schluß des Zuges bildeten die Gefangenen. Mit erheuchelter Fürsorge wurden sie von den Mönchen gestützt, die bis zum letzten Augenblick versuchen würden, sie zur Buße und zur Versöhnung mit der heiligen Kirche zu bewegen. Viele waren dazu nur allzugern bereit, denn keiner von den Gefangenen wußte zu diesem Zeitpunkt von dem Maß der Strafe, das ihn erwartete. Das wußten nur jene, die rittlings auf den Eseln saßen und die sich keine Hoffnung auf ein milderes Schicksal als den Feuertod machen konnten.

Langsam setzte sich der Zug in Bewegung. Trauerhymnen erklangen, denn die Kirche weinte um die vielen Gläubigen, die dem Herrgott in ihrer Verwirrung abtrünnig geworden waren.

In einem seltsamen Kontrast zur Feierlichkeit der Prozession und zu den frommen Gesängen standen das Gekreische und die Pfiffe, die aus den Fenstern auf die Straße heruntergellten. Das Volk drängte sich auf den Fensterbänken und überschüttete die Ketzer mit Schmährufen und Verwünschungen. Die Neapolitaner schienen die Schrecknisse des gestrigen Tages vergessen zu haben. Als fromme Christen begingen sie dieses Autodafé mit der gleichen Begeisterung wie jedes andere, zumal die Priester jedem Zuschauer einen Sündenablaß von 40 Tagen versprochen hatten.

Lange vorher schon hatten die Priester von der Kanzel herab über das teuflische Treiben gewettert, das ganz Neapel ergriffen.

Sie waren sich in dunklen Andeutungen ergangen, daß unter den vielen Häretikern und Antichristen ein Oberhäretiker und Oberantichrist sei, das Lieblingswerkzeug des

Teufels, der in seinem Auftrage das Land mit Terror und Schrecken überzöge und der Neapel in den Abgrund stoßen würde, wenn man ihm nicht mit der Macht der Kirche Einhalt geböte. Die Pfarrer nannten keinen Namen, aber sie versprachen, daß die Heilige Inquisition diesen Oberhäretiker und Oberantichristen, wenn man seiner im Moment auch noch nicht habhaft werden könnte, wenigstens »in effigie« richten wollte.

Die Prozession war indessen auf der Piazza del Corso angekommen. Wieder, wie gestern auf der Piazza del Toledo, am Gerichtstag des Generalkapitäns, war in der Mitte des Platzes eine gewaltige Tribüne errichtet worden, aber nicht aus rohen Brettern gezimmert und nicht mit Martergeräten aller Art bestellt, sondern mit einer feierlich vornehmen Pracht ausgestattet. Die Ränder säumten nicht Galgen, sondern die grünweißen Fahnen der Inquisition, die lustig, gar nicht furchteinflößend, im Winde flatterten. Nur der Trauerflor an ihren Spitzen gab ihnen einen Ausdruck von Bedrohlichkeit. An den Seiten der Tribüne liefen stufenweise emporklimmende Bankreihen entlang, mit dunklem Grün ausgeschlagen und bestimmt für die Honoratioren und Würdenträger des Vizekönigreichs Neapel. Vor einer der Bankreihen waren zwei Logen für den Vizekönig und für den Generalkapitän errichtet worden, die nach dem abgeschlossenen Vertrage als gleichberechtigte Souveräne das Vizekönigreich Neapel regierten. Die Mitte der Tribüne nahm ein Altar ein, überdeckt mit einem roten Baldachin, vor dem in wenigen Augenblicken die Trauermesse zelebriert werden würde. Hoch über allem aber thronte die Kanzel des Erzbischofs und Großinquisitors Ascanio Filomerino.

Ehrfurchtsvoll traten die Leute zurück, als die Prozession auf der Piazza del Corso anlangte und sich vor der Tribüne auflöste, damit jeder den vorbestimmten Platz einnehme.

Die Häftlinge wurden auf die Bänke der Schande gesetzt, die am Fuße der Tribüne aufgereiht standen. Darüber hingen, hoch genug, damit jeder die späteren Insassen deutlich erkennen könne, eiserne Käfige, zu denen Stufen hinaufführten.

Totenstille herrschte auf der Piazza del Corso, als ein Priester im prächtigen, golddurchwirkten Ornat die Messe las. In alter lateinischer Sprache zwar, und deshalb nur noch wenigen voll verständlich, aber mit weithin hallender feierlicher Stimme, die den Menschen Furcht einflößte.

Dann hielt der Großinquisitor seine Predigt, und zwar in der Sprache, die die Leute verstanden. Streng und gnadenlos schallte sein Baß über die Piazza del Corso, so daß die Leute sich klein machten vor dem rächenden Arm Gottes, der da von Feuer und ewiger Verdammung sprach.

Die Sonne hatte ihren Zenit bereits überschritten, als die Verlesung der Urteile begann. Jeder einzelne Ketzer wurde auf die Tribüne geführt, und umständlich, gewürzt mit zahlreichen Bibelsprüchen, verlas der Profoß der Inquisition die Schand- und Missetaten des Angeklagten, um ihm am Ende seine Strafe zuzuweisen. Die Wächter der Inquisition standen bereit, um den Abgeurteilten die Mützen der Schande aufzusetzen und ihnen die Sambenitos, die gelben, ärmellosen Gewänder überzustreifen, die bis zu den Füßen reichten. Auf den mehr als drei Fuß hohen Schandmützen waren die Sünden und Verbrechen der Ketzer verzeichnet, die Sambenitos vorn und hinten entweder mit großen, roten Andreaskreuzen oder mit lodernden Flammen und Teufeln bemalt. Diejenigen, die die Schandgewänder mit den Kreuzen übergestreift erhielten, schickten für ihre gnädige Errettung Gebete zu Gott, dem sie angeblich abtrünnig geworden sein sollten, der sie aber nun, lebend noch, wieder in seinem Reiche aufgenommen. Einige von ihnen würden jetzt vielleicht noch gegeißelt und zu zwei bis drei Jahren strenger Buße in den Kerker gesteckt werden oder für die Zeit ihres Lebens das Gewand der Schande tragen müssen. Aber verständlicherweise schien es ihnen weit besser, in Schande zu leben, als unter Schmerzen zu sterben. Im Sambenito, mit der aufgestülpten Schandmütze wurden die Ketzer in die Käfige gesperrt und zur Schau gestellt, damit jedermann erkennen könne, wo das Bündnis mit dem Teufel sein wohlverdientes Ende findet.

Obwohl die Leute schon beim Schauspiel des Autodafés auf ihre Kosten gekommen waren, ließ die Spannung auch nach vielen Stunden des Stehens, des Gedrängt- und Gequetschtwerdens nicht nach. Die Krönung des Autodafés, die Hinrichtung, stand noch bevor. Aber die Leute hatten auch noch nicht den schlimmsten aller Häretiker kennengelernt, den ihnen die Priester von der Kanzel herab versprochen hatten und der »in effigie« verurteilt werden sollte. Er konnte nur unter den Puppen sein, die verhüllt neben den Schandbänken lehnten.

Auf sie richtete sich jetzt, nachdem die lebenden Ketzer das Urteil empfangen hatten, die ganze Aufmerksamkeit. Genauso wie diese wurde jede der Puppen aus Stoff, Wachs und Farbe einzeln vor das Tribunal gebracht, empfing das Urteil, erhielt die Schandmütze über den bemalten Wachsschädel gestülpt und den Sambenito übergestreift, bis man sie dann in einen der Käfige sperrte.

Schließlich blieb nur noch eine einzige übrig, die einsam an den Schandbänken lehnte, mit dem Rücken zu den Leuten. Zehntausende Augen blickten gespannt auf diese Puppe. Wenn die Priester die Wahrheit gesprochen hatten, dann konnte nur dies der Oberhäretiker sein, dessen man nicht habhaft geworden war und der an dem ganzen Elend und den Schrecken die Schuld trug, die auf Neapel lasteten.

Die Leute hielten den Atem an, als die Wächter der Inquisition der Puppe unter die Arme griffen und sie auf die Tribüne vor den Profossen schleppten.

Erschrecken breitete sich unter den Zuschauern aus, als sie gewahr wurden, daß die Puppe keinen anderen als den Generalkapitän des Volkes von Neapel darstellte. Diejenigen, die den Tribünen am nächsten standen, vermeinten, der lebende Masaniello wäre vor sie getreten. Sie flüsterten scheu seinen Namen, wandten sich um und gaben ihn an die Hintenstehenden weiter. Gebannt starrten die Leute zu der Tribüne, auf die Puppe, den Profossen und den leibhaftigen Masaniello, der in der Ehrenloge neben dem Vizekönig aufgesprungen war, über die Brüstung der Loge setzte und Anstalten machte, sich auf den Profossen zu stürzen. Das war etwas so Ungeheuerliches, daß die Menge einen Schrei des Entsetzens ausstieß.

Die Wächter der Inquisition stellten sich Masaniello in den Weg und drängten ihn zurück zur Loge. Schwer atmend, mit wildem Blick und geballten Fäusten warf sich Masaniello auf seinen Sessel.

Nachdem sich der Tumult gelegt hatte, rief der Profoß mit lauter Stimme und diesmal in der Sprache der Neapolitaner: »Vorgeführt, um sein Urteil zu empfangen, wurde »in effigie« der Ketzer Paolo Santis.«

Der Herzog de Arcos lehnte sich zu Masaniello hinüber. »Warum die Aufregung, Herr Generalkapitän? Wozu der Versuch, in ein heiliges Verfahren einzugreifen? Wollt Ihr Euch die Heilige Inquisition unbedingt zum Feinde machen, Masaniello? Aber ich muß zugeben«, fuhr er dann mit einem Anflug von Hohn fort, »Eure Ähnlichkeit mit dieser Puppe ist in der Tat ebenso frappierend wie fatal!«

Der Profoß indes begann, immer noch auf Italienisch, das Sündenregister des »in effigie« vor dem Tribunal stehenden Ketzers vorzutragen: Der Teufel, so sagte er, hätte einen Pakt mit Paolo Santis geschlossen und ihm aufgetragen, die christliche Obrigkeit in Neapel zu stürzen und danach Mord und Tod über die Leute zu bringen, bis daß kein Christenmensch mehr übrig geblieben sei.

Umständlich führte er dann aus, wie es zum Pakt mit dem Teufel gekommen war, welche Punkte der Vertrag enthielt und wie das gefährliche Komplott durch die Wachsamkeit der Heiligen Inquisition aufgedeckt worden sei. Schließlich sprach er das Urteil über den Ketzer Paolo Santis und bedeutete den Wächtern, die Puppe in den Sambenito mit den Teufeln und Flammenzeichen zu kleiden und sie in Abwesenheit des lebenden Ketzers an seiner Stelle zu verbrennen. Er ermahnte den Henker nachdrücklich, darauf achtzugeben, daß die Asche vollständig vernichtet werde, damit sie nicht andere Häretiker aufsammelten. Dann schleppten die Wächter auch diese Puppe in den vorbestimmten Käfig.

Von seiner luftigen Höhe blickte jetzt Paolo Santis auf das Volk von Neapel herab. Aber es gab keinen mehr auf dem weiten Rund der Piazza del Corso, für den Paolo Santis nicht Tomasso Masaniello gewesen wäre. Die Heilige Inquisition hatte den Leuten ihre Blindheit genommen und sie sehend gemacht.

Ja, das war die Erklärung für das Blut und den Tod, die Masaniello über Neapel gebracht. Der Antichrist selber führte seine Hand. Mit Schaudern blickte das Volk auf die Puppe und auf den wirklichen Masaniello. Die Leute bekreuzigten sich und flüsterten: »Herr, erlöse uns von unserem Generalkapitän.« Sie wären froh gewesen, wenn die Heilige Inquisition den wirklichen Masaniello anstelle der Puppe Paolo Santis zur Richtstatt geführt hätte.

10

Quälende Gedanken bedrängten Christophorus. Sein Herz war von Sorge um Tomasso erfüllt. Sollte der Erzbischof Filomerino recht haben mit der geäußerten Vermutung, daß Masaniello vom Teufel besessen sei, und sollte er der Bitte Filomerinos folgen und Tomasso dazu bewegen, daß er sich den reinigenden Exorzistien unterzog?

Das heißt, eigentlich war das keine Bitte gewesen, was ihm da Filomerino gestern nach dem Autodafé vorgetragen, sondern mehr schon ein erzbischöflicher Befehl, den der höchste geistliche Würdenträger des Vizekönigreichs Neapel dem Priester gegeben hatte. Ein Befehl, begleitet von der Drohung, daß er Masaniello andernfalls, so leid es ihm tue, exkommunizieren lassen müsse. Christophorus durfte annehmen, daß es dem Erzbischof damit durchaus ernst war. Daran hatte das Autodafé eigentlich gar keinen Zweifel gelassen.

Jedoch nicht dieser Befehl bestimmte Christophorus' Gedanken. Er war fest entschlossen, in allem, was Tomasso betraf, nur der Stimme seines Gewissens zu folgen.

Aber wenn er tief in sich hineinhorchte, dann gebot ihm auch das eigene Gewissen, dem Wunsche des Erzbischofs zu willfahren. Zwar wußte er aus Erfahrung, daß die Inquisition manchmal ein bißchen voreilig mit dem Teufel zur Hand war, auch in solchen Fällen, wo er, der erfahrene Pater, noch ein Auge zugedrückt hätte. Jedoch auch für ihn stand außer Zweifel, daß kein anderer als der Teufel von Tomasso Besitz ergriffen hatte. Wie sonst wäre die furchtbare Veränderung erklärlich, die mit seinem Taufkinde in den letzten Tagen vor sich gegangen war? Er, der so Gutmütige, der seine Nächsten liebte und zu jedermann freundlich war, der zwar ab und an einmal aufbrauste in unkontrollierbarem Jähzorn, aber im nächsten Augenblick schon wieder bereute und sich besann, dieser gleiche Tomasso wütete jetzt mit Feuer und Schwert unter seinen Freunden und schien Neapel im Blut ertränken zu wollen. Nicht nur seine Liebe zu Tomasso gebot dem Priester, ihn den Fängen des Teufels zu entreißen, auch die Verantwortung für seine Pfarrkinder, die vor Tomasso offensichtlich nicht mehr sicher waren, zwang ihn dazu.

Wieder, wie damals an jenem Sonntag, da er mit seinem Taufkind von Campanella gesprochen, fiel die Sonne durch die buntverglasten Scheiben und tauchte die kleine Sakristei in ein mildes, freundliches Licht. Traurig sah Christophorus auf den leeren Stuhl, auf dem Tomasso solange nicht mehr zu seinen Füßen gesessen und begierig seinen Worten gelauscht. Seit er Generalkapitän geworden war, hatte ihn Tomasso nicht mehr besucht. Christophorus verstand das, denn ein Generalkapitän des Volkes von Neapel hatte Wichtigeres zu tun, als in der Sakristei der Kirche del Carmine herumzusitzen. Um so glücklicher war der Alte gewesen, daß Tomasso den Vertrag mit dem Vizekönig gerade in seiner Kirche beschworen hatte, obwohl sie zu den kleinsten in Neapel gehörte. Es gab bessere für ein so denkwürdiges Ereignis.

Aber gerade daran hatte Christophorus gesehen, wie lieb der Ort ihrer vertrauten Gespräche und er selber Tomasso trotz seiner Würde geblieben waren. Das hatte sein Herz mit Freude erfüllt.

Und er war sehr stolz auf seinen Tomasso gewesen, der gleichberechtigt neben dem mächtigen spanischen Vizekönig gestanden und der sogar als erster auf das Kreuz geschworen, das Christophorus den beiden Männern entgegengehalten. Dieser Blondkopf hat tatsächlich zuwege gebracht, was der große Campanella einmal, vor fast 30 Jahren, vergeblich begann, hatte damals der Pater bei sich gedacht und Tomasso verziehen, daß er in den letzten Tagen nicht mehr zu ihm in die Kirche del Carmine gekommen.

In der Erinnerung an diese Stunde erhellte ein freundliches Lächeln das Gesicht des alten Mannes. Es schwand aber sogleich wieder, weil ihn die Gegenwart vielmehr beschäftigte als die Erinnerung.

Wenn er nachdachte, mußte der Teufel genau an jenem schrecklichen Gerichtstag über seinen Tomasso gekommen sein. Fast schien es ihm, als ob sich das Böse mit den Spaniern verbunden hätte, um Tomasso und das Gute zu zerstören, das in seinem Werk war. Ganz nahe stand der

Pater in diesem Moment vor der Wahrheit, aber er dachte seinen Gedanken nicht weiter.

Christophorus fiel vor dem Bild des Heilands auf die Knie. »Herr, gib mir die Kraft, daß ich mein Taufkind zurück in deine Arme führen kann!«

»Helft mir, mein Vater«, hörte er da plötzlich eine vertraute Stimme in seinem Rücken sagen. Ganz mit dem Herrgott beschäftigt, hatte er nicht wahrgenommen, daß sich die Tür geöffnet hatte und Tomasso eingetreten war.

Ungläubig verharrte Christophorus zunächst in seiner Stellung und vergewisserte sich mit einem scheuen Blick auf das Bild des Heilands, ob möglicherweise der zu ihm gesprochen. Erst dann wandte er sich zögernd um und sah, daß es keine Täuschung war. Vor ihm stand Tomasso.

»Du, Söhnchen«, stammelte er und erhob sich mit der Mühe seiner 80 Jahre vom Boden. Noch immer ein wenig verwirrt, blickte er zu seinem Taufkind.

Tomasso fiel nieder und umklammerte die Knie des Paters: »Rettet mich, um des Herrgottes willen, rettet mich, mein Vater!«

Christophorus hob ihn auf und strich zärtlich über sein Haar. »Setz dich, Tomasso«, sagte er behutsam, »dorthin, wo du immer gesessen hast, wenn du mich besuchtest.« Er seufzte: »Es ist lange her, daß du das letzte Mal in der Sakristei warst, Tomasso. Denk, es sei so wie in früheren Zeiten. Erleichtere dein Herz. Ich höre dir zu.«

Tomasso warf sich in die Arme des Freundes und barg den Kopf hilfesuchend auf seiner Schulter. »Ich bin verloren, mein Vater, ich bin verloren.«

»Wer zu Gott zurückkehrt, der ist nicht verloren«, sagte Christophorus bestimmt. »Faß dich jetzt, Söhnchen, und rede dir deinen Schmerz von der Seele!«

»Nicht reden, beichten muß ich, mein Vater. Nehmt mir die Beichte ab und gebt mir die Absolution, und dann . . . dann will ich mich töten.«

Erschrocken schob der Priester Tomasso von sich und

sah forschend in die unruhigen Augen Masaniellos. Ehe er antworten konnte, rief Masaniello verzweifelt: »Töten, ja töten, mein Vater, bevor ich andre töte. Denn ich bin ein Mörder!«

Christophorus drückte Tomasso auf den Stuhl zurück und setzte sich ihm gegenüber. Er wußte nicht, wo er anfangen sollte. Traurig sagte er dann: »Warum, frage ich dich, warum tust du das? Warum tötest du?«

»Ich weiß es nicht, ich weiß es nicht«, schluchzte Tomasso verzweifelt. »Plötzlich überfällt es mich, mit furchtbarer Gewalt kommt es über mich ...«

»Was kommt über dich, Tomasso?«

»Der Zwang zu töten. Gleich wer es ist, nur töten! Es ist furchtbar, aus diesem Rausch für wenige Augenblicke zu erwachen, so wie jetzt, mein Vater. Erwachen, nur, um zu begreifen, was dieser entsetzliche Rausch angerichtet hat.« Dann schrie er dem Alten entgegen: »Ich bin irrsinnig, und ich weiß, daß ich irrsinnig bin!«

Flehend streckte er dem Priester die Arme entgegen: »Habt Erbarmen und rettet mich, mein Vater. Um des Herrgotts willen, rettet mich! Befreit mich von diesem entsetzlichen Zwang, befreit mich von der Last des Tötenmüssens!«

Die tiefe Verzweiflung seines Taufkinds trieb Christophorus die Tränen in die Augen. Er weinte, weil ihm die große Not Tomassos fast das Herz zerriß. Aber in die Tränen seines Mitleids mischten sich auch Tränen der Erleichterung und der Freude. Denn er meinte nicht anders, als daß Gott seine vorherigen Gebete erhört und Tomasso in die Sakristei geschickt habe, damit er ihn in die Arme des Herrn zurückgeleite. Obwohl er zum Mörder geworden war, hatte Gott seine Hand noch nicht von Tomasso genommen. Sein Söhnchen selbst erbat die Hilfe und zeigte damit, daß ihm die Einsicht in das eigene schreckliche Tun nicht abhanden gekommen war. Gott hatte es nicht zugelassen, daß der Teufel ganz von ihm Besitz

ergriffen. Um so größer schien die Hoffnung, ihn durch schnelles Handeln dem Einfluß des Teufels wieder zu entreißen. Er durfte diese Möglichkeit nicht ungenutzt vorüberlassen.

Der fromme Eifer des Bekehrens gab Christophorus seine Entschlußkraft zurück. »Du bist nicht irrsinnig, Tomasso! Was dir als Irrsinn erscheint, ist der Teufel. Er ist es, der deinen Verstand und deine Hand lenkt. Aber unser aller Mutter, die heilige Kirche, ist stark genug, dich vom Satan zu erlösen. Sie wird dir helfen, deinen Seelenfrieden wiederzufinden, und sie wird dir helfen, wieder der zu werden, der du einmal gewesen bist, Söhnchen.«

Vertrauensvoll blickte Tomasso zu Pater Christophorus auf. »Die Kirche, mein Vater, das seid Ihr für mich. So wie ich mich als Kind und Jüngling in Eure Hände begeben, so will ich es auch jetzt wieder tun.«

Der Alte war erleichtert. »Nicht mir, Tomasso, sollst du dich in diesem Falle anvertrauen, sondern den heiligen Brüdern in jenem Kloster, das den Namen meiner, deiner Kirche trägt: del Carmine. So, wie du früher in der Kirche del Carmine, in unserer kleinen Sakristei, oft Trost, Rat und Erbauung gefunden hast, so sollst du jetzt im Kloster del Carmine deine Heilung finden. Ist das nicht ein Zeichen mit guter Vorbedeutung, Tomasso? Geh also zu den heiligen Brüdern«, fuhr er dann fort, »sie haben Erfahrungen in der Austreibung des Teufels und schon vielen geholfen. Unterwirf dich unter ihrer Anleitung den reinigenden Exorzitien, und du wirst geheilt, mit Gott, mit der Welt und mit dir im reinen, aus dem Kloster zurückkehren.«

Tomasso erhob sich und blickte gläubig auf Christophorus. »Kommt«, sagte er und nahm die Hand des Priesters, »kommt!«

»Wohin, Söhnchen, soll ich kommen?« fragte Christophorus überrascht, weil er an diese jähe Wendung nicht glauben konnte.

»Ins Kloster del Carmine. Bringt mich zu den heiligen Brüdern.«

Als sich das Tor hinter Masaniello geschlossen hatte, sank der Pater auf die Knie, inmitten der blumigen Wiesen, die das Kloster umgaben und dankte dem Herrgott für die Errettung Masaniellos. Dann ging er eilig zum Erzbischof Filomerino und berichtete freudigen Herzens, daß heute in der Sakristei ein Wunder geschehen sei und daß Gott selbst seinem Taufkind die Augen geöffnet und es zu den heiligen Brüdern in das Kloster del Carmine geleitet habe.

Noch in der gleichen Nacht schickte der Herzog de Arcos vier gedungene Mörder. Die heiligen Brüder öffneten ihnen das Tor. Sie stellten keine Fragen, sondern wiesen ihnen den Weg zu Masaniellos Schlafkammer. Dies geschah am 16. Juli 1647.

Nächsten Tags ließen die heiligen Brüder das Gerücht ausstreuen, daß in der letzten Nacht der Teufel Masaniello geholt habe und mit seiner Seele zur Hölle gefahren sei. Der pestilenzische Schwefelgestank in seiner Kammer zeuge davon, daß der nächtliche Besucher gar kein anderer als der Satan höchstpersönlich gewesen sein könne. Nach ihren letzten Erfahrungen hatten die Neapolitaner keinen Grund, die Nachricht aus dem Kloster Santa del Carmine zu bezweifeln.

Dennoch aber bereiteten die Neapolitaner dem Generalkapitän am 17. Juli ein großartiges Leichenbegängnis. Vielleicht wünschten sie, den Spaniern noch einmal auf friedlichem Wege ihre Macht zu demonstrieren. Es kann aber auch sein, daß sie nach seinem Tode, der so vieles in einem anderen Licht erscheinen läßt, nicht mehr nur den mordenden Generalkapitän vor Augen hatten, sondern sich wieder an den einfachen, klugen, bescheidenen und fröhlichen Fischer erinnerten, dem die Liebe des Volkes gehörte. Immerhin hatte dieser Fischer zum ersten Male die scheinbar so fest gefügte spanische Macht in Neapel erschüttert.

Zum Nachfolger Masaniellos und neuen Generalkapitän wählte das Volk von Neapel Genarro Amnesse.

Genarro Amnesse erklärte die zwischen dem früheren Generalkapitän und dem Vizekönig geschlossenen Verträge für nichtig und Spanien und seinen Anhängern in aller Form den Krieg auf Leben und Tod. Er ließ eine Liste mit Todesurteilen gegen alle Feudalherren veröffentlichen, gegen die spanischen und gegen die neapolitanischen, und tötete ohne Gnade jeden, der auf dieser Liste stand und der in seine Hände fiel. Der Herzog von Arcos und sein Anhang hetzten zurück in das Castel nuovo, aus dem sie nach dem Vertrag mit Masaniello für wenige Tage wieder hervorgekrochen waren.

Auf Befehl des neuen Generalkapitäns wurden die übrigen Spanier aus ihren Häusern und von ihrem Besitz vertrieben und aus Neapel gejagt, feudale Dienstleistungen und Privilegien abgeschafft. Keinem Adligen sollte es für alle Zukunft gestattet sein, ein ziviles oder ein Militäramt auszuüben.

Rasch dehnte sich unter Führung Amnesses der Aufstand auf weitere Gebiete Italiens aus, auf Kalabrien, Apulien und die Abruzzen. In Salerno, Aversa, Foggio und Tarent erhoben sich die Bauern und Plebejer und schlugen die Spanier in die Flucht, vertrieben die Reichen aus ihren Häusern und Palästen. Ein Feuerüberfall, den die Flotte des Don Juan de Austria, Admiral Seiner Majestät, am 5.12.1647 auf Neapel unternahm, wurde erfolgreich zurückgeschlagen und schloß die Neapolitaner noch enger zusammen. Im gleichen Monat wurde in Neapel die Republik proklamiert, an deren Spitze wiederum der Waffenschmied Genarro Amnesse stand.

Hatten jedoch die Tage des gemeinsamen Kampfes gegen die spanische Fremdherrschaft die Neapolitaner geeint, so zogen sich in den folgenden Wochen und Monaten immer schärfere, immer sichtbarere Risse durch das Lager der Aufständischen. Der zunehmend antifeudale Charakter der Bewegung, der sich nicht mehr nur gegen die Spanier richtete, verschreckte die Kaufleute und Handwerker Neapels. Auch den Waffenschmied Genarro Amnesse, der zunächst den französischen Kardinal Mazarin um Hilfe gegen die Spanier ersuchte, dabei wohl aber noch mehr den Schutz der besitzenden Neapolitaner vor den eigenen Plebejern im Auge hatte. Denn als aus Frankreich eine deutliche Absage kam, begann Genarro Amnesse insgeheim mit den Spaniern zu verhandeln. Die Angst vor den Besitzlosen war inzwischen größer als die Angst vor den Spaniern geworden.

Erst am 6. April 1648, nachdem Amnesse den Spaniern die Tore öffnen ließ und nachdem der Aufstand in beiden Sizilien schon zu Masaniellos Zeiten niedergeschlagen worden war, gelang es der vereinigten spanischen Armee, Neapel zurückzuerobern. Die Spanier richteten ein infernalisches Blutbad unter den Aufständischen an. Ihre Rache traf auch den Verräter Genarro Amnesse.

Eine notwendige Nachbemerkung

Wo der Chronist versagt hat oder wo seine Aufzeichnungen, und sei es nur in Teilen, verloren gingen, liegt Dunkel über der Geschichte. Um dieses Dunkel zu erhellen, müssen wir versuchen, aus den erhalten gebliebenen Bausteinen und Bruchstücken den ganzen Vorgang zu rekonstruieren, und zwar so, wie er nach allen gesellschaftlichen Verhältnissen, nach dem Zeitgeist, nach dem Charakter der agierenden Personen, nach den Teilstücken und bekannten Daten im Ganzen hätte ablaufen können. Eine solche Darstellung historischer Vorgänge ist nicht weniger legitim als jene, die sich auf eine lückenlose, den gesamten Vorgang erfassende Reihe von Fakten stützen kann.

So ist es auch mit dem Aufstand in Neapel. Da nicht alle Tatsachen sicher überliefert sind, stößt man in den verschiedenen Nachschlagewerken, in literarischen Verarbeitungen, ja selbst in direkten historischen Auseinandersetzungen auf Angaben, die einander widersprechen. Also kam es darauf an, eine wahrscheinliche Darstellung der Vorgänge zu geben.

Streit löste vor allem immer wieder die Frage aus, ob Masaniello vergiftet wurde oder nicht. Wir gingen davon aus, daß er vergiftet worden ist, weil diese Theorie die größte Wahrscheinlichkeit besitzt. Nach dem 12. Juli, nach der Verhandlung im vizeköniglichen Schloß, machten sich bei Masaniello Wahnsinnserscheinungen bemerkbar, die vor allem in Gewalttätigkeiten gegen seine Freunde ausarteten und die seinen Feinden sehr in die Hände arbeiteten. Wäre Masaniello, dem einfachen Fischer aus dem Volke, seine neue Generalkapitänswürde zu Kopfe gestiegen – was es ja geben soll –, so wären Veränderungen schon vor dem 12. Juli an ihm sichtbar geworden. Aber bis dahin war er völlig normal. Erst danach benahm er sich Freunden und Feinden gegenüber offensichtlich irrsinnig.

Auch die Symptome seiner Anormalität sprechen für die Vergiftung durch ein Nachtschattengewächs, wahrscheinlich Bilsenkraut oder Stechapfel; vielleicht auch beides gut gemischt. Die Symptome äußerten sich – so auch bei Masaniello – in einer Verzerrung und Verlangsamung der Sprache, in Verfolgungswahn und in übersteigertem Bewegungsdrang, verbunden mit Gewalttätigkeit gegen jedermann. Alles Symptome also, wie sie für Tropeine typisch sind.

Dabei sind lichte Momente keineswegs ausgeschlossen. Solche Gifte wirken in der Regel innerhalb von Tagesfrist und klingen dann innerhalb von drei Tagen, nachdem der Höhepunkt ihrer Wirkung überschritten ist, nach und nach wieder ab. So ist es also durchaus begreiflich, daß Masaniello am 16. Juli sein schreckliches Tun zu Bewußtsein kam und er sich freiwillig zum Exorzieren in ein Kloster begab, wo er schließlich seinen Mördern nach einem von seinen Gegenspielern erdachten Plan zum Opfer fiel.

Madame Voisin

I

Madame Catherine Deshayes, oder, wie sie sich jetzt nennt, Madame Voisin, ist sehr mit sich und ihren Umständen zufrieden.

Die Spiegel in ihrem Boudoir bestätigen ihr ein angenehmes, anziehendes Äußeres voller jugendlicher Frische. Sie besitzt ein wunderschönes Haus auf der Faubourg Saint-Germain und ein stattliches Vermögen. Sie kann sich alles leisten, was ihr Herz begehrt. Und es gibt keine Anzeichen, daß sich etwas zum Schlechteren ändern könnte.

Von Beruf ist Madame Voisin Hebamme. Gewinn jedoch zieht sie nicht aus der Hilfe bei der Geburt, sondern aus der Umkehrung ihrer Profession. Sie betätigt sich – aber nur unter anderem – als das, was man im Jargon als Engelmacherin bezeichnet. Kenntnisse und Fertigkeiten auf diesem Gebiet sind in der feinen Damengesellschaft, der Madame Voisin zu Diensten ist, in einer Zeit der Verderbnis, der Lüste und Ausschweifungen um vieles begehrter als der hilfreiche Beistand während der Geburt.

Die Engelmacherei würde ihr aber höchstens zu einem bescheidenen Wohlstand verholfen haben, nicht jedoch zu der prächtigen Villa auf der Faubourg Saint-Germain und zu jenem beachtlichen Vermögen, über das Madame Voisin heute gebietet.

Sie führt das Leben einer Grande Dame der guten Gesellschaft. Sie hält sich ein Kammerfräulein, mehrere Köche, Lakaien und Hündchen. Sie gibt Gesellschaften, sie empfängt und wird empfangen, sie leistet sich Liebhaber, darunter den Henker von Paris, und sie braucht ihre großen, vulgären Füße nicht auf das schlechte Pariser Pflaster zu setzen, da sie eine elegante Kutsche samt den dazugehörigen vier Pferden ihr eigen nennt.

All diese herrlichen Dinge verdankt Madame Voisin nicht ihrem offiziellen Beruf und auch nicht seiner Verkehrung ins Gegenteil, sondern anderen, weit einträglicheren Geschäften, die sie in großer Meisterschaft und mit zahlreichen Gehilfen betreibt und die im Zeitalter des Sonnenkönigs Ludwig, zumindest in der feinen Gesellschaft, sehr gefragt sind.

Madame Voisin versteht es wie keine zweite, das Poudre de succession, das begehrte Erbschaftspulver zu mischen, für das sie sublimierten Merkurius, kalziniertes Vitriol, Opium, Arsenik und noch andere gefährliche Zutaten braucht. Sie ist der verschwiegene Beistand hassender und ungeduldiger Erben, die Tröstung unglücklicher Ehegatten und die hoffnungsvolle Verheißung all jener, die von der Zukunft Glück und Verwöhnung erwarten. Wer aber aus der vornehmen Pariser Gesellschaft täte das nicht? Ludwig XIV., der sich selbst unter das Zeichen der alles wärmenden Sonne stellt und Sonnenkönig nennt, nimmt und verschwendet mit vollen Händen. Er hat seinen Finanzminister Colbert, der das Land nach einem raffinierten System ausplündert und der dem König die gewaltigen Mittel für Kriege und Lustbarkeiten beschafft.

Ludwig verschwendet gewissenlos und mit Selbstverständlichkeit: »Alles, was sich im Umfange Unseres Staates befindet, welcher Natur es auch immer sein mag, gehört Uns aus gleichen Rechtstiteln an. Das Geld in Unserer Privatkasse wie die Gelder in den Händen Unseres Schatzmeisters oder die Wir im Handel mit Völkern lassen, müssen von Uns in gleicher Weise zu Rate gezogen werden. Das Hauptgeschäft der Könige besteht darin, ihren Genius walten zu lassen.«

Am Genius hapert es ein wenig, aber das Geld – vor allem fremdes – zieht Ludwig tatsächlich kräftig zu Rate. Es existiert in ganz Europa kein prächtigerer Hof als der des Franzosenkönigs. Aber es gibt in ganz Europa auch keine Bauern und Arbeitsleute, die elender leben als die französischen. Die Tafel des Königs kostet täglich etwa 50000 Livres. Die Bauern indessen sterben zu Tausenden vor Hunger. Allein an seinem Kleide trägt der König Diamanten für 10 Millionen Livres, und seine derzeitige Maitresse en titre, sein vornehmes Titular-Flittchen Athenais Marquise de Montespan, verspielt an einem einzigen Abend 100000 oder auch 200000 Livres, für die selbstverständlich die königliche Hofintendanz aufzukommen hat.

Das Beispiel des Königs, die kolossale, ins Überdimensionale gewachsene Verschwendung bei Hofe, die ungeheure Macht, zu der das Geld geworden ist, wecken Begierden. Das Geld, der Quell immer neuer, immer verfeinerter Lustbarkeiten, läßt die Hofgesellschaft auch das letzte bißchen Moral und den kleinsten Rest Gewissen vergessen. Söhne und Töchter trachten ihren Vätern nach dem Leben, weil sie die Erbschaft so schnell wie möglich antreten möchten, der Gatte ist aus dem gleichen Grunde vor der Gattin nicht mehr sicher, der Bruder nicht mehr vor der Schwester.

La Reynie, Generalleutnant der Pariser Polizei, vermerkt in diesen Jahren in seinen Aufzeichnungen: »Das Menschenleben wird praktisch wie eine Ware gehandelt. Der Mord ist beinahe das einzige Hilfsmittel, dessen man sich bei Familienstreitigkeiten bedient. Gottlosigkeiten, Sakrilege und Schändlichkeiten sind an der Tagesordnung in Paris.«

Nein, Madame Voisin braucht keine Sorge zu haben, daß sich ihre Geschäfte verschlechtern könnten. Die vorübergehende, durch den Fall der Marquise von Brinvillier verursachte Flaute ist längst wieder der Hochkonjunktur gewichen.

Ach Gott, die arme Brinvillier. Was für eine entsetzliche Dilettantin! Mit Hilfe ihres Geliebten, eines heruntergekommenen Hauptmanns, hatte sie nacheinander ihren Vater und ihre Brüder vergiftet, um sie zu beerben, und schließlich auch ihrem Manne nach dem Leben getrachtet. Die schöne Marquise beging die Unvorsichtigkeit, über ihre Pläne und Absichten eine ausgiebige Korrespondenz mit dem Hauptmann Sainte-Croix zu führen, der damals in der Bastille gefangen saß und der die belastenden Briefe in einer Kassette verwahrte.

Sie fiel später, zusammen mit den Briefen, der Polizei in die Hände. Außerdem hatte die hochadlige Dame auch gegenüber dem Hauslehrer geplaudert und schließlich, um das Maß der Dummheit voll zu machen, ihre Missetaten in einer Art Lebensbeichte schriftlich niedergelegt. So blieb dem König keine andre Wahl, als der schönen, inzwischen geflüchteten und wieder eingefangenen Marquise den Prozeß machen zu lassen und sie dem Henker zu übergeben, der ihr am 16. Juli 1676 den Kopf abschlug. Und zwar, wie sich die Zuschauer erinnern können, mit einer solchen Geschicklichkeit, daß das schöne, engelgleiche Haupt der Marquise noch sekundenlang auf dem Halse blieb, ehe es in den Korb rollte.

Madame Voisin, die zusammen mit ihrer schärfsten Konkurrentin, der Witwe Bosse, damals einträchtig in einer der vorderen Reihen der Zuschauertribüne saß, ist noch jede Einzelheit dieses Schauspiels gegenwärtig, das der König angesichts der Diskriminierung des gesamten Hochadels wohl gern vermieden hätte, aber bei dem einmal erregten Aufsehen nicht mehr verhindern konnte.

Obwohl sie abergläubisch ist, kann Madame Voisin nicht sagen, daß ihr dieses Schauspiel das mögliche eigene Schicksal vor Augen geführt und sie an den Abbruch ihrer Geschäfte gemahnt hätte. Für sie war die Marquise eine dumme Person, eine armselige Dilettantin ohne Erfahrung, die ihr Ende durch unverzeihliche Fehler selbst verschuldet hat. Sie, Madame Voisin, arbeitet nach einem wohldurchdachten System. Sie ist die Gebieterin über ein großes, weitverzweigtes Gewerbe mit zahlreichen verschwiegenen Angestellten, die nichts voneinander wissen, und von denen jeder seine speziellen Aufgaben zu lösen hat. Sie besitzt eine Armee von Erfüllungsgehilfen, von Spitzeln, Giftmischern, Priestern des Teufels und Mördern, die die Gifte an den Adressaten bringen.

Was ist eine Marquise von Brinvillier schon gegen Madame Voisin! Von dieser Marquise ist nichts geblieben außer einem Stück Handknochen, das Madame Voisin als Reliquie in einem vergoldeten Kästchen verwahrt. Sie hat es den Henkersknechten, die den toten Leib der Marquise damals zu Asche verbrannten, für 100 Livres abgekauft und schwört darauf, daß es ihr Glück bringen werde. Bis jetzt zumindest gibt es dafür keinen gegenteiligen Beweis.

Schrecken und Furcht, von denen nach dem Ende der Brinvillier auch die fürwitzigsten Erbschleicher und Erbschaftsjäger überfallen wurden, legten sich schnell. Gewiß, es gab damals einige ganz ängstliche Gemüter, die sogar Erbschaften ausschlugen, um nicht mit dem Poudre de succession in Verbindung gebracht zu werden. Nachdem jedoch bekannt wurde, daß auch die geschicktesten und erfahrensten Ärzte, wie beispielsweise der Polizeiarzt Francois Moreau, nach wie vor nicht in der Lage waren, Gift in einem toten Körper nachzuweisen, hoben die Erbschaftsschleicher und Erbschaftsjäger wieder ihr Haupt und suchten Trost bei den Giftmischerinnen, vor allem bei ihr, bei Madame Voisin, einer Meisterin des Fachs.

Die Kunden sind allesamt kapitalkräftige Leute: Herzöge, Marquis, Grafen, Barone und emporgestiegene Bourgeois mit einer reichen Anverwandtschaft, die zu beerben sich lohnt. Ein Armer hat nichts zu vererben und keine Erbschaft zu erwarten.

Der Hochadel Frankreichs steht Schlange vor ihrer Tür. Fein behandschuhte Hände putzen ihre Klinken, die reich verziert und vergoldet sind. Das Honorar für ihre Liebesdienste zählt nicht nach Hunderten, sondern nach Tausenden Livres.

Zudem besitzt Madame Voisin bereits einen Ruf, der ihr gestattet, wählerisch bei der Auswahl ihrer Kunden zu sein. Sie wohnt nicht auf der Faubourg Saint-Germain; sie residiert. Ohne Empfehlung findet man keinen Eingang in ihren Salon. Und sie nimmt nicht einfach, was man ihr bietet, sie hat ihre festen Preise.

Sie gewährt der Kundschaft Einblicke in die Zukunft. Das macht in der Regel 4000 Livres.

Sie sorgt dafür, daß die gewonnenen Einblicke in Erfüllung gehen, und zwar stets zu den Terminen, die ihr die Kundschaft nennt. Das kostet dann allerdings nicht mehr nur 4000, sondern bereits 20000 Livres.

Nicht immer jedoch wünscht der Kunde, ein Testament zu beschleunigen. Manche Dame zum Beispiel möchte nur die Gunst eines Herrn gewinnen oder sich seine Gunst erhalten. Für solche Zwecke hält Madame Voisin Liebespülverchen für 5000 Livres das Päckchen bereit oder sie läßt – in hartnäckigen Fällen – von dem Priester des Teufels eine schwarze Masse zelebrieren, für die sie 25000 Livres berechnet.

Ist der Kavalier einer vornehmen Dame Liebhaber eines großen Busens und ist der Busen eben jener Dame zu klein geraten, so darf auch sie sich vertrauensvoll an Madame Voisin wenden, die für 2000 Livres Abhilfe zu schaffen verspricht.

So vielfältig sind ihre Geschäfte, daß sie fast für jedes Anliegen eine Lösung weiß. Das Vertrauen ihrer Kundschaft ist grenzenlos, so daß Madame Voisin in den letzten Jahren ihren Konkurrentinnen – selbst der Witwe Marie Bosse – längst den Rang abgelaufen hat. Sie ist Königin der Pariser Wahrsagerinnen und Giftmischer. Und sie gedenkt es zu bleiben.

Madame Voisin ruht gerade bequem auf einer Chaiselongue und studiert einen Bericht, den ihr einer ihrer bezahlten Informanten über die Familie Brunet angefertigt hat. Madame Voisin liebt es, sich von ihren Klienten schon vor der ersten Konsultation ein möglichst genaues Bild zu verschaffen. So kann sie später ihre Kundschaft mit Details verblüffen, die sie ihren Spitzeln verdankt, die man aber ihren seherischen Kräften zuschreibt. Das ist das Geheimnis ihres Erfolgs. Sie hat Lebensart und erspart es der Kundschaft, häßliche Herzenswünsche direkt und unverblümt zu artikulieren. Sie errät vielmehr die Wünsche ihrer Klienten. Der Kunde weiß das zu schätzen und auch zu honorieren.

Madame Voisin verschränkt die Arme hinter dem Kopf und überdenkt, was sie soeben gelesen hat. Wahrscheinlich will Madame Brunet hören, daß ihr Gatte bald das Zeitliche segnen wird. Brunet, ein schon betagter Herr, ist Besitzer einer gut gehenden Pariser Seidenmanufaktur, also ein Mann mit Geld. Wie man gelesen hat, verkehrt seit geraumer Zeit der in königlicher Gunst stehende Flötenspieler Philibert im Hause Brunets. Der alte Brunet sieht das wohl nicht ungern, denn er möchte seine spindeldürre, häßliche Tochter unter die Haube bringen. Was er allerdings nicht weiß, ist die Tatsache, daß die Seufzer und Augenaufschläge Philiberts nicht der Tochter, sondern seiner Frau gelten, die mit ihren 38 Jahren noch gut im Fleische steht. Also, schlußfolgert die Voisin, wird man wohl dieses Mal wieder ein Erbschaftspulver mischen müssen. Denn erstens kann Madame Brunet den Flötenspieler nicht haben, ohne daß ihr Gatte die Erde verlassen hat, und zweitens würde Philibert in seinen Seufzern und Augenaufschlägen sicher zurückhaltender sein, wenn er hinter dem Fleische der Frau Brunet mit seiner Künstlernase nicht auch ein anständiges Vermögen witterte. Madame Brunet ihrerseits wird klug genug sein, sich diese – wenn auch etwas beschämende – Tatsache einzugestehen. Die Dinge liegen ziemlich klar.

Madame Voisin läutet nach ihrer Kammerzofe, damit sie ihr bei der Vorbereitung zur Sitzung behilflich sei. Es ist eine sehr umständliche und langwierige Prozedur, in deren Verlauf das anziehende, gefällige Äußere der Madame sich zum Bedrohlichen wandelt.

Viel schwarze, blaue, rote und weiße Schminke gehört dazu. Die Augenbrauen werden mit dicken schwarzen Strichen gleich geknickten Pfeilen nach oben gezogen, über den Lidern liegt eine Schicht Blau, der Mund lodert in grellem Rot aus dem totenbleichen Gesicht hervor, die Haare, kunstvoll gedrechselt, gleichen Flammen, die Fingernägel sind krallenhaft verlängert. Als ihr die Zofe am Schluß der Prozedur einen langen, weiten Mantel aus tiefschwarzer Seide um die Schultern legt, ist aus Madame Voisin eine dämonische, furchteinflößende Erscheinung geworden.

Sie wirft einen prüfenden Blick in den Spiegel und begibt sich dann in ihr Audienzzimmer, um Madame Brunet zu erwarten. Es ist ein fensterloser Raum, die Wände mit schwarzem Tuch bespannt, dürftig möbliert. Auf einem Podium gegenüber der Tür steht, zwei Leuchter an jeder Seite, ein thronartiger Sessel, für Madame Voisin bestimmt. Etwa drei Meter vor ihrem Throne glüht ein Kohlenbecken, das, zusammen mit den beiden Kerzen, das Zimmer gespenstisch erhellt. In den Lichtkreis dieses Beckens sind ein Stuhl und ein Tisch gerückt, auf dem eine Kerze brennt, Schreibzeug und eine Kugel mit Jungfernwachs liegen bereit. An diesem Tisch nimmt der Besuch Platz.

Madame Brunet erscheint zur festgesetzten Zeit. Lautlos schließt sich die Tür hinter ihr. Sie wagt kaum zu atmen, denn sie wähnt sich plötzlich in einer Gruft des Todes.

Mit dumpfer Stimme fordert die Voisin ihre Besucherin auf, sich zu setzen. Dann schweigt sie lange, bedrückende Sekunden, ehe sie in gleicher Stimmlage die Frage stellt:

»Was wünschen Sie von dem Geiste zu wissen, mit dem ich Sie in Verbindung bringen soll?«

Eingeschüchtert und zusammenhanglos beginnt Madame Brunet, etwas vor sich hin zu stammeln, weitschweifig und unkonkret.

Catherine Voisin macht eine gebieterische Handbewegung. »Schweigen Sie! Ich will von Ihrer Geschichte nichts wissen. Dem Geiste haben Sie anzuvertrauen, was Ihnen auf dem Herzen liegt, nicht mir. Ich bin nur seine Dienerin. Ich kann nichts weiter tun, als ihn für Sie zu bitten und ihm zu gehorchen.«

Verstört hält Madame Brunet inne und verschließt ihren Mund mit der behandschuhten Hand. Madame Voisin hüllt sich wiederum für einige Sekunden in Schweigen. Sie erhebt sich, breitet die Arme aus und richtet ihre Augen gegen die Decke. »Sind Sie bereit, Madame?«

»Ja«, haucht die Brunet.

»Großer Geist«, sagt jetzt Madame Voisin feierlich und beschwörend, »der du bist zwischen Himmel und Hölle, offenbare deiner Dienerin, was sie zu wissen begehrt.« Sie hält inne, neigt leicht den Kopf und gibt sich den Anschein, als ob sie angestrengt lausche. Dann zuckt sie zusammen, als hätte sie ein Schlag getroffen. »Der Geist ist bereit, Ihr Anliegen anzuhören und Ihnen eine Antwort zu geben. Bringen Sie Ihre Wünsche und Ihre Fragen zu Papier, wickeln Sie es um jene Kugel mit dem Jungfernwachs und werfen Sie die Kugel samt dem Papier in das Kohlebecken. Aber bleiben Sie bei der Wahrheit«, mahnt sie dann drohend. »Sie dürfen dem Geiste Ihre geheimsten Wünsche anvertrauen, aber wagen Sie es nicht, ihn zu belügen! Schreiben Sie!«

Madame Voisin setzt sich wieder mit maskenhaftem, leblosem Gesicht. Die Brunet schreibt, stockend zuerst, dann schneller. Schließlich wickelt sie, wie befohlen, die Kugel mit Jungfernwachs in das Papier und trägt sie wankenden Schrittes zum Kohlenbecken. Gierig bemächtigt sich die Glut des Papiers, für einen Augenblick züngeln Flammen aus dem Becken empor.

Mit herrischer Geste weist Madame Voisin die Brunet auf ihren Platz zurück. Wie eine Hypnotisierte, die Augen starr auf die Glut gerichtet, schreitet sie mit vorgestreckten Armen auf das Becken zu, macht beschwörende Bewegungen, murmelt halblaut Formeln, die für Frau Brunet unverständlich bleiben, und hält plötzlich zum maßlosen Erstaunen der Madame ein unversehrtes Stück Papier in der Hand. Madame Voisin atmet hörbar aus, als sei sie von einer großen Last befreit, geht zu ihrem Thron zurück, setzt sich und sagt dann triumphierend: »Der Geist zwischen Himmel und Hölle war uns gnädig, er hat eigenhändig seinen Bescheid auf dieses Blatt Papier geschrieben und heißt mich, Ihnen seine Antwort mitzuteilen. Also hören Sie:

Ihr Gatte, Monsieur Brunet, wird binnen Monatsfrist an einem Schlagfluß sterben. Am Tage vor seinem Tode, merken Sie wohl, zerplatzt auf der Mittagstafel eine Suppenterrine. Ferner läßt der Geist durch mich bestellen, daß Sie das Vermögen Ihres Gatten erben und binnen kurzem die Frau des Flötenspielers Seiner Majestät sein werden.«

Mit offenem Munde und klopfenden Herzens hört Madame Brunet die Nachricht des Geistes. Für sie gibt es überhaupt keinen Zweifel mehr, daß sie tatsächlich von jenem Geiste kommt, der zwischen Himmel und Hölle wohnt. Woher sollte Madame Voisin auch die Fragen kennen, die sie auf das Papier geschrieben und auf die sie eine so präzise Antwort erhalten hat. Vor ihren Augen ist das Papier im Kohlenbecken verbrannt, und vor ihren Augen hat die Wahrsagerin wenig später ein unversehrtes Papier aus dem Kohlenbecken empfangen. Kein anderer als der große Geist kann also die Antwort gegeben haben.

Arme, leichtgläubige, leicht zu täuschende Madame Brunet! Sie hat nicht wahrgenommen, daß die Voisin in den weiten Ärmeln ihres Gewandes ein Papier verbarg, auf dem die Antwort des Geistes bereits geschrieben stand, und welches sie dann, bei der Beschwörung des Geistes, durch einen Trick aus ihrem Zaubermantel, scheinbar aber aus dem Kohlenbecken zog.

Woher soll Madame Brunet ferner wissen, daß die Spione der Wahrsagerin ihre häuslichen Verhältnisse längst erkundet hatten und daß Madame Voisin gerade vermöge dieser Erkundungen in der Lage ist, treffende Schlüsse zu ziehen? Wer eine so tiefe Kenntnis menschlicher Herzen und Leidenschaften und eine so gute Kombinationsgabe besitzt wie die Voisin, der braucht keinen überirdischen Geist, um häßliche Sehnsüchte und Wünsche zu erraten.

In neunzig von hundert Fällen gelingt ihr das. Und wenn sie in ihren Antworten einmal das Anliegen ihrer Kundschaft nicht trifft, dann kann sie es immer noch dem Besucher in die Schuhe schieben, der seine Fragen nicht ehrlich und genau genug formuliert hat, oder dem Geiste, der momentan vielleicht unpäßlich oder nicht willens ist.

Die Kundschaft ist dumm, man glaubt gar nicht, wie dumm sie ist. Trotz der Titel, des Adels, der Ämter und des Reichtums. Sie hat noch keinen getroffen, der an der Existenz ihres Geistes, der zwischen Himmel und Hölle wohnt, zweifelt. Die Listenreiche braucht sich die Leute vorher nur ein bißchen anzuschauen, und sie findet für jeden das Netz, in dem sie ihn fängt. Mit tiefer Verachtung blickt Madame Voisin auf ihre Kundschaft herab. Auch auf diese reich gewordene geile Pute, die da vor ihr auf dem Stuhle hockt und Mund und Augen aufreißt. Offensichtlich hat sie jetzt vor lauter Freude über das gute Horoskop alle Furcht und alle Beklemmung verloren.

Die Voisin beendet die Sitzung, sagt in sachlichem, nüchternem Ton: »Für meine Bemühungen schulden Sie mir 5000 Livres, Madame Brunet, die Sie bitte draußen bei meiner Zofe bezahlen wollen. Und noch eins: Wenn

Ihr Horoskop in Erfüllung geht – und daran, Verehrteste, gibt es überhaupt keinen Zweifel –, dann erwartet der Geist, dessen bescheidene Dienerin ich bin, ein Opfer von 40000 Livres.« Sie macht eine herrische, sehr eindrucksvolle Geste. »Gehen Sie jetzt, Madame.«

Nachdem Madame Brunet die Villa auf der Faubourg Saint-Germain verlassen hat, verwandelt sich Catherine Voisin mit Hilfe ihrer Zofe von dem dämonischen Zerrbild zurück zu ihrer natürlichen Schönheit. Sie wird jetzt für zwei Stunden ruhen, denn die Sitzung mit Madame Brunet hat sie angestrengt. Für den Abend ist die Marquise von Montespan angesagt, für die sie eine schwarze Messe – die dritte nun schon innerhalb von zwei Wochen – arrangiert hat.

Die Marquise ist die mächtigste Frau in Frankreich, die Titular-Mätresse des Königs, vor der Minister zittern, selbst Colbert hat Respekt vor ihr. Madame legt größten Wert darauf, sich die Gunst und die Freundschaft der Montespan zu erhalten. Eine solche Kundin zu besitzen, ist nicht nur eine Werbung fürs Geschäft. Die Marquise zahlt auch generös, was übrigens kein Kunststück ist, da es nicht aus ihrer Tasche geht. Viel wichtiger aber bleibt die Tatsache, daß die Voisin, da die Marquise in ihre Geschäfte verwickelt ist, mit der Montespan zugleich Sicherheit in ihre risikoreichen Unternehmungen zu bringen hofft.

2

Die Marquise von Montespan sitzt am Bett des Königs, der matt und bleich in den Kissen liegt. Sie hält zärtlich die kalte Hand Seiner Majestät. »Mein Freund, mein armer Freund«, seufzt sie das eine über das andere Mal und blickt aus tränenverschleierten Augen auf ihren kranken Louis.

Die Tränen und der Kummer erhöhen den Reiz ihres

schönen Gesichts, das einen wunderbaren, fast weißen Teint besitzt und das sie, außer Lidschatten und etwas Rouge auf den Lippen, ohne Schminke gelassen hat. Die Brüste und Schultern sind von Spitzen aus Point de France umrahmt, ihr zu kunstvollen Löckchen frisiertes Haar ist mit Perlen geschmückt. Die Frau Francoise Athenais Marquise de Montespan ist in der Tat eine vollendete Schönheit. Es wundert nicht, daß sie nun schon seit gut zehn Jahren, seit 1668, die Gunst des Sonnenkönigs besitzt und daß sie alle Rivalinnen, von denen es in diesen Jahren eine ganze Reihe gab, in der Liebe des Königs immer wieder ausgestochen hat. Darunter Frauen von großer Schönheit.

Zugegeben, glückliche Umstände haben ihr manchmal dabei geholfen. Aber sie ist selbstbewußt genug, diese Siege auch ihren eigenen Vorzügen zuzuschreiben. Jawohl, sie ist schön und sie bietet dem König Nächte voller Zärtlichkeit und Hingabe. Sie kann aber auch anders sein, abweisend und kalt. Sie kann keifen wie ein Marktweib und fluchen wie eine Dirne. Sie macht ihrem königlichen Geliebten Szenen, wenn sie ihren Willen nicht bekommt, bei denen die Fetzen fliegen und bei denen sie vergißt, daß sie mit dem mächtigen Alkandar das Bett teilt.

Sie hat es verstanden, den König bei Laune zu halten und ihn trotz mancher Verirrungen immer wieder in ihr Bett zurückzuholen. Nicht durch schmeichlerische, unterwürfige Liebe, sondern gerade durch ihre freche Ungewöhnlichkeit, die der König bei keiner anderen fand und die ihn offensichtlich faszinierte: Die Maßlosigkeit ihrer Ansprüche und ihre Respektlosigkeit, die Kälte, mit der sie den König manchmal abweist, die Leidenschaft, mit der sie den Abgewiesenen wieder empfängt, die klug arrangierten, rührseligen Trennungen, denen um so größere Wiedersehensfreude folgt – all das hat sie ihren Rivalinnen weit überlegen gemacht.

Dazu kommen die sieben Kinder, die sie dem König

gebar und an denen er mit großer Zärtlichkeit hängt. Er hat sie als seine eigenen legitimiert und ihnen hohe Titel verliehen: Louis-Auguste, Herzog von Maine, Louis César, Graf von Vexin, Louise-Francoise de Nantes, Louise-Marie de Tours, Francois-Marie de Elois, Louis-Alexander, Graf von Toulouse. Und – Zeichen besonderer Gunst – fast allen Kindern hat er zu ihren Namen seinen eigenen dazugegeben: Louis oder Louise.

Nachdenklich blickt die Montespan auf den König, der eingeschlafen ist und leise schnarcht. Das alles soll plötzlich kein Band mehr zwischen ihnen sein? Das alles soll nicht mehr zählen, seit dieses Fräuleinchen, wie heißt sie doch gleich, diese Mademoiselle aus der Provinz – ach ja, Fontanges – als Ehrendame der Königin an den Hof gekommen ist? Mein Gott, wo haben die Männer ihre Augen!

Jupiter ist verliebt wie ein Knabe, und sie spürt, daß sich sein Herz mehr und mehr von ihr abwendet. Er ist dieser jungen Hexe mit Haut und Haar verfallen.

Die Marquise stößt einen tiefen Seufzer aus. Nicht nur

vor der Fontanges muß sie auf der Hut sein. Auch die Aufmerksamkeit und Gunst, die der König in letzter Zeit der Marquise de Maintenon, der Erzieherin ihrer Kinder, bezeugt, mahnt zur Vorsicht. Die Fontanges ist eine junge dumme Pute, die Witwe Scarron aber, wie sie die Frau von Maintenon hämisch bei sich nennt, ist ein altes, raffiniertes Weib, das immer in Schwarz geht und das den sehr religiösen König mit übertriebener Frömmelei einzuwickeln verstand.

Madame Montespan könnte sich jetzt ohrfeigen, daß sie es war, die diese Dame in das königliche Haus geholt. Heute erwies man der Maintenon den gleichen, wenn nicht noch größeren Respekt als ihr selber. Die Höflinge haben eine feine Nase dafür, wohin sich das Pendel der königlichen Gunst neigen wird. Voller Wut denkt sie daran, wie sie der König erst unlängst vor der schwarzen Witwe brüskierte. Er war mit ihr in das Nebenzimmer gegangen und hatte der Scarron gestattet, sich über sie, die Maitresse en titre, zu beschweren.

Nun, da der König schläft und nichts sieht, sind die Tränen aus ihren schönen Augen verschwunden. Sie sind jetzt voller böser Entschlossenheit. Sie denkt nicht daran, ihren angestammten Platz einer dummen Pute oder dieser alten frömmelnden Schachtel zu räumen. Sie will die Maitresse en titre bleiben, die zweite Dame Frankreichs nach der Königin, die erste, was ihren Einfluß und ihre Macht betrifft. Sie wird weder auf ihr Lustschloß in Clagny, auf ihre Zimmerfluchten im Louvre und in Versailles, noch auf ihre sechsspännige Karosse, die hohe Apanage und die über alle Maßen großzügigen Geschenke des Königs verzichten. Sie ist entschlossen, ihre Stellung zu behaupten, und sei es mit dunklen, gefährlichen Mitteln. Wenn nichts mehr hilft, um die beiden Damen in der Gunst des Königs auszustechen, dann hat sie immer noch ihre Voisin.

Aber auch der König sollte sich hüten, mit seinem Herzen allzu leichtfertig umzugehen und es jemals auf Dauer einer anderen zu schenken.

Da liegt er nun, matt und marod, fiebernd, durch seine Schwäche in den Schlaf getrieben, hingestreckt von einer Mischung aus zerriebenen spanischen Fliegen, getrockneten Maulwürfen, aus Kinder- und Fledermausblut und einigen anderen, gefährlicheren Ingredienzien. Armselig schaut er jetzt aus, der Gottgleiche, Allmächtige, der Sonnenkönig, der Große Alkandar, wie er sich gerne nennen läßt, weil er sich dadurch dem macedonischen Weltbeherrscher gleichgesetzt sieht. Jetzt aber schnarcht er, der Held, der fast ununterbrochen Krieg führt, zu Frankreichs, aber noch mehr zu seinem Ruhme, der Eroberer mit der 200000-Mann-Armee, dessen teuer erkaufte Siege das Land ausbluten.

Das Volk wünscht seinem Sonnenkönig schon lange den Tod an den Hals. Wenn er jetzt stürbe, herrschte ganz ohne Zweifel Jubel im Land; und auch bei den Nachbarn Frankreichs, die er mit Krieg, Brandschatzung und Plünderung überzieht. Die Pülverchen der Voisin werden ihn hoffentlich wieder zur Vernunft bringen, und der Erste Leibarzt Seiner Majestät, Monsieur Aquin, wird die Freude haben, seit langem wieder einmal ein erfreuliches Bulletin über den Gesundheitszustand des Königs zu veröffentlichen. Das gestrige war schlecht genug und überdies ein übles Zeugnis für die Fähigkeiten des Ersten Leibarztes: »Da der Anfang dieses Jahres ebenso wie das Ende des vergangenen seit der Sonnenwende stets voller Nebel war, mit wenig Regen oder Frost und fast stets mit Wind zwischen Süd und West, so entstand im Körper eine große Feuchtigkeitsansammlung, die auch das Gehirn erfüllte und so Stoff gab für hartnäckigen Schnupfen und Lungenentzündungen, wie wir das in der weiteren Folge der Jahreszeit festgestellt haben, und da diese häufigen Veränderungen Seiner Majestät nicht die Freiheit des Spazierganges ließen, so befand sich der König ein wenig beschwerter als gewöhnlich, und am Siebten des Monats Januar wurde er von so heftiger Benommenheit befallen, daß ihn schwindelte und er den ganzen Tag eine Art Frösteln der Haut und eine Schwäche in den Schenkeln hatte, was aufhörte, nachdem er während der Nacht gut geschlafen hatte. Dieser Zustand gab Veranlassung, Seine Majestät darauf hinzuweisen, daß es nötig sei zu purgieren.«

Armer Dummkopf, denkt die Marquise von Montespan. Wind zwischen Süd und West, Freiheit des Spaziergangs, Feuchtigkeitsansammlung. Getrockneter Maulwurf, Kinderblut und ein bißchen Rattengift waren es.

Natürlich hat er sich in der Nacht ein wenig erholt. Aber damit war es schnell vorbei, denn mit der Morgenschokolade schlürfte er bereits wieder getrockneten Maulwurf, Kinderblut und Rattengift. Sie kann ihm das auch in der nächsten Zeit nicht ersparen. Solange nicht, bis er der Fontanges endlich den Laufpaß gibt und der Witwe Scarron weniger Artigkeiten erweist.

Sie wird jetzt zu Madame Voisin gehen. Armer Alkandar. Was tust du dir und mir an! Ihr wird schon jetzt speiübel, wenn sie an die widerliche Prozedur denkt, die sie über sich ergehen lassen muß. Aber was tut man nicht, um Jupiter von seinem großen Irrtum zu befreien. Sie streicht dem König sanft über die Stirn und verläßt das Schlafgemach.

3

Madame Voisin empfängt die Marquise von Montespan höflich, aber ohne jedes unterwürfige Gebaren. Zwischen den beiden herrschten durch die längere Bekanntschaft bereits eine gewisse Vertraulichkeit und ein Ton, wie er zwischen Gleichgestellten üblich ist. Die Marquise ist die ungekrönte Königin Frankreichs – noch ist sie es –, und sie, Madame Voisin, ist die ungekrönte Königin der Wahrsagerinnen und Giftmischerinnen von Paris. Madame Voisin ist sich ihres Wertes wohl bewußt. Durch den Adel ihres gefragten und gediegen ausgeübten Handwerks fühlt sie sich dem Adel der Geburt ebenbürtig. Man kommt zu ihr und ist froh, von ihr empfangen zu werden. Ein großer Triumph für eine Frau, die aus ärmlichen Verhältnissen stammt. Sie tut tiefe Einblicke in die vornehmsten Familien Frankreichs, vor ihr öffnen sich verschlossene Herzen, ihr werden die geheimsten, vor niemandem sonst ausgesprochenen Wünsche anvertraut. Sie ist das Schicksal. Sie bringt Krankheit und Tod, sie verschenkt Reichtümer, sie spendet Glück und stiftet Unglück. Was für ein Gefühl ist das! Was ist gegen dieses Gefühl das, zugegeben, sehr hohe Honorar, das ihr die Kunden zahlen?

Sie weiß besser als jeder andere, wie verkommen der hohe und höchste Adel Frankreichs ist. Die Giftmischerin hat, neben allen anderen Vorteilen ihres einträglichen Gewerbes, das Gefühl der überlegenen Moral.

Die Marquise von Montespan braucht sie nicht durch all den Firlefanz zu beeindrucken, den sie sonst bei ihren Kunden aufwendet – wie zum Beispiel heute morgen bei der Frau Brunet. Sie kann sich die entstellende Schminke und das lange schwarze Gewand, die Flammenfrisur und die krallenhaft verlängerten Fingernägel sparen.

»Wenn Sie mir also folgen wollen, Frau Marquise«, sagt sie zuvorkommend und öffnet ihrer hohen Kundschaft die Tür zu dem in tiefem Schwarz gehaltenen Nebenzimmer, in dem sie vor wenigen Stunden auch Frau Brunet empfangen hat. Die Einrichtung des Raumes ist jetzt allerdings etwas verändert. Der thronähnliche Sessel auf der Erhöhung an der Stirnseite des Zimmers ist weggeschafft. In der Mitte des Zimmers stehen vier zusammengerückte Stühle, über die eine Matratze mit kostbarem Seidenbezug gelegt ist. Sie bilden jetzt das gesamte Mobiliar.

Die Marquise von Montespan befällt ein leises Grauen

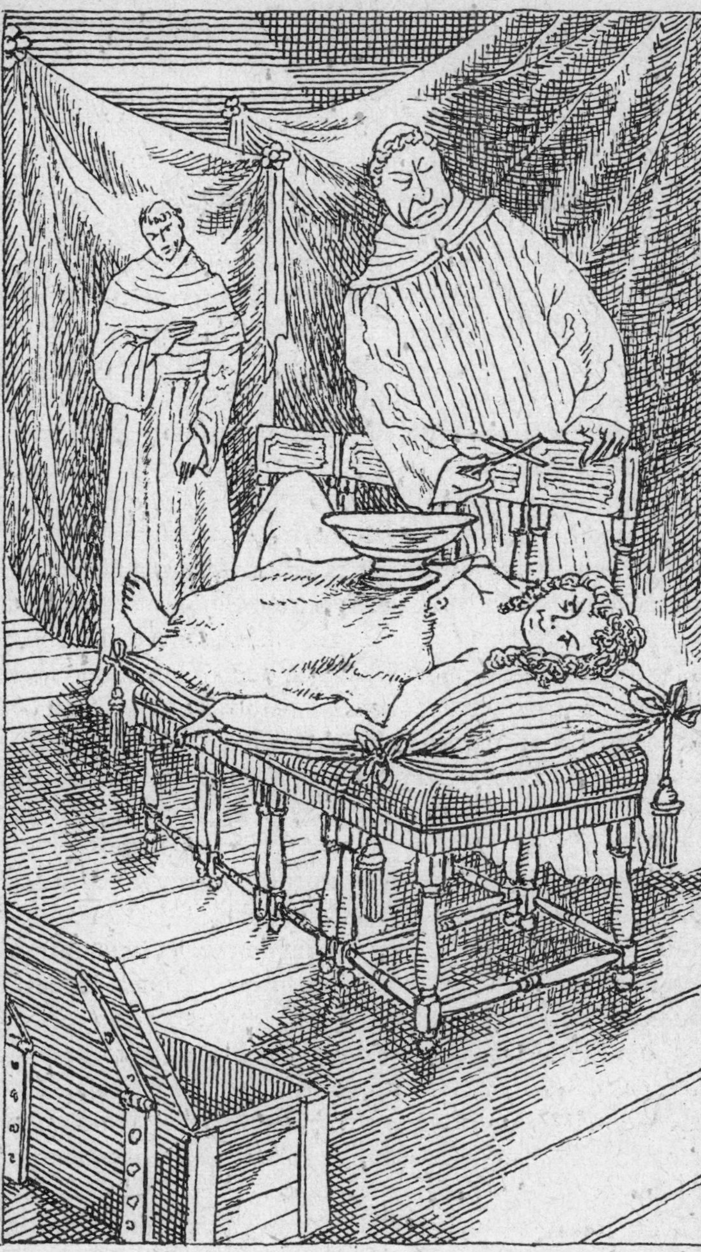

vor der Prozedur, die nun folgen wird und die sie bereits kennt.

»Wenn Sie die Güte haben wollen, sich jetzt zu entkleiden«, flüstert Madame Voisin und kehrt der Marquise diskret den Rücken zu.

Das erfordert einige Zeit, denn die Garderobe ist umständlich, und Madame von Montespan hat für solche Verrichtungen normalerweise etliche Zofen zur Seite. Heute jedoch muß sie sich allein behelfen. Dann legt sich die Marquise nackt auf die Matratze.

»Sie sind soweit?«, fragt Madame Voisin, tritt zur Marquise und verweilt mit ihrem Blick für einen kurzen Moment auf den ungewöhnlich fetten Schenkeln der Montespan. Sie versteht, daß der König dieser langsam zur Matrone gedeihenden Schönheit die junge zierliche Fontanges vorzieht. Aber das ist nicht ihr Problem, sie hat die Aufgabe, das zu verhindern oder besser, rückgängig zu machen, mit ihren Liebespülverchen, von denen nur sie weiß, daß sie keinen Pfifferling wert sind. Wenn ein Kunde wie die Montespan ungeduldig wird, nun, dann muß man ihm klarmachen, daß die Wirkung erst nach wiederholter Anwendung eintritt. Damit erhöht sich zugleich das Honorar. »Frau Marquise gestatten, daß ich jetzt den Priester rufe?« Die Maitresse en titre nickt beklommen.

Madame Voisin klopft an eine kleine Seitentür. Sie öffnet sich, und Pater Guibourg erscheint, der Priester des Teufels, angetan mit einem Meßgewande, neben ihm ein andrer Geistlicher, der bei der schwarzen Messe assistieren wird.

Pater Guibourg hat durch den Liebeskummer der Madame von Montespan bereits seine Schäfchen ins trockne gebracht. Für jede Messe zahlt die Marquise einige tausend Livres, und außerdem hat sie ihm in ihrer großzügigen, aus dem vollen schöpfenden Art eine Pfründe verschafft, die jährlich 2000 Livres abwirft. Pater Guibourg verrichtet also seine Dienste an der Maitresse en titre mit Freude.

Der Assistent reicht dem Pater eine schneeweiße Serviette, die Guibourg mit behutsamen Händen über den nackten Leib der Marquise breitet. Darauf stellt er eine größere vergoldete Schale. Zwischen ihre ebenfalls schon reichlich fett gewordenen Brüste bettet er ein Kreuz.

»Sind Sie bereit, Frau Marquise?« fragt er leise. »Gut, dann holen Sie das Opfer«, bedeutet er seinem Assistenten. Der Meßgehilfe verläßt den Raum und kehrt gleich darauf mit einem nackten, entsetzlich kreischenden kleinen Kind zurück. Er hat es heute morgen, während Frau Brunet bei Catherine Voisin weilte, bei armen Leuten, die ihre Kinder nicht ernähren können, für zwei Livres erstanden. Natürlich hat er ihnen nicht gesagt, wofür er das Kind braucht, und die Eltern haben nicht danach gefragt. Vielleicht kannten sie den Zweck. Denn daß in Paris an verborgenen Orten schwarze Messen gelesen wurden, und daß man dazu Kinder benötigte, war ein offenes Geheimnis. Aber ein Armer im Paris des Jahres 1679 darf kein Herz haben, bei Strafe seines eigenen Untergangs. Die paar Livres für das verkaufte Kind machen die anderen Kinder wenigstens für ein paar Tage satt.

Der Gehilfe reicht dem Opferpriester das schreiende Kind. Mit geübtem Griff faßt es Guibourg am linken Bein und hält es, Kopf nach unten, über den Leib der Marquise von Montespan. Dann reicht der Gehilfe dem Priester das Messer, und mit einem schnellen, geschickt ausgeführten Schnitt durchtrennt Guibourg die Kehle. Das Angstgeschrei des Kindes erstirbt in einem Röcheln. Das Blut tropft in die goldene Schale. Voller Ekel schließt die Marquise die Augen. »Beten Sie jetzt, Madame, beten Sie, solange das Blut rinnt«, stößt der Priester hastig hervor. »Sagen Sie dem Satan, was Sie auf dem Herzen haben, und es wird in Erfüllung gehen.«

Die Marquise faßt sich schnell, denn sie darf jenen entscheidenden Augenblick, da das Blut des Kindes in die Schale auf ihrem Leib tropft, nicht vorübergehen lassen, ohne ihre Wünsche geäußert zu haben. Sonst war die ekelerregende Prozedur umsonst. Sie hat ihre sehr anspruchsvollen Wünsche bereits fertig im Kopf formuliert und sagt sie ohne Unterbrechung her: »Ich wünsche mir, daß ich die Freundschaft des Königs und des Kronprinzen immer genieße. Die Königin soll unfruchtbar bleiben und vom König mir zuliebe verlassen werden. Mir und meinen Verwandten soll der König geben, was immer ich wünsche. Die hohen Würdenträger sollen mich achten und lieben. Ich möge zum Königlichen Rat hinzugezogen werden und alles erfahren, was dort geschieht. Die Fontanges aber soll der König davonjagen und nicht mehr ansehen. Schließlich wünsche ich mir, daß sich der König von der Königin scheiden läßt und mich heiratet.«

Den ausgebluteten Kinderleib wirft der Priester in eine bereitstehende Kiste, die mit Sägespänen gefüllt ist. Aus den Händen seines Gehilfen empfängt er sodann eine weitere Schale, in der sich das Liebespulver befindet. Er hält es über das Kinderblut und ruft dabei mehrmals mit beschwörender Stimme: »Louis! Besinne Dich!«

Dann verläßt er schweigend das Zimmer. Die schwarze Messe ist zu Ende. Taumelnd erhebt sich die Marquise und versucht, sich anzukleiden. Es geht nicht, und diesmal ist ihr die Madame Voisin behilflich. Draußen bietet die Giftmischerin der Marquise eine Erfrischung an, die Madame Montespan jedoch unwillig ablehnt.

»Hören Sie«, sagt sie, »ich hoffe, daß Ihre Pülverchen diesmal schneller und nachhaltiger helfen werden.«

»Ich bin durchaus zuversichtlich«, erwidert die Voisin. »Aber dennoch müssen Sie Geduld haben. Vielleicht sind noch zwei oder drei Messen nötig, wer kann es wissen, wie weit sich das Herz Seiner Majestät von Ihnen entfernt hat, Madame.«

Plötzlich, unverhofft bricht es aus der Marquise heraus. Sie stampft mit dem Fuße auf und schreit die Voisin an. Sie hat einen ihrer großen Auftritte. »Geduld, Geduld! Schweigen Sie mir von Geduld, Madame! Machen Sie der Sache ein Ende! Das Herz Seiner Majestät wird es leichter haben, zu mir zurückzukehren, wenn der Gegenstand seiner gegenwärtigen Verirrung beseitigt ist!«

Herrisch tritt sie vor die Voisin, ganz nahe sind ihre Augen vor den Augen der Giftmischerin. »Töten Sie endlich diese alberne, lächerliche Person, töten Sie die Fontanges!«

Die Voisin hält dem Blick der Marquise stand, aber sie schweigt.

»Haben Sie mich verstanden? Töten sollen Sie diese Provinzhure! Töten!« Ihr großer Busen hebt und senkt sich in höchster Erregung.

Madame Voisin nickt und zuckt gleichmütig die Schultern: »Wie Sie wünschen, Frau Marquise.«

Frau von Montespan eifert weiter. »Und sollte dann das Herz des Königs noch immer nicht zu mir zurückkehren wollen, so werde ich auch ein kräftigeres Pulver für den König verlangen. Und Sie werden es mir geben!«

Madame Voisin erbleicht bei diesem unerhörten Ansinnen. Aber sofort hat sie sich wieder in der Gewalt. »Vor meinem Pulver sind alle gleich, Frau Marquise, der Bettler wie der König. Ich erwarte Ihre Befehle.«

4

Monsieur de La Reynie ist seit 1667, da er sich dieses Amt für 250 000 Livres kaufte, Generalleutnant der Pariser Polizei und überdies, aber dieser Titel ist nicht gekauft, sondern vom König verliehen, auch Staatsrat.

Seine Karriere ist ebenso erstaunlich wie normal. Erstaunlich deshalb, weil Monsieur de La Reynie vordem als Bittschriftenbearbeiter tätig war, normal, weil sich zu Zeiten Ludwigs XIV. jeder jedes Amt kaufen kann, sofern er nur genügend Geld besitzt. Der Ämterverkauf bildet eine wesentliche Einnahmequelle für die königliche Kasse und finanziert die luxuriöse Hofhaltung und die enormen Kosten der Kriege gleichermaßen mit. Daß sich allerdings ein solches Amt, und sei es auch nur das eines Bittschriftenbearbeiters, eines Schneeverkäufers oder Heuzählers, auch für den Käufer lohnt, beweist uns das Beispiel von Herrn de La Reynie ebenfalls. Wer sich nach zehn Jahren Bittschriftenbearbeitung bereits ein so teures Amt wie das des Generalleutnants der Polizei kaufen kann, muß in seiner vorhergehenden Tätigkeit nicht schlecht verdient haben.

Monsieur de La Reynie jedoch darf man zugute halten, daß er sein neues Amt nicht wie die meisten seiner Zeitgenossen als profitable Einnahmequelle, als eine Art lukrativer Pacht, sondern in erster Linie als Aufgabe betrachtet. Er ist gewissermaßen Polizist aus Passion und Begabung – ein gediegener Jurist obendrein –, der die Pariser Polizei zu einem höchst wirksamen Apparat, zu einem Beispiel für ganz Europa gemacht hat. Für Leute, die Dreck am Stecken haben, ist Nicolas de La Reynie ein kreuzgefährlicher Mann.

Weder Madame Voisin noch die Marquise von Montespan konnten ahnen, daß Monsieur de La Reynie schon seit geraumer Zeit ein waches Auge auf die Faubourg Saint-Germain, ganz besonders aber auf die Villa der Giftmischerin geworfen hat, ja, daß er eben im Begriff ist, das Schlangennest auf der Faubourg auszuheben.

Etwa eineinhalb Jahre vor jenem Gespräch, bei dem wir Madame Voisin und die Marquise von Montespan im vorangegangenen Kapitel verließen, erregte ein Zwischenfall die Aufmerksamkeit des Polizisten.

Am 21. September 1677 nämlich erhielt La Reynie die höchst alarmierende Mitteilung, daß in einem Beichtstuhl der Jesuitenkirche in der Rue Saint-Antoine ein anonymer Brief gefunden worden sei, der von einem bevorstehenden Giftanschlag auf das Leben Seiner Majestät berichtete. Noch lange bevor die Marquise von Montespan in ihrer Wut Gift für die Nebenbuhlerin und, falls sich Seine Majestät nicht zur Einsicht bringen ließ, auch für den großen Alkandar verlangte, hatte schon ein anderer oder eine andere dem König offenbar nach dem Leben getrachtet. Diese unglückliche Duplizität weit auseinander liegender Ereignisse sollte der Madame Voisin und ihrer Kundschaft – zumindest Teilen dieser Kundschaft – schließlich zum Verhängnis werden.

Sofort nachdem Monsieur de La Reynie Kenntnis von dem anonymen Schreiben erhalten hat, begibt er sich zu den Padres der Jesuitenkirche, um sich dort genauer zu informieren. Die Ausbeute ist allerdings mager: Nähere Einzelheiten über den angekündigten Anschlag auf das Leben Seiner Majestät kennen die Padres nicht, und auch die zusätzliche Mitteilung, daß sich mehrere Beichtkinder des Giftmords bezichtigen, hätte für Reynie nur dann einen Wert, wenn die Padres Namen nennen würden, die den Ausgangspunkt einer Spur bilden könnten. Hier aber ist das Beichtgeheimnis im Wege. So bestätigt die Unterhaltung mit den Mönchen im Grunde genommen nur das, was La Reynie ohnehin schon weiß: daß nämlich die Giftmorde in Paris auch nach dem Fall Brinvillier in schönster Blüte stehen.

Trotz dieser mageren Ausbeute, die er aus der Jesuitenkirche mitbringt, ist sich Nicolas de La Reynie darüber im klaren, wo er die Fährte am besten aufnehmen sollte: auf dem Faubourg Saint-Germain, genau gesagt, in der Villa der Madame Voisin.

Er ist erstaunlich gut informiert über das, was in ihrem Hause vor sich geht. Seit er – noch zu Zeiten der Brinvillier – eine Gehilfin der Voisin, eine gewisse Finette, erwischte, weiß er in groben Zügen, was Catherine Deshayes den lieben Tag lang treibt.

Aber genauso wie um das Gewerbe der Madame Voisin weiß La Reynie auch um ihre Kundschaft. Einerseits lenkt diese Kundschaft seine Gedanken jetzt noch mehr als sonst auf den Faubourg Saint-Germain. Denn zu dem Kundenkreis gehören hoch- und höchstgestellte Leute aus der Umgebung des Königs, Leute mit Einfluß und sicher auch politischen Ambitionen, Personen also, denen die Konspiration nichts Fremdes ist.

Er, La Reynie, traut dem einen oder anderen aus dieser illustren Gesellschaft – zum Beispiel dem Marschall von Luxembourg – durchaus ein Interesse an der Beseitigung des Königs zu. Und er hält es weiter für wahrscheinlich, daß man sich bei einem Mordanschlag auf das Leben Seiner Majestät einer so erfahrenen Meisterin der Giftkunst wie der Voisin bedienen will.

Andererseits jedoch zwingt gerade diese Kundschaft zu bestimmten Rücksichten, die auch ein Generalleutnant der Pariser Polizei nicht so ohne weiteres beiseiteschieben kann. Es sind Rücksichten auf sein persönliches als auch auf das Staatsinteresse, die ihn bisher davon abgehalten haben, sich der Voisin zu bemächtigen. Nicht ohne Bitterkeit denkt er darüber nach, daß er nur den kleinen unbedeutenden Giftmischerinnen aus den Pariser Gossen und Spelunken der Vorstadt ungestraft das Handwerk legen darf. Wäre die Voisin eine Giftmischerin der gewöhnlichen Sorte, eine Person ohne Protektion, er hätte sie schon längst in den Kerker geworfen und auf der Folter zum Reden gebracht.

Aber bei ihr geht, wie er von seinen Spähern weiß, auch die Frau von Montespan ein und aus. Und bei allem Stolz auf seine Titel – auf den Generalleutnant und den Staatsrat –, was sind beide gegen die Maitresse en titre, gegen die Mutter legitimer königlicher Nachkommenschaft?

Soll er mit seinen Untersuchungen den Nachweis führen, daß die mächtigste Frau Frankreichs, die Geliebte des Königs, mit einer ganz gewöhnlichen Verbrecherin auf gutem Fuße steht? Der Fall Brinvillier, bei dem er für sein persönliches Engagement keineswegs Lob beim König geerntet hat, gemahnt zu doppelter Vorsicht. Ein Fall Voisin würde den Hochadel Frankreichs, ja den Hof des Königs noch weit, weit mehr kompromittieren als der der enthaupteten Marquise.

Also keine Voreiligkeiten! Ein falscher Schritt in einer so heiklen Sache, und er ist die längste Zeit Generalleutnant und Staatsrat gewesen, ja mehr noch, er darf sich wahrscheinlich die Bastille für längere Zeit, wenn nicht gar für den Rest seines Lebens, von innen betrachten.

Dennoch aber nimmt La Reynie – der Polizist aus Leidenschaft – sein Amt viel zu ernst, als daß er eine so einmalige Gelegenheit vorübergehen lassen möchte, den Giftmischern, der Pest von Paris, endlich nachhaltig das Handwerk zu legen.

La Reynie besitzt, obwohl er durch und durch königstreu ist, genügend sozialen Verstand, um zu begreifen, daß die Giftmischerei nur an ihrer Wurzel zu treffen ist, wenn man dieser Gilde die zahlungskräftige Kundschaft abspenstig macht. Und diese Kundschaft kommt, so betrüblich es ist, aus dem Adel und aus dem reichen Bürgertum. Woher sollte sie auch sonst kommen? Ein Armer braucht kein Erbschaftspulver. Wenn er, überlegt La Reynie, das Natterngezücht ausrotten will, dann darf er nicht nur gegen die Giftmischer selbst, dann muß er auch gegen ihre Auftraggeber, den Adel und die Reichen aus dem Bürgertum, einschreiten.

Ist dazu die Kenntnis von dem bevorstehenden Giftanschlag auf das Leben Seiner Majestät nicht ein blendendes Alibi? Setzt eine solche alarmierende Nachricht nicht jedes Tabu außer Kraft? Darf und muß er jetzt nicht auch gesellschaftliche Rücksichten fallen lassen, die er unter normalen Umständen zu beachten hat?

La Reynie ist, je länger er überlegt, um so fester dazu entschlossen. Bei aller Entschlossenheit aber verliert er nicht das Risiko aus den Augen, auf das er sich dabei einläßt. Er will deshalb versuchen, sich bei Monsieur Louvois, dem in königlicher Gunst stehenden Staatssekretär des Krieges, Rückendeckung zu verschaffen. Die Frage ist nur, inwieweit auch dieser schon über die Kundschaft der Madame Voisin unterrichtet ist. Zum Leidwesen La Reynies unterhält der Marquis de Louvois eine eigene Polizei, die der seinen nicht selten den Rang abläuft.

Die beiden, La Reynie und Louvois, waren sich früher häufig mit ihren schlecht abgegrenzten Kompetenzen in die Quere gekommen und hatten versucht, sich gegenseitig beim König auszustechen. Erst durch den Fall der Marquise von Brinvillier sind sich die beiden rivalisierenden Herren näher gekommen und haben ein stillschweigendes Abkommen geschlossen, das im Laufe der folgenden Monate sogar zu einer fast freundschaftlichen Zusammenarbeit führte. Nun, man wird sehen, was die Freundschaft tatsächlich wert ist.

Aus der Kirche kehrt La Reynie gar nicht in sein Amt zurück. Umgehend setzt er sich mit dem Marquis de Louvois in Verbindung. Mehr als zwei Stunden konferiert Herr de La Reynie mit dem Staatssekretär des Krieges. Monsieur Louvois, wie immer nach der neuesten Mode gekleidet, trinkt dabei Unmengen des eben bekannt gewordenen Kaffees, den La Reynie im stillen als Gesöff bezeichnet, von dem er jedoch der Höflichkeit halber ab und zu nippt.

Einig sind sich die beiden Herren darüber, den König nicht unnötig zu beunruhigen, trotzdem aber alle Maßnahmen zu seinem Schutz und zur Aufdeckung des angekündigten Anschlags einzuleiten. Den Schutz will Louvois mit seinen Leuten übernehmen. Ihm, La Reynie, fällt die Aufgabe zu, anders hat er es auch nicht erwartet, dem ominösen Brief nachzugehen und das Komplott, falls tatsächlich eines im Gange ist, aufzudecken.

Dann beginnt La Reynie die Meinung von Louvois näher zu sondieren.

»Ich persönlich meine«, kommt er ohne Umschweife auf seine Absichten zu sprechen, »daß eine gewisse Madame Voisin – Sie kennen sie? – Licht in diese dunkle Angelegenheit bringen könnte. Wenn Sie meine ehrliche Meinung wissen wollen Monsieur Louvois, sie ist für mich das Haupt, sie ist der Mittelpunkt jenes schrecklichen Natterngezüchts, das ganz Paris unsicher macht. Und wenn ein Anschlag auf das Leben Seiner Majestät in Vorbereitung ist, verehrter Marquis, dann bin ich mir fast sicher, daß er von der Faubourg Saint-Germain ausgeht, wo sich die vornehme Welt von Paris – es ist eine Schande – im Hause der Madame Voisin die Klinke in die Hand gibt und wo man vielleicht auch gegen den König konspiriert.«

Mit Monsieur de La Reynie geht das Temperament durch. »Ich möchte diese Madame nur für eine Stunde auf der Folter haben. Glauben Sie mir, es wäre ein Gewinn für die Gerechtigkeit, selbst wenn sich herausstellen sollte, daß dieser anonyme Brief nichts anderes als ein dummer Scherz war. Ich hoffe, ich habe dabei Ihre Unterstützung.«

La Reynie sieht Louvois erwartungsvoll an. Aber es

kommt, wie er es vorausgeahnt hat. Der Herr Staatssekretär hebt abwehrend die Hände und schüttelt so energisch den Kopf, daß seine mächtige dunkelblonde Perücke bebt. Louvois weiß also Bescheid.

»Selbstverständlich kenne ich Madame Voisin. Aber kennen auch Sie so wie ich ihren Bekanntenkreis?« fragt der Staatssekretär mit bedeutungsvollem Unterton.

Schweigend und ärgerlich nickt der Generalleutnant. Hält ihn Louvois für einen Dummkopf? Was dessen Polizei zuwege bringt, kann die seine allemal. An die Kundschaft der Madame braucht er nicht erinnert zu werden. La Reynie durchschaut Louvois. Der Fall Brinvillier hat den Hof bereits genügend kompromittiert. Natürlich hat der Staatssekretär Angst, daß jetzt Ähnliches und Schlimmeres ans Tageslicht gezerrt werden könnte. Die Angst, den Hof und den König bloßzustellen, ist größer als die Sorge um das Leben Seiner Majestät.

La Reynie macht dennoch einen weiteren Vorstoß. Sehr dringlich mahnt er jetzt. »Meinen Sie nicht, Monsieur, daß uns die Kenntnis von einem möglichen Giftanschlag auf das Leben Seiner Majestät nachgerade dazu zwingt, gewisse übliche Rücksichten aufzugeben?«

Louvois wird ungeduldig. »Haben Sie irgendeinen greifbaren Beweis gegen Madame Voisin? Nein? Dann rate ich Ihnen, die Spur zunächst an einer anderen Stelle aufzunehmen.« Vorwurfsvoll schüttelt Louvois sein Löwenhaupt. »Selbstverständlich ist die Ermittlung Ihre Sache. Aber sie bei einer Person zu beginnen, die sich, nun sagen wir, einer gewissen Gönnerschaft der Marquise von Montespan erfreut, ist deplaciert, nein, was sage ich, verzeihen Sie den Ausdruck: instinktlos. Eine Person, Verehrtester, die die Gunst der Marquise genießt, darf keine Verbrecherin sein! Das sind wir dem guten Rufe der Marquise und des Königs gleichermaßen schuldig.«

La Reynie besitzt seine eigenen Ansichten über den Ruf der Frau von Montespan. In seiner Eigenschaft als

Generalleutnant der Polizei hat er allerdings über diesen Ruf zu wachen und die Marquise vor Nachrede zu schützen.

Der Staatssekretär des Krieges ist durch das Gespräch mit La Reynie beunruhigt. Auch wenn der Generalleutnant nicht die Stirn besitzen wird, nach seiner deutlichen Warnung gegen die Voisin vorzugehen, so wird er ihr Haus durch seine Polizisten und Schnüffler jetzt doppelt und dreifach überwachen lassen. La Reynie ist, wie Louvois aus Erfahrung weiß, ein Besessener, also jemand, für den man nicht die Hand ins Feuer legen kann.

Louvois hält es deshalb für wünschenswert, daß sich seine Freundin und Gönnerin, die Maitresse en titre, in der nächsten Zeit nicht unbedingt in einer so verfänglichen Umgebung den Blicken der Polizisten und Schnüffler des Herrn de La Reynie aussetzt. Er beschließt, der Frau von Montespan den freundschaftlichen Wink zu geben, die Besuche bei Madame Voisin wenigstens vorübergehend einzustellen. Er weiß durchaus, was die Marquise mit dieser sauberen Madame für Scheußlichkeiten betreibt. Er ist informiert über die schwarzen Messen, die als Ketzerei gelten und unter schwerer Strafe stehen. Einen solchen Hinweis, findet Louvois, ist er der Marquise schuldig, die mit warmer Parteinahme seine Interessen beim König vertritt. Auch aus sehr persönlichen Gründen wünscht er also, daß die Marquise durch ihren Leichtsinn nicht in Schwierigkeiten gerät. La Reynie verabschiedet sich. »Ich nehme an«, sagt Louvois, »wir werden in dieser Angelegenheit eng zusammenarbeiten. Informieren Sie mich über Ihre Schritte.« Es klingt wie ein Befehl.

La Reynie verbirgt seinen Ärger und scheidet mit Worten der Hochachtung von Herrn Louvois. Der Generalleutnant will nicht den Argwohn des anderen wecken. Er weiß jetzt, daß er auf eigene Faust vorgehen muß. Es wird deshalb alles ein bißchen länger dauern. Mit dem Staatssekretär im Rücken hätte er das Schlangennest auf der Faubourg Saint-Germain sofort ausgehoben. Nun muß er – zu seiner eigenen Sicherheit und um den Herrn Louvois zu täuschen – aufwendige Umwege gehen. Er wird sich die kleinen Fische der Zunft vorknöpfen, der Reihe nach, Aussage um Aussage wird er sammeln und erst dann, wenn er genügend Beweise beisammen hat, wird er sich die Voisin selber greifen, sie auf die Folter werfen und ihre Geständnisse protokollieren. Er will vollendete Tatsachen schaffen, die ihm endlich die Möglichkeit geben sollen, den Giftmischern endgültig das Handwerk zu legen und auch ihre Kunden zu überführen. Sein Polizisteninstinkt sagt ihm, daß er über die Madame Voisin Ungeheuerlichem auf die Spur kommen wird.

Mit diesem Entschluß La Reynies hat eigentlich schon der größte Skandal begonnen, den es während der Regierungszeit Ludwigs XIV. gab, ein Skandal, der den französischen Hof vor den Augen ganz Europas kompromittieren sollte.

5

Die Polizisten des Herrn de La Reynie bekommen in den folgenden Wochen viel zu tun. Nach außen allerdings merkt man nichts von der Betriebsamkeit der Pariser Polizei. Herr von Louvois, der die Marquise von Montespan inzwischen – anscheinend leider ergebnislos – gewarnt hat, wird unruhig, weil die Ermittlungen so über alle Maßen zögernd vorangehen. Er wittert Unrat. Erst Mitte Dezember 1677 teilt ihm La Reynie mit, daß er am 5.12. einen gewissen Louis de Vanens verhaftet hat, einen Alchimisten, der Zaubertränke verkauft. Louvois ist erleichtert. La Reynie hat sich offensichtlich an seine Vereinbarung gehalten und die Voisin aus dem Spiele gelassen. Er hoffe, antwortet der Staatssekretär des Krieges in einem Brief an den Generalleutnant, daß er mit diesem Vanens eine Spur gefunden habe, die zur Aufdeckung des Komplotts führen werde. Er erwarte weitere Informationen. Mit bestem Dank und mit vorzüglicher Hochachtung. Hoffentlich danken Sie mir auch noch in den nächsten Wochen, Verehrtester, denkt La Reynie, als er den Brief Louvois' gelesen hat. Es kommt La Reynie sehr entgegen, daß der Alchimist Vanens in der Angst um sein eigenes Leben auch die Vigaureux und vor allem die Marie Bosse der Herstellung von Zaubertränken bezichtigt hat. Von der Bosse zum Beispiel ahnt La Reynie, daß sie in Beziehung zu Madame Voisin stehen könnte, denn seinem aufmerksamen Auge ist es nicht entgangen, daß die beiden bei der Hinrichtung der Marquise von Brinvillier einträchtig nebeneinander auf der Tribüne saßen. Die Verhöre des Alchimisten liefern die offizielle Handhabe, wenig später auch die Vigaureux und die Marie Bosse zu verhaften. Auch das teilt La Reynie dem Herrn Staatssekretär des Krieges mit, der nichts Schlimmes ahnt, denn von den Zusammenhängen, die La Reynie zwischen der Bosse und der Voisin vermutet, hat Louvois nicht den leisesten Schimmer.

Aber die offiziellen Ermittlungen, die der gerissene Herr de La Reynie unter den Augen und mit Billigung des Marquis de Louvois betreibt, lenken von dem eigentlichen Handstreich ab, den er in aller Stille vorbereitet. Eines Tages wartet Madame Voisin vergeblich auf ihren Vertrauten und Gehilfen La Sage, der unter anderem zusammen mit Pater Guibourg für ihre Kundinnen die schwarzen Messen zelebriert. Er gehört auch zu den wenigen Eingeweihten, welche die Beseitigung des Königs vorbereiten. Madame von Montespan hat sich inzwischen aus verletzter Eitelkeit und Rachsucht zu diesem Schritt entschlossen. La Sage hat morgens die Villa der Madame Voisin verlassen, um den großen Urheber aufzusuchen, den Hersteller aller Gifte. Mit ihm sollten die letzten Einzelheiten des Anschlags besprochen werden. Von diesem Gang jedoch kehrt La Sage nicht zurück. Madame Voisin wartet vergeblich, an diesem und am nächsten Tage und auch an den folgenden. Ihr Gehilfe ist und bleibt verschwunden.

Er befindet sich in der Hand des Herrn de La Reynie. Und der versteht es, hart zuzupacken. Durch Drohung und Versprechen bringt er La Sage nach und nach zum Reden. La Sage erweist sich keineswegs als der verschwiegene Mann, für den ihn Madame Voisin gehalten hat. Ungeheuerliches, in der vermessensten Erwartung nicht Geglaubtes, nicht für möglich Gehaltenes kommt an den Tag:

Gleich beim ersten Verhör erfährt er Einzelheiten von einem geplanten Giftanschlag auf das Leben Seiner Majestät. Allerdings handelt es sich nicht um jenen, der durch den anonymen Brief angezeigt worden war und der die Ermittlungen in Gang gesetzt hatte, sondern um einen sehr viel später vorbereiteten, der mit seinem Fund in der Jesuitenkirche in keiner Verbindung steht. Jene anonyme Anzeige, die vielleicht nur das Werk eines Witzbolds war, verhilft La Reynie zu einer außerordentlichen Entdeckung, die sonst vielleicht nie gemacht worden wäre.

Er habe, herrscht der Generalleutnant La Sage an, zuverlässige Informationen, daß seine Herrin und Meisterin und sicherlich auch er als ihr engster Vertrauter in die Vorbereitung eines Giftanschlags auf das Leben Seiner Majestät verwickelt sei. Dem geübten Auge des Generalleutnants entgeht nicht die Totenblässe, die für einen Moment das Gesicht seines Gefangenen überzieht. La Reynie genügt das, um sich sicher zu sein, daß ihn sein Instinkt nicht getäuscht hat und daß er soeben auf den Anfang einer Spur gestoßen ist.

Natürlich leugnet La Sage. Da hält ihm La Reynie den Brief unter die Augen, der im September 1677 in der Jesuiten-Kirche Saint-Antoin gefunden worden war. »Ja, mein Lieber«, sagt er höhnisch, »man darf in solche kreuzgefährlichen Angelegenheiten eben keine Plaudertaschen einbeziehen.«

La Reynie hat genau das Richtige getroffen, den richtigen Ton angeschlagen. Er hat es selbst nicht für möglich gehalten, daß er diesen abgebrühten Strolch so leicht umkippen kann. Aber das Unglaubliche geschieht. La Sage läßt sich in seiner Aufregung täuschen und glaubt wirklich, daß das Komplott verraten worden sei. Warum sonst sollte man ihn verhaftet haben?

Sofort beginnt er zu jammern: »O Gott«, winselt er, »wie oft habe ich zu Madame Voisin gesagt, daß mich diese Sache zugrunde richten wird. Ich wollte nicht, nein, ich schwöre es, ich wollte es nicht. Schon vor zwei oder drei Jahren habe ich der Meisterin gesagt, daß ich sie verlassen werde wegen der Beziehungen, die sie zu dieser Des Oeillets unterhält.«

»Des Oeillets? Ist damit das Kammerfräulein der Frau von Montespan gemeint?«, fragt La Reynie lauernd.

La Sage nickt.

Energisch bohrt La Reynie weiter. »Dann stammt also der Plan zur Vergiftung des Königs von der Frau von Montespan?«

»Das weiß ich nicht«, jammert La Sage und sagt die Wahrheit. »Aufträge erhielt ich nur von der Madame Voisin.«

La Reynie beschließt, diesen Punkt fürs erste fallen zu lassen. Das hat, so ungeheuerlich dieser Zusammenhang auch ist, noch Zeit. Viel wichtiger ist es jetzt, die Einzelheiten des Plans selber zu erfahren.

»Wie also sollte der König vergiftet werden?« Als La Sage zögert, fährt ihn der Generalleutnant an: »Rede, du Hund, oder ich lasse dir die Zunge lösen. Oder glaubst du etwa nicht, daß ich die Mittel dazu habe?«

La Sage zuckt zusammen.

»Auf der anderen Seite«, fährt der Generalleutnant dann merklich milder fort, »kannst du deine Lage natürlich durch ein umfassendes Geständnis bedeutend erleichtern. Wer der Polizei in einsichtiger Weise hilft, um Verbrechern das Handwerk zu legen, der darf trotz des eigenen stattlichen Sünden-Registers damit rechnen, wenigstens sein Leben zu behalten. Für einen Mann in deiner Lage ist das viel.«

La Sage scheint das zu begreifen und entschließt sich zum Reden.

»Madame Voisin will am 13. März bei einer der öffentlichen Audienzen des Königs einen Bittbrief übergeben, den der Große Urheber zuvor mit Gift präpariert hat.«

La Reynie fährt hoch: »Das ist übermorgen!«

Jetzt gibt es kein Zögern und keine Rücksichten mehr. Noch in der gleichen Stunde beauftragt La Reynie den Polizeileutnant Degrais, eben jenen, der auch die Marquise von Brinvillier dingfest gemacht hatte, Madame Voisin sofort zu verhaften und ihr Haus zu durchsuchen. Der Staatssekretär des Krieges, der Marquis de Louvois, kann ihm jetzt, wenn er Lust hat, den Buckel runterrutschen. Er, La Reynie, hat dem König in letzter Minute das Leben gerettet! Das rechtfertigt ihn und sein Vorgehen. Der Generalleutnant beglückwünscht sich zu seinem hervorragenden Fang.

Im übrigen aber, das wird er jedoch keinem auf die Nase binden, ist La Reynie völlig überzeugt davon, daß der König auch ohne sein Einschreiten am Leben geblieben wäre. Auch wenn es der Madame Voisin gelungen wäre, den Bittbrief zu überreichen. Der Sonnengleiche ist, wie La Reynie weiß, Analphabet, aber darüber spricht man natürlich nicht, gerade, daß er schwungvoll und schnörkelig seinen Namen unter ein Schriftstück setzen kann. Die Post muß ihm vorgelesen werden, seine Briefe diktiert er einem Sekretär.

Irgendein Bediensteter hätte den Brief entgegengenommen und ihn in die silberne Schale gelegt, die zu diesem Zweck im Audienzzimmer des Königs steht. Vielleicht wären der Bedienstete und der Sekretär gestorben, der dem König die Briefe nach der Audienz vorzulesen pflegte. Niemals aber der König.

La Reynie findet also den Plan der Madame Voisin keineswegs originell, er ist für eine Frau ihres Kalibers fast schon primitiv. Zumindest scheint sie nur wenig vom König und seinen Gewohnheiten zu wissen.

Auf der anderen Seite aber zeigt gerade dieser Umstand an, daß die Marquise von Montespan, wenn sie überhaupt an diesem Komplott beteiligt ist, von den Einzelheiten nichts gewußt haben kann. Sonst hätte sie der Voisin mit Sicherheit von einer solchen Art der Ausführung abgeraten. Nun, er wird noch genügend Gelegenheit haben, sich auch darüber Klarheit zu verschaffen.

Während der Polizeileutnant Degrais bereits unterwegs ist, um Madame Voisin zu verhaften, setzt La Reynie das Verhör fort. Er muß die Redseligkeit von La Sage nutzen, den er durch den Brief aus der Jesuitenkirche überrumpelt und offensichtlich völlig aus der Fassung gebracht hat. »Und nun«, fährt La Reynie fort, »wirst du mir sagen, warum deine Herrin und Meisterin solange gezögert hat, den Plan zur Vergiftung des Königs auszuführen.«

»Der Plan«, sagt La Sage etwas verwundert, »besteht erst seit Dezember 1678.«

Auf diese Weise erfähr La Reynie, daß er durch das anonyme Schreiben einem ganz anderen als dem dort angekündigten Komplott auf die Spur gekommen ist. Er findet damit seine alte These bestätigt, daß der Zufall oft der beste Gehilfe der Polizei ist. La Reynie wechselt das Thema und bringt das Verhör auf andre Dinge.

»Hör zu, du Lumpensohn«, sagt er fast freundschaftlich, »das bisher Ausgesagte reicht dreimal aus, die Madame Voisin auf den Scheiterhaufen zu bringen.« Wenn er noch mehr wissen wolle, dann ginge es ihm und seiner Polizei eigentlich nur noch um die Vollständigkeit. Er hätte sichere Informationen darüber, daß im Hause der Madame

Voisin schwarze Messen zelebriert würden. Ob ihm denn La Sage auch darüber etwas sagen wolle.

La Sage hält es im Hinblick auf seine eigene Lage für zweckmäßig, seine Herrin und Meisterin weiter zu belasten.

Er habe, gibt er zu Protokoll, mit diesen Messen zwar nichts zu tun, aber er wisse, daß sie ab und zu über den nackten Leibern vornehmer Damen zelebriert würden. Von geschlachteten Kindern spricht er, deren Blut zur Bereitung von Liebespulver dient und von wächsernen Dämonen, den getreuen Nachbildungen lebender Personen, denen das geschieht, was man ihren Abbildern angetan.

Sei das nun der Zauber, der das bewirke, fragt La Reynie ironisch, oder sei es nicht vielmehr so, daß auf natürlichem Wege ein wenig nachgeholfen werde, daß sich alles, was der Wachsfigur geschieht, auf ihr lebendes Ebenbild überträgt?

La Sage windet sich ein bißchen und gibt vor, nichts zu wissen, aber schließlich gesteht er stockend, daß seine Herrin und Meisterin ihre Helfershelfer dafür Sorge tragen läßt, daß ein Nadelstich in die wächserne Brust des Dämonen in der Regel einen Dolchstoß in das Herz des lebendigen Urbilds nach sich zieht.

Nach langen Pausen, in denen das Gedächtnis von La Sage zu versagen scheint, gewinnt der Generalleutnant ein genaues Bild von den Geschäften der Madame Voisin. An Gifte erinnert sich La Sage, die von hochstehenden Personen verlangt und vom Großen Urheber bereitet werden. Auch den einen oder anderen Kundennamen gibt La Sage preis. Namen, bei denen selbst der abgebrühte La Reynie Mund und Augen aufreißt.

Das Wahrsagen kommt zur Sprache und die außergewöhnliche Meisterschaft der Madame Voisin, deren Prophezeiungen fast stets in Erfüllung gehen. Nun, hier sei doch wohl, drängt La Reynie, ebenfalls ein bißchen nachgeholfen worden. La Sage bestätigt auch dies.

Ob er denn auch Namen von Personen wisse, die die Wahrsagerdienste der Madame Voisin in Anspruch genommen hätten. An zwei vermag sich La Sage ganz genau zu erinnern. Einer davon ist der von Madame Brunet.

Bei den vielfältigen Geschäften der Madame Voisin umfasse das Sündenregister seiner Herrin möglicherweise noch weitere Delikte, über die bisher noch kein Wort gefallen sei. La Reynie spricht von Gerüchten, die ihm zu Ohren gekommen seien, in Wirklichkeit stützen sich auch diese Kenntnisse auf Angaben der Witwe Bosse, daß verschiedene Damen der guten Gesellschaft des öfteren die Dienste der Madame Voisin in Anspruch nähmen, um die Folgen verbotener Leidenschaften beseitigen zu lassen. Es könnte doch sein, daß der Arrestant auch darüber Näheres wisse. Ja? Dann brauche er sich jetzt nicht mehr zu zieren und könne auch dieses vergleichsweise Harmlose zugeben.

Drohung und Versprechen, die La Reynie gleichermaßen geschickt anzuwenden versteht, haben La Sage vollständig kirre gemacht. Er läßt nichts aus. Selbst das schwunghafte Geschäft mit Knaben und Mädchen erwähnt er, die seine Herrin und Meisterin an lüsterne Parvenüs und geile Tattergreise gegen ein angemessenes Entgelt vermietet.

Nicolas de La Reynie weiß genug, mehr, als er je gehofft hat zu erfahren. Mit La Sage ist ihm der Fang seines Lebens geglückt, und er dürfte nicht La Reynie sein, wenn er aus diesem Fang nicht gehörig Kapital schlagen würde. Es müßte mit dem Teufel zugehen, wenn er jetzt der Giftmischergilde samt ihrer illustren Kundschaft nicht mit allerhöchster Billigung das Handwerk legen dürfte. Obwohl ein königstreuer Mann, fühlt sich La Reynie der Hofgesellschaft durch keinerlei gemeinsame Interessen und Rücksichten verbunden. Er ist schließlich ein Bürger, und seine Klasse genießt nicht die Privilegien des Adels. Er füllt immerhin ein staatserhaltendes Amt aus und leistet für sein Geld wichtige Arbeit. Die Adligen nutzen ihre Langeweile zu intrigantem Treiben und für Überlegungen, wie sie – und wenn es sein muß, durch Mord – auf leichte Art zu noch mehr Geld gelangen können. Leider Gottes, seufzt La Reynie, hat das auch im dritten, in seinem Stande, Schule gemacht.

Der Generalleutnant der Polizei haßt die adligen Nichtstuer mit der Leidenschaft des rastlos Arbeitenden, und er empfindet es seit Jahren als das größte Unglück seines Amtes, daß ihm gegenüber diesen Leuten die Hände gebunden sind. Gebunden waren, denkt er jetzt mit tiefer Genugtuung.

Degrais kommt zurück und meldet, daß Madame Voisin in sicherem Gewahrsam sei. Er hätte sie, erzählt er fröhlich, genauso wie damals die Marquise von Brinvillier, direkt von geweihter Stätte weggefangen, von den Stufen der altehrwürdigen Kirche Notre Dame, wo sie offenbar ihre Sünden beichten wollte. Aber dazu konnte er ihr leider keine Zeit mehr lassen. Befehlsgemäß habe er mit seinen Leuten eine Haussuchung in der Villa der Madame vorgenommen. Dabei sei ihm dieses Buch in die Hände gefallen, das den Herrn Generalleutnant der Polizei sicher interessieren werde. Er gibt La Reynie einen dicken, von vielem Gebrauch abgegriffenen Folianten.

Der Generalleutnant vertieft sich in das Buch und stößt, nachdem er die erste Seite überflogen hat, einen Pfiff aus. »Mein Gott, Degrais, leichter konnte es uns die Madame nicht machen. Name, Summe, Datum! Ich will nicht mehr La Reynie heißen, wenn das nicht das komplette Verzeichnis der Kundschaft samt dem Obolus ist, den jeder der Madame Voisin für ihre Dienste entrichtet hat.« Degrais lacht. »So ist es. Der ganze Hochadel gibt sich in diesem Büchlein ein Stelldichein!«

La Reynie klappt den Folianten zu und legt schwer die Hand darauf, so, als hätte er die hier Verzeichneten schon in seiner Gewalt.

»Die Madame war eine außerordentlich gewissenhafte Geschäftsfrau«, sagt er zu Degrais. »Sie macht der Polizei die Arbeit leicht. Wir wissen jetzt, wo wir zu suchen haben. Wir brauchen nur noch herauszubekommen, für welche Liebesdienste die stattlichen Summen in der Einnahmerubrik bezahlt wurden. Gott sei Dank gibt es dafür geeignete Methoden. Das einzige, was fehlt, ist die Erlaubnis Seiner Majestät. Ich werde sie mir zu beschaffen wissen. Sie haben Ihre Sache gut gemacht, Degrais.«

La Reynie unterzieht sich, als Degrais gegangen ist, der Mühe, das Buch gründlich zu studieren. Das dauert lange. In endloser Reihe sind vornehme und vornehmste Namen

Frankreichs darin verzeichnet. Der Name der Montespan fehlt jedoch. Das zu ergründen hat Zeit.

Jetzt begibt sich La Reynie erst einmal zu Louvois. Er hat Glück, denn er trifft ihn zu Hause an.

»Ich nehme an, es wird Sie interessieren, Monsieur, daß meine Leute soeben Madame Voisin verhaftet haben«, sagt La Reynie obenhin.

Louvois starrt ihn entgeistert an. Dann brüllt der Löwenhäuptige: »Sind Sie wahnsinnig, Reynie? Habe ich Ihnen nicht ausdrücklich gesagt ...« Eisig unterbricht ihn der Generalleutnant. »Übermorgen sollte durch Madame Voisin der König vergiftet werden, Monsieur. Sie werden verzeihen, daß ich unter solchen Umständen Ihre wohlgemeinten Ratschläge vergessen mußte.«

Louvois versteinert. Dann nickt er mechanisch. »Selbstverständlich, Monsieur, unter diesen Umständen ...«

»Natürlich«, fährt La Reynie fort, »werde ich Seine Majestät von diesen Ratschlägen nicht unterrichten, die jetzt, im Nachhinein, Seine Majestät sicherlich konsternieren könnten.«

In groben Zügen unterrichtet La Reynie sodann den Staatssekretär des Krieges über das Verhör von La Sage und seine Aussagen, und von dem Buch, das bei der Haussuchung gefunden worden ist. »Der Name Ihrer hohen Gönnerin, der Frau von Montespan, ist übrigens nicht verzeichnet«, setzt er hinzu und meint dabei, daß diese Information für Louvois sehr wichtig sei und dessen Entschlüsse in seinem, La Reynies Sinne, beeinflussen könnte. Er würde jetzt zwar auch allein den Gang zum König wagen, aber trotzdem wäre es nicht gut, den mächtigen Monsieur Louvois einfach zu umgehen. Besser ist es, ihn auf der eignen Seite zu wissen.

Der Staatssekretär des Krieges macht ein böses Gesicht und versinkt in Schweigsamkeit. »Sie verstehen, daß ich nach Ihren Eröffnungen zunächst etwas nachdenken muß«, raunzt er La Reynie unhöflich an. Monsieur de La

Reynie begreift diesen Wunsch durchaus und langt nach der letzten Ausgabe des »Mercure galant«, die auf einem kleinen Tischchen liegt. Er vertieft sich in die Lektüre. »Lassen Sie es mich wissen, wenn Sie zu einem Resultat gekommen sind«, sagt er zu Louvois.

Der runzelt die Brauen und blickt, während er krampfhaft überlegt, finster auf den Generalleutnant aller Pariser Polizisten. Es ist eine wirklich fatale Sache. Tröstlich ist nur, daß Madame Montespan nicht in diesem Buche verzeichnet ist. Daß sie an dem Komplott gegen den König beteiligt ist, traut auch er ihr nicht zu. Aber schwarze Messen, von denen dieser La Sage zu La Reynie sprach, hat sie, wie er weiß, auf jeden Fall über ihrem Körper lesen lassen. Und wenn ihr Name trotzdem nicht in diesem Buche steht – wie kann ein Mensch aber auch so entsetzlich blöd sein –, dann wird die Madame Voisin zweifellos ihre Gründe dafür gehabt haben. Das schließt jedoch nicht aus, daß andere von den Besuchen der Marquise und von ihren Geschäften wissen. Sowohl Madame Voisin als auch diese anderen aber wird La Reynie gewiß zum Reden bringen. Auf der Folter hat sich noch niemand ausgeschwiegen. Darüber ist sich Louvois im klaren.

Trotzdem aber darf er jetzt dem Generalleutnant nicht die Initiative lassen. Ganz zweifellos wird die Entdeckung des Komplotts La Reynie beim König in ein sehr gutes Licht setzen. Er muß mit, ob er will oder nicht, denn wer sollte sonst vor dem König unterstreichen, daß auch ihm der Ruhm gehört, dem König das Leben gerettet zu haben. Louvois hat nicht die Absicht, sich von La Reynie, dem er sich in seinem Rang ungeheuer überlegen fühlt – was ist schon der erste Polizist gegen den Kriegsminister Seiner Majestät – beim König ausstechen zu lassen.

Außerdem erhofft er seine Einbeziehung in das Verfahren gegen die Madame Voisin und meint, daß er es auf diese Weise auch mit beeinflussen könnte. Natürlich nicht in ihrem Sinne – das Schicksal der Madame ist ihm egal – aber zumindest im Sinne ihrer Kundschaft. Im Gegensatz zu La Reynie stammt Louvois aus einem der ältesten Adelsgeschlechter Frankreichs.

Der Löwenhäuptige räuspert sich, und Monsieur La Reynie unterbricht sofort die Lektüre des »Mercure galant«.

Von der vorherigen Barschheit des Herrn Louvois ist nichts mehr übrig geblieben. Er beglückwünscht La Reynie zu seinen Ermittlungen, die zu so außerordentlichen Ergebnissen geführt hätten. »Seine Majestät wird mit unserer Arbeit sehr zufrieden sein«, tönt Louvois, und wenn der Generalleutnant der Polizei einverstanden sei, dann würde man, gemeinsam selbstverständlich, unverzüglich beim König vorstellig werden. Und zwar möglichst bereits morgen in der Frühe beim Lever.

La Reynie nickt zustimmend, wobei er sich ein bißchen ärgert, daß Monsieur Louvois von »unserer Arbeit« spricht. Soviel er weiß, hat der Herr Staatssekretär des Krieges nichts, aber auch gar nichts zu dem Ergebnis beigetragen. Wenn es nach ihm gegangen wäre, säße Madame Voisin keineswegs sicher hinter Schloß und Riegel, sondern residierte heute noch in ihrer Villa auf dem Faubourg Saint-Germain.

Als die beiden Herren am nächsten Morgen das Schloß betreten, erregt ihr Erscheinen bei den vielen Höflingen einiges Aufsehen. Die Gespräche verstummen sofort, und man macht dem Herrn Staatssekretär des Krieges und dem Herrn Generalleutnant der Polizei seine höfliche Verbeugung. Louvois und La Reynie flößen den Nichtstuern Respekt und auch ein bißchen Angst ein.

Louvois zieht sein weißes, parfümiertes Spitzentuch und hält es mit eleganter, großartiger Geste vor die fleischige Nase. Denn über den Korridoren, Treppen und Sälen liegt ein penetranter Geruch von Urin. Es gibt keine Toiletten, und die Edelleute verrichten nachts ihre Notdurft in den dunklen Ecken des Schlosses. Dazu mischen sich die Ausdünstungen von Hunderten Hunden, die mindestens in der gleichen Zahl wie die Edelleute das Schloß bevölkern. Seine Majestät ist tierliebend.

Respektvoll geben die Höflinge, die Räte, Sekretäre und Kanzlisten Louvois und La Reynie den Weg frei. Der Andrang ist unbeschreiblich. Um diese Zeit, beim Lever, gibt sich der gesamte Hofadel das Stelldichein. Man ist da, man will sehen und man will gesehen werden, und man wartet darauf, vielleicht in die Nähe des Staatgewordenen und Sonnengleichen zu gelangen.

Ludwig XIV. hat den gesamten Adel Frankreichs an seinem Hofe versammelt, er schenkt seinen Höflingen wertlose Titel und unsinnige Ämter, er bietet ihnen glanzvolle Opern, rauschende Bälle und ausschweifende Lustbarkeiten. »Sie sollen«, meint Seine Majestät, »niemals einen anderen Ruheplatz haben als den Hof, keinen anderen sicheren Ort als das Herz ihres Bruders.« Natürlich denkt sich Ludwig etwas dabei. So hat er seine Pappenheimer, auch wenn es teuer ist, immer unter Aufsicht. Sie lassen sich leicht kontrollieren, und er hofft, sie so davon abzuhalten, gegen das Königstum zu konspirieren und zu zetteln. Die Titel, Ämter, Opern, Bälle und Lustbarkeiten sind der Preis für die völlige politische Entmündigung des französischen Adels. Ludwig XIV. ist zwar ein Analphabet, das heißt jedoch nicht, daß er auch ein Dummer ist.

Auch die Etikette, die der König aufs strengste beobachtet, hat ihren tieferen Sinn. Sie unterstreicht das Gottesgnadentum des Königs, sie erhebt ihn unverkennbar über die anderen.

»Jene täuschen sich sehr«, meint der König, »die wähnen, daß es sich bei der Etikette nur um Angelegenheiten der Zeremonien handle. Die Völker, über die Wir herrschen, können nicht das Wesen der Dinge ergründen. Sie leiten gewöhnlich ihr Urteil davon ab, was sie außenhin sehen, und zumeist machen sie ihren Respekt und ihren

Gehorsam von Rang und Vortritt abhängig. Wie es für die Allgemeinheit wichtig ist, nur durch einen einzigen regiert zu werden, ist es ihr auch bedeutsam, daß, wer diese Funktion ausübt, dergestalt über die anderen erhoben sei, daß niemand mit ihm verwechselt oder verglichen werden kann, und man kann nicht, ohne dem ganzen Staatskörper Unrecht zu tun, seinem Chef die geringsten Zeichen seiner Überlegenheit entziehen, die ihn von den Gliedern unterscheiden.«

Nach eben dieser Etikette sind Louvois und La Reynie zu früh gekommen, und sie müssen warten.

Gerade ist die entrée familière vorbei, zu der nur eine kleine Zahl der Prinzen und Beamten des königlichen Hauses gehört, es ist sozusagen der ganz intime Teil des Levers, der Morgenaufwartung, die man dem König macht. Der »Verwalter des königlichen Nachtgeschirrs«, ein hochmütiger Herzog, wird das Schlafgemach gerade mit der königlichen Hinterlassenschaft der letzten Nacht verlassen haben. Der König sitzt jetzt sicherlich – es ist halb neun – mit einem Nachthemd bekleidet in einem bequemen Lehnsessel und taucht seine Fingerspitzen in eine goldene, mit Wasser gefüllte Schüssel. Damit beendet er seine Wäsche für den ganzen Tag, denn der Leibchirurgus hat Seine Majestät ausdrücklich vor dem gefährlichen Wasser gewarnt, das der Gesundheit unzuträglich sei. Trotz der vielen benutzten Duftstoffe verbreitet Seine Majestät einen unangenehmen Geruch.

Nun muß man auch noch – man hat sich wirklich unnötig beeilt – die première entrée abwarten, bei der der König, er hat mittlerweile bestimmt schon den Schlafrock an, alles Notwendige mit dem Intendanten der Vergnügungen und Festlichkeiten bespricht, sich vorlesen läßt, den Arzt und den Apotheker konsultiert oder sich vielleicht auch mit den Seigneurs und Prälaten über geistliche Dinge berät.

Die première entrée ist beendet, jetzt endlich ist man

selbst an der Reihe, denn man gehört ja immerhin zur entrée de la chambre, bei der Minister, Staatssekretäre, Offiziere der Leibgarde, die Marschälle von Frankreich und andere hohe Chargen die Ehre haben, vor Seine Majestät zu treten.

Monsieur Louvois drängt sich, und das macht ihm bei seiner großen respekteinflößenden Statur keine Schwierigkeiten, sogleich in den Vordergrund, tritt zum König

und flüstert ihm ins Ohr, daß er ihn in einer hochwichtigen, keinen Aufschub duldenden Angelegenheit sprechen müsse. Er und La Reynie. Allein für den König ist keine Angelegenheit wichtig genug, das vorgeschriebene Zeremoniell zu durchbrechen.

»Aber Monsieur«, näselt der Staatgewordene und Sonnengleiche indigniert, »ich bitte Sie, das entrée de la chambre ist noch nicht zu Ende, und ich habe noch nicht die Messe besucht. Ich werde Sie danach wie üblich in meinem Kabinett empfangen. Geduld, wenn ich bitten darf!« Der König erhebt sich, um sich den Schlafrock abnehmen zu lassen. Der Maître de la garderobe faßt behutsam nach dem rechten Ärmel, während der erste Diener der Garderobe den linken Ärmel ergreift. Sechs weitere Bedienstete bringen indessen die Tageskleider Seiner Majestät.

Louvois steckt mit erschreckter Miene den Rüffel ein und zieht sich unter vielen Verbeugungen zurück. Er tadelt sich selbst, denn er hat ja gewußt, daß der König Zwanglosigkeit und Zutraulichkeit von allen Untugenden am meisten haßt.

Ja, Louvois ist offensichtlich wirklich ins Fettnäpfchen getreten, denn der König schneidet ihn während der Kabinettsbesprechung und fordert zunächst die anderen Anwesenden auf, ihre Anliegen vorzutragen. Erst dann, als letztem in der langen Reihe, leiht Seine Majestät Louvois das königliche Ohr.

»Sire, verzeihen Sie, daß ich es gewagt habe, Sie bei der Morgenaufwartung zu belästigen«, holt der Staatssekretär weitschweifig aus, »aber die Angelegenheit, die ich Eurer Majestät mitzuteilen habe, scheint von so großer Wichtigkeit, daß ich mich zu einem solchen Schritt erkühnte.«

Den linken, elegant beschuhten Fuß mit dem überhohen Absatz leicht vorstreckend, die rechte Hand in die Hüfte gestemmt, blickt Seine Majestät kalt auf den schwitzenden Louvois. »Reden Sie, Monsieur!«

Der Staatssekretär des Krieges wirft sich in Positur und erklärt: »Sire, es ist mir, das heißt mir und Monsieur de La Reynie«, fährt er, nur widerwillig seine eigene Bedeutung einschränkend, fort, »gelungen, einen Anschlag auf das Leben Eurer Majestät abzuwehren.«

Das Gesicht des Königs verliert das Kalte, Maskenhafte, und erschrockene Überraschung malt sich auf seinen Zügen. Vor Attentaten hat er Zeit seines Lebens Angst gehabt, und er hat diese Angst bis heute nicht verloren.

Monsieur de La Reynie tritt aus dem Hintergrund hervor. Bei allem Respekt vor dem höheren Rang seines Kollegen Louvois möchte er sich seine Leistung nicht vollständig stehlen lassen.

»Sire, wenn Sie gestatten, dann werde ich Eurer Majestät ausführlichen Bericht erstatten.«

»Dann tun Sie das, Monsieur«, sagt die Majestät, die ihre unkönigliche Schwäche bereits überwunden hat und in die Pose des großen Alkandar zurückkehrt – linken Fuß vorgesetzt und rechte Hand in die Hüfte gestemmt.

Präzis und knapp berichtet La Reynie über die Verhaftung von La Sage und der Voisin und über seine bisherigen Ermittlungen. Gebührend ausführlich geht er dabei auf das Komplott gegen Seine Majestät ein. Er verschweigt auch nicht den Fund in der Villa der Giftmischerin, jenes Buch, in dem die vornehmsten Namen Frankreichs verzeichnet sind.

Der König stürzt, während La Reynie vorträgt, von einer Überraschung in die andere.

Der Generalleutnant hat jetzt das Geschäftsbuch der Madame Voisin aufgeschlagen und liest. Jeden Namen ruft er deutlich wie der Zeremonienmeister aus, der auf den Bällen Seiner Majestät die Gäste ankündigt. Schade, daß er nicht den Stock zuhilfe nehmen kann.

»Madame de Dreux, Gattin des Maître des Requêtes gleichen Namens,

Madame le Féron, Gattin des Parlamentspräsidenten gleichen Namens,

Marquis de Feuquieres, Herzog von Luxembourg und Marschall von Frankreich,

Madame de Bouillon,

Prinzessin von Tingry,

Marschallin de La Ferté,

Madame du Roure,

Marquise d' Alluye,

Herzogin von Foix,

Comtesse de Soissons, Nichte des Kardinals Mazarin,

Kardinal Bonzy,

Madame Souboise,
Herzog von . . .«

Der König gibt die Alkandar-Pose auf und hält sich wie ein ganz gewöhnlicher Sterblicher die Ohren zu. »Schweigen Sie um Gottes willen, Monsieur, verschonen Sie mich mit dem Rest dieses furchtbaren Buches.« In seine Stirn graben sich tiefe Falten des Unmuts. »Wissen Sie, Monsieur, daß dies der höchste Adel Frankreichs ist?« sagt er mit vorwurfsvoller Stimme, fast so, als mache er La Reynie persönlich dafür verantwortlich, daß jene Namen in dem Buche der Giftmischerin eingetragen sind. »Sagen Sie mir auf der Stelle, welcher Vergehen man alle diese Leute zeiht.«

Louvois mischt sich ein und kommt La Reynie zuvor. Der Staatssekretär des Krieges hat sehr wohl gemerkt, daß dem König diese Geschichte äußerst unangenehm ist. »Es gibt, Sire, zumindest was diese Personen betrifft, keinen einzigen Anhaltspunkt, daß sie sich eines Vergehens schuldig gemacht haben. Ihr einziges Vergehen, Sire – aber ist das überhaupt ein Vergehen? – besteht darin, daß sie in diesem impertinenten Buche eingeschrieben sind. Erlauben Sie mir, zu bedenken zu geben, daß ebendieses Buch von einer Verbrecherin angelegt worden ist. Sagt das nicht alles, Sire?«

La Reynie wird rot vor Wut, denn er sieht, wohin Louvois die Sache treiben möchte.

Der König scheint erleichtert und greift den Faden sofort auf. »Nun gut«, sagt er, »dann sorgen Sie bitte dafür, daß dieses infame Buch vernichtet wird. Ich wünsche nicht, daß die Vornehmsten des Landes in solcher Weise bloßgestellt werden. Ich erwarte jedoch, daß Sie an dieser Voisin und ihren Kreaturen unnachgiebig das Komplott gegen Unser Leben sühnen.«

Der Generalleutnant fühlt, daß ihm der größte Fall seiner Polizeikarriere davonzuschwimmen droht und daß er bis an das Ende seiner Amtszeit auf die Gossen und Spelunken von Paris beschränkt bleiben soll. Louvois blickt höhnisch zu ihm hinüber und stachelt dadurch seinen Zorn noch mehr an.

La Reynie ist ein mutiger Mann. Er wagt in diesem Augenblick das Äußerste, und es ist das Äußerste, wenn er einem Befehl des Allmächtigen widerspricht.

»Ich darf Eure Majestät darauf hinweisen, daß hinter jedem Namen eine Summe verzeichnet ist, und dieser Umstand, Sire, deutet darauf hin, daß von allen diesen Personen die Dienste der Voisin in Anspruch genommen wurden. Und was, Euer Majestät, soll wohl der Dienst einer Verbrecherin sein, wenn nicht das Verbrechen selbst?«

Das Gesicht des Königs ist jetzt voll Ungnade.

»Der ist für immer abgeschrieben«, denkt Louvois schadenfroh und hofft, daß es sich mit dem neuen Generalleutnant der Polizei besser zusammenarbeiten lassen wird als mit diesem besessenen La Reynie.

La Reynie indessen holt jetzt seine stärksten Trümpfe hervor, von denen der Staatssekretär des Krieges nichts weiß. Er war ja nicht blöd und hat sich gehütet, diesem quertreibenden Louvois alles auf seine große Nase zu binden. »Erlauben Sie mir noch ein Wort, Sire?«

Der König macht eine höchst unwirsche Kopfbewegung, von der La Reynie nicht weiß, ob sie Zustimmung oder Ablehnung ausdrücken soll. Er nimmt sie für Zustimmung. »La Sage, Majestät, hat Aussagen gemacht, die nicht nur die Voisin und einige Adlige schwer belasten, sondern auch Personen aus Ihrer unmittelbaren Umgebung, ja aus Ihrer Privatsphäre.«

Louvois zuckt zusammen. Wird jetzt der Name Montespan fallen? Nein, an die Marquise denkt La Reynie in diesem Augenblick nicht. Und selbst wenn er einen Beweis gegen sie hätte, würde er, jetzt zumindest noch, schweigen.

Aber er nennt den Marschall von Luxembourg, der nach Aussage des La Sage von der Voisin den Tod seiner Frau und den seines Rivalen, des Marschalls von Crequy verlangt hat.

»Der Marquis de Feuquieres indessen wünschte«, fährt er fort, »daß die Voisin den Vormund und Onkel eines Mädchens beseitige, damit er es heiraten könne.«

Drei oder vier Namen führt La Reynie noch auf und bemerkt dabei mit Befriedigung, daß sein Vortrag nicht ohne Eindruck auf den König bleibt. Und er versäumt auch nicht, auf die schwarzen Messen, diese infame Ketzerei, hinzuweisen, die bei der vornehmen Kundschaft der Voisin – auch hier ist La Reynie zum Beweis um drei oder vier Namen nicht verlegen – offenbar in hoher Gunst gestanden hätten. Diese Information berechnet La Reynie auf die allseits bekannte Frömmelei Seiner Majestät, und er hat, wie er wiederum zufrieden konstatieren darf, auch mit dieser Information Eindruck gemacht.

Sein letztes und schwerstes Geschütz aber fährt der gerissene La Reynie zum Schluß auf. »Sire«, ruft er beschwörend, »zum Glück für Frankreich und die Welt ist es gelungen, in letzter, in allerletzter Minute ein Komplott gegen Euer Leben aufzudecken und den Anschlag zu verhindern. Dieser Anschlag wurde, mehr wissen wir in diesem Augenblick noch nicht, in den Giftküchen einer ganz gewöhnlichen Verbrecherin vorbereitet. Wie aber, wenn Eure Mörder in Eurer nächsten Umgebung, ja selbst in Euren Privatgemächern lauern? Wie soll, verzeiht, Majestät, die Polizei Euer Leben auch weiterhin beschützen, wenn ihr dies durch Rücksichten auf ein Standesprivileg unmöglich gemacht wird?«

La Reynie hat sich in Feuer geredet, und er wählt kühne Worte. In einer anderen Situation als der jetzigen hätte ihm das der König auch sehr verübelt. Aber Seine Majestät sinnt noch über die Mörder nach, die auch in seiner nächsten Umgebung, in seinen Privatgemächern lauern sollen, und so hat er den letzten Halbsatz offenbar überhört.

Vielleicht auch nicht. Auf jeden Fall fragt er La Reynie in sichtlichem Erschrecken und ziemlich kleinlaut, ob er denn auch dafür Anhaltspunkte besäße.

Ja, er habe sie, erwidert der Generalleutnant ernst. So wisse er zum Beispiel von eben jenem La Sage, dem Werkzeug der Voisin, daß die Comtesse Soissons, die Nichte des verblichenen und mächtigen Kardinals Mazarin, durch Zaubertränke um die Liebe geworben habe. Als sie damit nichts erreichte, habe sie in glühender Leidenschaft ausgerufen: Wenn er nicht kommt und wenn ich mich dieser Person nicht entledigen kann, treibe ich meine Rache auf die Spitze und schaffe mir die eine wie den anderen vom Halse.

La Reynie sprich sehr anonym. Unklar bleibt in seiner Rede, um wessen Liebe die Comtesse Soissons durch Zaubertränke geworben hat und wer mit der einen, und wer mit dem anderen gemeint gewesen ist. Die Rücksicht auf den König gebot La Reynie, in seinem Zitat gewisse Lükken zu lassen. Der König aber weiß genau, wessen Liebe und wen die Comtesse Soissons im Auge hatte. Schließlich gehörte sie zu seinen Mätressen, und es ist damit vollkommen klar, daß er es ist, den sie sich vom Halse schaffen wollte. Nachträglich – er ist die Soissons unbeschadet an Leib und Leben losgeworden – beutelt den König die Angst. Ganz fest stemmt er den linken, vorgesetzten Fuß gegen den marmornen Fußboden, damit man nicht das Zittern seiner Wade bemerke.

Nun, nach allem Gehörten, beginnt Seine Majestät zu begreifen, daß es mit der Voisin und ihren Kreaturen nicht getan ist. Die Beweise des Herrn La Reynie haben ihn überzeugt. Vorerst aber seufzt er: »Welcher Skandal, welche Blamage, Monsieur!«

»Gewiß, Sire, skandalös und blamabel, aber soll es Sitte in dem zivilisiertesten Lande Europas sein, daß in seinen vornehmsten Familien der Vater nicht mehr vor der Tochter, die Mutter nicht vor dem Sohne, der Gatte nicht mehr vor der Gattin und«, er macht eine Pause, »der König nicht mehr vor seinen Untertanen sicher ist?«

Louvois merkt an der entschlossenen Miene des Königs, daß sich La Reynie auf der Straße des Sieges befindet. Er tritt die Flucht nach vorn an. »Sire, auch ich beschwöre Sie nach allem Gesagten, der Gerechtigkeit ohne Ansehen der Person ihren Lauf zu lassen.«

Dieser Meinung ist nun endgültig auch Ludwig. »Sie haben freie Hand, Monsieur de Louvois und Monsieur de La Reynie, und ich verspreche Ihnen, daß ich mich in keines der notwendigen Verfahren einschalten und daß ich keine Gnade üben werde.«

Befriedigt registriert Louvois, daß der König seinen Namen trotz allem zuerst genannt hat.

Am 7. April 1679 ernennt Ludwig XIV. eine besondere Kommission unter Vorsitz des Generalleutnants La Reynie, der acht Staatsanwälte und sechs Richter angehören. Diese Kommission, die sich Chambre royale de l'Arsenal oder auch Chambre ardente, Feuergericht, nennt, ist dazu berufen, die Verbrechen aufzuklären und die Verbrecher ihrer gerechten Strafe zuzuführen. Übrigens deutet der Name »Chambre ardente« bereits darauf hin, daß man diesmal auch die Vornehmen nicht ausklammern will. Früher nämlich wurden Verbrecher von hoher Geburt stets in einem schwarz verhängten Zimmer abgeurteilt, das nur durch Fackeln erhellt war. Dieser Sitte hat man sich wieder besonnen. Daher rührt der Name der Kommission.

Die Bildung des Sondergerichts erregt größtes Aufsehen. So schreibt der venezianische Botschafter Contarini am 19. April an den Dogen von Venedig:

»Als die Gewohnheit der Vergiftungen in diesem Land aufgekommen war und mehrere Personen des Adels als Mitschuldige an diesem schändlichen Verbrechen erkannt wurden, sind die Urteile des Parlaments in einer so heiklen Sache nicht mit der notwendigen Strenge ergangen.

Darum hat der König Mitglieder seines Staatsrates und mehrere Gerichtsbeamte abgeordnet, die die Untersuchung leiten sollen, und er hat ein Tribunal eingesetzt, das er Chambre ardente nennt, um die Schuldigen abzuurteilen. Die Gefängnisse der Bastille sind voll von ihnen. Es sind hauptsächlich Frauen von Adel und aus der Bürgerschaft.«

In einem entscheidenden Punkt allerdings irrt der Herr Gesandte Contarini. Sicher hatte sich das Parlament gegenüber den adligen Verbrechern in den vergangenen Jahren außerordentlich kulant gezeigt. Aber diesem Mißstand hätte der König, wenn er nur gewollt, durch eine Mahnung zur Strenge ohne weiteres abhelfen können. Darum aber geht es Seiner Majestät gar nicht. Ludwig XIV. fürchtet die Öffentlichkeit, wenn die Sachen im Parlament verhandelt werden, er fürchtet den Skandal, der den Hof in nie gekannter Weise treffen würde. So aber, mit dieser Sonderkommission, glaubt er, die Dinge unter Kontrolle halten zu können.

Der erste Präsident des Parlaments mag jammern, wie er will. Er mag dem König vorhalten, welcher schwere Schlag dem Parlamente zugefügt würde, wenn man ihm seinen gewohnten Anteil an der Justiz wegnähme, er mag bitten und betteln, dem Parlament diese Herabsetzung in den Augen der Öffentlichkeit zu ersparen – Ludwig XIV. bleibt hart und ist keinem Argumente zugänglich, selbst dann nicht, als ihm der Parlamentspräsident seinen Selbstmord ankündigt. Soll er sich ruhig aufhängen, der Herr Parlamentspräsident, das interessiert den König ebensowenig wie das Renommee des Parlaments, wenn nur seine Person und der königliche Hof nicht kompromittiert werden.

La Reynie gegenüber aber versichert Ludwig XIV. alle Richter der »Chambre ardente« seines besonderen königlichen Schutzes, und er fügt dem die Allerhöchste Erwartung hinzu, daß sie die Justiz mit fester Hand, ohne Unterschied der Person üben mögen.

Nun, in diesem Punkte will La Reynie Seine Majestät ganz gewiß nicht enttäuschen. Bei seinen jetzigen Vollmachten wird ihn auch Monsieur Louvois nicht daran hindern können, der zwischen König und Kommission geschaltet ist. Das immerhin hat der verschlagene Staatssekretär geschafft.

6

La Reynie geht mit Unnachgiebigkeit und Energie zu Werke. Er hält sich an die französische Strafprozeßordnung von 1670. »Wenn es einen erheblichen Beweis gibt, daß der Angeklagte ein Verbrechen begangen hat, das die Todesstrafe verdient, können alle Richter die Folter anwenden, falls der Beweis nicht ausreicht.«

Die Chambre ardente klagt Madame Voisin gleich dreier todeswürdiger Verbrechen an: der Ketzerei, der Giftmischerei und des Mordes.

Eigentlich verfügt das Gericht durch die Aussagen von La Sage und der Witwe Bosse nach geltendem Recht bereits über ausreichende Beweise, um die Voisin zum Tode zu verurteilen.

Allein der Generalleutnant will mehr. Er braucht auch Indizien für die Verbrechen ihrer Kundschaft, und so muß sie, falls sie nicht bei gütlicher Befragung geständig ist, trotz allem auf die Folter.

Dabei ist das Geschäftsbuch Catherines für den Generalleutnant von unbezahlbarem Wert. Die Namen der Kunden hat er, nun muß er nur noch wissen, für welche Dienste sie der Madame die horrenden Summen gezahlt haben.

La Reynie leitet die Verhöre der Giftmischerin selbst. Geduldig redet er ihr zu, und er verwendet dabei sogar das höfliche Sie.

»Verraten Sie dem Gericht, Madame, welche Verbrechen hinter dem Gelde stehen, das Sie empfangen haben, und Sie ersparen sich die peinliche Prozedur.«

Die Voisin indes schweigt, denn kein Verbrechen ist ohne sie geschehen, und in den meisten Fällen war sie die Ausführende. Mit jeder Offenbarung, mit jeder Belastung anderer würde sie also das Register der eigenen Missetaten vergrößern. Die Angst verschließt ihr den Mund.

So beschließt das Gericht, sie der peinlichen Befragung zu unterwerfen, und man bringt sie zum ersten Verhör in die Folterkammer.

Dort begegnet sie, grausame Ironie des Schicksals, der großen Leidenschaft vergangener Jahre, Monsieur Sasson, dem Henker von Paris. Nicht sie hat ihn, er hat sie vor fünf Jahren verlassen, und so ist ein Stückchen Liebe in Madame Voisin zurückgeblieben. Und dieses Stückchen Liebe ist jetzt ihre Zuversicht.

Während er sie auf die Streckbank bindet, versucht sie, einen Blick seiner dunkelbraunen Augen zu erhaschen. Sie schimmern wie damals in einem feuchten, warmen Glanze. Und die Hände sind feingliedrig, schmal und zart wie in jenen Jahren, da sie ihr Haar und ihren Leib streichelten. Es sind wirkliche Künstlerhände.

Monsieur Sasson lächelt ihr sogar freundlich zu. Unmöglich, daß ihr dieser Mann weh tun wird. Er wird die grausame Arbeit an ihrem Körper nur andeutungsweise verrichten, und sie wird fürchterlich schreien und kreischen, und beide werden das Gericht täuschen. So vielleicht wird sie die Marter überstehen, ohne belastende Geständnisse, und vielleicht kommt sie dann sogar mit dem Leben davon. So vermessen, so ohne Realität sind die Gedanken der Madame Voisin, so tröstlich ist für sie die Gegenwart des Henkers, dessen bloße Erscheinung sonst jedermann Furcht einflößt.

»Bestätigen Sie mir jetzt, Madame«, eröffnet La Reynie das Verhör, »die Aussage Ihres Gehilfen La Sage, daß der

König von Ihnen am 13. März durch einen vergifteten Brief getötet werden sollte, und sagen Sie mir gleichzeitig, wer Sie mit dem Mord an Seiner Majestät beauftragt hat.«

Ein eisiger Schreck fährt der Madame in die Glieder. Da also ist der verschwundene La Sage abgeblieben. Offenbar hat La Sage geplaudert. Aber eins wußte er nicht. Er hatte keine Ahnung davon, daß der Auftrag von der Marquise de Montespan kam. Und gerade das wird sie dem Gericht auf keinen Fall verraten. Denn im stillen hofft sie, daß die Marquise mit ihrem großen Einfluß auf den König ihre Rettung ist. Eben aus diesem Grunde hat sie auch sicherheitshalber den Namen der Marquise, obwohl sie ihre beste und häufigste Kundin war, nicht in ihrem Buch verzeichnet, für das sie sich übrigens heute ohrfeigen könnte.

»Nein, La Sage lügt, nie hat die Absicht bestanden, den König zu vergiften. Und da es keine Absicht gab, ist auch die Frage nach den Auftraggebern überflüssig«, sagt die Catherine Voisin mit fester Stimme.

»Nun dann, Madame, verzeihen Sie mir, daß ich Ihnen weh tun muß«, sagt La Reynie. Er gibt Monsieur Sasson das Zeichen. »Beginnen Sie mit den Daumenschrauben, Monsieur.«

Ein rasender Schmerz durchfährt ihren Leib. Aber größer noch als dieser Schmerz ist das Erstaunen, daß ihr dieser Schmerz ohne jedes Erbarmen von ihrem Geliebten zugefügt wird. So kräftig bewegt Monsieur Sasson die Schraube, daß schon nach der zweiten Drehung das Blut unter den Nägeln hervorspritzt. Madame Voisin sinkt in Ohnmacht. Gleichgültig gießt ihr Monsier Sasson einen Kübel Wasser in das schmerzverzerrte Gesicht und bringt sie damit wieder zu Bewußtsein.

»Nun, Madame, wollen Sie jetzt meine Frage beantworten?« erkundigt sich La Reynie.

Aber obwohl ihr die Schraube noch an den Daumen brennt, beharrt sie: »Nie, nie war ein Giftanschlag auf das

Leben Seiner Majestät vorgesehen.« Diese Frage darf sie um keinen Preis wahrheitsgemäß beantworten. Sie würde ihr Leben auf der Stelle verwirken.

»Lösen Sie der Delinquentin die Zunge, Monsieur, machen Sie, was Sie wollen, aber diese Frau muß reden!«

Nun zeigt der Henker, daß er ein wirklicher Künstler ist. Die spanischen Stiefel legt er ihr an und treibt die Keile zwischen die Bretter, daß die Knochen krachen. Die Hand, die sie einst streichelte, nimmt die Zange aus dem glühenden Kohlenbecken und fährt ihr damit in das zischende Fleisch. Monsieur Sasson arbeitet ruhig, ohne Hast, sein Blick ist voller Melancholie.

Sie wird ohnmächtig und Güsse von kaltem Wasser rufen sie in die höllische Wirklichkeit zurück. Kein Mensch kann solchen Qualen widerstehen. »Gnade, Gnade«, röchelt sie. Und dann ist es da, das von La Reynie gewünschte Geständnis: »Ja, ja, ich wollte den König töten.«

La Reynie stößt einen Seufzer der Befriedigung aus. Endlich: Jetzt ist sie soweit! Aber das Geständnis ist nur ein halbes. Er braucht das ganze. Er muß auch die wichtigere andere Hälfte wissen:

»Wer«, fragt er voller Erwartung. »Wer hat den Auftrag gegeben? Nur das noch, dann sind Sie erlöst!«

Aber gerade das kann sie nicht. Dann ist sie wirklich und unrettbar verloren, wenn sie ihre Gönnerin verraten hat.

La Reynie fühlt sich durch das erneute Schweigen kurz vor dem Ziel um seinen Erfolg betrogen. Langsam steigt Wut in ihm auf. »Weiter, weiter!« schreit er. Und Monsieur Sasson nimmt bedächtig seine Arbeit wieder auf. Solange, bis der Polizeiarzt Francoise Moreau die Voisin schließlich aus den Händen des Henkers befreit. Moreau hat die Prozedur zu überwachen und dafür Sorge zu tragen, daß die Delinquentin nicht etwa auf der Streckbank stirbt. Noch besteht, wie er sich vergewissert, keine akute Gefahr für ihr Leben. Aber Monsieur Moreau, obwohl er der erklärte Feind der Pariser Giftmischer ist, hat Mitleid mit der Gequälten.

Er darf nicht erwarten, daß La Reynie, mit dem er übrigens befreundet ist, die viehische Marter ohne dringende Not unterbricht. Zwar ist auch der Generalleutnant kein grausamer Mann, aber er hat es sich zur Aufgabe gemacht, Paris von den Giftmischern zu befreien. Und dazu braucht er jetzt vor allem die Aussage dieser Frau.

Der Henker dagegen verrichtet seine normale Arbeit, gewissenhaft, wie ein solider Handwerker, ohne eigentliche Freude, aber auch ohne Mitgefühl. Das, was Madame Voisin für Melancholie hält, ist nichts weiter als die absolute, durch nichts zu erschütternde Gleichgültigkeit, die er für seinen Beruf braucht. Wenn er mit seinen Opfern litte, wäre er schon tausend Tode gestorben. Vielleicht ist diese Gleichgültigkeit sogar ererbt vom Großvater und vom Vater, die in Paris zu ihrer Zeit ebenfalls das Amt des Henkers bekleideten. Es ist gewissermaßen eine dynastische Gleichgültigkeit.

Monsieur Moreau weiß, daß diese Frau eine kaltblütige Mörderin ist, die hundertfach Tod gebracht hat. Jetzt aber ist sie nichts weiter als eine armselige, bis an den Rand des Wahnsinns gepeinigte Kreatur.

Entschlossen, ohne sich mit La Reynie zu verständigen, tritt Moreau zum Henker: »Lassen Sie ab von dieser Frau. Sehen Sie nicht, daß sie unter Ihren Händen stirbt?«

Aus ganz, ganz weiter Ferne, durch den Nebel einer halben Ohnmacht, hört Catherine Voisin die Worte des Arztes, die ihr vielleicht Erlösung bringen. Aus ihren Augen empfängt Moreau einen Blick unendlicher Dankbarkeit, der ihn tief erschüttert.

Die Schrecknisse der Folterkammer sind für Catherine Voisin eine so furchtbare Erfahrung, daß La Reynie von nun an leichtes Spiel mit ihr hat. Überdies konfrontiert sie der Generalleutnant, als sie zum zweiten Male vor der Chambre ardente steht, mit einer Tatsache, die mindestens genauso dazu beiträgt, ihre Zunge zu lösen. »Madame, nach allem, was das Gericht von Ihnen weiß, ist Ihr Leben bereits verwirkt. Von Ihrem künftigen Verhalten wird es jedoch abhängen, ob Sie sich weitere Qualen ersparen und ob Ihnen das Gericht einen gnädigen oder einen schmerzhaften Tod schenkt. Verschweigen Sie also in Ihrem eigenen Interesse nichts. Das ist ein wohlgemeinter Rat, den Sie beherzigen sollten.«

Dieser Einsicht kann sich Madame Voisin nicht verschließen. Sie nimmt ihr jeden Grund, in ihren künftigen Aussagen ihre Kunden zu schonen. Warum sollen ihre Auftraggeber ungeschoren oder mit einem blauen Auge davonkommen, wenn sie –, wie ihr der Richter unmißverständlich gesagt hat, ohnehin sterben muß? Warum liegt sie auf der Streckbank und nicht die anderen? Sie war immer nur das Werkzeug, die eigentlichen Mörder waren jene, die ihr den Auftrag gaben. Wenn schon, dann sollen möglichst viele von ihnen mit in die Grube fahren.

La Reynie übersieht jedoch dabei, daß Madame Voisin aus Angst und nun, nach seiner Eröffnung, auch aus Rachsucht Wahrheit und Dichtung vermengt. Sie erzählt, was das Gericht zu hören wünscht.

Wird sie zum Beispiel mit Aussagen von La Sage oder der Bosse konfrontiert und wünscht das Gericht, daß die Voisin sie bezeugt, so tut sie das mit Gehorsam, auch wenn sie genau weiß, daß La Sage oder die Bosse gelogen haben.

Auf diese Weise geraten neben Schuldigen auch zahlreiche Unschuldige in die Hände von La Reynie, und der kann zwischen beiden nicht unterscheiden. Die Kerker füllen sich schnell, so daß von der Bastille schließlich auch noch auf das Schloß Vincennes ausgewichen werden muß.

Die Frage nach den Urhebern des Giftanschlags stellt La Reynie zunächst zurück. Er ahnt in etwa, warum die Voisin bis jetzt gerade auf diese Frage so hartnäckig geschwiegen hat.

Gewissenhaft arbeitet er vorerst das Geschäftsbuch der Madame Voisin ab. Da es umfangreich ist, sind viele und lange Verhöre notwendig. Die Protokolle der Vernehmungen wachsen zum Berg. Ein Verhör läuft wie das andere ab. La Reynie legt den Finger auf einen Namen.

»Sie haben hier den Namen der Madame de Dreux eingetragen und von ihr achtzigtausend Livres Honorar erhalten. Für was, wenn ich bitten darf?«

»Madame de Dreux wünschte von mir Gift, Monsieur.«

»Und Sie haben ihr den Wunsch, wie das eingetragene Honorar beweist, erfüllt?«

Die Voisin nickt. »Sie hätte es in jeder Apotheke als gemahlenen Rattenstein kaufen können.«

»Zu welchem Zwecke wollte Madame de Dreux das Gift?«

»Sie hat es nicht gesagt.«

»War es nicht für ihren Gatten, der unter mysteriösen Umständen gestorben ist?«

»Es kann sein. Nicht alle Kunden haben mir den Zweck ihrer Wünsche genannt, und ich habe sie nicht danach gefragt.«

»Nun gut! Vielleicht war die Madame von Bouillon so freundlich, sich bei ihrem Besuche näher zu erklären. Ich nehme an, daß die gleiche Summe von achtzigtausend Livres eine ähnliche Gegenleistung wie bei Madame de Dreux zum Ausdruck bringt.«

»Ja«, erwidert die Voisin. »Madame Bouillon hat mit diesem Gift ihren Kammerdiener beseitigt. Er wußte von ihrem Liebesverhältnis zu einem Marquis und drohte, es ihrem Gatten zu entdecken.«

»Und hier lese ich den Namen der Prinzessin von Tingry und eine Summe von fünfzigtausend Livres. Können Sie dem Gericht auch dafür eine Erklärung geben?«

»Die Prinzessin von Tingry wünschte ihr neugeborenes Kind zu beseitigen, das aus unerklärlichen Gründen mit einer schwarzen Hautfarbe zur Welt gekommen ist.«

Der Finger La Reynies gleitet die Seiten des Buches hinunter und verharrt bei jedem einzelnen Namen. Catherine Voisin gibt ohne Zögern die dazugehörige Erklärung.

Nach ein paar Tagen weiß La Reynie, wer von Madame Liebes- und Zauberpulver erhielt, wer die wächsernen Dämonen und zu welchem Zweck erwarb, wer sich die Frucht seines Leibes abtreiben ließ, und wer an den schwarzen Messen teilnahm – nur einen einzigen Namen erfährt er auch bei dieser Gelegenheit nicht – den der Madame de Montespan. Der steht bis jetzt in keinem einzigen Protokoll. Erst ein wenig später, als er viele der Beschuldigten vorgeladen und vernommen hat, wird die Marquise zum ersten Male aktenkundig. Die frommen Schwestern der schwarzen Messe nämlich kennen sich meist gegenseitig. Eine solche fromme Schwester ist die Herzogin von Orleans.

La Reynie hat jetzt die reinste Freude an Catherine Voisin. Den sichren eigenen Tod vor Augen, erfüllt sie ein Vernichtungstrieb, der vor nichts und vor niemandem mehr halt macht, und der sich auch auf Namen ausdehnt, die nicht im Buch ihrer Geschäfte verzeichnet sind. Unbegreiflich ist es unter diesen Umständen, warum sie ausgerechnet ihre beste Kundin, die Madame de Montespan verschweigt. Vielleicht verbindet sich in ihrem tiefsten Herzen mit diesem Namen dennoch ein vager Hoffnungsschimmer.

Statt dessen aber bezichtigt die Voisin den Dichter Jean Racine, Geschichtsschreiber des Königs und Mitglied der Akademie, der ganz gewiß nicht zu ihren Kunden gehört, die bekannte Schauspielerin Du Parc vergiftet zu haben.

Je mehr sich der Kreis der Beschuldigten ausweitet – La Sage ist angesichts des Todes ebenfalls weich wie Wachs und redet jetzt ohne jede Hemmung – um so mehr wird das Verfahren zu einem Monsterprozeß, wie ihn die Welt bisher noch nicht gesehen hat.

La Reynie kennt keine Rücksichten des Namens, des Standes und der Geburt. Ganz Paris zittert. Denn schon eine bloße Verdächtigung bedeutet die Ladung vor die Chambre ardente. Prinzessinnen, Marschälle, Herzöge und Grafen bevölkern – etwas nie Dagewesenes – die Kerker und Gefängnisse, und falls jemand der Verhaftung durch die Flucht zu entgehen sucht, so jagt ihnen La Reynie seine Polizeireiter hinterher. Seine Besessenheit, mit dem Verbrechen aufzuräumen, ist grenzenlos geworden. So grenzenlos, daß Colbert meint, nicht der kompromittierende Prozeß, sondern das, was La Reynie aus der Chambre ardente gemacht hat, ruiniere den Ruf Frankreichs in den Augen der Welt.

Die Namen La Reynies und seines Polizeileutnants Degrais, der die Verhaftungen leitet oder auch selbst vornimmt, verbreiten Angst und Schrecken in Paris.

Übrigens erfährt der vertrauensselige und verliebte Flötenspieler Philibert, der inzwischen – Herr Brunet starb pünktlich – der Gatte der Madame Brunet geworden ist, auf eine merkwürdig heitere Art, daß auch seine Gemahlin in die Giftaffäre verwickelt ist.

Begreiflicherweise ist Madame Brunet in diesen Tagen aufs äußerste beunruhigt. Eines Vormittags läßt sich ein Mann bei ihr melden, den die Bediensteten nicht kennen und der unbedingt die Dame des Hauses zu sprechen begehrt. Madame Brunet ruft durch die Tür: »Nennen Sie mir zuerst Ihren Namen.«

»Ich bin Degrais, nun wissen Sie es«, antwortet der Besucher, ungeduldig über das lange Zaudern.

Madame Brunet sinkt fast in Ohnmacht, sie meint, daß jetzt sie an der Reihe sei. Dann rafft sie sich auf, stürzt zur Tür und verrammelt sie. Sie fliegt die Treppe hinauf und wirft sich ihrem verdutzten Philibert zu Füßen: »Rette mich, rette mich, bester Mann, rette mein Leben! Es ist wahr, ich bin bei der Voisin gewesen, aber nur ein einziges Mal. Ich habe sie nur gebeten, deinetwegen ge-

beten, mir einen kleineren Busen zu machen, weil du als Künstler das Zarte magst«, lügt sie in ihrer Angst. So öffnet sich für den ahnungslosen Philibert zwar nicht die ganze, aber ein Teil der Wahrheit. Der Flötenspieler muß über dieses durch die Furcht erpreßte Geständnis sogar ein bißchen lächeln, und er tröstet seine Gattin liebevoll. Der Mann vor dem Tore indessen wird immer ungeduldiger, schlägt gegen die Tür und schreit, er lasse sich nicht fortschicken. Madame Brunet wird von Panik erfaßt, öffnet das Fenster und will sich auf die Straße stürzen, um dem schrecklichen Degrais und dem noch schrecklicheren La Reynie zu entgehen. Im letzten Moment kann sie der brave Flötenspieler Seiner Majestät am Rockzipfel zurückhalten. Nun aber wird ihm die Sache zu bunt. Er befiehlt einem Bediensteten, auf seine Gute aufzupassen, damit sich derlei nicht wiederhole, und eilt zu dem Fremden. Er lacht sich kaputt. Es ist zwar wirklich Degrais, aber nicht der Polizeileutnant, sondern der Tapezierer Degrais, der mit seiner unbezahlten Rechnung nicht zum zweiten Mal fortgehen will. Frau Brunet fällt ein Stein vom Herzen. Für diesmal! Wenige Tage später wird der wirkliche Degrais an die Tür pochen.

Übrigens spielen sich ähnliche Szenen im Paris jener Tage gar nicht so selten ab. Spaßvögel treiben üble Scherze, um den Leuten Angst einzujagen. Betrüger sind am Werke, um sich durch Erpressung die Taschen zu füllen.

Die Begebenheit im Hause der Madame Brunet scheint einem Dichter jener Zeit so einmalig in ihrer Komik, daß er sie zu einem Lustspiel verarbeitet, das berühmt wird und Furore macht. Die Premiere allerdings erlebt – um dem Gang der Ereignisse ein wenig vorzugreifen – die Madame Brunet nicht mehr. Einen Tag zuvor wird sie, des Giftmordes an ihrem Gatten überführt, gehenkt.

Die Voisin indessen hat in diesen Monaten alles gesagt, was zu sagen war. Die überfüllten Kerker zeugen davon, daß die Ausbeute ihrer Verhöre erheblich gewesen ist. Ob sie tatsächlich den Namen der Madame de Montespan erwähnte oder ob sie die Marquise sogar beschuldigte, ist nicht bekannt. Auf jeden Fall scheint sie für La Reynie wertlos geworden zu sein. Am 19. Januar 1680 verurteilt sie die Chambre ardente zum Tode. Auf ihrem Schuldkonto stehen 284 nachgewiesene Giftmorde, etwa 1000 schwarze Messen und 2500 Kindesabtreibungen, von allen anderen, weniger gravierenden Delikten ganz zu schweigen.

Bis zu ihrer Hinrichtung am 22. Februar des gleichen Jahres macht sie sich noch ein paar gute Tage, soweit man sich im Kerker, den Tod vor Augen, gute Tage machen kann. Am Abend vor ihrem Flammentod erhält sie eine reichliche Mahlzeit und Wein. Sie lädt ihre Wächter zum Zechen ein, und es wird ein furchtbares Gelage, das bis in die Morgenstunden währt. Dabei flucht sie mörderisch, grölt ordinäre Trinklieder und hebt das Hemd, um den entsetzten Wächtern ihren entstellten Leib zu zeigen. Monsieur Sasson, der diesen Leib einmal besessen, hat ihn völlig zerstört. Von ihrer einstigen Schönheit ist nichts übriggeblieben.

Am Morgen wird ihr ein weißes Kleid übergestreift, und man fährt sie auf einem Karren zum Richtplatz. Ihr Gesicht ist vom Wein gerötet. Sie scheint noch betrunken. Sie kreischt laute Flüche und Verwünschungen und erheitert damit die Zuschauer, welche die Straßen zum Greve-Platz und den Platz selbst zu Tausenden säumen. Das Kruzifix, das ihr der Beichtvater immer wieder zum Kusse hinhält, stößt sie wütend zurück.

Erst auf der Richtstatt kommt sie zur Besinnung. So, als reuige Sünderin, als ein Engel fast, hat sie der berühmte Maler Lebrun kurz vor ihrer Hinrichtung auf einem Gemälde festgehalten, das zu seinen Meisterstücken zählt.

Dann vollendet Monsieur Sasson die Zerstörung, die er in der Folterkammer begonnen hat. Er treibt ihr glühende Eisenstäbe durch beide Hände, bindet sie an den Brandpfahl und entzündet den Scheiterhaufen. Er hätte ihr die Wohltat erweisen können, sie vor dem Brennen mit einer Schlinge zu erwürgen, wie es allgemein üblich ist. Aber er tut es nicht.

7

Mit dem Tode der Voisin ist der Giftskandal nicht zu Ende. Seine Majestät ahnt nicht, auf was sie sich eingelassen hat, als sie La Reynie den Vorsitz der Chambre ardente übertrug. La Reynie hat mit seinen bisherigen Verhaftungen bereits sehr hoch gegriffen. Jetzt greift er in die

Sterne Frankreichs. Jetzt beginnt er, sich die Crème de la crème vorzuknöpfen, zum Beispiel den Marschall von Luxembourg. Handhabe dazu liefert ihm vor allem die Aussage von La Sage.

La Sage ist ein sehr zweifelhafter Zeuge gegen einen vielfach bewährten und geschätzten Mann wie Luxembourg. Der Marschall, der sich völlig unschuldig fühlt, begibt sich sogar freiwillig in die Bastille, nachdem er den Verhaftungsbefehl erhalten hat.

Madame de Sévigné, der wir viele Aufzeichnungen über den Hof Ludwig XIV. verdanken, ist voller Bewunderung und Mitleid für den Marschall und schreibt am 29. Januar 1680 an den Grafen von Guitaut.:

»Scheint es Ihnen aus der Ferne nicht, als ob wir hier Gift einatmeten, als ob wir uns inmitten von Sakrilegien und Kindesabtreibungen befänden? In der Tat, das alles erregt Abscheu in ganz Europa, und die uns in 100 Jahren lesen werden, werden jene beklagen, die Zeugen all dieser schrecklichen Beschuldigungen waren. Sie wissen, wie dieser arme Luxembourg freiwillig in die Bastille gegangen ist, er war selbst der Offizier, der sich hingeführt hat. Er ging vorher zu den Jesuiten und verlangte nach mehreren Vätern, er betete zu Gott in der Kirche und vergoß ständig Tränen. Er schien nicht mehr zu wissen, welchen Heiligen er sich befehlen sollte.«

Das Weinen und Beten hilft dem Marschall überhaupt nichts. Nachdem der Kommandant der Bastille seinem hohen Besuch eine gut eingerichtete Zimmerflucht zur Verfügung gestellt hatte, läßt ihn La Reynie kurz darauf ohne jeden Respekt in ein finsteres Loch sperren. Er ist sich vollkommen sicher, daß der Bursche keine bessere Behandlung verdient. Nach einer erzürnten Anfrage des Staatssekretär Louvois – das ginge doch entschieden zu weit, wenn er sich sogar an dem Marschall von Luxembourg vergreife – schickt er Louvois statt einer Antwort ein Stückchen Vernehmungsprotokoll zur gefälligen

Kenntnis. Dieser ist davon so schockiert, daß er meint, den König unterrichten zu müssen.

»Monsieur de La Reynie hat mir mitgeteilt, daß die Verbrechen jeden Tag außergewöhnlicher erscheinen. Er übergab mir sogar das Original des Verhörs des genannten La Sage. Alles, was Eure Majestät gegen die Herren von Luxembourg und Feuquieres gesehen haben, ist nichts im Vergleich zu den Erklärungen, die dieses Verhör enthält und in welchem beide als die bösesten Menschen von der ganzen Welt geschildert werden.«

Zu den Beschuldigungen gegen Luxembourg, die La Reynie dem König bereits persönlich vorgetragen hatte, kommt hier noch hinzu, daß der Marschall angeblich bei der Armee den Steuereinnehmer von Flandern vergiften ließ, von dem er königliche Gelder bekommen und veruntreut hätte und der ihm mit Entdeckung drohte. Ferner soll er von der Madame Voisin Zaubertränke für den König gefordert haben, damit Seine Majestät den fatalen Fehler vergäße, den der Marschall in der Schlacht bei Philippsburg begangen und damit er ihn wieder in das Herzogtum von Montmorençy einsetze.

Seiner Majestät wird jetzt langsam unheimlich. Noch hält sich der König zwar an sein Wort, nicht in die Verfahren einzugreifen und keine Gnade walten zu lassen, aber er durchkreuzt auf eine ganz und gar feige, unkönigliche Art verschiedene Absichten des Herrn de La Reynie.

Er gibt Leuten, die von einem Verhaftungsbefehl der Chambre ardente bedroht sind, heimliche Winke, sich in Sicherheit zu bringen. Vielleicht möchte er so dem ganzen Spuk, der ihm über den Kopf zu wachsen droht, ein Ende machen. Allein die Sache hat zu viel Staub in Frankreich aufgewirbelt. Selbst dem König sind die Hände gebunden. Als Realpolitiker, der er im Grunde genommen ist, begreift er, daß man die Kleinen nicht fangen und die Großen laufen lassen darf, ohne im Volk gefährliche Mißstimmung zu erregen, die ohnehin gegen seine Regierung vorhanden ist. Er denkt an die vergangenen Unruhen und Aufstände, die sämtlich aus geringfügigen Anlässen entstanden waren.

So gibt er der Herzogin von Foix ein Billett zurück, das diese an Madame Voisin geschrieben hatte. Je mehr ich reibe, desto weniger wachsen sie, stand darauf. »Was sollte denn wachsen, Madame?« erkundigte sich der König. »Der Busen, der Busen, Majestät«, haucht sie errötend. Der König weiß nach dieser Antwort, daß sie seine Hilfe nicht braucht.

Die Comtesse de Soissons, die Nichte des Kardinals Mazarin und seine Exmätresse, hat einen Hinweis schon nötiger. Abgesehen davon, daß sie für ihre damals geäußerte Absicht, sich den König vom Halse zu schaffen, eine ordentliche Abreibung verdient hätte, ist und bleibt sie die Nichte Mazarins. Ihre Affäre droht das Andenken des Kardinals um so mehr zu beschmutzen, als sie nun auch noch beschuldigt ist, ihren Gatten vergiftet zu haben – genauso übrigens wie die Marquise d'Alluye, die ihren Schwager vergiftet haben soll. Die beiden haben offenbar wirklichen Grund, den freundlichen Rat Seiner Majestät zu berücksichtigen, denn sie suchen noch in der gleichen Stunde das Weite.

Auch dem Flötenspieler Philibert erweist der König diesen Freundschaftsdienst. Wohl weniger aus politischen Rücksichten, sondern aus wahrer Zuneigung und in Bewunderung seiner großen Kunst. Philibert aber bleibt, denn wenn wirklich einer unschuldig ist in diesem Skandal, dann ist es dieser harmlose, liebebedürftige Flötist.

Selbst wenn La Reynie von solchen heimlichen Aktivitäten des Königs erfahren haben würde, hätte ihn das kaum von seinem Wege abgebracht. Er ist wie ein Berauschter, der jedes Maß und jeden Sinn für Realitäten verloren hat. Er merkt nicht, daß inzwischen der ganze Hofadel beim König gegen ihn intrigiert. Vielleicht ist es aber auch so, daß er es nicht bemerken will. Er stürzt sich in das letzte, in das allergrößte Wagnis dieses Prozesses und geht frontal gegen die Marquise de Montespan vor. Damit berührt er das Schlafgemach, die Familie Seiner Majestät. Das ist zu viel! Damit ist der Bogen überspannt.

Seine Kronzeugin wird jetzt Marguerite Voisin, die Tochter der Hingerichteten. Er hat sich ihrer längst versichert, ließ sie aber zufrieden, solange er die Mutter hatte. Jetzt aber will er von Marguerite jene Geheimnisse wissen, die Catherine mit ins Grab genommen. Außerdem fallen ihm endlich auch der Kammerdiener der Voisin, Romani, und dessen Gevatter Bertrand sowie der Geistliche Guibourg in die Hände, die alle drei geflüchtet waren.

Das Verhör Romanis und seines Gevatters bringt eine weitere Sensation dieses Prozesses. Die beiden bestätigen nicht nur, daß ein Plan zur Vergiftung des Königs durch eine Bittschrift existierte. La Reynie erfährt auch, daß ein Mordanschlag auf das Fräulein Fontanges durch vergifteten Stoff und vergiftete Handschuhe vorgesehen war. Die Freundin der beiden, die Zauberin Filastre, sagt Gleiches aus. Der Geistliche Guibourg, auf die Folter geworfen, gesteht ein, mindestens 600 schwarze Messen zelebriert zu haben – Ketzerei ohne Unterlaß.

Dann steht Marguerite Voisin vor der Chambre ardente. Sie ist blutjung, kaum 18 Jahre.

»Sag uns, Mädchen«, beginnt La Reynie freundlich und voller Harmlosigkeit, »wer zu den Kunden deiner Mutter gehörte.«

Und da hört La Reynie das, was Madame Voisin selbst unter den Qualen der schlimmsten Folter nicht über die Lippen gebracht: Sie nennt die Marquise de Montespan an erster Stelle. Im weiteren Verlauf des Verhörs wird die Marquise de Montespan durch Marguerite Voisin aufs schwerste belastet. Im Protokoll über diese Vernehmung heißt es unter anderem:

»Sie hat gesehen, daß zwei Messen von Guibourg im Schlafzimmer ihrer Mutter gelesen wurden. Sie half ihrer

Mutter, die dazu notwendigen Dinge herzurichten, nämlich eine Matratze, die auf Stühle gelegt wurde, zwei Schemel zu beiden Seiten, auf denen die Leuchter mit den Kerzen standen. Danach trat Guibourg, mit einem Meßgewand bekleidet, aus dem kleinen Zimmer daneben hervor, und hierauf ließ die Voisin die Frau eintreten, über deren Leib die Messe gelesen werden sollte, und hieß sie – Marguerite – hinausgehen. Als sie älter war, hatte ihre Mutter keine Scheu mehr, sie auch der Messe beiwohnen zu lassen. Sie sah, daß die Dame völlig nackt auf die Matratze gelegt wurde, den herabhängenden Kopf durch ein Kissen über einem umgedrehten Stuhl gestützt, die Beine herabhängend, eine Serviette auf dem Leib, und auf der Serviette, etwa, wo der Magen ist, ein Kreuz sowie der Kelch. Madame de Montespan hat eine solche Art von Messe durch Guibourg bei der Voisin vor etwa drei Jahren lesen lassen, sie kam gegen zehn Uhr abends und ging erst gegen Mitternacht weg. Und da die Voisin zu der Dame sagte, daß sie die Zeit sagen möge, zu welcher man die beiden anderen Messen lesen könne, die erforderlich seien, um ihre Sache gelingen zu lassen, sagte diese, daß sie keine Zeit dafür finden kann und die Voisin müsse ohne sie auskommen und tun, was nötig sei, um die Sache zu einem guten Ende zu führen. Einige Zeit später wohnte sie, Marguerite, einer Messe bei, die Guibourg auf dieselbe Art über dem Leib ihrer Mutter las, und bei der Opferung nannte er den Namen Louis de Bourbon und denjenigen einer Dame, der aus zwei oder drei Namen bestand, sagte aber nicht den Namen der Montespan.

Sie hat der Madame de Montespan mehrere Male im Auftrage ihrer Mutter Pulver gebracht, die über den Kelch gehalten worden waren, und andere Pulver, deren Eigenschaften und Verwendung man nicht kennt. Und sie hat einmal die Zubereitung eines solchen Pulvers gesehen, welches aus getrockneten Maulwürfen hergestellt war. Schließlich erklärt Marguerite Voisin noch, daß Mademoiselle Des Oeillets, die Kammerfrau der Madame Montespan, oft gekommen sei, um Pulver dieser Art für ihre Herrin abzuholen. Sie spricht ferner von einer Bittschrift, die dem König in Saint-Germain überreicht werden sollte, und die Absicht war keine andere, als den König mit dieser Bittschrift zu vergiften. Fünf Wochen oder einen Monat, bevor ihre Mutter verhaftet wurde, hatte diese zu ihr gesagt, daß sie nach Clagny schicken wolle mit einem Billett, um 2000 Taler zu verlangen, weil Romani gesagt hatte, daß man ohne Geld nicht die Stoffe bekommen könne, die er der Fontanges vorlegen wolle und die nötig seien, damit er als Händler auftreten könne.«

Auch der König ist ein Mann, und auch ein königliches Herz ist verletzt, wenn es von einer Frau so hintergangen und enttäuscht wird wie das seine. Ludwig fühlt sich entsetzlich einsam und traurig. Er hat ihr seine Liebe geschenkt, er, der große Alkandar. Er hat ihr Schlösser und Villen gebaut, sie mit Diamanten und Perlen überschüttet, er hat den Goldregen auf sie und ihre weitverzweigte Sippe niedergehen lassen, er hat jedes der Kinder legitimiert und mit hohen, blendenden Titeln und mit reichlichem Besitz belehnt, er hat sie seiner angetrauten Frau und den anderen stets vorgezogen. Mein Gott, und wie hat sie ihm das gedankt?

Aber sein Schmerz muß anderen, praktischen Überlegungen weichen. Es kann und darf nicht sein, daß Frankreich, daß die Welt je erfährt, daß er über ein ganzes Jahrzehnt und in aller Öffentlichkeit einer Mörderin, einer potentiellen Königsmörderin sogar, und einer Ketzerin sein Herz geschenkt, daß er sie zu seiner vertrauten Freundin und zur Maitresse en titre, zur mächtigsten und einflußreichsten Frau Frankreichs erhoben hat.

Ludwig XIV. schreibt einen Brief an La Reynie, der den zu weit Vorgepreschten zurückruft. Dieser Mensch muß begreifen, daß die Madame de Montespan ein Tabu ist. Die Marquise ist der Hof, die Marquise ist der König!

»Nachdem ich die Erklärung gesehen habe, die Marguerite Voisin, Gefangene in meinem Schloß zu Vincennes, am 12. des Monats gegeben hat, schreibe ich Ihnen diesen Brief, um Ihnen zu sagen, daß Sie innerhalb Ihrer Zuständigkeit alle Sorgfalt anwenden möchten, um die Maßnahmen zu ergreifen, die sich aus der genannten Erklärung und dem Verhör ergeben; daß Sie Sorge tragen, daß die Protokollvergleichungen, Konfrontationen und alles, was die Untersuchung betrifft, die über die genannte Erklärung und das Verhör gemacht wird, in getrennte Hefte verzeichnet werden und daß Sie den Bericht über die Verhöre von Romani und Bertrand an meine Königliche Kammer, die im Arsenal meiner guten Stadt Paris tagt, aufschieben wollen, bis Sie dazu den Auftrag von mir erhalten haben werden, und in der Gewißheit, daß Sie allem nachkommen werden, was in dieser Sache mein Wille ist, schreibe ich Ihnen nicht ausführlicher hierüber.«

Von jetzt ab sind die Staatsräte und Richter der Chambre ardente von der Wahrheit ausgeschlossen. Sie bekommen aus Gründen der Staatsräson redigierte Protokolle. Die Wahrheit kennen nur noch drei Männer. Der König, La Reynie und Louvois. Seit jenem Augenblick, da der König Einblick in die Akten hat, ist der Stern der Marquise de Montespan bereits gesunken. Sie ist nur mehr eine Tote in seinem Herzen.

Aber dennoch darf, dennoch kann er sie nicht zur Verantwortung ziehen, ohne einen Skandal heraufzubeschwören. Ja, er kann sie nicht einmal auffällig in Ungnade fallen lassen. Schon dadurch könnte sich für einen aufmerksamen Blick lüften, was tiefes Geheimnis bleiben muß.

Um die Beobachter zu täuschen, bleibt ihm nichts anderes übrig, als nach wie vor herzlichstes Einvernehmen mit der Marquise zu zeigen und der Madame de Montespan öffentliche Besuche abzustatten.

Aber dennoch, es gibt Leute, die ein scharfes Auge und einen scharfen Verstand besitzen.

Als der König der Mademoiselle Fontanges im Jahre 1680 Herzoginwürde verleiht und ihr eine Pension von 200000 Talern bewilligt – 600000 Livres sind das – wäre man vielleicht nicht hellhörig geworden. Aber er kann es sich nicht verkneifen, sie in aller Öffentlichkeit besonders auszuzeichnen. Sie darf mit großer Kulisse und mit großem Pomp die Glückwünsche des Königs im Bett entgegennehmen. Seine Majestät überreicht ihr das Taburett, das Privileg der Herzoginnen, die Berechtigung, in Gegenwart des Königs und der Königin zu sitzen. So mancher sieht in dieser Szene einen deutlichen Affront gegen die Marquise de Montespan.

Madame de Montespan rast vor Zorn. Sie macht ihm eine Szene und wirft dem großen Alkandar die heftigsten Schimpfworte an den Kopf.

Vor wenigen Monaten noch vermochte sie durch solche Ausbrüche seine Leidenschaft zu reizen. Heute stößt sie auf seine tiefste Verachtung. Er läßt sie durch Bedienstete aus dem Zimmer führen. Aber ihr Abschied erfolgt in allen Ehren. Sie wird Oberintendantin des Hauses der Königin. Das wirkt keineswegs als ein Affront, sondern als eine Auszeichnung, zumal sie diesen Wunsch seit Jahren selbst geäußert hat. Allerdings wollte sie Maitresse en titre und Oberintendantin zugleich sein. Die Jahresapanage ist ausgiebig, mit 600000 Livres jedoch für ihre Begriffe bescheiden. Sie erinnert sich, daß sie in ihrer Glanzzeit an einem einzigen Abend 200000, ja bis zu 700000 Livres auf Kosten der königlichen Hofintendanz am Spieltisch verjuxen konnte.

Der König hat jetzt größtes Interesse daran, den Prozeß so schnell wie möglich zu beenden. Am 30. September 1680 stellt die Chambre ardente ihre Sitzungen auf Befehl Seiner Majestät ein – vorläufig zunächst.

La Reynie ahnt, daß aus dem »vorläufig« leicht ein »im-

mer« werden könnte. Er sieht sich um die Hälfte seines greifbar nahen Erfolgs geprellt und versucht sein Möglichstes, den König über Louvois zu überzeugen, daß man fortfahren müsse und nicht auf halbem Wege stehenbleiben dürfe. In einem Memorandum erklärt er:

»Es befinden sich 147 Personen in der Bastille und in Vincennes. Unter diesen vielen ist nicht ein einziger, gegen den nicht schwere Beschuldigungen wegen Giftmords oder Handels mit Giften vorlägen. Wenn indessen der Lauf der Gerechtigkeit angehalten wird, geht der größte Teil dieser Bösewichte straflos aus. Meine Pflicht in einer so schweren und so bedeutenden Sache läßt mich Gott bitten, daß er Seine Majestät weiter beschützen und ihr eingeben möge, was unter diesen Verhältnissen zur Erhaltung Seiner Majestät und zum Besten der Gerechtigkeit geschehen soll.«

Allein der König läßt sich auf keinen Disput mehr ein. Er hat schon einmal den kürzeren gezogen. In seinem Auftrag fordert Louvois am 9. Januar 1681 die Anklageakten von La Reynie an.

Störrisch, wie der Generalleutnant in seiner Besessenheit ist, legt er diesen Akten »Bemerkungen« bei, die alle gegen Madame de Montespan erhobenen Anklagen bestätigen. Er will mit dem Kopf durch die Wand und begreift nicht, daß diese Wand selbst für seinen Dickschädel zu stark ist. Denn diese Wand bilden der König, Louvois und der ganze Hofadel in seltener Eintracht. Folgendermaßen lauten die Bemerkungen des Herrn de La Reynie:

»La Sage, eindringlich über alles dies befragt, hat erklärt, daß die Absicht bestanden habe, den König durch Zauberei zu töten, daß die Voisin ihn an diesem Plan habe arbeiten lassen, daß Vautier und seine Frau (zwei Freunde der Giftmischerin) ihm den Großen Urheber (den sogenannten Meister der Kabale) zu diesem Zwecke beigegeben hätten und daß die Voisin, als sie sah, daß er, La Sage, mit seinen Maschinen nichts ausrichte, sich in die Hand des Urhebers gegeben habe, daß der Urheber an giftigen Pulvern gearbeitet habe, die er der Voisin für die Des Oeillets gab. Und daß die Absicht bestand, sie der Madame de Montespan als Liebespulver zu geben und dabei den König durch die Hand der Madame de Montespan zu vergiften, ohne daß diese wußte, was sie tat. Es wurde in diesem Prozeß festgestellt, daß bereits zwei oder drei Jahre, bevor La Sage verhaftet wurde, er die Befürchtung geäußert hatte, die Sache würde ihn zugrunde richten. Er hat ausgesagt, daß er die Voisin verlassen wollte wegen der Beziehungen, die sie zu der Des Oeillets hatte.

Seit Beginn dieser Untersuchung ist von gleichen Dingen die Rede gewesen. La Bosse, die zuerst verurteilt wurde, hat die ersten Nachrichten hierüber gegeben, sie hat davon bei dem peinlichen Verhör gesprochen, aber weil der König noch nicht erlaubt hatte, daß man die Aussagen gegen bedeutende Personen aufgreifen solle und da im übrigen nichts vorlag, weshalb man ihnen mehr Aufmerksamkeit hätte widmen sollen, wurde in dem Protokoll über das Verhör der Bosse nichts von dem erwähnt, was sie über die Madame de Montespan ausgesagt hatte.

Was die zweite Sache angeht, betreffend die andere Absicht, die man zur gleichen Zeit hatte, Mademoiselle de Fontanges durch Stoffe und Handschuhe zu vergiften, ist zu bemerken, daß die Tochter Voisin sagt, daß in dieser gleichen Zeit, das heißt in der Zeit des Planes mit der Bittschrift, schon vor dem März 1679, ein Plan gegen die Person des Königs bestand und ein anderer Plan, die Mademoiselle Fontanges zu vergiften.

Romani hat versucht, in das Haus der Madame Fontanges zu gelangen, indem er sich als Stoffhändler mit Stoffen und Handschuhen durch La Bretesche einführen ließ, welche, unabhängig von dieser Sache, in anderen Prozessen als berühmte Giftmischerin bezeichnet wird.«

Etwa um die gleiche Zeit tritt etwas ein, das alles, was La Reynie in diesen Notizen niedergelegt hat, erhärtet.

Im Frühling 1681 verschlimmert sich der Gesundheitszustand von Mademoiselle Fontanges zusehends. Seit sie am 14. Mai 1680 an den Hof zurückkehrte, kränkelte sie. Ist es seelischer Kummer, der sie immer mehr verfallen läßt, Kummer um ihren kleinen Sohn, der im Januar 1680 plötzlich und unerwartet starb? Wenn nicht, was ist es dann?

Madame de Sévigné äußert eine Vermutung, die viel für sich hat: »Sie wissen«, schreibt sie an eine Freundin, »was die Glücksgöttin alles der Herzogin von Fontanges geschenkt hat. Aber was hat sie nun für sie aufbewahrt? Einen so großen Blutverlust, daß sie das Bett hüten muß, und jetzt hat sich noch das Fieber dazugesellt. Sie fängt an, aufgedunsen zu werden. Ihr schönes Gesicht ist ein wenig geschwollen. Man munkelt, daß Gift die Ursache dieser Krankheit ist. Der Name der Madame de Montespan wird genannt.« Übrigens hält sich die Fontanges selbst für vergiftet und äußert dies laut.

Im Juni machen sich alle Zeichen eines nahenden Todes bemerkbar. Ende des Monats stirbt sie.

Seit Tagen hält im Auftrag des Königs der Herzog von Noailles an ihrem Sterbebett Wache. Der König hat eine Heidenangst um die Korrespondenz der Mademoiselle, weil er fürchten muß, daß sie sich darin über eine mögliche Vergiftung durch die Montespan geäußert hat.

Und als die Familie der Fontanges ankündigt, die Leiche autopsieren zu lassen, versucht der König, das zwar nicht durch einen Befehl, aber durch einen klar formulierten Wunsch zu verhindern.

»Was die Absicht angeht, die Leiche öffnen zu lassen, so glaube ich, daß es die beste Lösung wäre, wenn man es vermeiden könnte.«

Die Autopsie findet dennoch statt, und die königlichen Sorgen erweisen sich als begründet. Als der Herzog von Noailles, der bei der Autopsie zugegen war, dem König von schwarzen Flecken auf der Leber berichtet, die auf eine Vergiftung hindeuten könnten, läßt ihn der König in einem unbeherrschten Augenblick tiefe Einblicke in sein Herz tun:

»Der Schmerz des Königs«, erinnert sich der Herzog von Noailles an diesen Augenblick, »war so heftig, daß er sich nicht beherrschen konnte, ihn sehen zu lassen, und es ist sicher, daß er sich an der Madame de Montespan auf spektakulärste Art und Weise gerächt haben würde, wenn er nicht zwingende Gründe gehabt hätte, sein Ressentiment zu verbergen. Er war vollkommen überzeugt davon, daß Mademoiselle de Fontanges der Eifersucht und Verzweiflung dieser ehrgeizbesessenen Frau zum Opfer gefallen war, die in der Hoffnung gelebt hatte, immer herrschen zu können.«

Das Obduktionsprotokoll macht auch den Polizeiarzt Doktor Moreau sofort stutzig:

»Die Ursache des Todes dieser Dame muß einzig der totalen Fäulnis der rechten Lungenlappen zugeschrieben werden, die sich ergeben hat als Folge der krankhaften Veränderung und der heißen und trockenen Verfassung ihrer Leber, welche eine große Menge galligen und scharfen Blutes erzeugt und die vorhergegangenen Blutverluste verursacht hat.«

Für Doktor Moreau sind das typische, aber leider durch die Medizin noch immer nicht sicher nachweisbare Vergiftungserscheinungen.

Liselotte von der Pfalz gibt kein wissenschaftliches, dafür aber ein sehr impulsives Urteil ab: »Die Montespan war die bösartigste Person der Welt. Ich kenne mindestens drei Personen, die sie vergiftet hat. Die Fontanges, deren kleinen Jungen und eine Dienerin, die sie bei sich hatte.«

Im Juli 1682 wird die Giftaffäre endgültig abgeschlossen und die Chambre ardente aufgelöst. Sie tagte 210mal und erließ 319 Verhaftungsbefehle. Sie nahm 318 Verhaftungen vor und verurteilte 88 Delinquenten, 36 von ihnen zum Tode, die anderen zu Gefängnis oder zu Deportation.

Die Angst vor der Öffentlichkeit bestimmte bis zuletzt das Verfahren. Über jene, die noch nicht abgeurteilt sind, wird nach dem Willen des Königs ohne Prozeß, außerhalb eines ordentlichen Gerichts, also ohne jede Öffentlichkeit entschieden. Der König zeigt sich ihnen gegenüber – es sind vorwiegend Adlige – entsprechend seinen alten Gewohnheiten sehr kulant. Die meisten gehen straffrei aus.

Louvois diktiert er eine Ordre, welche die zu Kerker Verurteilten in die Zitadelle von Besançon begleitet und an den Festungskommandanten gerichtet ist:

»Besonders empfehlen Sie den Offizieren der Garnison zu verhindern, daß man die Dummheiten hören kann, die die Gefangenen herumschreien könnten, da es des öfteren vorgekommen ist, daß sie solche über die Marquise de Montespan verbreitet haben, die ohne jeden Grund sind, und ihnen zu drohen, sie beim geringsten Lärm so grausam zu züchtigen, daß es keinen mehr geben werde, der einen Laut von sich zu geben wage.«

Natürlich wird mit diesem Prozeß den Giftmischern ein schwerer Schlag versetzt. Aber da er auf Befehl des Königs vorzeitig abgebrochen wurde, erholen sich die Gilde und ihre Kunden bald wieder von ihrem Schreck und fallen in die alten Laster zurück, höchstens, daß es die Giftmischer jetzt ein bißchen schwerer haben, an das Gift heranzukommen.

Eine Ordonnanz von 1682 nämlich droht Zauberern und Wahrsagern strenge Strafe an, regelt den Handel mit Arsen und Quecksilber und unterwirft die medizinische Verwendung von Schlangen, Kröten und giftigen Insekten einer besonderen Genehmigung. Aber was soll's: Wo ein Wille ist, ist auch ein Weg!

Über Einzelheiten dieses Skandalprozesses wäre nie etwas bekannt geworden, wenn sich La Reynie an den Befehl des Königs gehalten hätte.

La Reynie aber geht auch hier eigene Wege. Zwar händigt er die Akten befehlsgemäß an den König aus, und

Ludwig verbrennt sie im Kamin. Jedoch La Reynie war noch fleißiger als sein Souverän. In mühevollen Tagen und Nächten hatte er zuvor eine Abschrift angefertigt, die nach der Revolution von 1789 entdeckt wurde.

La Reynie verliert mit der Auflösung der Chambre ardente zwar seinen dritten Titel, den des Chefs eines Sondergerichts, aber er bleibt Staatsrat und Generalleutnant der Polizei. Er ist ein zu fähiger Mann, als daß es sich der König leisten könnte, ihn für immer ins Abseits zu stellen. Ja, seine wirkliche Polizeikarriere beginnt eigentlich erst von diesem Zeitpunkt an. Aber das ist eine andere Geschichte.

Begraben im ewigen Eis

I

Doktor John Smith stand am Fenster seiner im Norden New Yorks gelegenen Praxis und starrte auf die tief unter ihm liegende Straße. Ein pladdernder Gewitterregen ging hernieder, die Pfützen auf Fahrdamm und Gehsteig schwollen zusehends an und bildeten kleine Seen, in denen sich die Blitze spiegelten. Bei diesem Mistwetter würde sich kaum ein Patient zu ihm verirren. Und das war gut so, fand der Arzt, denn er hatte jetzt keinen Sinn für die wirklich vorhandenen oder nur eingebildeten Wehwehchen der wohlhabenden Damen, die sich seit einiger Zeit in der Praxis die Klinke in die Hand gaben.

Mit der Morgenpost war ihm ein Brief zugestellt worden, der ihn, den sonst so kühlen und berechnenden Mediziner, doch ganz gehörig erschreckt hatte. Mehr noch als der Inhalt des Schreibens verwirrte ihn die Tatsache, daß er seit nunmehr einer Stunde nicht in der Lage war, den Absender zu identifizieren. Dabei schien es lebensnotwendig, sich zu erinnern.

Smith wandte sich vom Fenster ab, ging zu seinem Schreibtisch, zog den Brief aus der Jackentasche und las ihn zum dritten Mal in der Hoffnung auf einen Fingerzeig: »Mein heißgeliebter Tiger! Wie gern würde ich Dir jetzt auf vielen Seiten schreiben, wie sehr ich Dich liebe und wieviel mehr noch ich mich nach Dir sehne. Doch dazu ist keine Zeit, denn Schreckliches hat sich ereignet: Mein Mann, den der Teufel holen möge, ist dahintergekommen, daß es Dich gibt. Er hat mich gottserbärmlich verdroschen und geschworen, Dich umzubringen. Weiß der Satan, welche von den neidischen Ziegen, die sich meine Freundinnen nennen, ihm alles gesteckt hat. Er kennt zwar Deinen Namen noch nicht und hat auch Deine Adresse nicht aus mir herausprügeln können, aber er weiß um Deinen Beruf. Und da ich mich in der letzten Zeit immer habe nach New York bringen lassen, um ›den Arzt zu konsultieren‹ – welch herrliches Wort für unsere Begegnungen! – reicht dem bauernschlauen Dreckskerl diese eine Angabe, um daran alle weiteren Fäden zu knüpfen. Er wird Dich also finden. Das aber ist Dein Ende, denn er ist in seiner Rachsucht und gekränkten Eitelkeit zu allem fähig. Flieh, mein Tiger, wenn Dir das Leben noch etwas bedeutet! Fliehe weit weg, bitte! Mein Mann hat Geld genug, Dich überall suchen zu lassen. Und er wird es bedenkenlos bis auf den letzten Cent ausgeben, um sich an Dir dafür zu rächen, daß Du seine Frau berührt – und glücklich gemacht hast. Irgendwann werde ich Dich wiedersehen. Es küßt dich tausendmal Dein Dich liebendes und sehr ängstliches Mausekätzchen.«

Smith warf den Brief wütend auf die Tischplatte. Mausekätzchen! Mehr nicht. Kein Absender auf dem Umschlag, kein Name, keine auch noch so leise Andeutung! Verdammt noch mal, wer konnte das sein? Er kannte mindestens dreißig bis vierzig Frauen, denen er zutrauen durfte, ihre Briefe so dümmlich zu unterzeichnen. Und er kannte noch einmal so viele Damen aus gutem Hause, die sich in ihrer Eitelkeit vielleicht für seine einzige Geliebte hielten. Er hatte es sich in den letzten Jahren zum Prinzip gemacht, seinen Patientinnen den verliebten und ach so einsamen, trostsuchenden Arzt vorzuspielen. Und siehe da, die oft trägen und lebenssatten, aber liebeshungrigen Ehefrauen der Händler und Hoteliers, der Fabrikbesitzer und Bankiers – jede einzelne dieser Frauen zog einen Rattenschwanz »guter Freundinnen« nach sich – fanden

Gefallen daran, sich mit ihm bei lange vergessenen Spielen zu vergnügen. Und sie zahlten obendrein noch ein beträchtliches Honorar für die Behandlung. Bei allen diesen Vergnügungen aber wollte er immer der Tiger sein, der die kleine Katze zum Frühstück fraß.

Und nun das! Er trug ja selbst Schuld an Anrede und Unterschrift. Doch dieses Eingeständnis half ihm wenig angesichts der drohenden Gefahr, die der Brief signalisierte. Wer immer ihn auch geschrieben haben mochte, Smith mußte damit rechnen, über kurz oder lang aufgespürt und – wenn schon nicht umgebracht, dann doch zumindest des »Ehebruchs durch Amtsmißbrauch« angezeigt zu werden.

John Smith fröstelte bei dem Gedanken, mit der Polizei in Berührung zu kommen. Er hatte mehr zu verbergen als Liebeshändel mit den Ehefrauen aus der guten New-Yorker Gesellschaft. Seit geraumer Zeit war er für viele seiner Patientinnen unentbehrlich geworden durch die Fertigkeit, zufällig geschaffenes neues Leben mit einigen geschickten Handgriffen wieder zu beseitigen. Kurzum, Smith trieb hin und wieder ab. Und wenn ihm die Polizei daraufkam, war er für ewige Zeiten geliefert.

Also gab es jetzt nur eins: kühlen Kopf und schnelle Füße. Er mußte damit rechnen, daß der Brief eine ernstgemeinte Warnung war. Das Risiko, abzuwarten was geschah, schien ihm zu groß. Das Beste war, sich erst einmal aus New York zu verdrücken und in der Ferne auszuharren, bis der Zorn des gehörnten Ehemannes von »Mausekätzchen« verraucht war. Doch wohin sollte er sich wenden?

Doktor Smith erhob sich und ging in einen Nebenraum, den er mit bescheidenen Mitteln als Salon eingerichtet hatte. Dort nahm er sich einen Whisky, setzte sich in einen Sessel und dachte nach. Er war kein übermäßiger Trinker, fand aber doch ab und an Geschmack an einem guten Tropfen und wußte um die stimulierende Wirkung des Alkohols, sowohl beim Nachdenken als auch in den fröhlichen Stunden mit seinen Patientinnen.

Wohin also in der nächsten Zeit mit diesem Doktor John Smith, dessen physische Existenz in New York bedroht schien? Die Vereinigten Staaten waren groß. Aber waren sie wirklich groß genug, um spurlos zu verschwinden, wenn der alte Hahnrei über derartig viel Geld verfügte und wer weiß wen auf seine Fährte setzen konnte? Ganz und gar untertauchen wollte Smith ja auch nicht, dazu hing er viel zu sehr an den Annehmlichkeiten des Lebens. Jede Freundschaft und jede Liebelei barg die Gefahr in sich, verraten zu werden. Zu dumm, daß er nicht wußte, aus welcher Richtung sich die Bedrohung näherte. Wollte es der Zufall, dann lief er seinem Racheengel direkt in die Arme. Oder ins offene Messer.

Besser war, er verschwand ganz aus Amerika. Und plötzlich wußte er auch, wie das geschehen konnte. Vor drei Wochen war ein bärenstarker Polarforscher, ein gewisser Charles Francis Hall, zu ihm gekommen mit einem taubeneigroßen, aber nach innen gewachsenen Furunkel am Gesäß. Er könne weder sitzen noch liegen, sagte er, und auch das Stehen und Gehen bereite gewaltige Schmerzen.

Smith, der aus der Studienzeit doch einige Kenntnisse der praktischen Heilkunde in das Dasein als Modearzt für schöne und reiche Frauen herübergerettet hatte, mixte Hall einen Brei aus verschiedenen Blättern und Blüten, von denen er wußte, daß sie den Eiterpfropfen an die Oberfläche von Halls Hinterteil ziehen würden. Dann erst konnte er ihn ohne Gefahr operativ entfernen.

Um diese Tätigkeit ins rechte Licht zu rücken, schwafelte er dem hünenhaften Forscher etwas von »lebensbedrohlichen Situationen« vor, in die ihn die unliebsame Beule hätte bringen können, wäre er nicht rechtzeitig bei ihm, John Smith, gelandet.

Zehn Tage später war Hall seinen Furunkel los, konnte

sich wie früher bewegen und auch wieder richtig schlafen. Und – er hielt von Stund an den pfiffigen und psychologisch cleveren Smith für eine besondere Koryphäe auf dem Gebiet der medizinischen Wissenschaften, wohl auch deshalb, weil er bislang nur selten mit Ärzten in Berührung gekommen war. So bat er ihn schließlich, seine Praxis für eine Weile zu schließen und ihn auf seiner nächsten Expedition in Richtung Nordpol zu begleiten.

Vor einer Woche hatte Smith noch laut über das Angebot gelacht und sich sogar ein bißchen lustig gemacht über Halls Idee. Jetzt, nach diesem ominösen Brief, sah alles ganz anders aus. Mindestens für zwei Jahre konnte er auf diese Weise aus New York verschwinden. Er gab zwar seine Praxis auf, verzichtete aber nicht auf eine gewisse Einnahme, denn Hall würde ihn gewiß für seine Dienste bezahlen. Allerdings ängstigte er sich vor der Aussicht, ungezählte Tage und Nächte nur in der Gesellschaft von Männern verbringen zu müssen – wenn nicht der Zufall oder Gottes Wille ein weibliches Wesen in die Expedition führen würde. Doch auch das mußte zu überstehen sein, immerhin rettete er sich dadurch vor der Rache des hintergangenen Ehemannes und wohl auch vor der polizeilichen Verfolgung wegen der Abtreibungen.

Es gibt keine Wahl, dachte Smith und faßte seinen Entschluß: Ich werde mich an Halls großer Reise beteiligen! Irgendwie muß ich es packen – als Arzt und auch als Mensch. Aber ich werde ihn noch ein bißchen zappeln lassen und erst dann umschwenken, wenn mich seine »Argumente« überzeugt haben. Den wahren Grund für die Fahrt des Doktor Smith braucht niemand zu kennen.

Allerdings wollte der Arzt, die Gefahr im Nacken, Hall entgegengehen und ihn »rein zufällig« in jener Kneipe in der Nähe des Hafens treffen, in der, wie er erfahren hatte, der Polarforscher sich die Mannschaft für seine Expedition zusammensuchte.

2

»Hören Sie, Doc, ich bin es eigentlich nicht gewohnt, jemandem in den Arsch zu kriechen und wochenlang auf ihn einzureden. Ich hänge Ihnen nun bereits geschlagene zwanzig Tage wie ein läufiger Köter am Hosenbein, und ich will verdammt sein, wenn das heute nicht mein letzter Versuch ist, Sie für mein Vorhaben zu gewinnen. Schlagen Sie ein, und wir werden Freunde sein! Das zu sagen, hängt mir nun schon langsam zum Halse raus.«

Der hünenhafte Mann mit dem dichten graumelierten Vollbart hieb seine Faust so wuchtig auf den Tisch, daß Gläser und Flaschen wackelten. Dann rief er quer durch die dunstige Hafenkneipe nach dem Wirt, forderte eine neue Flasche Whisky – »aber nicht wieder solchen Fusel!« – und wandte sich seinem Gegenüber wieder zu. »Also, was ist, Doc? Wollen wir nun gemeinsam den Nordpol entdecken oder geben Sie mir noch immer einen Korb? Ich weiß, ich weiß«, lenkte er ein, »das klingt alles sehr einfach, wenn es so dahergesagt wird, den Nordpol entdecken. Dabei ist es schwer, furchtbar anstrengend und kräftezehrend, glauben Sie mir. Ich habe mich viele Jahre darauf vorbereitet, als erster Mensch am Pol zu sein, habe jahrelang im hohen Norden bei den Eskimos gelebt, wie ein Verrückter alles studiert, was mir in die Finger kam und von dem ich glaube, daß man es für eine solche Reise wissen muß. Ich habe Expeditionen anderer Forscher ausgewertet, um ihre Fehler nicht zu wiederholen ... ich habe – ach, was weiß ich, was ich alles noch getan habe. Denn ich muß hin, egal wie, und egal auch, unter welchen Entbehrungen!«

John Smith, untersetzt und breitschultrig, nur wenig über dreißig Jahre alt, wollte noch nicht zusagen und wakkelte mehrmals bedenklich mit dem Kopf. »Ich weiß nicht so recht, ob ich wirklich der richtige Mann für Sie bin, Mister Hall. Zugegeben, mich reizt das Abenteuer, mich reizt auch die Möglichkeit, meinen Beruf unter extremen Bedingungen auszuüben. Aber Woche für Woche, Monat für Monat nichts anderes um sich zu haben als Schnee und Eis, die Sonne ein halbes Jahr lang nur zu ahnen und sie die restliche Zeit nur als leuchtenden Ball zu sehen, der zwar Licht, aber kaum Wärme spendet . . . Das macht mir Angst – und ich kann mir was Besseres vorstellen.«

»Das ist doch nicht Ihr Ernst, Doc? Ich brauche Sie als

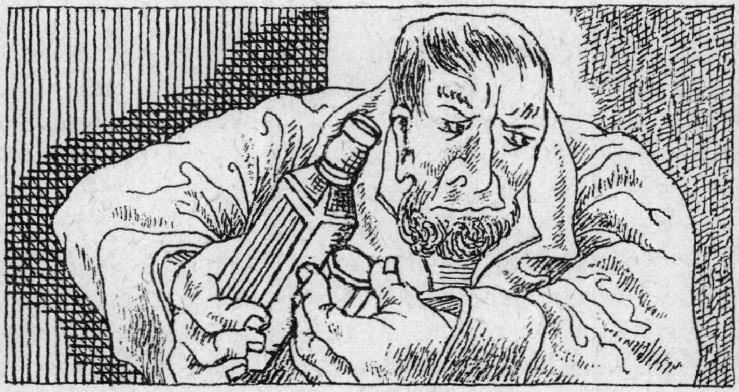

Arzt. Hab' zwar den berühmten Emil Israel Bessels an Bord, als wissenschaftlichen Leiter der Expedition. Und der hat drüben in Europa auch ein paar Jährchen Medizin studiert . . . Aber den kann ich nicht als Schiffsarzt einsetzen. Der ist als Forscher und Arktisexperte wesentlich nützlicher.«

»Es gibt viele Ärzte in New York«, wandte Smith bescheiden ein und bediente sich aus der Flasche, die der Wirt soeben hingestellt hatte.

»Schon, schon«, erwiderte Hall, »aber es ist keiner darunter, zu dem ich wirklich Vertrauen hätte. Sie dagegen haben sich mein Vertrauen verdient, durch solide Arbeit. Ich bin dank Ihrer Kunst wieder auf dem Damm. Aber da ist noch etwas, Doc. Es kommt bei Unternehmen wie dem meinigen nicht nur darauf an, etwas von der Medizin zu verstehen, Magenbeschwerden heilen oder auch gebrochene Knochen wieder zusammensetzen zu können. Eine Expedition zum Nordpol, mein Lieber, in eine Gegend also, die bis heute noch kein Mensch betreten hat, eine derartige Expedition fordert ganze Kerle, wie Sie einer sind, Smith, und keine Muttersöhnchen oder Frauenhelden.«

Charles Francis Hall schnaufte verächtlich durch die Nase. Dann füllte er sein Glas zur Hälfte mit der hellgelben Flüssigkeit, trank es aus und wischte sich mit dem behaarten Handrücken den Mund.

John Smith beobachtete den Mann mit einem halb spöttischen, halb bewundernden Blick aus seinen kleinen, ein wenig zu eng stehenden Augen. Hall frappierte ihn immer wieder. So leutselig sich der Polarforscher, von dessen Mut und Unerschrockenheit in New York ungewöhnlich viel erzählt wurde, auch geben mochte, so unerbittlich und hart war er, wenn er ein Ziel verfolgte und sich ihm dabei irgendwelche Hindernisse in den Weg stellten. Dieser Hall war nicht schlechthin ein Forscher, der es für seine Berufung hielt, die Geheimnisse der Arktis zu entschleiern und die weißen Flecken auf den Landkarten zu beseitigen. Nein. Hier saß ein Mann, der vom Ehrgeiz und dem unbändigen Willen getrieben wurde, als erster Mensch den Nordpol zu erreichen. Und für dieses Ziel würde er jede Unbill auf sich nehmen, das glaubte ihm Smith unbesehen.

Der Arzt ging für einen Moment in sich. Er gehörte bestimmt nicht zu den Männern, die sich vor großen Aufgaben fürchteten. Trotz seiner Jugend konnte er schon auf ein recht bewegtes Leben zurückblicken, hatte sich das Geld für sein Studium bei Boxkämpfen auf Jahrmärkten ebenso verdienen müssen wie bei »Befriedungsaktionen« gegen aufsässige Indianerhorden, die sich ihr Land nicht wegnehmen lassen wollten. Und auch während des Sessionskrieges hatte er, damals fast noch ein Knabe, auf der

Seite der Nordstaatler seinen Mann gegen die Sklavenhalter des Südens gestanden.

Heute, im Jahre 1871, war John Smith ein angesehener Arzt, dem man sich gern anvertraute. Aber er sah sich gezwungen, neue Wege zu gehen und sich wohl oder übel diesem Mann anzuschließen. Er mußte seine wunderbare Wohnung gegen die enge Koje eines Schiffes eintauschen und die New-Yorker gute Gesellschaft gegen eine wildverwegene Truppe von Haudegen.

Sei's drum, er hatte jetzt keine andere Wahl mehr, und es wurde langsam Zeit, Hall eine gewisse Bereitschaft zu signalisieren, bevor der seine Überredungsversuche endgültig aufgab und einen Schlußstrich unter das Kapitel Smith zog.

Hall hatte nach dem letzten großen Schluck Whisky eine Weile vor sich hin gestarrt und auf eine Antwort des Arztes gewartet, der augenscheinlich ernsthaft mit sich rang. Als der ihm jedoch zu lange schwieg, nahm Hall das Gespräch wieder auf. »Mensch, John«, sagte er aufgekratzt und mit einer für ihn erstaunlichen Vertraulichkeit, »ich glaube fast, Sie sind sich zu fein, Ihr Schlemmerleben mal für einige Zeit aufzugeben und sich ein bißchen schärfere Luft um die Nase wehen zu lassen.«

»Sie untertreiben da ganz schön, mein Lieber«, lachte Smith. »Ein bißchen schärfer ... Als ob's nur in die Rocky Mountains zu einer Schlittenpartie ginge. Ich danke! Vielleicht erwarten uns Temperaturen, so tief unter dem Gefrierpunkt, daß kein Thermometer sie noch anzuzeigen vermag. Und Stürme, Eis oder auch Hagelkörner, groß wie Hühnereier, was weiß ich? Auf jeden Fall weiß ich, daß mein Bett über Monate hinaus nicht mehr als eineinhalb Fuß breit und sehr hart sein wird und ...«

»... ein Weib zusätzlich wird darin wahrlich keinen Platz haben«, grinste Hall. »Da geb' ich Ihnen schon recht.«

»Eben. Und da hört das Leben schon auf, Spaß zu machen.« Smith sah Hall ironisch in das vom Alkohol leicht gerötete Gesicht.

»Scheiße, Leben!« brauste der auf. »Was Sie da als Leben bezeichnen, Doc, das ist für mich bestenfalls ein Vegetieren! Worin liegt denn da der Sinn? Geldverdienen, immer gemütlich in der warmen Stube hocken und möglichst jede Woche eine andere Frau beschlafen. Ist es das? Befriedigt Sie das? Ich kann es nicht glauben, oder ich müßte mich sehr in Ihnen täuschen. Was mich angeht – ich brauche Erfolg, Leistungen, etwas Außergewöhnliches ... und vor allem brauche ich Anerkennung! Alles andere ist doch so gut wie tot oder nie gelebt! Was soll, frage ich mich, auf dem Grabstein eines solchen Menschen stehen? Er hat gelebt, aber er hat nichts geleistet – oder so ähnlich. Das kann wahrhaftig nicht der Gipfel aller Träume sein.«

Hall spuckte verächtlich auf den Fußboden. Er war mit jedem Wort mehr in Rage gekommen. Seine Nasenflügel bebten, die riesigen, von Erfrierungen auf früheren Expeditionen gezeichneten Hände zitterten. Erneut griff er zur Flasche, um seiner Erregung Herr zu werden. Er nahm einen langen Schluck, rülpste laut und glotzte Smith an. Das war der Mann, den er für seine Unternehmungen brauchte. Auch wenn er hier solchen Blödsinn redete. Diesem kräftigen Burschen hatte bisher nur der Anstoß gefehlt, der ihn auf den Pfad eines erfüllten Lebens führte. Er mußte also noch ein bißchen dranbleiben, bevor er den Mann gänzlich abschrieb.

Den Doktor hatte der Ausbruch seines Gesprächspartners ein wenig überrascht, aber auch verunsichert. Er spürte, daß Hall so unrecht nicht hatte, wenn er den Sinn des Lebens auf einer anderen Ebene suchte, als Smith das bislang getan hatte. Waren Frauen, Whisky, Behäbigkeit und Gemütlichkeit wirklich alles, wonach man streben konnte? Gab es da nicht vielleicht doch mehr? Alles, was der alte Mann sagte, hatte Hand und Fuß und öffnete den Blick auf eine neue Zukunft. Und dennoch... Konnte er, Smith, es sich wirklich zutrauen, seine lieben Gewohnheiten zu vergessen und sich – wenn auch nur vorübergehend – an ein entbehrungsreiches Leben zu gewöhnen? Konnte er durchstehen, was er hier begann, ohne den anderen irgendwann zur Last zu fallen oder gar den Erfolg der Expedition in Frage zu stellen? Er befand sich in einer Zwangslage, er mußte einfach ja sagen. Was aber geschah, wenn er sich übernahm, wenn er seine Fähigkeiten und seine Willenskraft überschätzte? War es nicht gewissenlos gegenüber Hall, ihm trotz dieser Zweifel die Teilnahme an der Expedition in die Hand zu versprechen? Vielleicht war es das, doch er hatte jetzt nicht mehr die Zeit, alle Für und Wider abzuwägen. Gewissenlos hatte er sicher schon oft gehandelt. Also kam es auf einmal mehr auch nicht an. Im übrigen war er ein Kerl, den so schnell nichts umwarf. Der Entschluß war gefaßt. Seine genauen Beweggründe erfuhr Hall aber besser nicht.

Der Arzt kniff die Augen zusammen und kratzte sich umständlich den Nacken. »Sie vereinfachen das alles zu sehr, Mister Hall«, sagte er ruhig. »Glauben Sie nicht auch, daß es durchaus erstrebenswert sein kann, durch solide Arbeit am Schreibtisch, in einer Bank, in einer Arztpraxis oder wer weiß wo zu Reichtum oder wenigstens zu Wohlstand zu kommen? Und halten Sie es nicht auch für richtig, sich mit dem sauer verdienten Geld ein paar Annehmlichkeiten zu erkaufen? Sie selbst sind doch wohl noch nicht so alt, daß Sie der Körper einer schönen Frau schon kalt läßt?«

Hall sprang vom Stuhl hoch und ballte beide Hände zur Faust. Mit fast erstickender Stimme zischte er: »Wenn du mich noch einmal so hintenherum als Versager bezeichnest, hau ich dir eine in die Fresse, Smith!«

Der Arzt wich erschrocken zurück. Mein Gott, konnte dieser Mann wütend werden! Der ist ja imstande, in der ersten Aufwallung seiner Gefühle jemanden zu erschlagen, dachte Smith.

Doch so schnell sich Hall hatte hinreißen lassen, die Hand gegen seinen künftigen Partner zu erheben, so rasch beruhigte er sich auch wieder. Er holte tief Luft, nahm Platz und lächelte verlegen. »Na gut, Schwamm drüber«, sagte er endlich und strich mit dem angefeuchteten Zeigefinger über den Rand seines Whiskyglases. »Und nun werde ich Ihnen eine Antwort auf Ihre Fragen geben. Ich bin ein Mann und weiß Liebe und Zweisamkeit zu schätzen. Ich habe nichts gegen die Annehmlichkeiten des Lebens einzuwenden, und schon gar nichts gegen harte Arbeit und ehrlichen Gelderwerb. Doch das ist etwas für brave Bürger. Ich bin Forscher, vergessen Sie das nicht. Und ich bin ehrgeizig, vielleicht manchmal zu ehrgeizig. Wir wissen schon eine Menge über unsere Erde, doch wir wissen noch lange nicht genug. Es gibt noch viel zu erforschen auf diesem Planeten. Und ich will zu den Männern gehören, die seine Geheimnisse lüften helfen. Nicht wegen einer Inschrift auf meinem Grabstein will ich dazugehören, nein, mein Lieber. Was mich bereits zum dritten Mal vorwärtstreibt, ist der Wunsch, als Erster am Nordpol zu sein. So, Doc«, sagte er aufatmend und goß sich den Rest des Whiskys gleich aus der Flasche in den Hals, »das war seit Jahren die wohl beste Rede, die ich gehalten habe. Wenn es mir jetzt nicht gelungen ist, Sie davon zu überzeugen, mein Partner zu werden, dann trennen sich unsere Wege ... Halt, noch eins«, fügte er schnell hinzu, als Smith antworten wollte, »ich geb' Ihnen selbstredend alle die Dollars, die Sie während der Zeit, die wir unterwegs sind, nicht verdienen können – und noch ein paar dazu. Ich werde Ihnen auch gestatten, hin und wieder mit mir, Bessels, Buddington, Chester und Morton – mit den Offizieren, zu denen Sie gehören werden – ein Gläschen zu trinken. Und ich verspreche, daß Sie es auf dem Schiff so bequem haben sollen, wie es eben geht. Aber ein Weib kann ich nicht noch mitschleppen, für keinen Mann der Besatzung, auch nicht für Sie. Jetzt können Sie antworten!«

Hall lehnte sich zurück und wartete.

»Ich komme mit, Mister Hall«, sagte Smith nunmehr ohne Umschweife. »Hier, meine Hand drauf.«

Hall schlug ein. »Beharrlichkeit hat also auch hier zum Sieg geführt. He, Wirt!« rief er dann aufgekratzt, »noch eine Flasche vom Besten!« Mit strahlendem Gesicht wandte er sich dem Arzt wieder zu und fragte: »Wie lange brauchen Sie, Doc, um Ihre Angelegenheiten ins reine zu bringen und sich auf die Reise vorzubereiten?«

»Nur wenige Tage«, entgegnete Smith. Am liebsten wäre er schon morgen losgedampft. Nun mußte er sich für ein paar Tage in einem möglichst billigen und weit abgelegenen Hotel einquartieren, denn in seiner Wohnung wollte er auf keinen Fall bleiben.

»Das ist gut.« Hall rechnete nach. »Heute ist der zwanzigste Juni, am neunundzwanzigsten wollen wir die Anker lichten. Zeit also, sich einzurichten und die Mannschaft kennenzulernen. Übrigens alles verwegene Burschen, die es zur Not mit dem Teufel aufnehmen. Bloß Expeditionserfahrung hat kaum einer von ihnen, in Richtung Norden schon gar nicht. Aber die werde ich ihnen beibringen. Na, denn Prost, Doc, auf gute Kameradschaft und den Erfolg unserer Reise«, sagte er herzlich und erbrach den Verschluß der neuen Flasche, aus der er die Gläser fast bis zum Rand füllte.

Sie tranken und waren froh. Hall hatte seinen zweiten Arzt, einen Mann, auf den er sich, wie er glaubte, voll und ganz verlassen konnte. Und Smith war vorerst einer Gefahr entronnen. Außerdem brachen in ihm die frühere Neugier und Abenteuerlust wieder durch und siegten vorläufig über die mahnende Erinnerung an viele seiner früheren vorschnellen Entschlüsse.

»Bevor wir uns vollends besaufen, will ich Ihnen noch

etwas zeigen, Doc«, sagte Hall in die sich langsam verwirrenden Gedanken des Arztes hinein. »Kommen Sie mal mit.«

Er erhob sich schwerfällig und ging zu einem der Fenster, die, wären sie geputzt gewesen, einen Blick auf den Hafen ermöglicht hätten. Den Versuch, die Scheiben von innen mit dem Jackenärmel zu säubern, unternahm der Polarforscher gar nicht erst. Er riß das Fenster auf, daß die Scheiben zitterten, zog Smith neben sich, deutete nach links auf einen der Kais und sagte stolz: »Sehen Sie das Schiff dort, Doc? ... Nein, weiter nach links, das weiße mit den grünen Aufbauten ... Haben Sie's? Gut. Das ist die ›Polaris‹, unser Heim für den Zeitraum, der nötig ist, den Nordpol zu erreichen, und sollten es fünf Jahre sein. Ein Prachtkahn! Schnell, wendig und am Bug mit Stahlplatten versehen für großen Eisgang. Damit stoßen wir so weit nach Norden vor, wie es noch keinem Schiff gelungen ist. Der Segel- und Eismeister Buddington ist ein wortkarger Eigenbrötler, aber ein Seemann, wie man ihn sich nicht besser wünschen kann ... Na, Sie werden ja sehen. Und nun kommen Sie, Doc, bevor der Alkoholgeist die Flasche verläßt.«

3

Charles Francis Hall hatte nicht übertrieben, als er sein Expeditionsschiff, die »Polaris«, so über den grünen Klee lobte. Geht man vom damaligen technischen Entwicklungsstand aus, so war sie wirklich ein Schiff, das allen Anforderungen einer Polarexpedition genügte.

In den Jahren nach 1860 war die Polarforschung den Amerikanern regelrecht davongelaufen. Vor allem Schweden, England und auch Deutschland hatten immer wieder Expeditionen ausgerüstet und zeigten Erfolge vor, die zwar noch nicht die Regierung der USA aus ihrem Dornröschenschlaf aufrüttelten, wohl aber eine Reihe besonnener Männer auf den Plan riefen, die eine amerikanische Beteiligung an den Forschungsarbeiten forderten. Sie mußten in mühseliger Kleinarbeit den Kongreß vom Nutzen solcher Unternehmungen überzeugen. Schließlich siegte auch bei den Abgeordneten und Senatoren jene Gruppe, welche den Wert der Forschung für das Busineß erkannt hatte.

Nach langem Hin und Her, nach zahlreichen Vorschlägen, Eingaben und Gutachten, beschloß der Kongreß endlich am 11. Juli 1870 die offizielle Teilnahme der großen Republik an der Erkundung jener Gebiete des Erdballs, »wo Tag und Nacht aufhören, sich regelmäßig abzulösen«.

Präsident Ulysses S. Grant unterzeichnete noch am gleichen Tage das Beschlußdokument, das folgenden Wortlaut hatte:

». . . Und es sei ferner verordnet, daß der Präsident der Vereinigten Staaten autorisiert sei, eine oder mehrere Nordpolar-Expeditionen auszurüsten und abzuschicken, und eine solche Person oder solche Personen zu Commandanten zu ernennen, die er hierzu am geeignetsten hält; er sei autorisiert, irgendwelche öffentlichen Beamten an der Expedition teilnehmen zu lassen und irgend ein öffentliches Schiff zu verwenden, welches sich als geeignet erweisen sollte; die wissenschaftlichen Operationen der Expedition sollen nach den Rathschlägen der nationalen Academie der Wissenschaften vorgeschrieben werden, und es sei die Summe von 50000 Dollars bewilligt oder so viel von diesem Betrag, als nöthig sein sollte, zahlbar aus irgend einem Fonds des Schatzamtes, über welchen noch nicht verfügt ist, und verwendbar unter der Direction des Präsidenten.«

Gegen den Widerstand zahlreicher »Forscher«, die sich bislang kaum engagiert hatten, nun aber, da die Expedition abgesegnet war, plötzlich ihr hohes Wissen und ihre Erfahrungen herauskehrten, wurde der unermüdlich aktive und vor allem »nordlanderfahrene« Charles Francis

Hall am 20. Juli vom Präsidenten zum »Commandanten« ernannt und angewiesen, sich unverzüglich beim Marine-Minister zum Dienst zu melden.

Nun kam es darauf an, ein geeignetes Schiff zu finden. Hall entschied sich nach langem Suchen für die »Periwinkle«, ein starkes, zuverlässiges Boot von 387 Tonnen Wasserverdrängung, das während des Bürgerkrieges bereits mehrfach seine Fähigkeit bewiesen hatte, auch mit zugefrorenen Flüssen fertig zu werden. Doch für eine Fahrt ins Eismeer waren noch erhebliche Veränderungen und Verbesserungen erforderlich, außen wie innen.

Zum Jahresende lag die »Periwinkle« auf der Werft der Kriegsmarine in Washington und bekam ihr neues Gesicht. Was schließlich als »Polaris« das Dock verließ, hatte kaum noch Ähnlichkeit mit dem alten Transporter, der jahrelang treu und redlich den Delaware hinauf- und hinuntergeschippert war.

Die »Polaris« hatte einen völlig neuen, elegant geschwungenen Rumpf erhalten, der sehr stark war und der eine eichene Spikerhaut sowie am Bug starke Panzerplatten gegen Eisgang bekommen hatte. Die Takelage des dampfgetriebenen Zweimasters glich der eines Schoners. Der Schornstein war leicht nach hinten geneigt.

In den Deckaufbauten befanden sich die Kajüte, der Maschinenraum und vier kleine Kabinen. Hinter der Kajüte lag das Ruderhaus, von wo aus auch die zweiflügelige Schraube bedient wurde, die bei Gefahr mit einfachen Handgriffen über die Wasseroberfläche gezogen werden konnte.

Zum Inventar gehörten vier große Walboote, eine kleine Schaluppe und ein zwanzig Fuß langes Rettungsboot, das notfalls 15 Mann – die Hälfte der Besatzung – aufnehmen konnte.

Was die Kajüte anlangt, so wollen wir ihre Beschreibung dem wissenschaftlichen Leiter der Expedition überlassen, dem deutschen Polarforscher Dr. Emil Bessels, den die amerikanische Regierung wegen seiner umfangreichen Kenntnisse und seiner hohen Fähigkeiten unter Vertrag genommen hatte. Bessels notierte im Rahmen seiner wissenschaftlichen Auswertung der Expedition: ». . . Die Kajüte, die als allgemeiner Aufenthalt diente, war durch ein großes Oberlicht erhellt, zierlich, fast elegant eingerichtet, aber leider von etwas zu geringer Ausdehnung. In der Mitte befand sich ein Tisch, der den größten Theil des Raumes einnahm; rechts und links lagen je vier Kojen, durch graue Damastvorhänge verborgen. Unmittelbar vor dem Tisch war das kleine Gemach von der stämmigen Gestalt des Mastes durchzogen; zwischen zwei Closets, welche die Bibliothek bargen, stand ein leidlich gutes Harmonium, von freundlicher Hand gestiftet. Ein anderes Closet, von kaum neun Quadratfuß Querschnitt, welches später in eine ›Studierstube‹ umgewandelt wurde, trennte an der Backbordseite die Doppelreihe der Kojen. Verschiedene Lehnsessel und Klappstühle wetteiferten mit den Chronometerbehältern, den Raum, in dem man sich bewegen konnte, auf ein Minimum zu beschränken. Als Augenweide dienten die Photographien des Präsidenten der Republik, des Marine-Ministers und Stahlstiche verschiedener Senatoren; mehrere Öldruckbilder, deren greller Farbensalat den Sehnerven meiner Kameraden ein angenehmer Kitzel war, bildeten einen höchst zweifelhaften Schmuck der Wände und der Bekleidung des Oberlichts. An letzter hing die Uhr, die mit pedantischer Gewissenhaftigkeit durch ein complicirtes Zeigersystem den Lauf des Jahres scandirte und im eintönigen Tick-Tack Monate, Tage, Stunden, Minuten und Sekunden verkündete.«

Die Ausrüstung an wissenschaftlich-technischen Apparaturen – dafür hatte Bessels im Verein mit hochangesehenen und international bekannten Professoren verschiedener Forschungsinstitute gesorgt – entsprach dem neuesten Stand der Erkenntnisse. Dadurch war es der

Forschergruppe möglich, an jedem beliebigen Rastplatz kleine Observatorien zu errichten, die Meerestiefe auszuloten, Eisgang, Niederschlagsmengen, Temperaturen und Luftdruck zu messen, besonders starke magnetische Schwankungen zu registrieren, Landstriche und Seegebiete geodätisch zu vermessen, vorhandene Karten zu korrigieren und neue anzufertigen, die Tier- und Pflanzenwelt der nördlichen Breiten wissenschaftlich zu erschließen und dergleichen mehr. Es gab zudem an Bord ausreichend Holz für den Bau von Wetterstationen und Notunterkünften, ja sogar für Schlitten und Boote. Für Offiziere und Mannschaften war warme Kleidung und festes Schuhwerk vorhanden. Auch an Werkzeuge jeder Art und Größe war gedacht worden.

Um zu belegen, wie gründlich sich Hall und seine Offiziere Buddington, Chester und Morton auf einen langen Aufenthalt der neunundzwanzigköpfigen Besatzung in den Gebieten jenseits jeder menschlichen Ansiedlung vorbereitet hatten, soll noch einmal Emil Bessels zu Wort kommen. Über die Verproviantierung der Expedition ist in seiner 1879 erschienenen wissenschaftlichen Auswertung der Reise folgendes zu lesen:

»... Die Klasse der Säugetiere war vertreten durch: 10000 Pfund Pemmikan, aus dem besten Ochsenfleisch bereitet; 4500 Pfund der hinteren Extremitäten des gemeinen Schweines; 600 Pfund Kalbfleisch; 800 Pfund Hammelfleisch; 5300 Pfund Ochsenfleisch; 49 Fässer Schweinefleisch und durch andere Kleinigkeiten wie Reh- und Hasenbraten, concentrirte Suppen, säuberlich in Blechbüchsen verwahrt, und 1000 Pfund Butter.

Die Hauptvertreter der Vögel waren Gänse, Enten, Hühner, Truthühner, Fasanen und Schnepfen, während Salme, Makrelen, Stockfische, Sardinen, Seezungen, Häringe und Anchovis in würdiger Weise die Fische repräsentirten; mehrere Hundert Schildkröten, in Suppenform, zahlreiche Hummer, Garnelen und Legionen von Austern und weichen Venusmuscheln vervollständigten den Thierkreis.

Die Früchte der Ceres waren theilweise durch die Hände des Müllers verstümmelt und erschienen in Gestalt von 45 Fässern mit Weizenmehl, 14 Fässern mit gemahlenem Mais, Korn und Hafer, welchen sich beträchtliche Mengen gerissener Erbsen zugesellten; Lima-, Brechbohnen, weiße Bohnen und Linsen ergänzten die Reihe der Leguminosen. Als ›Java-Kaffee‹ erhielten wir 1500 Pfund schlanker Samen, deren verrätherischer Geruch auf Brasilien deutete ...«

Bessels nennt ferner 10 Kisten Tee, Ananas, Pfirsiche, Pflaumen, 5000 Pfund getrocknete Kartoffeln, Kohl und Spargel, zahlreiche Gewürze, zwei Zentner frische Zwiebeln, aber auch Fässer mit Salz, Zucker und Sirup sowie mehrere mühlsteingroße Käse.

Aber was nach diesem Bericht wie der Beginn einer Luxus-Schlemmer-Fahrt anmutet, wurde eine der entbehrungsreichsten Expeditionen jener Zeit.

4

Ein leichter Frühdunst lag über dem Hafenbecken, und die Sonne war noch nicht vollends aufgegangen, als die Schiffsglocke der »Polaris« die Mannschaft aus dem Schlaf riß. Es war der 29. Juni 1871, ein denkwürdiger Tag im Leben des Polarforschers Charles Francis Hall; er begann seine dritte Entdeckungsreise in Richtung Nordpol. Diese Expedition, auf die sich Hall eineinhalb Jahre intensiv vorbereitet hatte, sollte ihn endlich ans Ziel bringen; er wollte der Erste sein.

Besonders gründlich hatte Hall die Reiseberichte sowie die Land- und Seekarten früherer Expeditionen studiert, auch wenn sie schon weit vor dem gesteckten Ziel gescheitert waren. Er hatte mit Teilnehmern der einzelnen Reisen gesprochen, hatte sie nach Mängeln in der Ausrüstung und nach anderen Fehlern gefragt. Und er hatte immer wieder von ihnen wissen wollen, wie sich Menschen unterschiedlichen Charakters und Temperaments verändern, wenn sie lange Zeit extremen Bedingungen ausgesetzt sind und auf engstem Raum zusammenleben müssen. War im Umgang mit ihnen Härte angebracht oder Nachgiebigkeit? Reichte es aus, Verfehlungen moralisch bloßzustellen oder sollten sie besser mit körperlicher Strafe geahndet werden? Hall hatte viele Antworten bekommen und daraus seine Schlußfolgerungen gezogen.

Während sich die vierundzwanzig Männer, die der Forscher nach oft mühevoller Diskussion und mit beträchtlichem finanziellem Aufwand dazu bewogen hatte, ihm für die nächsten Monate oder vielleicht sogar Jahre Begleiter und Helfer zu sein, auf ihren Dienst an Bord vorbereiteten und dem Abenteuer mit Spannung entgegensahen, stand der Kommandant bereits reisefertig am Heck der »Polaris«, wo er in das trübe Wasser des Hafens starrte und seinen Gedanken nachhing.

Es würde eine harte und entbehrungsreiche Zeit werden, selbst für ihn, der es gewohnt war, willensstark und zäh körperliche Anstrengungen auf sich zu nehmen. Und er war gewiß, daß auch die von ihm ausgewählten Männer die Kraft und Ausdauer aufbringen würden, bis zum Ende der Fahrt durchzuhalten und den erbarmungslosen Kampf, den ihnen die Natur im Gebiet des Eises aufzwingen würde, zu bestehen. Alle hatten Erfahrung in der Seefahrt und strotzten vor Energie und Tatendrang. Das traf gleichermaßen für Offiziere, Matrosen und Spezialisten zu. Keine noch so lange Zeit des Wartens auf den nordischen Frühling, auf die Schmelze der Eisbarrieren um das eingeschlossene Schiff würde die Zuversicht und Spannkraft der Expeditionsteilnehmer beeinträchtigen oder gar zu Resignation und Angst und Streitsucht führen. Dessen war sich Hall in diesem Moment sicher.

Während aus dem Schiffsrumpf und von den Aufbauten her Geräusche zu ihm drangen, die erkennen ließen, daß man die Maschinen unter Dampf setzte, ließ Hall jene Gefährten noch einmal Revue passieren, die in der kommenden Zeit aufs engste mit ihm verbunden waren.

Da war Sidney O. Buddington, sein Eis- und Segelmeister, quasi der Kapitän oder Schiffsführer der »Polaris«, ein erfahrener Mann, der es verstand, eine Mannschaft zu führen und zu hohen Leistungen zu bringen, aus welchen Charakteren sie auch zusammengesetzt war. Unter seinen Berufskollegen war wohl derzeit in den USA kein besserer zu finden. Allerdings fiel es Hall schwer, sich diesem verschlossenen und wortkargen Seebären menschlich zu nähern. In den letzten Wochen jedenfalls hatte sich lediglich ein Verhältnis entwickelt, wie es zwischen Vorgesetzten und Untergebenen üblich war. Und ihre Gespräche hatten auch kaum über das hinausgefunden, was zur Vorbereitung der Expedition unbedingt gesagt werden mußte. Man würde sehen, wie sich alles weiterentwikkelte.

Da waren ferner H. C. Chester und Wilhelm Morton, die beide schon an Expeditionen teilgenommen hatten. Sie waren als Erster und Zweiter Offizier wesentlich mitverantwortlich für Erfolg oder Mißerfolg des Unternehmens. Beide waren sowohl hervorragende Seeleute als auch Wissenschaftler mit langjähriger Nordlanderfahrung, zwei zuverlässige, integre Männer, die Halls volles Vertrauen genossen.

Und nicht zuletzt war da Dr. Emil Israel Bessels, der wissenschaftliche Leiter der Forschungsreise, ein trotz seiner Jugend bereits weltbekannter Entdecker. Ihm brachte Hall dieselben freundschaftlichen, ja fast väterlichen Gefühle entgegen wie seinem langjährigen Privatsekretär Georg E. Tyson, einem bärenstarken Zwei-Meter-Mann, der als Matrose gleichermaßen unentbehrlich war wie als Hundeschlittenführer und Leibwächter.

Die Sonne hatte den Rand des Horizonts erreicht und

überstrahlte den Himmel mit rötlichem Gelb. Aus der Kajüte vor der Brücke trat Sidney Buddington, frisch rasiert, das kurzgeschnittene Haar rechts gescheitelt und stark pomadisiert. Er war höchstens fünfeinhalb Fuß groß und ungewöhnlich schmal. Wer ihn nicht kannte, der hätte ihn wohl eher für den Eintänzer eines Ballhauses als für einen Seemann gehalten, dem der Wind schon auf allen sieben Meeren heftig um die Nase geweht hatte.

Buddington warf einen prüfenden Blick zum Himmel und nickte befriedigt. Das Wetter ließ sich zumindest bei Beginn der Fahrt gut an. Dann versenkte er beide Hände tief in den Hosentaschen und begann mit seinem letzten gründlichen Inspektionsrundgang, prüfte vordringlich jenen Teil der Ladung, der nicht mehr Platz im Schiffsinneren gefunden hatte und deshalb auf Deck leidlich wetterfest verstaut worden war. Dazu gehörten auch zwei Hundeschlitten, die schon der ersten Grinnell-Expedition im Jahre 1850 gedient hatten. Zugtiere dafür würde man ausreichend in den Siedlungen und Stützpunkten auf Grönland und bei den Eskimos kaufen können. Ob es dort auch Schlitten gab, das ließ sich nicht mit Sicherheit vorhersagen. So war an eine zusätzliche Ladung guten und abgelagerten Bauholzes gedacht worden, das nun ebenfalls auf Deck vertäut lag und der Obhut des Schiffszimmermanns Nathan J. Coffin anvertraut worden war.

Der Segelmeister war am Heck angelangt, wo Francis Hall noch immer unbeweglich stand.

»Guten Morgen, Sir«, grüßte Buddington höflich. Er kannte den guten Ruf Halls als Forscher und Publizist, hatte sich aber auch eingehend über dessen Charaktereigenschaften informiert und dabei erfahren, daß der Kommandant nur selten von einer einmal gefaßten Meinung abließ. Trotzdem hoffte Buddington, eingedenk seines eigenen Starrsinns, auf eine gedeihliche Zusammenarbeit mit dem erfahrenen Expeditionsleiter.

Hall drehte sich um und lächelte. »Morgen, Mister Buddington. Alles okay auf der ›Polaris‹?«

»Ich denke schon.«

»Wann kann's losgehen?«

»Punkt sechs, Sir.«

»In einer Stunde also«, sagte Hall, »dann wollen wir vorher noch gemeinsam ein kräftiges Frühstück zu uns nehmen. Schätze, es wird eine Weile dauern, bis mir auf See das Essen wieder schmeckt. Fast zwanzig Monate keine schwankenden Planken unter den Füßen, da wird man immer wieder zur Landratte. Kommen Sie, Buddington«, er nahm den Segelmeister freundschaftlich am Arm und zog ihn in Richtung Kajüte, »wollen mal sehen, was unser Smutje Wilhelm Jackson sich hat einfallen lassen, um uns für diesen bedeutenden Tag einzustimmen.« Wärme und Zutraulichkeit lagen in seiner Stimme.

Sie hatten sich tags zuvor darauf geeinigt, ihre Mahlzeiten während der Expedition gemeinsam mit Bessels, Smith und den beiden Offizieren in der Kajüte einzunehmen, um den ohnehin sehr engen Mannschaftsraum nicht noch mehr zu belasten. Halls eigenes Domizil auf der »Polaris«, obwohl die größte aller vorhandenen Kabinen, kam dafür nicht in Frage. Sie war mit Meßgeräten, Kartenwerken, Zeitschriften und Büchern vollgestopft, die die Forscher benötigten, um ihre umfangreichen Aufgaben zu lösen.

Buddington machte sich sacht aus der Umklammerung frei und legte einen Zwischenraum zwischen sich und den Kommandanten. Für derartige Vertraulichkeiten war er nun wirklich nicht zu haben. Er hatte von der Regierung einen gutbezahlten Job erhalten, den er tadelsfrei erfüllen wollte. Dabei kam es darauf an, verläßliche Kameraden um sich zu wissen. Doch zwischen Kameradschaft und Freundschaft lagen für den Segelmeister Welten. Wenn der Kommandant einen Freund suchte, mit dem er mehr als sachlich-fachliche Gespräche zu führen gedachte, dann mußte er sich anderweitig umtun. Buddington fand es aber noch nicht an der Zeit, diese Meinung laut zu äußern.

Hall hatte auch bemerkt, daß dem Segelmeister die Sympathiebekundung unangenehm war. Für einen Moment war Hall verärgert. Das kann ja heiter werden, dachte er grimmig. Nun reiß ich mich schon zusammen und bin auf ein gutes Verhältnis aus, da läßt er mich gleich spüren, wo die Grenzen sind. Trotzdem. Ein Versuch ist kein Versuch.

Hall ignorierte also Buddingtons Verhalten und fragte ihn teilnahmsvoll: »Was sagt eigentlich Ihre Frau dazu, Segelmeister, daß Sie nun wieder so lange Zeit von zu Hause fort sind? Ich nehme an, Sie sind verheiratet?«

Buddington sah ihn von unten herauf verwundert an. »Bin ich, Sir«, sagte er dann kühl. »Was soll sie sagen? Seemannsfrauen sind daran gewöhnt zu warten.«

»Und Ihre Kinder?« Noch gab Hall nicht auf.

»Hab' keine, Sir. Wer nicht Zeit hat, seine Kinder selbst zu erziehen, soll sich gar nicht erst welche anschaffen.«

»Das stimmt«, nickte Hall nachdenklich. »Ich bin da der gleichen Meinung wie Sie, Mister Buddington, und habe vorsichtshalber auch gar nicht erst geheiratet.«

»Wer weiß, wofür's gut war.« Buddington sagte es leichthin, doch Hall glaubte aus den Worten ein wenig Zynismus herauszuhören.

Während der kurzen Unterhaltung waren sie in der Nähe des Schotts stehengeblieben, das zur Kajüte führte. Nun ging der Eis- und Segelmeister voran, ohne sich zu vergewissern, ob Hall ihm folgte.

Die Luft im Inneren des Schiffes war nicht angenehm, es roch nach Schweiß, Öl und Essen. Am meisten nach Schweiß. Jetzt schon, nach der ersten Nacht, dachte Hall und rümpfte die Nase. Man würde sich vermutlich auch auf dieser Fahrt daran gewöhnen müssen, denn große

Wasservorräte für die persönliche Pflege konnten nicht mitgeführt werden.

Auf dem Weg zur Kajüte klopfte Hall an die Tür zu Smith's Unterkunft. Sie wurde aufgerissen, und der Doktor steckte seinen Kopf heraus. Er machte einen unausgeschlafenen, verkaterten Eindruck. »Mein Gott«, brummte er, »mir tut alles weh!«

»Kommen Sie frühstücken, Doc«, sagte Hall leichthin.

»Nicht einen Bissen bekomme ich runter«, entgegnete Smith mit rauher Stimme. »Bin ja noch total blau.«

»Dann versuchen Sie wenigstens, einen starken Kaffee zu trinken. In einer Stunde geht es los. Wenn Sie bis dahin nicht halbwegs nüchtern sind, können wir Sie für die nächsten drei Tage als kranken Mann abschreiben. Übrigens, Doc«, fuhr er fort, ohne dabei die Stimme zu heben, »ich will noch einmal darüber hinwegsehen, daß Sie als einziger Mann der Besatzung die vergangene Nacht gegen meinen Befehl an Land verbracht haben. Auch darüber, daß Sie fast volltrunken Ihren Dienst beginnen. Aber das sollte eine einmalige Verfehlung bleiben, weil es den denkbar schlechtesten Eindruck auf die Männer macht, wenn sich die Offiziere nicht an die Anweisungen des Kommandanten halten. Alles klar?«

»Aye, aye, Sir«, sagte Smith lächelnd. Er hatte Mühe, sich auf den Beinen zu halten.

»Gut, dann reißen Sie sich jetzt zusammen und kommen Sie in die Messe!« Hall stapfte davon.

»Meinetwegen«, knurrte der Arzt, über die Rüge verärgert. Er verschwand wieder in der Kabine. Wenige Minuten später saß er Hall, Buddington, Bessels, Chester und Morton an dem kleinen Tisch gegenüber, der in der Mitte der Kajüte am Fußboden festgeschraubt war.

Johannes Herron, der Steward der Expedition, servierte einen starken Kaffee, frisches weißes Maisbrot, Eier mit Schinken und für jeden ein ansehnliches Stück Dauerwurst.

Smith maulte: »Schaffen Sie das Zeug weg, Herron! Mir wird schon schlecht vom Anblick dieser Sachen, mehr aber noch von ihrem Geruch. Halt, den Kaffee können Sie stehenlassen, und . . .«, er warf einen fragend-bittenden Blick auf Hall, »wenn's ausnahmsweise noch eine Portion Rum oder Whisky abwerfen würde . . .?«

Hall lachte. »Ein Glas, Doc. Mehr nicht. Betrachten Sie das als einmaliges Entgegenkommen. Ich habe den Herren gesagt, daß Sie gestern mit meiner Erlaubnis von Bord geblieben sind. Hat es sich wenigstens gelohnt?«

»Nicht die Bohne«, antwortete Smith bekümmert und hielt sich den Kopf, den ein stechender Schmerz durchfuhr. »Ich war so voll, daß ich Ihnen nicht einmal mehr sagen kann, ob die Dame blond oder schwarzhaarig gewesen ist. Genau bis ins Bett bin ich gekommen. Von da an fehlt mir jede Erinnerung.«

»Denken Sie sich was Schönes aus, Doc. Manchmal hilft's, die Zeit der Enthaltsamkeit besser zu überstehen, wenn man noch eine angenehme Erinnerung hat. Und nun guten Appetit, meine Herren!«

Sie aßen schweigend. Dann erhob sich Buddington, um die erforderlichen Anweisungen für das Auslaufen der »Polaris« zu geben, die nun schon seit geraumer Zeit unter Dampf lag.

Derweil war es in der Mannschaftsmesse hoch hergegangen. Wilhelm Jackson, der Koch der Expedition, den vor allem Neugier und Abenteuerlust getrieben hatten, in Halls Dienste zu treten, hatte auch für seine Kameraden ein opulentes Frühstücksmahl bereitet.

Nun ließen es sich die Männer schmecken und vergaßen ihre Verbitterung darüber, daß der Kommandant es ihnen untersagt hatte, sich am letzten Abend vor dem Aufbruch der Expedition noch einmal richtig vollaufen zu lassen und von ihren »Bräuten« Abschied zu nehmen. Nur einen einzigen Becher Schnaps hatte er ihnen zugestanden und sie schon ungewöhnlich zeitig in die Kojen gejagt.

»Der Chef zeigt, wer hier das Sagen hat, sogar schon vor der Abreise«, brummte der Matrose Noah Hays und fügte, einen aufrührerischen Blick in die Runde schikkend, hinzu: »Meine Fresse, wenn ich mir überlege, was mir entgangen ist, während dieser Doktor Smith die ganze Nacht in fremden Betten zubringen darf und morgens an Deck geschaukelt kommt wie eine Schaluppe im Taifun . . . Aber er ist ja Offizier . . .«

»Halt's Maul!« fauchte Peter Johnson, der Obermatrose. Er kannte Hays schon seit einigen Jahren als guten Seemann, aber er kannte auch dessen Neigung, in der Mannschaft ein bißchen Stimmung gegen die Schiffsleitung zu machen. Das tat Hays nicht aus angeborener Bösartigkeit. Für ihn waren Vorgesetzte einfach Gegner, mit denen man sich niemals solidarisierte und deren Fehler und Schwächen man schonungslos offenbaren sollte.

Und – Noah Hays gab so schnell nicht auf, besaß Beharrlichkeit und Ausdauer. »Ist doch die Wahrheit«, maulte er. »Ich bin hier angeheuert, um zu arbeiten, verstehst du, Johnson. Und das werde ich tun, du weißt es. Doch schurigeln lasse ich mich eben nicht gern, schon gar nicht . . .«

Er wurde von George Tyson unterbrochen, der eben den Raum betreten und die letzten Worte des Matrosen gehört hatte. Mit seiner tiefen, ein wenig schnarrenden Stimme sagte er ruhig: »Schluck den Rest deines Satzes hinunter, Hays! Und dann merk dir eins: Für jedes böse oder beleidigende Wort, das ich irgendwann gegen Mister Hall oder einen der Offiziere höre, gibt es eine Maulschelle«, er zeigte seine große schwielige Hand herum.

»Bleib sachlich, George. Noah ist nicht bösartig und ein Mann, auf den man im Ernstfall voll setzen kann. Und er hat es nicht so gemeint, glaube ich. Er wird genau wie wir zum Vertrag und zu Mister Hall stehen, was auch kommen mag.«

Ein mittelgroßer schwarzhaariger Mann sagte diese Worte in einem merkwürdigen Gemisch von Englisch und Deutsch. Er hieß Wilhelm Lindermann und hatte sich gemeinsam mit seinem Vetter Robert Krüger für die Teilnahme an der Forschungsreise entschieden. Beide waren Nachkommen deutscher Einwanderer, beide waren arm, aber bescheiden und überaus fleißig. Ihnen hatte gefallen, daß Hall sie nicht, wie es andere »urwüchsige« Amerikaner taten, als Menschen einer anderen Klasse behandelte, sondern ihnen die gleiche Anerkennung und Achtung zollte wie Besatzungsmitgliedern mit mehreren Generationen amerikanischer Vorfahren.

»Will's hoffen«, sagte Tyson und entfernte sich wieder, um mit Herron die Kajüte aufzuräumen. Er ging stark nach vorn geneigt, stets darauf bedacht, in den niedrigen Schiffsräumen nicht mit dem Kopf anzustoßen, der bei seiner enormen Körpergröße den Balken, Decken und Türrahmen gefährlich nahe kam.

In der Mannschaftsmesse ging das Frühstück in gedrückter Stimmung zu Ende. Alle hofften, daß sich solche

Vorfälle nicht wiederholen würden und die Besatzung möglichst schnell eine unzertrennliche Gemeinschaft bilden möge. Schließlich war in der Eiswüste des Nordens einer auf den anderen angewiesen.

Während auf dem Deck das hektische Treiben herrschte, welches stets mit dem Auslaufen eines Schiffes verbunden ist, zog sich Hall in seine Kabine zurück. Er wollte sich sammeln und wichtige Probleme noch einmal durchdenken. Was jetzt vergessen wurde, war kaum wieder gutzumachen. Er trug die Verantwortung für Leben und Gesundheit seiner neunundzwanzigköpfigen Besatzung, er mußte die »Polaris« mit ihrer teuren Ausrüstung sicher durch die Fährnisse von Atlantik und Nördlichem Eismeer bringen und schließlich gemeinsam mit Emil Bessels die Ergebnisse der Expedition für spätere Forschungen auswerten.

Nach Halls Meinung war an alles gedacht. Bis zur Einfahrt in die Davissstraße, wo voraussichtlich das erste Treibeis auftrat, vielleicht sogar bis in die Baffinbucht hinein würde er kaum etwas zu tun haben. Die Fahrt war zumindest so lange Sache des Segelmeisters, bis das Schiff in Eisregionen kam, die ihm gefährlich werden konnten. Erst dann würde Sidney Buddington auf Halls Erfahrungen zurückgreifen müssen. Ihm oblag dann die letzte Entscheidung darüber, ob und wie es weitergehen sollte.

Hall lag in der schmalen und harten, für ihn ein wenig zu kurzen Koje, hatte die Hände unter dem Hinterkopf gefaltet und die Augen geschlossen. Draußen ächzten die Ankerwinden. Kurze Zeit darauf nahm das Schiff Fahrt auf und manövrierte langsam zur Hafenausfahrt. Für Charles Francis Hall war der Beginn einer Expedition einer der wichtigsten Augenblicke im Leben. Diesmal, das schwor er sich, mußte sie ihn ans ersehnte Ziel bringen.

Als der Kommandant nach einer halben Stunde wieder an Deck erschien, befand sich die »Polaris« im Sund, einem flußartig verengten Meeresarm, der als East-River bekannt ist und New York von Brooklyn trennt. Kais und Werften zogen sich in langer Reihe an den Ufern hin, Dampfer und Segelschiffe jeder Größe, Fahnen zahlreicher Nationalitäten waren zu sehen. Auf dem Strom herrschte ein buntes Treiben ein- und auslaufender Schiffe, deren Kurs von Fischerbooten, Fähren, Lotsenkuttern und Schleppdampfern gekreuzt wurde. Zur Linken lag das Häusermeer Manhattans im Frühdunst, rechts voraus waren die Hafenanlagen und Wohnviertel von Long Island schemenhaft zu erkennen.

Hall genoß den Anblick der Metropole, das hektische Gewimmel auf dem Wasser, den Lärm der Fabrikanlagen und des Verkehrs. Er würde es für lange Zeit entbehren und eintauschen müssen gegen Stille oder das Brausen des Sturmes und das angsterweckende Knirschen sich übereinander schiebender Eismassen.

Gegen Mittag des 30. Juni erreichte die »Polaris« den Hafen von New London, wo sie bis zum 3. Juli ankerte, um Wasser und Brennstoffe an Bord zu nehmen, wo die Mannschaft zu letzten Einkäufen frei bekam und noch einmal eine Kirche besuchte. Hier erfolgte auch die offizielle Verabschiedung der Expedition durch die Regierung und eine Abordnung der Bürgerschaft. Tausende Neugierige und Gaffer erhielten die Möglichkeit, Schiff und Besatzung zu bestaunen, die letzten Mitglieder der Mannschaft, der Eskimo Hans, seine Frau Merkut und der Eskimo Joseph mit seiner Familie kamen an Bord, und die wissenschaftliche Ausrüstung wurde ergänzt.

Übrigens gestaltete sich der Einzug Josephs und seines familiären Anhangs zu einem besonderen Ereignis. Hatte schon Hans' Frau Merkut ob ihrer herben Schönheit Aufsehen unter den Matrosen erregt, so lösten Hanne, Josephs Angetraute, und vor allem seine knapp achtzehnjährige Tochter Christin einen regelrechten Begeisterungssturm unter der Mannschaft aus. Noah Hays pfiff anerkennend durch die Zähne, als die beiden Frauen in ihrer reichbestickten Kleidung über die Gangway kamen. Das war doch etwas! Hays warf sich in die Brust, reckte seinen kleinen, aber kräftigen Körper, und stelzte dann auf die Neuankömmlinge zu, um sie zu begrüßen. Urplötzlich war die gesamte Crew an Deck versammelt, alles redete durcheinander und jedermann gab sich Mühe aufzufallen. Christin verteilte freigebig verführerische Blicke. Hall sah das mit Mißmut. Frauen hätten seiner Meinung nach in einer Expedition nichts zu suchen. Sie brachten bloß alles durcheinander und lösten unter der Mannschaft Rivalitäten aus. Doch Hans und Joseph, für ihn unentbehrlich als Schlittenführer und Jäger, als Männer, die sich mit dem Leben in Eis, Schnee und Dunkelheit auskannten, wären ihm nie und nimmer gefolgt ohne ihre Frauen und Kinder. So mußte er den Kompromiß eingehen. Die Stimmung des Kommandanten aber sank auf den Nullpunkt, als er bemerkte, mit welch glühenden Augen Doktor John Smith von der Kajütentür aus den Einzug der Eskimofamilien verfolgte.

Jetzt herrschte endlich Aufbruchstimmung. Als vor Rave-Rock der Lotse von Bord ging und der letzte lange Abschiedsgruß aus der Dampfpfeife seines Kutters verklungen war, begann die große Fahrt, deren erstes Ziel Neufundland sein sollte.

5

Zum ersten längeren Zwischenaufenthalt kam es in der Mortons-Bay, die nur durch eine halbmeilenlange fjordartige Schlucht mit fast senkrechten Felswänden zu erreichen war, an deren Ende sich um einen weitläufigen Hafen die Stadt St. Johns mit damals schon beachtlichen 22500 Einwohnern zieht und wo die Dampfkessel der »Polaris« überholt, aber auch Wasser und Kohlen übernommen werden sollten.

Hall und Chester, den der Kommandant gern in seiner Nähe hatte, waren an mehreren Abenden Gast bei der Familie des Gouverneurs.

Bessels und seine beiden engsten Mitarbeiter Bryan und Meyer, denen Morton noch einige Matrosen zur Verfügung gestellt hatte, durchstreiften die zerklüftete Landschaft, kontrollierten oder veränderten durch ausgedehnte Messungen die vorhandenen Karten und verschafften sich einen umfassenden Überblick über Flora und Fauna in der Umgebung der Stadt.

Der Smutje Jackson machte sich allein auf den Weg und sammelte Kräuter. Vor der Abreise aus New York war er schon einmal einen Tag unterwegs gewesen und mit einem prall gefüllten Sack zurückgekehrt, der die unterschiedlichsten Blätter und Blütenstände enthielt. Die hatte er später geduldig sortiert und getrocknet, was bei seinen Kameraden nicht ohne spöttische Bemerkungen geblieben war. An jenem Abend gab es Löwenmaul-Salat, so schmackhaft, daß jedes böse Wort künftig unterblieb. Aber seinen Namen verlor Jackson, jedermann rief ihn von nun an bloß »Löwenmaul«.

Nur Doktor John Smith beteiligte sich nicht an diesem Treiben. Er hatte schon am zweiten Abend eine erst seit kurzem verwitwete junge Frau kennengelernt, bei der er sich nun Tag und Nacht aufhielt, sehr zum Ärger Halls, der es viel lieber gesehen hätte, Smith wäre dem überlasteten Arzt der Stadt ein wenig zur Hand gegangen. Aber auch zum Ärger der Mannschaft, der Morton befohlen hatte, sich täglich spätestens um achtzehn Uhr auf dem Schiff einzufinden.

Am vierten Abend ihres Aufenthaltes in St. Johns sah Charles Hall zufällig, daß Smith eine der zahlreichen Kisten mit Medikamenten vom Schiff schaffte.

»Ist eine Epidemie ausgebrochen, Doc?« fragte er mißtrauisch und ging auf den Arzt zu.

Smith war sichtlich erschrocken, als er gewahrte, daß

Hall ihn beobachtete. »Nein, Sir«, sagte er, »nur, meine Angebetete . . ., na, Sie wissen schon, Sir, die Frau, die ich hier kennengelernt habe, fühlt sich nicht recht wohl, und da dachte ich . . .«

»Wozu denn gleich eine ganze Kiste voll Pillen?« fragte Hall skeptisch. »Sie hat doch nicht etwa ein Leiden, das sie bis an das Ende ihrer Tage quälen wird? Viel hilft viel, was?«

»Ja und nein, Sir«, druckste Smith herum. »Mit dieser Krankheit ist das so eine Sache.« Er klemmte sich den Karton fester unter den Arm und wollte gehen.

»Smith!« rief Hall, dessen Mißtrauen durch das Gestammel des Arztes gewachsen war. »Warten Sie mal!«

Dem Kommandanten war eine Idee gekommen. Er hatte sich schon seit Tagen gefragt, wie es der Arzt schaffte, ständig nach Alkohol zu riechen. Wenn er nicht im Smutje, der über die Vorräte verfügte, einen Verbündeten hatte, der ihn an die Bestände der Expedition brachte, dann müßte er selbst . . . Hall ging straks auf sein Ziel los: »Doc, warum belügen Sie mich? In Ihren Kisten sind doch nicht mehr Medikamente drin, als ich Nuggets in meinen Hosentaschen habe«, er kehrte das Taschenfutter nach außen. »Sie haben Whisky in Ihren Kartons, stimmt's?«

»Stimmt, Sir«, sagte Smith nach einer Weile betreten. »Ich habe mir einen kleinen Vorrat mitgebracht, Sir. Aber Sie können es mir glauben«, fügte er bittend hinzu, »ich bin kein Alkoholiker. Doch ich hätte es nie für möglich gehalten, daß mich vier Wochen sexueller Enthaltsamkeit seelisch schon derartig fertigmachen können, daß ich selbst mit einer Eisbärenmutter schlafen würde. Da hilft ein bißchen Alkohol doch über die teuflischsten Gedanken und wildesten Träume hinweg, Sir.« Seine Stimme wurde beschwörend, als er merkte, wie enttäuscht und zugleich wütend sich der Kommandant ob dieser Eröffnung zeigte, »Ich werde Ihnen keine Sorgen machen und durchhalten, ganz bestimmt, Sir! Lassen Sie mich noch ein paar Tage zu meiner Freundin hier gehen, dann . . .«

»Sie können für immer hierbleiben, Doc«, sagte Hall kühl. »Glaube kaum, daß Sie sich noch wesentlich ändern werden. Und die Chancen auf weibliche Bekanntschaften werden immer geringer. Überlegen Sie sich mein Angebot, bevor wir ernsthaft aneinandergeraten. Ich habe mir einen Mann an Bord geholt, und es würde mich betrüben, feststellen zu müssen, daß ich nur einen haltlosen Schwächling zur Seite habe. Gehen Sie jetzt! Aber denken Sie an Ihr Versprechen! Noch eins: Liefern Sie Ihre Reserve beim Koch ab, zu Ihrer eigenen Sicherheit. Ich werde ihm sagen, er soll Ihnen täglich einen Becher geben, mehr nicht. Weiß gar nicht, welcher Teufel mich reitet, ausgerechnet mit Ihnen derartige Ausnahmen zu machen«, knurrte er in seinen Bart und stapfte davon.

Dabei wußte er den Grund genau. Smith war – besah man es recht – sein eigener »Zögling«. Er hatte ihn mit viel Überredung an Bord geschleppt. Und es fiel Hall schwer, schon jetzt einzusehen, daß er seinen Schiffsarzt vielleicht gewaltig überschätzt hatte.

Noch ein anderes Ereignis während des Aufenthaltes in Mortons-Bay grub sich tief in Halls Erinnerung ein. Der Matrose Robert Krüger erkrankte so schwer, daß es den vereinten Bemühungen Bessels', Smith' und des städtischen Arztes nur im letzten Augenblick gelang, ihn zu retten. Dann allerdings gesundete Krüger innerhalb kurzer Zeit, was zuerst wie ein Wunder wirkte, sich aber rasch aufklärte.

Krüger hatte an starken Krämpfen gelitten, die den gesamten Körper in Mitleidenschaft zogen. Anfänglich aber war ihm bloß unwohl gewesen. Da bat er den Smutje Jackson um eines seiner Heilkräuter, weil er sich schämte, wegen einer so geringfügigen Erkrankung einen der Ärzte zu belästigen.

Jackson stammte aus einer Gegend der Vereinigten

Staaten, in der es weit und breit keinen Arzt gab, dafür aber um so mehr Dorfbewohner, welche die Heilkraft aller Pflanzen kannten, die die Natur in großer Vielfalt darbot. So lernte auch er bald die Vorzüge von Salbei, Knoblauch, Brennesseln und Kümmel, von Waldakelei und Knolligem Hahnenfuß zu schätzen und diese Planzen – in Alkohol angesetzt oder nur mit heißem Wasser überbrüht – zur Linderung oder Heilung bestimmter Krankheiten zu nutzen.

Auch Krüger hatte er behandelt, die wahren Ursachen für dessen Unwohlsein aber verkannt. So bewirkte seine »Heilkur« eine böse Verschlimmerung des Leidens und brachte den Matrosen beinahe um.

Hall, von Bessels über die Hintergründe des Unfalls unterrichtet, nahm sich den Koch vor, verbot ihm für die Dauer der Reise jegliche »Kurpfuscherei« und bestrafte ihn vor der versammelten Mannschaft mit einem Lohnabzug von dreißig Dollar – einer enorm hohen Summe – und Ausgehverbot für alle weiteren Häfen, in denen sie noch anlegen sollten.

Jackson schluckte die Strafe, nach außen hin ruhig und gelassen.

Weitere Unterbrechungen der Fahrt gab es dann noch in Fiskernässet, gelegen zu Füßen eines imposanten Bergmassivs ohne jeglichen Baumwuchs, wo wie in St. Johns wiederum eine Anzahl Schlittenhunde gekauft wurde; in Holsteensborg, Godhavn – schon auf Grönland gelegen –, in Upervinik und schließlich in der damals nördlichsten Ansiedlung der Welt – Tassuissak –, die am frühen Nachmittag des 24. August mit Kurs Nordnordost in Richtung auf völlig unbekannte Gebiete verlassen wurde.

Nunmehr befand sich die »Polaris« im Smith-Sound, auf einem Punkt mit den Koordinaten 81° 20′ nördlicher Breite und 64° 34′ westlicher Länge.

Es war gegen drei Uhr nachmittags am 30. August. Auf

dem Deck des kleinen Dampfers herrschte Hochbetrieb. Am Heck, wo sich ein großer Verschlag für die 55 angekauften Schlittenhunde befand, darunter fünf riesige Neufundländer, stritten sich die wild kläffenden Köter um die tägliche Fleischration, von den Kindern der beiden Eskimofamilien zu immer wütenderem Gebell angestachelt.

An der Steuerbordseite vermaßen der wissenschaftliche Leiter der Expedition, Emil Bessels, und der Meteorologe Friedrich Meyer mit Hilfe eines Diopters die sich aus dem Dunst erhebende Küste Grönlands.

Sidney O. Buddington hatte alle Hände voll zu tun, das mit höchster Leistung laufende Schiff um die auf Gegenkurs schwimmenden Eisbänke und Eisschollen herumzusteuern und direkten Kontakt der Schiffswände mit den scharfgezackten Rändern der weißglitzernden schwimmenden Inseln zu vermeiden, mit denen Schwärme von Rippenquallen dahinsegelten.

Die Luft war satt von Feuchtigkeit. Eine dicke Eisrinde überzog das Tauwerk. Reling, Masten und alle Eisenteile waren mit dichtem Reif beschlagen. Langsam begann es zu schneien. Doch was da auf das Deck und die Mannschaft herniederprasselte, war nicht der gewohnte watteweiche Schnee der gemäßigten Zone. Es waren kleine, unregelmäßig geformte Eiskugeln und stumpfe Nadeln, die empfindlichen Schmerz verursachen konnten, wenn sie irgendwo auf nackte Haut trafen. Dabei war es mild, die Temperatur lag nur leicht unter dem Gefrierpunkt.

Hall stand mit den beiden Offizieren H. C. Chester und Wilhelm Morton am Bug der »Polaris« und freute sich über die geschickten Steuermanöver Buddingtons, der hier wieder einmal sein Können bewies. Der Kommandant hatte mit seinen großen Händen die Reling umklammert. In seinem dichten Vollbart verfingen sich die Eis- und Hagelkörner.

Immer kurvenreicher wurde der Kurs, die Eisschollen wuchsen sich zu breiten Flächen und später zu kleinen Eisbergen aus.

»Geht mir ein bißchen zu schnell«, sagte Morton und deutete mit einer vagen Geste auf das vor ihnen liegende Fahrwasser, auf dessen leicht gekräuselter Oberfläche kleine und mittlere, zumeist noch flache, aber auch schon bis zu zwanzig Fuß hohe Schollen schaukelten. »Wenn das weiter so rasch zunimmt, wird die Rinne bald dicht sein.«

»Dann werden wir sie eben brechen«, antwortete Hall, ohne den Blick vom Wasser zu nehmen. »Durch müssen wir. Ich bin mir ganz sicher, daß hinter dieser noch lockeren Barriere eine weite offene Wasserfläche liegt, die es uns ermöglicht, eine Polhöhe zu erreichen, von der Generationen von Forschern nur träumten.«

»Das ist uns bereits gelungen, Sir«, warf Chester ein. »Wir sind schon weiter im Norden als je vor uns ein Schiff gekommen ist. Sollten wir hier in der Nähe steckenbleiben – was ich nicht hoffe, denn mein Ziel ist, wie Ihres, Sir, der Nordpol – so war die Expedition in dieser Hinsicht trotz allem schon ein Erfolg.«

Hall drehte ihm das Gesicht zu. »Erfolg?« fragte er leise. »Sie scherzen, Chester. Was sind ein paar Grad mehr oder weniger als andere Expeditionen? Ein Dreck ist das für mich. Schön . . .«, lenkte er ein, als er Chesters und Mortons verblüffte Gesichter sah, »wir sind an einem nördlichen Punkt angelangt, den noch kein Mensch vor uns gesehen hat. Wir haben Landstücke vermessen und getauft, die noch auf keiner Karte zu finden sind. Wir haben Küstenverläufe exakter bestimmt und kartografiert. Alles schön und gut, alles notwendig. Vielleicht auch schon ein Erfolg, wie Sie sagen, Chester. Aber ich will zum Pol, meine Herren, direkt zum Pol. Nicht bei einundachtzig oder zweiundachtzig Grad verharren und damit zufrieden sein. Am Schnittpunkt der Meridiane will ich stehen, am nördlichsten Scheitelpunkt der Erde. Das ist der Erfolg, den ich anstrebe. Sie sind doch meiner Meinung, oder?«

Beide Männer nickten eifrig. Ja, sie teilten wirklich Halls Ansicht, sonst hätten sie die Beschwerlichkeiten einer solchen Reise nicht ein weiteres Mal auf sich genommen. Auch sie wollten gern den Nordpol erreichen, doch sie wußten ebensogut um die Schwierigkeiten, die sich ihnen dabei in den Weg stellen würden. Beide verfügten über ausreichend Expeditionserfahrung und waren schon an mehrmonatigen Reisen mit anderen amerikanischen Forschern beteiligt gewesen. Beide kannten die Unberechenbarkeiten der Witterung und wußten um die zermürbende, alle Lebensgeister lähmende Wirkung der nicht enden wollenden Polarnacht. Sie hatten tobende Stürme und Eishagel erlebt. Was Chester und Morton fehlte, war Halls unbeugsamer Wille, waren aber auch seine Erfahrungen, die er gesammelt hatte, als er jahrelang gemeinsam mit Eskimos in Iglus gelebt und mit Hundeschlitten auf Robbenjagd gegangen war. Diese Erinnerungen ließen ihm manche Gefahr klein und bezwingbar erscheinen, bei der andere Menschen bereits verzagten und die Waffen streckten.

Was Morton und Chester dem Kommandanten aber voraus hatten, war seemännisches Wissen. Sie konnten sachkundiger als er einschätzen, was man einem Schiff zutrauen durfte, ohne es zu überfordern und damit die gesamte Mannschaft und letztlich den Erfolg der Expedition zu gefährden. Sie waren ausgebildete Seeleute, während Hall sich seine Kenntnisse autodidaktisch erworben hatte. Zwar führte er das Kommando über die »Polaris«, doch in wirklich ernsten und schwierigen Situationen würde er sie und Sidney Buddington um Rat fragen und sich mit ihnen auseinandersetzen müssen. Wobei letztlich doch noch immer sein Wort als Kommandant das ausschlaggebende sein würde. Die beiden Offiziere hofften nur, es möge nie zu solchen schwerwiegenden Meinungsverschiedenheiten kommen.

»Na, sehen Sie.« Hall freute sich über die Zustimmung der beiden Männer. Seit Beginn der Reise war er noch nicht so fröhlich und zufrieden gewesen wie in diesem Augenblick, da ihm zwei wichtige Kameraden durch ihr Kopfnicken bestätigten, daß sie sich mit ihm und seinem Ziel verbunden fühlten.

»Was man will, das kann man auch erreichen«, fügte er ein wenig belehrend hinzu und übersah das feine Lächeln Chesters. »Man muß es nur wirklich wollen. Fragen Sie mal Bessels. Der Mann ist das größte Verdienst unserer Regierung an dieser Expedition. Einen besseren hätte man nicht verpflichten können, denke ich. Vierundzwanzig Jahre ist er erst alt, stellen Sie sich das vor, und schon solche Leistungen. Vor zwei Jahren hat er das Nördliche Eismeer erforscht zwischen Spitzbergen und Nowaja Semlja. Unter widrigen Umständen, aber er hat sie gemeistert, hat eine vollständige Reihe von Tiefenlotungen mitgebracht, die nicht nur für die Schiffahrt von Interesse sind. Und er hat den Golfstrom östlich von Spitzbergen nachgewiesen. Jetzt aber kommt er mit zum Pol. Sehen Sie«, er deutete auf Bessels und Meyer, die trotz des rasch aufgekommenen Nebels ihre Messungen noch nicht eingestellt hatten, »er arbeitet, bis er wahrhaftig nichts mehr erkennen kann. Und wenn er eine Arbeit beendet hat, beginnt er sofort eine neue.«

Chester und Morton erfuhren aus dieser Eloge des Kommandanten für seinen wissenschaftlichen Leiter nicht viel mehr, als sie schon vorher gewußt hatten. Sie kannten Bessels und dessen bisherige Forschungsarbeit zumindest vom Hörensagen und waren froh, einen so gewissenhaften Mann in ihren Reihen zu haben. Sie hörten deshalb nur mit halbem Ohr hin und widmeten ihre Aufmerksamkeit weiter der Umgebung. Die Luft glich nach wenigen Minuten der in einer Waschküche, das Mittelschiff war schon nicht mehr zu erkennen. Soeben stoppte Buddington den Dampfer, denn das dumpfe Krachen der Eisschollen gegen den Schiffskörper hatte bedrohlich zugenommen. Die Ankerkette rasselte, wenige Augenblicke später lag die »Polaris« fest, und die Schollen türmten sich um ihren Rumpf.

Der erste Maschinist Emil Schumann, ein Deutscher wie Bessels, und der Heizer Johannes Both kamen dreck- und schweißverkrustet aus dem Maschinenraum gekrochen, nur leicht bekleidet. Mit tiefen Zügen pumpten sie die reine Luft in ihre von Kohlenstaub und Hitze angegriffenen Lungen.

»Teufel noch eins!« schrie Schumann in seiner Muttersprache, daß es durch den Dunst über das ganze Deck hallte, »das kracht, als ob uns da unten jemand mit der Ramme bearbeitet.«

Bessels, seine Meßgeräte in einem Koffer verstauend, antwortete ihm: »Nur keine Panik, Schumann. Die ›Polaris‹ ist solide gebaut und hält ganz anderen Dingen stand als ein paar treibenden Eisschollen. Warten Sie erst mal ab, was hier los ist, wenn wir gänzlich einfrieren. Dann kracht es wirklich in den Spanten und Wanten, daß einem Angst und Bange werden kann.«

»Unken Sie nicht, Doktor«, sagte Schumann und bekreuzigte sich. »Mir ist jetzt schon das Herz in die Hosen gerutscht. Hätte ich je geahnt, welche Balken da auf dem Wasser schwimmen können, wenn ich das mal so sagen darf, ich wäre auf diesem Dampfer nie angeheuert. Wenn ich mir vorstelle, daß das noch schlimmer werden könnte, möchte ich am liebsten gleich wieder abmustern.«

Bessels lachte. »Und nach Amerika zurückschwimmen, was? Daraus wird nichts, Schumann. Die ›Polaris‹ ist Ihr Leben oder Ihr Untergang, mein Lieber. Und nun rasch in die Kajüte, sonst holen Sie sich den Tod, noch bevor unser stolzes Schiff vom Eis zerquetscht wird.«

Die Schiffsglocke unterbrach den Disput, den keiner

von beiden ganz ernst gemeint hatte, und rief die Mannschaft zum Abendessen. Doch bevor Bessels noch in der ihm als Wohnraum dienenden kleinen Kabine verschwinden konnte, trat John Smith, der New-Yorker Arzt, zu ihm. »Mister Bessels«, sagte er beklommen, »diese hübsche, stramme Eskimofrau, wissen Sie . . .?«

»Merkut?« fragte Bessels.

»Ja, die. Ich kann mir den Namen einfach nicht merken. Jedenfall hat sie sich mit irgendwas den Magen verdorben. Schätze, mit rohem Fisch, den die ja dauernd essen. Nun liegt sie in ihrem Verschlag und wimmert zum Gotterbarmen. Hätten Sie vielleicht ein Mittelchen? Ich bin ein bißchen überfordert, Doc. Derartige Krankheiten sind in meiner Praxis viele Jahre lang nicht behandelt worden. Die Damen, die zu mir kamen . . .«

»Ich kann's mir denken«, sagte Bessels lachend. »Leichter Kopfschmerz, Liebeskummer, Nervosität und so weiter.«

»Ja, ja«, beeilte sich Smith zu erwidern, bevor der Deutsche noch weitere »Leiden« aufzählen konnte. »So ähnlich jedenfalls. Aber Überfressen mit rohem Fisch . . .?«

»Da hilft doch nur, ihr den Finger in den Hals zu stekken«, riet ihm Bessels.

Doch Smith winkte ab. »Habe ich ja schon versucht, aber sie will keinen Finger, nicht einmal den ihres lieben Hans nimmt sie, der wie ein Wachhund danebensteht und aufpaßt, wo man die Amazone bei der Untersuchung berührt. Schön ist sie ja«, geriet er plötzlich ins Schwärmen, »aber leider tabu. Nur ein Selbstmörder würde sich freiwillig den Fäusten dieses Ehemannes aussetzen. Da ist die Tochter von Joseph schon besser dran. Die schert sich einen Dreck um den Papa. Und küssen kann sie! Mein Gott, ich schweife ab, Bessels, entschuldigen Sie . . . Also, was ist, Mister? Haben Sie einen Rat, was man tun kann mit der Dame?«

»Sind Sie eigentlich sicher, daß roher Fisch die Ursache

ist? Im allgemeinen vertragen diese Leute doch solche Nahrung, sind von klein auf daran gewöhnt.«

»Nee«, entgegnete Smith erstaunt, »sicher bin ich nicht. Ich vermute es bloß. Sie sagt ja nicht, was sie gegessen hat.«

»Versuchen Sie's doch einfach mit Rizinus, danach lassen Sie sich vom Smutje einen ordentlichen Wermuttee zubereiten. Und bitten Sie Hans, ihr den Bauch zu massieren. Sollte es nicht klappen, lassen Sie mich rufen, dann denken wir gemeinsam darüber nach, was sich noch tun läßt. Bis bald, Doktor Smith.«

Bessels drehte sich um und ging weg. Ein komischer Kauz, dieser Smith, dachte er. Hat sich wohl doch ein bißchen übernommen mit dieser Reise. Kein Wunder also, daß er heimlich säuft. Ich verstehe nicht, warum der Menschenkenner Hall sich einen solchen Mann aussucht. Er hätte ihn lieber bei seinen feinen Patientinnen lassen sollen, als ihn auf diese Expedition mitzuschleppen. Wenn der nicht bald zu sich selbst findet und seine Arbeit ernst nimmt, dann wird er uns mehr Belastung als Hilfe sein.

Smith war inzwischen wieder in den Bretterverschlag am Heck des Schiffes geeilt, in dem Hans mit seiner Familie lebte. Merkut krümmte sich noch immer vor Schmerzen. Ihr Mann, in anderen schwierigen Situationen nie um einen Rat verlegen, stand hilflos und traurig neben ihrem Lager. Der Arzt verabreichte der Frau das Abführmittel, erklärte Hans, wie es wirken würde und was er zu tun habe, und ging dann zum Smutje in die Kombüse.

»Hallo, Herr Kollege«, sagte er aufgeräumt und zwängte sich zwischen Herd und Mitteltisch hindurch zum Bullauge. Seit jenem Tag, an dem Jackson wegen seiner »Fehlbehandlung« des Matrosen Krüger von Hall so drakonisch bestraft worden war, brachte Smith dem Koch seine ganze Sympathie entgegen, aber wohl auch, weil er nur über ihn an seine Alkoholreserven herankam.

»Nennen Sie mich nicht immer Kollege, Doc. Zum Veralbern können Sie sich jemand anderen aussuchen«, sagte Jackson böse.

»Ich veralbere Sie nicht, Löwenmaul. Sie sind ein Heilkundiger, wie man sie nur selten findet. Ich bewundere Sie. Außerdem müssen wir Medizinmänner zusammenhalten.«

»Trotzdem, ich mag's nicht!« Wütend säbelte Jackson an einem großen Stück gepökelten Schweinefleischs herum. Beinahe hätte er sich geschnitten. »Sie kommem übrigens umsonst, Doc«, knurrte er dann, »Ihr Quantum für heute haben Sie schon weg.«

»Darüber reden wir später. Jetzt brauche ich eine Kanne Wermuttee für das Prachtweib von diesem Hans. Hat sich den Magen verkorkst, vermutlich überfressen.«

Jackson wurde hellhörig, sein Interesse an allem, was mit der Heilung irgendwelcher Krankheiten zu tun hatte, kam durch. »Nicht bloß Wermut, Doc, das wäre zu einseitig. Wissen Sie, es gibt da noch ein besseres Mittel zur Beruhigung, nämlich Wermut mit Schafgarbenblättern zu mischen, und dann noch ein wenig Sud von Brombeerblättern hinzu. Werd's gleich mixen. Es schmeckt zwar wie ein Höllentrunk, hilft aber immer.«

Er schob das große Hackbrett mit dem Pökelfleisch zur Seite, trocknete sich die schmierigen und nassen Hände an seiner schmuddligen Leinenschürze ab und kramte aus einem Spindfach mehrere Tüten hervor, in denen er seine getrockneten »Medikamente« aufbewahrte.

Während Jackson den Kräutertee zubereitete, redete Smith auf ihn ein in der Hoffnung, eine weitere Portion von seinen an Bord geschmuggelten Alkoholvorräten zu erhalten. Der Smutje stellte sich eine Zeitlang taub. Dann sagte er: »Wissen Sie überhaupt, was Sie von mir verlangen, Doc? Sie bringen sich und mich in Teufels Küche, wenn der Kommandant jemals dahinterkommt, daß ich schon seit langem gegen seinen Befehl verstoße. Einen Becher pro Tag, hat er gesagt, nicht zwei oder drei. Mir jedenfalls geht er gewiß an den Kragen; Sie sind Offizier, Ihnen droht er bestenfalls mit dem Finger. Oder er redet ein bißchen ernster mit Ihnen. Bei mir aber nimmt er die Faust. Mir reicht schon die Bestrafung wegen der Sache mit Krüger – dreißig Dollar Abzug und zwei Maulschellen. Hier«, er hielt Smith eine Blechkanne mit dem fertigen Tee hin, »gehen Sie zu Ihrer Patientin und bringen Sie mich nicht weiter in Versuchung. Ich hab ein zu gutes Herz und werde zu schnell weich.«

Smith nahm den kochendheißen Behälter, griff sich eine Tasse und schlängelte sich zur Tür zurück, bestrebt, sich nirgendwo schmutzig zu machen. Dort angekommen, sagte er: »Manchmal sind Sie ein richtiges Rindvieh, Löwenmaul. Hätten doch gleich sagen können, daß Sie nur Bange davor haben, noch mehr Geld zu verlieren. Ein paar Ohrfeigen werden Sie schon vertragen. Und um mich machen Sie sich keine Sorgen, mich mag der Kommandant gut leiden. Hat mir schon manches durchgehen lassen . . . Ihnen kann auch geholfen werden.« Er zog eine Fünf-Dollar-Note aus der Hosentasche und warf sie neben das Pökelfleisch auf den Tisch. »Ich schlage Ihnen ein Geschäft vor, Jackson: Sie geben mir täglich den Becher, den Hall genehmigt hat, einen zweiten dazu, ohne Belohnung. Aber für jeden weiteren zahle ich einen Dollar, so lange, bis Sie Ihre dreißig wieder beieinander haben . . . Ist schon merkwürdig«, lachte er, »daß man seinen eigenen Schnaps zugeteilt bekommt, und ihn auch noch ein zweites Mal bezahlen muß. Aber was soll's? Also, einverstanden?«

Jackson stand mit hängenden Armen am Herd und starrte auf den Geldschein. In seinem Inneren kämpfte die Angst vor dem Kommandanten und seiner Unberechenbarkeit mit dem Drang, wieder in den Besitz der verloren geglaubten Dollars zu kommen, kämpften Ehrlichkeit und Gewissenhaftigkeit mit dem Gedanken, später vielleicht noch mehr Geld herausschlagen zu können. Schließlich verfügte er ja über die Vorräte der Expedition. Jackson nahm den Fünfer, und Smith bekam den dritten großen Whisky an diesem Tag.

6

Als Hall nach dem Abendessen an Deck kam, war der Nebel verschwunden, dafür wehte ein scharfer Nordostwind. Sonne und Mond standen einträchtig an einem graublauen Himmel und beleuchteten eine merkwürdig bizarre Szene. Das Schiff war frei von Eisschollen, und es trieb in südlicher Richtung, trotz des Ankers. Fast drei Knoten waren es, mit denen die Strömung die »Polaris« in Gegenden zurückführte, aus denen sie gerade gekommen war. Rechts und links segelten Eisschollen von beträchtlichem Ausmaß vorbei. Knapp achtzig Meter entfernt tummelten sich Seehunde. Sie kletterten auf vorbeischwimmende Schollen, ließen sich eine Weile treiben und plumpsten dann ins Wasser zurück, um das Spiel von neuem zu beginnen.

Hall tat es um jeden Meter leid, den das Schiff auf seiner Reise zum Nordpol verlor. Konnte der Anker die »Polaris« nicht halten, so mußte ein Hafen gesucht werden, in dem sie ruhig lag. Ursprünglich wollte Hall weiterfahren lassen, so lange es Eisgang und Strömung erlaubten, ohne Rücksicht auf das dringende Verlangen der Mannschaft nach einer Ruhepause. Nun überdachte er diesen Plan.

Der Kommandant sah zum Krähennest hinauf, wo der Matrose Friedrich Anthing gerade Dienst tat und ungeduldig der Ablösung harrte. Er hatte Hunger, und ihn fror erbärmlich. Der Platz im Ausguck war nur knapp bemessen und ließ nicht viel Raum für Freiübungen. Hall legte die Hände als Trichter an den Mund und rief: »He, Anthing, schau dich mal um, ob du eine Bucht entdecken kannst, in der sich die ›Polaris‹ für eine Weile vor Anker legen läßt!«

»Aye, aye, Sir«, tönte der Matrose zurück und nahm das Fernrohr, mit dem er gewissenhaft die im Osten noch mit bloßem Auge erkennbare Küste Grönlands absuchte. Schon nach einer Minute meldete er: »Sir, etwa eine halbe Meile nordöstlich gibt es eine Einbuchtung, die nach Norden hin gut abgeschirmt ist.«

Hall bedankte sich, suchte in der Tasche des pelzgefütterten Rockes nach der Bootsmannspfeife, die er stets bei sich trug, und gab das Signal »Alle Mann an Deck!«

Wenige Augenblicke später umringten ihn seine Männer, außer Morton, der auf der Brücke Dienst tat.

Auch Merkut und Hanne, die Frauen der beiden Eskimos Hans und Joseph, waren da. Und natürlich Christin, die wieder der gesamten Mannschaft schöne Augen machte. Noch hatte sie sich für keinen der Bewerber um ihre Gunst entschieden, hatte mal diesem, mal jenem einen Kuß erlaubt – der ihr überhaupt nichts bedeutete, denn in ihrem Stamm rieb man die Nasen aneinander zum Ausdruck der Verliebtheit. Keiner war ihr zu nahe getreten, bis auf diesen Doktor Smith, gegen dessen Hände man beinahe machtlos war. Aber es ließ sie auch nicht kalt, wenn er sie anfaßte. Sie hätte wahrlich gern gewußt, wie es weitergehen mochte, aber da war der Vater, vor dem sie sich in acht nehmen mußte.

Merkut schien es wieder leidlich zu gehen, anscheinend hatte sie die Pferdekur von Rizinus und Jacksons Wundertee gut überstanden. Jedenfalls sah sie nicht mehr blaß und leidend aus, sie wagte sogar wieder einen kessen Blick in die Runde.

Zwischen den Beinen der Matrosen quirlten die Eskimokinder Pannik, Josephine, KleinSuschen und Tobias herum, die Hall ebenfalls hatte mitnehmen müssen, da er die Väter brauchte.

»Männer!« sagte der Kommandant und reckte sich zu

seiner vollen Größe auf. »Die ›Polaris‹ treibt ab, noch dazu in die verkehrte Richtung. Das darf nicht so bleiben. Bevor ich jedoch den Befehl zur Weiterfahrt gebe, wollen wir versuchen, einen geschützten Ankerplatz zu finden, wo wir auf bessere Witterungsbedingungen warten können. Mister Chester«, wandte er sich an den Ersten Offizier, »lassen Sie die Schaluppe fertigmachen! Ich werde jene Bucht dort aufsuchen«, er wies in die von Anthing genannte Richtung, »und sie rekognoszieren. Bestimmen Sie sechs Männer, die mich begleiten!«

Chester nickte und beauftragte den Obermatrosen Johnson, mit einigen Besatzungsmitgliedern das Boot außenbords zu hieven. Dann rief er: »Mister Hall wird gerudert von Friedrich Janka, Robert Krüger, Joseph Mauch, Gustav Lundquist, Hermann Siemens und Noah Hays.« Bei jedem Namen deutete er mit dem Finger auf dessen Träger. »Ins Boot, Jungs!«

»Immer bin ich bei solchen miesen Kommandos dabei«, meckerte Hays. »Wer soll denn bei Eisgang und diesen saukurzen Wellen in so einem Papierboot fast 'ne Meile paddeln, he? Noch dazu gegen den Wind.« Der kleine Mann warf sich in die Brust und suchte mit den Augen die hübsche Christin. Ihr allein wollte er mit seinen Worten imponieren. Sie sollte ruhig sehen, was er für ein Kerl war, und daß sie nicht den Falschen geküßt hatte. Er ließ sich nicht alles gefallen wie diese Deutschen Krüger und Siemens. Sie taten ihm ja nichts, waren auch gute Kumpel, aber bei Christin kam ihm Siemens dauernd in die Quere. Also mußte er dem Mädchen zeigen, wer mehr Mut hatte und mehr Zivilcourage, um sich gegen die Offiziere und ihre oft sinnlosen Befehle aufzulehnen.

Johnson hatte Hays reden hören, aber dessen Worte nicht verstanden. Trotzdem rief er ihm warnend zu: »Hays! Verfluchter Kerl! Du weißt . . .«

»Ach, leck mich doch am Arsch«, knurrte der Matrose und wollte eben über die Reling klettern, als groß und gewaltig George Tyson neben ihm auftauchte. Er sagte nichts, hielt Hays aber seine riesige Faust vors Gesicht.

»Okay, ist ja schon gut«, sagte der hastig und verschwand von Bord. Christin, die tatsächlich alles beobachtet hatte, lachte laut auf, und Hays machte sich vor Wut und Scham ganz klein auf der Ruderbank.

Es war kurz vor neun Uhr abends, als das Boot ablegte. Die Männer mußten einen weiten Bogen fahren, um an die vorgesehene Stelle zu kommen, doch zeigte sich bald, daß sich die Bucht nicht als Ankerplatz eignete. Die Wände des Gestades ragten steil und bedrohlich aus dem hellgrünen Wasser auf. Außerdem hatten sie viele Zakken, die dem Schiff gefährlich werden konnten. Obendrein bildeten sich vor der Einfahrt in den kleinen Meerbusen durch eine unterirdische Strömung sehr starke Wirbel. Beinahe wäre das Boot gekentert.

Hall nannte, weil ihm eine Landung verwehrt war, die Bucht »Repulse-Harbor« und befahl zurückzukehren.

Auf der »Polaris« angekommen, rief er Sidney Buddington zu sich. »Machen Sie Dampf auf, Mister Buddington! Wir kämpfen uns gegen die Strömung nach Norden vor. Wäre doch gelacht, wenn wir das nicht schaffen, oder?«

Buddington verzog keine Miene und gab keine Antwort. »Gegebenenfalls müßten wir zusätzlich das Segel setzen«, fügte Hall vorsichtig hinzu, weil er dem Schiffsführer nicht in seine Geschäfte reden wollte.

Zum ersten Mal auf dieser Reise geschah es, daß Sidney O. Buddington den Anweisungen des Kommandanten nicht mit der gewohnten Bereitschaft folgte, sondern sie mit mürrischem Gesicht und nur zögernd ausführte. Nach seiner Meinung waren Strömung und Eisgang bereits so stark, daß man das Schiff zwar noch auf der Stelle halten konnte, jedoch nicht mehr vorwärtskam. Da halfen auch die Segel nicht viel.

Buddington war zudem beleidigt, daß Hall – wenn

auch sehr vorsichtig – in seine ureigensten Belange eingegriffen und die Benutzung der Segel angewiesen hatte. Darauf, dachte der Eis- und Segelmeister grimmig, wäre ich auch allein gekommen. Wenn Hall meint, auch in seemännischen Belangen mehr Erfahrungen und die besseren Kenntnisse zu besitzen, dann hätte er mich in den Staaten lassen können. Er hat genug damit zu tun, die Expedition und die Forschungsarbeiten zu leiten, soll er mir doch das Schiff lassen. Das dachte Buddington, aber er sagte es nicht, noch nicht.

7

Hall hatte die Veränderung durchaus bemerkt, die mit Sidney Buddington vor sich gegangen waren. Er wunderte sich darüber, denn der Segelmeister genoß hohes Ansehen bei allen, die etwas von der Seefahrt verstanden. Und so ausweglos schien die Situation nicht, daß man jetzt schon aufstecken mußte. Buddington war zweifellos der fähigste Mann für die vor ihnen liegende Aufgabe. Durfte man den Anekdoten glauben, so hatte der kleine, zähe Kerl schon Schiffe wieder in den Hafen gebracht, die man abgeschrieben und für deren Mannschaften man bereits die Totenmessen gelesen hatte.

Vom ersten Tag, ja von der ersten Stunde ihrer Bekanntschaft an war Sidney Buddington Hall unsympathisch gewesen. Das verschlossene, oft sogar sture Verhalten des Mannes machte es schwer, an ihn heranzukommen und hinter der harten Schale nach dem Menschen Buddington zu suchen. Es blieb – und das war nun bereits seit drei Monaten so – zwischen ihnen stets ein gespanntes, nur auf die notwendigsten Absprachen beschränktes Verhältnis.

Hall konnte sich nicht mehr erinnern, wie viele Versuche nach dem mißglückten Gespräch am Morgen des Abreisetages noch von ihm ausgegangen waren, die Beziehungen zu dem Eis- und Segelmeister freundlicher zu gestalten. Er hatte Buddington in den letzten Wochen wiederholt in seine Kabine gebeten, um sich mit ihm zu unterhalten. Er hatte ihm Bücher empfohlen und ihm persönliche Erlebnisse von früheren Fahrten und Expeditionen erzählt, alles in der Hoffnung, Buddington damit aus der Reserve zu locken. Er hatte den Segelmeister um seine Meinung befragt, wo immer sich das anbot. Buddington jedoch blieb jedesmal mitten in der Kabine stehen, setzte sich nicht, lehnte den angebotenen Wein ab, blieb einsilbig und kurz angebunden, ohne unhöflich zu sein. Er verschloß sich dem Kommandanten, der langsam aber sicher Aversionen gegen den kleinen Mann aufbaute.

Trotzdem hatte der Segelmeister bis zu diesem Tag seine Arbeit willig getan und Halls Anweisungen mit der Lust und Liebe des erfahrenen Seemanns erfüllt, dem es Freude bereitete, sein Schiff auf unbekannten Wasserstraßen zu führen. Heute jedoch sah er aus, als wolle er einen Streit vom Zaune brechen.

Es war schon eine halbe Stunde vor Mitternacht, als Hall endlich das gleichmäßige Stampfen der Maschinen vernahm und sich einige der diensthabenden Matrosen in die Wanten bequemten, um die Segel auszurollen. Fünf Knoten machte die »Polaris« gegen die Strömung, als der 31. August 1871 anbrach.

Der Kommandant saß in der Nähe des Ruderhauses auf einem der beiden mitgeführten Schlitten und dachte nach. Er sah zwei Möglichkeiten, sich zu entscheiden, falls Eis und Meer noch größere Schwierigkeiten bereiten würden als bisher: anhalten zu lassen und sich auf eine Überwinterung einzurichten oder Schiff und Mannschaft mit Gewalt so lange nach Norden voranzutreiben, bis es nicht mehr weiterging. Entschied er sich für die erste Variante, war er vielleicht noch zehn oder zwölf Breitengrade vom Ziel entfernt. Die gesamte Mannschaft aber würde zufrieden sein und ausreichend Zeit haben, sich auf den Winter vorzubereiten.

Fuhr er unter Mühen weiter – nach wie vor glaubte Hall an offenes Wasser hinter einer breiten Eisbarriere – und fror das Schiff ein oder wurde gar beschädigt, dann hatte er mit Sicherheit den größten Teil der Besatzung gegen sich, allen voran gewiß Buddington.

Aber außer dem Segelmeister gab es, das hatten die vergangenen Wochen deutlich gezeigt – sie waren ja nicht ohne Schwierigkeiten und Anstrengungen verlaufen – noch andere Männer, die sich wohl selbst ein wenig überschätzt hatten, als sie die Heuer annahmen. Dazu gehörten der Astronom R. W. D. Bryan, der Heizer Walter Campbell, nach Chesters Meinung auch die Matrosen Noah Hays und Joseph Mauch und Dr. John Smith, der Arzt.

Nahm Francis Hall die ständigen Meckereien und Sticheleien der Männer aus der unmittelbaren Schiffsbesatzung noch gelassen hin – mit ihnen würde George Tyson zur Not fertig werden – so wunderte er sich doch über den Astronomen, den Bessels selbst ausgewählt hatte, seine Fähigkeiten und Erfahrungen in den höchsten Tönen lobend. Aber Bryan unterstand genau wie der Meteorologe Meyer dem wissenschaftlichen Leiter der Expedition. Sollte Bessels zusehen, wie er sie zur Erfüllung ihrer Aufgaben brachte. Hall als Kommandant würde sich da weitgehend heraushalten, so lange jedenfalls, wie Bryans Unlust und Zänkischkeit nicht auf die Mannschaft abfärbten.

Richtige Sorgen hingegen bereitete ihm Smith, dessen Teilnahme an der Expedition er selbst veranlaßt hatte. Nicht genug, daß der Mann augenscheinlich immer wieder an mehr Alkohol herankam, als Hall ihm genehmigt hatte, nein, er wurde auch zunehmend fauler und nachlässiger, nahm seine Aufgaben als Arzt nur noch mit Widerwillen und oberflächlich wahr, und er legte sich mit den

Offizieren an, wußte einfach immer alles besser. Zur Mannschaft suchte er teilweise ein beinahe kumpelhaftes Verhältnis, namentlich zu solch unruhigen Leuten wie Hays und Mauch.

Zudem war der Arzt seiner zweiten großen Leidenschaft wieder verfallen und stellte den Frauen an Bord nach, vor allem Merkut, die sich aber anscheinend auf nichts einließ, und der jungen Christin, die sich trotz der drastischen Erziehungsmaßnahmen ihres Vaters Joseph doch heimlich immer wieder zur Plänkelei bereitfand und außer zu Smith auch Beziehungen zu Noah Hays und Hermann Siemens pflegte. Hall würde bald eingreifen müssen.

Was den Alkoholkonsum Smith' anlangte, so hatte der Kommandant noch einmal bei Jackson nachgehakt, doch ohne Ergebnis. Der Smutje schwor Stein und Bein, nicht mehr an Smith ausgegeben zu haben, als er durfte. Hall glaubte ihm nicht, konnte jedoch das Gegenteil nicht beweisen. So wartete er ab, beobachtete Smith aber scharf.

In den letzten Tagen hatte er den Arzt schon zweimal wegen seines Benehmens und mangelhafter Pflichterfüllung ins Gebet genommen. Doch Smith glaubte anscheinend nach wie vor, Halls Sympathie für ihn sei unerschöpflich und die Vorhaltungen wären nur eine Art väterlich-gütigen Zeigefingers. Wer sich wochenlang darum riß – so kombinierte er –, ihn zum Mitkommen zu bewegen, und wer ihm dann nahezu alles durchgehen ließ, was anderen mindestens eine Tracht Prügel eingebracht hätte, der mußte ihn so hoch schätzen, daß ernsthafte Auseinandersetzungen wohl nicht zu befürchten waren. Vielleicht war es jetzt sogar an der Zeit, Hall zu sagen, aus welchen Gründen er hier auf dem Schiff weilte? Was sollte der Kommandant tun? Ihn nach Hause zu schicken ging nicht. Ihn zu bestrafen wohl ebensowenig, schließlich war er Offizier.

Von seinen beiden Bechern und zwei weiteren dazugekauften in die rechte Stimmung gebracht, sagte Smith, als ihm Hall eine neuerliche Standpauke halten wollte: »Mir steht die Expedition schon bis hierher, Sir, wissen Sie das?« Er legte die Handkante waagerecht an die Unterlippe. »Ich gäb was drum, wieder in New York zu sein und in meiner Praxis gepflegte und gewaschene Patienten unter die Finger zu bekommen.«

»Aber Doc, Sie haben mir die Hand . . .«, setzte Hall an, doch der Arzt unterbrach ihn sofort: »Hab ich, Sir, hab ich. Leider. Man macht manchmal Fehler im Leben, die sich nur schwer korrigieren lassen, Sir. Und es war ein Fehler, Ihnen zu folgen, obwohl ich schwerwiegende

Gründe hatte. Nämlich die Angst, einfach nackte Angst, von einem gehörnten Ehemann erschlagen oder von der Polizei wegen einiger Unlauterkeiten in der Praxis ... aber das geht Sie ja eigentlich doch nichts an, Sir. Sie kamen mir wie gerufen, zugegeben, und Sie haben mich zeitweilig sogar beeindruckt, in dieser Hafenkneipe damals. Da bin ich auf Ihre schönen Sprüche hereingefallen, hab wahrhaftig geglaubt, bisher falsch gelebt zu haben. Aber inzwischen ist mir klar, daß Ihre Pläne nichts sind als der Wahnsinn eines selbstsüchtigen Fanatikers. Für mich ist das einfach zu viel, Sir. Schlimmer, glaube ich, würde es mir im Gefängnis auch nicht ergehen. Statt auf mein Glück zu bauen und mich irgendwo zu verstecken, muß ich Ihnen nachlaufen, ausgerechnet Ihnen, einem Nordpolverrückten!«

Francis Hall hatte die Fäuste geballt und die Zähne zusammengebissen, um sich nicht an Smith zu vergreifen. Der Arzt war zwei Schritte zurückgetreten. »Ja, schlagen Sie mich ruhig, Sir«, sagte er, »vielleicht habe ich es verdient.«

»Ich werde Sie ...«, drohte Hall mit fast erstickender Stimme. Er fühlte eine unbändige Wut in sich hochsteigen.

Doch Smith, durch Alkohol und Aufregung nun doch unkontrolliert daherredend, schnitt ihm zum zweiten Mal das Wort ab: »Nichts werden Sie, Sir, gar nichts! Wollen Sie mich an den Mast binden und auspeitschen lassen? Was soll denn die Mannschaft von Ihnen denken? Oder wollen Sie mich aussetzen auf einer Eisscholle und erfrieren lassen? Viel mehr Möglichkeiten bleiben Ihnen ja nicht. Also, was soll's? Geb's der Himmel«, seufzte er dann, »daß uns das Eis bald zum Rückzug zwingt. Ich kann Ihnen versprechen, Sir: Wenn es einen Menschen auf diesem Schiff gibt, der sich mit allen Mitteln gegen eine Überwinterung stemmen und die Fortsetzung dieses wahnsinnigen Unterfangens im kommenden Frühjahr bekämpfen wird, dann bin ich es. Darauf können Sie sich verlassen!«

Und dann ging Smith einfach davon und ließ den Kommandanten wie einen Schuljungen stehen. Der zog sich in seine Kabine zurück und suchte mit seiner Verbitterung und Enttäuschung fertig zu werden. Hatte es einen Zweck, Morton, Chester oder gar Bessels einzuweihen? Die hatten ohnehin schon bemerkt, daß die Verpflichtung des John Smith ein eklatanter Fehlgriff des Kommandanten war.

Hatte Smith nicht sogar recht mit seiner Behauptung, er, Hall, könne nichts gegen ihn unternehmen? Er war ja klug genug, nicht offen zu meutern. Aber lediglich Meuterei böte Hall die Chance, ihm ein Gerichtsverfahren an den Hals zu hängen. Das wäre bei einem Offizier erforderlich. Zum ersten Mal auf dieser Reise resignierte der Kommandant. Es reichte wohl bei einem solchen Unternehmen nicht aus, wenn man allein Willenskraft, Mut und Ausdauer besaß. Zu viel hing davon ab, wie die anderen Männer dachten.

Auch Smith war in seine Kabine gegangen und hatte sich auf die Koje geworfen. Er war nicht zufrieden mit dem Verlauf der Unterhaltung, die von der Aussprache erhoffte Erleichterung stellte sich nicht ein. Was blieb, waren Enttäuschung und Selbstvorwürfe. Wer gab ihm, der vor einer Gefahr für Leib und Leben geflohen war und nun feststellte, daß er dafür den falschen Weg gewählt hatte, das Recht, Hall so zu beschimpfen und dessen Absichten, mochten sie auch von Ehrgeiz diktiert sein, als die Ideen eines Verrückten zu bezeichnen? Hatte Hall ihm nicht geholfen, aus einem sich anbahnenden Schlamassel herauszukommen? War er ihm dafür nicht sogar Dank schuldig? Smith hätte sich in diesem Moment am liebsten geohrfeigt. So dumm benahm er sich wirklich nur, wenn er nicht ganz nüchtern war. Mochte dieser Hall sein, wie er wollte, es war unfair, ihn zu beleidigen. Andererseits, dachte Smith, ich habe ihm doch nur die Wahrheit gesagt. Ich will nicht mehr! Nicht um allen Ruhm und alle Ehre dieser Welt bin ich bereit, zum Nordpol zu fahren. Ich will nach Hause, so schnell wie möglich. Also muß ich etwas tun, nicht reden und andere gegen mich aufbringen, sondern handeln und Verbündete suchen.

Halls Tatkraft, sinnierte er, ist das treibende Element, sie ist der eigentliche Motor der ›Polaris‹. Bei einem Schiff nimmt man den Dampf weg. Wie dämmt man Tatkraft ein?

8

Charles Francis Hall saß seit beinahe zwei Stunden unbeweglich auf dem alten Hundeschlitten der Grinnell-Expedition. George Tyson hatte ihn schon dreimal vergebens zum Frühstück in die Messe gebeten und ihm schließlich einen starken Kaffee und etwas Essen an Deck geschafft.

Das Wetter klarte auf, die Fahrt war flott, doch die Rinne schien nach Nordwesten hin immer schmaler zu werden. Die Mannschaft ging ihrer Arbeit nach, jeder schlich scheu an Hall vorbei, der den Kopf in die Hände gestützt hatte und zu schlafen schien.

Endlich erhob er sich, streckte seinen kräftigen Körper und stapfte zum Ruderhaus. Der Matrose Robert Krüger steuerte das Schiff, Wilhelm Morton war diensthabender Offizier.

»Na, wie läuft's, Morton?« fragte Hall, als er den Raum betreten hatte.

»Gut, Sir. Wenn das Wetter so bleibt, sind wir in ein paar Tagen am Pol.« Morton lachte.

»Schön wär's«, seufzte Hall. »Aber Sie wissen ja selbst, Wilhelm, innerhalb von zehn Minuten kann hier die Hölle los sein. Wie sieht es mit dem Eis aus?«

»Ehrlich gesagt, es macht mir Sorgen. Die Fahrrinne ist noch breit genug, wir kommen zügig voran. Aber«, Morton deutete voraus auf die in der Sonne gleißende Eiswüste, »seit geraumer Zeit beobachte ich, daß die Menge der jungen und kleinen Eisschollen, die rasch und leicht zu brechen sind, immer mehr abnimmt. Dafür wächst die Zahl der dicken und alten, schweren Eisblöcke, die der ›Polaris‹ trotz ihrer Panzerplatten und der Spikerhaut gefährlich werden können. Wenn Sie das Glas nehmen, Sir«, er reichte Hall das lange Fernrohr, »dann werden Sie in etwa zwei Meilen Entfernung schon ganz gewaltige Hummocks heranschaukeln sehen.«

Hall sah lange schweigend durch das Glas. Endlich setzte er es ab. »Sieht nicht gut aus, Morton, da gebe ich Ihnen recht. Aber wir müssen durch, wir müssen so lange wie möglich fahren. Wenn erst die Polarnacht über uns hereinbricht, ist ohnedies alles vorbei. Doch wem sage ich das? Schlüpfen Sie durch die Lücken, zeigen Sie, was Sie können, mein Freund. Jede Meile bringt uns dem Ziel näher, Wilhelm, meinem und Ihrem Ziel, dem Nordpol.«

»Geht in Ordnung, Sir.« Morton hatte eine belegte Stimme, denn Halls Worte hatten nicht wie ein Befehl, sondern eher wie ein flehentliches Bitten geklungen. Was war mit dem Kommandanten los? Wurde er weich oder war eben für einen Moment sein Inneres zutage getreten? Man mußte ihm entgegenkommen, ihm zeigen, daß man voll auf seiner Seite stand. »Ich persönlich werde die ›Polaris‹ nicht anhalten, Sir, bevor sie von alleine stehenbleibt«, fügte der Zweite deshalb hinzu und konzentrierte sich wieder voll auf die Instrumente. Er wußte als alter Seemann, daß der Zeitpunkt nicht mehr fern war, an dem sie zum Stoppen gezwungen sein würden.

Zufrieden mit diesem Treuebekenntnis seines Offiziers, das ihm wohltat nach der herben Enttäuschung mit Smith, verließ Francis Hall das Ruderhaus und schlenderte über Deck. Bei den Hunden herrschte das übliche Lärmen und Getümmel. Der Eskimo Hans fütterte sie. Er war untersetzt und kräftig, ein erfahrener Schlittenführer, ein toller Draufgänger bei der Jagd von Moschusochsen und ein exzellenter Fischer und Robbenfänger. Hans sprach fließend Englisch und war schon früher an Expeditionen zur Erforschung Neufundlands und Nordgrönlands beteiligt gewesen. Hall hatte ihn erst durch Morton kennengelernt, den frühere Erlebnisse mit Hans verbanden.

Anders stand es mit Joseph, dem zweiten Eingeborenen, und seiner Frau Hanne. Beide hatten Hall auf seiner zweiten Reise nach dem Hudsonbay-Gebiet begleitet und waren ihm auch auf einer Schlitten-Expedition nach King-Williams-Land zuverlässige Gefährten gewesen. Sie verehrten den Forscher wie einen Vater und zogen sein Wahlkind Pannik wie eine leibliche Tochter auf. Pannik hatte, von den Eltern ausgesetzt und von fremden Eskimos mehr schlecht als recht aufgezogen, Halls gutes Herz gerührt. Im Tausch gegen einen Schlitten und einige Hunde »erwarb« er die Kleine und gab sie in die Obhut von Joseph und Hanne, die das Kind bald abgöttisch liebten und es ihrer Tochter Christin in jeder Hinsicht gleichsetzten.

Hall erfreute sich eine Weile an Hansens Begabung, mit den wilden Bestien umzugehen. Dann trottete er weiter, jedes Detail seines prächtigen Schiffes erneut betrachtend und glücklich, eine so gute Wahl getroffen zu haben. An der Backbordseite traf er den Zimmermann Nathan Coffin bei der Arbeit. Er baute zwei weitere Schlitten, für den irgendwann bestimmt eintretenden Fall, daß die »Polaris« einfror und man die Forschungsarbeiten bis zum Beginn der Polarnacht und vielleicht auch noch während der Dunkelheit auf dem festen Eis fortsetzen mußte.

»Schaffen wir's, Coffin?« fragte Hall und blieb stehen.

»Aber immer, Sir.« Coffin erhob sich aus der gebückten Stellung und legte den Hobel beiseite, mit dem er eine Kufe geglättet hatte. »Solch herrliches Holz hab ich selten unter den Händen gehabt«, sagte er anerkennend. »Da macht die Arbeit Spaß. Sie werden sehen, Sir, die Schlitten gleiten, daß es eine Freude ist. Wie auf Butter, sage ich Ihnen.« Er lachte breit.

»Bergab wird's vielleicht allein gehen, Coffin. Aber den Berg hinan oder gar über die Kanten der Eisschollen hinweg, die sich meterhoch übereinandergeschoben haben, da werden wir wohl die Hunde brauchen, oder meinen Sie nicht?«

»Stimmt schon, Sir. Wollte bloß sagen, daß ich Ihnen gute Arbeit liefern werde.« Coffin war ein bißchen verlegen.

»Davon bin ich überzeugt, Coffin . . . Aber werden Sie's allein schaffen? Brauchen Sie Hilfe? Soll ich noch einen Mann aus der Besatzung . . .?«

»Schlecht wär's nicht, Sir. Wenn Sie mir den Heinrich Hobby oder den Gustav Lundquist . . . Da ging's flotter voran, denk ich.«

»Mal sehen, was sich machen läßt. Werde mit Morton reden. Wenn nicht die beiden, dann vielleicht Mauch oder den kleinen Hays. Das sind doch auch flinke und fleißige Leute.«

»Wenn's sein muß, Sir«, seufzte der Zimmermann, »aber ganz recht wär mir's nicht, ehrlich gesagt. Da bleib ich lieber allein und arbeit' für zwei.« Seine Augen blitzten für einen Moment böse.

Hall, der seit langem bemerkt hatte, daß sich in der Mannschaft bestimmte Gruppen herausbildeten, die sich, so gut das auf dem Schiff möglich war, aus dem Wege gingen, hakte ein: »Was ist mit den beiden?«

»Ach nichts, Sir.« Der Zimmermann ärgerte sich schon, daß er davon angefangen hatte. Doch gerade mit Mauch und Hays kam er nicht zurande. Sie neckten und verspotteten ihn, wo sie eine Möglichkeit sahen.

»Aber Coffin, Sie haben doch eben . . .«

»Schon gut, Sir, lassen wir's dabei. Bitte, Sir.« Coffin wandte sich wieder seiner Arbeit zu.

Doch der Kommandant blieb hartnäckig. »Hören Sie mal, Coffin. Ich kenne und schätze Sie als untadeligen und ehrlichen Menschen. Sie sagen doch nichts ohne Grund. Also, was ist? Nun haben Sie A gesagt, jetzt muß auch das B kommen.«

»Na ja«, druckste der Zimmermann. »Hays und Mauch ... das sind bestimmt gute Matrosen, Sir, kann ich nicht einschätzen. Aber gute Menschen – das sind sie nicht, denke ich. Gewiß nicht, Sir. Immerzu meckern, die Kameraden verspotten, alle Leute beschimpfen, gegen die Offiziere ...« Er stockte und wandte sich hastig ab.

»... hetzen wollten Sie sagen, Coffin, oder?«

»Nein, nein, Sir. Nicht gerade hetzen, das nicht. Aber sticheln und kleine Fehler aufbauschen, die Befehle als unüberlegt hinstellen und so, das machen sie gern. Ich mag das nicht und hab kein Verständnis dafür. Nur gut, daß sie bei den wenigsten Gehör finden. Doch am Ende bleibt's unangenehm und nicht gut für die Mannschaft, Sir. Also, ich muß jetzt weitermachen.«

Hall wünschte ihm viel Erfolg und ging davon. Mit diesem Noah Hays und diesem Joseph Mauch mußte er noch ernsthaft reden. Er kannte Hays' große Klappe, hatte dessen Bemerkungen jedoch immer mit einem Lächeln abgetan, weil der Mann als Matrose wirklich zuverlässig war. Er war eben ein Großmaul. Mauch hingegen, der Bursche hatte Haare auf den Zähnen. Er war sicher ein bißchen heimtückisch und hatte die Reise wohl ebenso satt wie John Smith. Solange das jeder mit sich abmachte, mochte es angehen. Wenn die Männer aber jetzt schon querelten und unter der Besatzung Streit entstand, was sollte dann erst in der Zeit einer Überwinterung werden, wo man monatelang aufeinander angewiesen war? Hall nahm sich vor, das Gespräch sogleich zu führen. Nur Chester, der Erste, sollte dabeisein. Ihn mußte er sofort aufsuchen.

Plötzlich verstummte das Motorengeräusch, das Schiff verlor an Fahrt. Was war los?

Der Kommandant verschob die Suche nach dem Ersten Offizier auf später und eilte zum Ruderhaus zurück, um Morton nach den Gründen für die Fahrtunterbrechung zu befragen.

In der kleinen Kabine standen sich Buddington und Morton wie zwei Kampfhähne gegenüber. Der Matrose Robert Krüger hatte sich in die Ecke verdrückt, um nicht zwischen seine beiden Vorgesetzten zu geraten.

Francis Hall stürzte in den Raum hinein und brüllte: »Was geht hier vor? Wer hat befohlen, das Schiff zu stoppen?« Dann zog er die Tür hinter sich zu, denn die Mannschaft auf Deck wurde schon aufmerksam.

»Mister Buddington«, sagte Morton und zeigte mit dem Finger auf den Eis- und Segelmeister.

»Ich.« Buddington sagte es herrisch und selbstsicher.

»Und weshalb, wenn man fragen darf?« fuhr Hall ihn an. Zum ersten Mal verlor er die Beherrschung gegenüber dem Segelmeister.

»Um Schiff und Mannschaft zu retten«, entgegnete Buddington ruhig. »Die Eisverhältnisse lassen eine Weiterfahrt nicht zu. Als Eis- und Segelmeister kann ich diesem Wahnsinnigen«, er wies auf Morton, »nicht gestatten, sehenden Auges in die Umklammerung zu dampfen. Wir werden umkehren und uns weiter südlich einen Hafen suchen.«

»Wer sagt das?« fragte Hall und sah sich um, als suche er im Raum einen Mann, der mehr zu befehlen hatte als er.

»Ich.« Buddington sagte es im gleichen Tonfall wie vorher.

»Und seit wann haben Sie über die Expedition zu entscheiden, Mister Buddington?«

»Ich bin für das Schiff verantwortlich, Sir, voll verantwortlich – für alle seemännischen Belange.«

»Und ich bin der Kommandant, falls Ihnen das entgangen sein sollte«, knurrte Hall böse, hätte sich im gleichen

Moment aber am liebsten auf die Zunge gebissen. Er rief sich zu mehr Sachlichkeit auf und fuhr fort: »Hören Sie gut zu, Mister Buddington, was ich jetzt sage, denn ich sage es nur ein einziges Mal: Wir nehmen sofort wieder Fahrt auf und dampfen mit nordöstlichem Kurs weiter! Haben Sie verstanden, mit nordöstlichem, nicht mit südlichem Kurs!«

Buddington schwieg einige Sekunden und blickte starr geradeaus, als müsse er sich zu einer Entscheidung durchringen. Dann sagte er entschieden: »Nein, Sir!«

Der Eis- und Segelmeister wußte genau, was sich da vor der »Polaris« in der harten Nord-Süd-Strömung zusammenbraute. Hummocks von beträchtlichem Ausmaß schoben sich übereinander, glitten wieder weg, verkeilten sich aufs neue. Noch schwamm der größte Teil von ihnen, es gab Lücken für den Dampfer. Doch wie lange noch? Was geschah, wenn das Schiff inmitten des offenen Sunds mit diesen scharfkantigen Eisblöcken kollidierte und die Panzerplatten dem Druck nicht standhielten? Was, wenn sie inmitten der Wasserstraße einfroren, ohne den Schutz einer Küste?

Buddington, der keineswegs darauf aus war, sich mit Hall anzulegen – obschon er einen Streit nicht scheute, wo der unumgänglich war – hatte alles Für und Wider eines weiteren Vorstoßes nach Norden gründlich bedacht. Er war sogar zu dem Eskimo Hans, später auch zu Joseph in deren Bretterverschlag am Heck gekrochen, um sie, die besten Kenner nördlicher Klimaverhältnisse, nach ihrer Meinung zu fragen. Und sie hatten ihm, freilich mit einigem Wenn und Aber, im Prinzip zugestimmt: Stoppen und eine Bucht anlaufen, die man als Überwinterungshafen einrichten konnte.

So kam schließlich der Befehl zustande, die »Polaris« anzuhalten, und so kam es auch zu dem entschiedenen »Nein, Sir!« Buddingtons.

Das allerdings betrachtete Hall als offenen Aufruhr.

Morton schluckte bei der Bemerkung des Segelmeisters, als säße ein Kloß in seinem Hals. Zugleich bereitete er sich darauf vor, Hall von Tätlichkeiten gegenüber dem Schiffsführer abzuhalten, denn er kannte das impulsive Wesen des Expeditionsleiters.

Der Kommandant hatte schon beide Fäuste erhoben. Meuterei – und er sah den Vorfall als solchen an – das war das Letzte, was man ihm bieten durfte! Dieser kleine Mann verkroch sich aber nicht in die Ecke, zeigte keine Angst vor ihm, was Hall sehr beeindruckte. Hochaufgerichtet stand Buddington vor dem schäumenden Hall und sah ihm offen in die Augen. Er setzte wohl seine Befugnisse als Eis- und Segelmeister, als erfahrenster unter den Seeleuten, höher an als Halls Macht eines Kommandanten. Wenn er das aber tat, dann mußte er sich seiner Sache sehr sicher sein.

Hall zögerte, ließ die Fäuste sinken und steckte die Hände in die Taschen seines Pelzes. Die Spannung, die über dem Raum gelegen hatte, ließ nach. Morton atmete auf, und auch Krüger ließ aus seiner Ecke ein zufriedenes Schnaufen hören. Gott sei Dank, fürs erste war die Gefahr gebannt, daß Hall den kleinen Mann niederschlug.

»Erklären Sie sich, Mister Buddington«, brachte der Kommandant mühsam hervor, ohne den Segelmeister dabei anzusehen.

Sidney O. Buddington hielt ihm das Fernrohr hin. »Überzeugen Sie sich selbst, Sir«, sagte er gelassen. »Von einer Fahrstraße im eigentlichen Sinne kann schon seit Stunden keine Rede mehr sein. Ich habe zugelassen, daß Mister Morton die ›Polaris‹ unter großen Mühen zwischen den Eisschollen hindurchlavierte. Was nun jedoch vor uns liegt, gebietet die Umkehr. Es hieße Gott lästern und das Leben von fünfunddreißig Menschen – rechnet man die Eskimofrauen und ihre Kinder mit – aufs Spiel setzen, wenn auch nur noch eine Meile mit diesem Kurs zurückgelegt wird. Was da auf uns zukommt, Sir, sind nicht mehr schlechthin Eisschollen, sondern kleine Eisberge, und von denen liegt bekanntlich nur ein Siebentel über der Wasseroberfläche. Dieses Schiff ist nicht unsinkbar, Mister Hall.«

Charles Hall hatte einen kurzen Blick durchs Rohr geworfen und dabei festgestellt, daß die im offenen Wasser schwimmenden Schollen wesentlich dichter beieinander trieben als vorher und daß einzelne von ihnen beträchtlich an Umfang zugenommen hatten. Aber von Eisbergen konnte nach seiner Meinung nicht die Rede sein.

»Sie haben wohl Angst, Mister Buddington?« fragte er nun, als der Eismeister schwieg. Es sollte spöttisch klingen, doch der Tonfall mißlang. Hall ärgerte sich darüber. Warum er sich bloß immer so hinreißen ließ!

»Ja, Sir, ich habe Angst«, antwortete Buddington fest und fügte erklärend hinzu: »Aber nicht um mein Leben, wie Sie sicher vermuten, sondern um Schiff und Besatzung. Es scheint mir zweckmäßiger, ein paar Meilen nach Süden zurückzufahren und dort eine sichere Bucht zu suchen, in der wir überwintern können, als hier offen und ungeschützt steckenzubleiben und danach wirklich allen Unbilden der Witterung ausgesetzt zu sein. Damit will ich keineswegs die Expedition sabotieren, Sir. Ich habe mich Ihnen angeschlossen, um die vom Präsidenten der Vereinigten Staaten befohlenen Forschungsarbeiten durchzuführen. Und ich werde, auch wenn ich die Mission für nutzlos halte, auch wenn ich meine Zusage bereits bereue, zu meinem Wort stehen. Bloß, Sir ...«, er suchte Halls Blick und heftete seine Augen voll in die des Kommandanten, »es kann uns, meine ich, doch eigentlich egal sein, ob wir am achtzigsten oder fünfundachtzigsten Breitengrad überwintern. Den Nordpol erreichen wir in diesem Jahr sowieso nicht mehr.«

»Vielen Dank für Ihre Belehrung, Mister Buddington«, fauchte Hall, der sich noch immer nicht beruhigen konnte, »doch ich bin da ein wenig anderer Meinung als

Sie. Kein Mensch, der ein bißchen Ehre und Mumm in den Knochen hat ...«

»Sir!« unterbrach ihn der Segelmeister scharf.

Hall winkte ab. »Lassen Sie mich mit Ihren Gefühlsausbrüchen in Ruhe, Mister Buddington. Sie haben vorhin auch nicht danach gefragt, ob ich beleidigt sein könnte, wenn Sie von Gotteslästerung und aufs Spiel gesetzten Menschenleben schwafeln. Aber wenn Sie meinen, ich sollte mich bei Ihnen entschuldigen, so sei das hiermit getan. Also, wer ein bißchen Ehre und Mumm in den Knochen hat, sagte ich, dem kann es nicht egal sein, wie weit er im ersten Anlauf zum Pol vorstößt, und schon gar nicht, wie viele Meilen nach der Überwinterung noch bis zum Ziel zurückzulegen sind. Wäre dem so, dann könnte man auf die lange Polarnacht in dieser unwirtlichen Gegend gänzlich verzichten und bis Fiskernässet oder Godnhavn zurückdampfen ... Wir fahren also weiter!«

»Ohne mich, Sir«, sagte Buddington und reckte seinen kleinen Körper, um den Worten Nachdruck zu geben.

»Machen Sie sich nicht lächerlich, Mann«, entgegnete Hall. »Es wird ohne Sie gehen. Glücklicherweise gibt es genügend Männer an Bord, die vor ein paar größeren Eisbrocken nicht gleich das Zittern kriegen, was, Morton?«

Morton nickte widerwillig. Da brachte ihn der Kommandant ganz schön in Verlegenheit. Vor kurzem hatte er ihm noch wider besseres Wissen erklärt, er werde die »Polaris« nicht eher anhalten, bis ... Nun mußte er eigentlich Buddington Recht geben. Um Zeit zu gewinnen, sagte er: »Ja, Sir, aber man sollte eventuell alle Offiziere ...«

»Ein Palaver also?« fragte Hall enttäuscht.

»Nicht gerade das, Sir, doch Chester und Bessels und ...«

»Na gut, kommen Sie mit, meine Herren! Es soll später nicht heißen, der alte Charles Francis Hall war ein übler Tyrann, der niemandes Meinung geachtet hat. Brechen wir alle Regeln, die auf einem Schiff üblich sind, und spielen ein bißchen Parlament.« Er lachte gezwungen. »Mister Buddington kann ja später immer noch auf einer Eisscholle zurückschwimmen, wenn ihm die Fahrt in Richtung Norden zu gefährlich ist.« Der Spott mißglückte ein zweites Mal. Die Situation war peinlich.

Hall stapfte aus dem Ruderhaus und übers Deck auf die große Kajüte zu. Einem Matrosen, der an der Reling

lehnte, befahl er, sofort die Offiziere zu ihm zu bitten. Plötzlich hielt er inne, drehte sich um, sah zum Ausguck hinauf und rief: »He, Hobby, was siehst du?«

Heinrich Hobby blickte über den Korbrand hinunter aufs Deck. Als er sah, wer ihn da angesprochen hatte, wurde er geschäftig, riß das Fernrohr an die Augen und betrachtete aufmerksam das in Fahrtrichtung liegende Gebiet. Dann brüllte er: »Viel Eis, Sir. Vor uns wird es immer dichter. Es sieht aus, als ob sich die Eisschollen langsam aufeinander schieben. Aber zwei, drei Meilen dahinter ist offenes Wasser, bis an den Horizont. Wenn man da hinkönnte, Sir . . .«

»Dacht' ich's doch«, brummte Hall zufrieden und setzte seinen Weg zur Kajüte fort.

Mit ihm zugleich traten Buddington und Morton ein, Chester und Bessels folgten kurz darauf. Nur John Smith, auf dessen Ansicht der Kommandant trotz der Meinungsverschiedenheiten nicht verzichten wollte, ließ sich Zeit. Er roch wieder nach Alkohol und warf sich mit einem Seufzer auf seinen Stuhl, als sei es eine Zumutung Halls, ihn aus seiner wohlverdienten Ruhe hochzuschrecken.

Dr. Emil Bessels hatte von der Auseinandersetzung im Ruderhaus nichts mitbekommen, sondern mit Bryan und Meyer Vermessungsarbeiten durchgeführt, eine Tätigkeit, bei der er sich durch nichts stören ließ. Er glaubte nun, es sei eine der in letzter Zeit mit Zunahme der Forschungsergebnisse öfter stattfindenden wissenschaftlichen Beratungen angesetzt und wollte Hall gleich zu Beginn eine Freude machen. »Zweiundachtzig Grad und sechzehn Bogenminuten hatten wir erreicht, als das Schiff stoppte, Sir«, sagte er vergnügt. »So weit im Norden war vor uns noch kein Mensch. Ich gratuliere Ihnen, Sir!«

Hall nickte zufrieden und stolz. »Danke, Doktor. Eine wunderbare Leistung unseres Schiffes. Oder?« Er sah sich in der Runde um. Chester und Morton strahlten mit ihm, Buddington und Smith hingegen zeigten keinerlei Regung.

Der Kommandant fuhr fort: »Doch so sehr uns das – mit einigen Ausnahmen, wie ich sehe – auch freut, es reicht nicht aus. Noch trennen uns mehr als sieben Grad vom Ziel. Das ist nicht sehr viel, aber unter den Bedingungen hier doch noch ein schönes Stück Arbeit. Wenn es allerdings nach Mister Buddington ginge«, Hall nahm ein Blatt Papier vom Tisch, rollte es zusammen und schlug damit im leichten Staccato auf die Tischkante, um seine Aufregung besser zu verbergen, »dann wäre bereits hier Endstation und der restliche Weg eine Sache des nächsten Jahres. Mister Buddington hält es nämlich nicht für ratsam, ja sogar für gefährlich, weiterzufahren. Da ich seine Meinung auf keinen Fall teile, aber auch nicht über die Köpfe der Offiziere hinweg entscheiden will – obwohl ich das durchaus könnte – möchte ich Sie um Ihre Ansicht zu diesem Problem bitten. Um Ihre unumwundene Ansicht! Denn ich halte es nicht für zweckmäßig, mir hier nach dem Munde zu reden und dann später im stillen Kämmerlein mit meiner Entscheidung zu rechten und darüber zu diskutieren. Also, meine Herren, wie denken Sie? Meine Frage lautet: Weiter nach Norden oder zurück in einen sicheren Hafen? Mister Bessels?«

»Weiter nach Norden, Sir. Ich habe nicht den weiten Weg aus Europa hierher gemacht, um jetzt schon zu kapitulieren. Unsere wissenschaftliche Ausbeute ist bisher gut, doch ich verspreche mir von der Zukunft noch viel mehr. Das Schiff ist stabil, die Mannschaft okay. Also weiter, Sir, bis es wirklich nicht mehr geht.«

»Danke, Mister Bessels«, sagte Hall erfreut und sprach dann den Eismeister an: »Mister Buddington!«

»Meine Meinung kennen Sie, Sir.«

»Ich möchte sie hier vor dem Gremium der Schiffsführung aber gern noch einmal hören. Schließlich und endlich sollen sich die Herren ja ihre eigenen Gedanken machen, und da müssen sie zumindest erfahren, warum Sie bereits jetzt die Segel streichen wollen.«

»Wie Sie wünschen, Sir. Also: Meine Antwort auf Ihre Frage lautet, zurück in einen sicheren Hafen. Ich halte die derzeitigen Eisverhältnisse und vor allem die starke Strömung für sehr gefährlich und kann es als Schiffsführer« – er betonte dieses Wort – »nicht verantworten, die ›Polaris‹ und damit die gesamte Expedition aufs Spiel zu setzen.«

»Danke.« Hall reagierte frostig, doch nicht mehr wütend. Wenn es, was er eigentlich vermeiden wollte, zu einer Abstimmung kam, hatte er ja noch zwei Eisen im Feuer. Mit freundlichem Lächeln drehte er das Gesicht dem Zweiten Offizier zu: »Und Sie, Mister Morton, was würde Ihnen am besten gefallen?«

»Selbstverständlich weiterfahren, Sir, aber . . .«

»Was, aber?« fragte Hall erstaunt.

Morton kam sich ein bißchen als Verräter vor, als er antwortete: »Nun ja, Sir, es wäre mir natürlich am liebsten, wenn wir weiterführen. Doch ganz vom Tisch wischen kann ich als Seemann Mister Buddingtons Einwände nicht.« Hall sah ihn verdutzt an, Buddington hingegen verzog keine Miene. »Eisgang und Strömung sind gefährlich, aber mit der entsprechenden Vorsicht und Umsicht . . . ich denke, Sir, wenn wir alle Vorkehrungen treffen, dann können wir durchaus weiter.«

»Na gut. Und wie ist Ihre Meinung dazu, Mister Chester?«

Der Erste rutschte ebenfalls unruhig auf seinem Stuhl hin und her, als Hall ihn ansprach. Er war kein Feigling, sondern ein erfahrener Seemann, und er hatte bereits an mehreren Expeditionen in die Welt des ewigen Eises teilgenommen. So sehr er Buddingtons Aufgeben auch mißbilligte, irgendwo nahm er dessen Sorgen ernst und teilte die Bedenken. So zögerte er jetzt, eine klare Entscheidung zu treffen, obgleich er wußte, wie sehr sein abwägendes Verhalten den Kommandanten enttäuschen würde. »Ich kenne Mister Buddington seit Jahren und weiß um seine großen . . .«, begann er ausweichend, doch Hall unterbrach ihn heftig: »Vor oder zurück, Mister Chester?«

Der Erste gab auf, er konnte sich nicht gegen den Kommandanten stellen, der ihm so viel Vertrauen und Freundschaft entgegenbrachte. »Dann schon lieber so weit wie möglich vor, Sir«, sagte er.

»Na also«, entgegnete Hall, schon wieder ruhiger. Dann drehte er sich abrupt um und fixierte den New-Yorker Arzt mit nicht gerade freundlichem Blick. »Und wie steht es mit Ihnen, Doktor Smith?«

Der Medizinmann gab sich betont desinteressiert und rekelte sich ungezwungen, als langweile ihn nichts mehr auf der Welt als ebendieses Gespräch. Dann sagte er grinsend: »Zurück nach New York, aber gleich.«

Halls Stimme klang frostig, während er ihm antwortete: »Diesen Gefallen kann ich Ihnen leider nicht tun. Aber ich werte Ihre Worte als Wunsch, einen Hafen aufzusuchen?«

»Ja. Aber wenn Sie unbedingt wollen, so fahren Sie meinetwegen weiter. Soll doch die Nacht über uns hereinbrechen, wo immer sie will.«

»Mister Buddington«, wandte sich der Kommandant nun an den Eis- und Segelmeister, »Sie haben die Meinung der Offiziere gehört. Drei haben – wenn auch mit Vorbehalten – mit mir für eine Weiterfahrt gestimmt. Im Parlament wäre das eine Zwei-Drittel-Mehrheit. Bitte veranlassen Sie, daß die ›Polaris‹ wieder in Schwung kommt.«

Er wählte bewußt diesen etwas lässigen Tonfall, um die Kluft nicht noch tiefer werden zu lassen und Buddington eine Demütigung zu ersparen.

Doch zum zweiten Mal an diesem Tag erwiderte der Segelmeister entschieden: »Nein, Sir! Ich kann es nicht verantworten!«

Und Hall tat etwas, das die Männer in Erstaunen setzte: er gab nach. »Dann kommen Sie bitte jetzt an Deck, meine Herren. Wir werden an Ort und Stelle die Verhältnisse noch einmal überprüfen und dann endgültig entscheiden.«

Morton starrte seinen Kommandanten entgeistert an. War das noch der unverwüstliche, hartnäckige Charles Francis Hall, der da vor ihm stand und sich von Buddington in die Enge treiben ließ? War das der willensstarke Mann, der fast volle acht Jahre mit Eskimos in einem Iglu am Rande der Zivilisation gelebt und Entbehrungen jeder Art auf sich genommen hatte?

Was Morton nicht wissen konnte war, daß mit Francis

Hall in den letzten Stunden eine Veränderung vor sich gegangen war, wie sie oft bei Menschen anzutreffen ist, die ihr Leben lang gewohnt sind, daß man jeden ihrer Befehle ohne Gegenrede erfüllt: sie werden entweder zum unbeherrschten Tyrannen, wenn sich einmal Widerspruch erhebt, oder sie kapitulieren. Sie zweifeln plötzlich an sich und ihrer Durchsetzungskraft und halten sich für verbraucht. Hall resignierte, er gab sich vorerst mit dem Erreichten zufrieden und setzte Hoffnungen auf das folgende Jahr, in dem er einen erneuten Vorstoß zum Pol unternehmen wollte. Er war nicht so sehr enttäuscht über den Eis- und Segelmeister, sondern vielmehr erstaunt über dessen Standhaftigkeit und persönlichen Mut. Da hatten doch wohl jene Leute recht behalten, die Buddington schon vor Beginn der Expedition zugetraut hatten, das ganze Unternehmen auch ohne Hall zu Ende zu bringen. Und wenn Buddington jetzt so energisch gegen eine Weiterfahrt auftrat, konnte Hall nicht umhin, seine Argumente anzuerkennen, wenn sich auch alles in ihm dagegen sträubte.

Aber den Irrtum, diesen Smith an Bord zu holen, konnte sich der Kommandant nicht verzeihen. Wo waren nur sein Verstand und seine Menschenkenntnis geblieben? Er hatte sich täuschen lassen. War das allein nicht Grund genug zur Resignation? Für den Moment schon, doch er wäre nicht Charles Francis Hall, wenn ihn solche Ereignisse für immer aus der Bahn würfen.

Mittlerweile hatten sich die Offiziere erhoben und sich an Hall vorbei durch die niedrige Kajütentür gedrängt. Der Kommandant ging ihnen langsam nach, müde und unlustig.

Auf dem Deck stand nahezu die komplette Mannschaft versammelt. Die Männer hielten sich allerdings in gebührender Entfernung auf. Irgendwie mußte es sich herumgesprochen haben, daß in der Kajüte wichtige Dinge beraten worden waren, und jeder wollte nun so rasch wie möglich in Erfahrung bringen, womit sich die Schiffsleitung befaßt hatte und zu welchem Ergebnis sie gekommen war.

Das Wetter war klar, die Temperatur lag nur wenig unter dem Gefrierpunkt, der Wind blies mäßig aus Nordost. Unmittelbar vor dem Bug der »Polaris« hatten sich Eisschollen aufgetürmt. Die dadurch entstandene Barriere war etwa dreihundert Meter breit. Das Eis schaukelte und bewegte sich krachend, ein Zeichen dafür, daß die Schollen noch nicht aneinandergefroren waren, sondern auf offenem, in Richtung Südosten strömendem Wasser schwammen. Hinter der Barriere schien eine relativ breite Fahrstraße zu beginnen, und hoch im Norden waberte eine dichte, sich weit von Ost nach West ziehende Wasserdampfwolke.

Emil Bessels machte die Offiziere auf die Nebelschwaden aufmerksam: »Sehen Sie dort im Norden diese dichte Wolke, meine Herren? Meines Erachtens kündet sie offenes Wasser an, denn es ist kein Nebel im eigentlichen Sinne, sondern Wasserdampf, wie er durch die Verdunstung über einer großen freien Fläche entsteht. Es müßte mit dem Teufel zugehen, wenn wir dort nicht mit voller Kraft vorankämen.«

»Es ist Nebel über Eis«, widersprach Buddington, obwohl er wußte, daß auch Bessels' Theorie stimmen konnte. »Und außerdem, Mister Bessels: diese vor uns liegende Barriere schafft die »Polaris« nie und nimmer. Das sind ja bis zu dreißig Zoll starke Schollen, die uns, wenn sie in Bewegung geraten, ein gehöriges Leck schlagen können. Glauben Sie mir, meine Herren, hier geht es nicht weiter, keine Zehntelmeile. Verschieben Sie Ihr Unternehmen auf das kommende Frühjahr und lassen Sie uns einen Überwinterungsplatz suchen, solange sich das Wetter noch von der freundlichen Seite zeigt.«

Hall hatte sich bei Buddingtons Worten ein paar Schritte von der Gruppe entfernt. Noch gab er nicht vollends auf und suchte weiter nach einer Möglichkeit, seinen Willen mit friedlichen Mitteln durchzusetzen, um nicht auch noch die Mannschaft zu verärgern, in der sich heftig diskutierende Parteien gebildet hatten.

Nun nahm der Kommandant die Hände als Schallverstärker vor den Mund und rief zum zweiten Mal innerhalb einer Stunde zum Krähennest hinauf, wo Heinrich Hobby noch immer Ausguckdienst tat: »Hallo, Hobby! Beschreiben Sie mir ausführlich, was Sie sehen!«

»Aye, aye, Sir!« rief der Matrose, nahm noch einmal das Fernrohr und schilderte, was er sah: »Das vor uns liegende Eisfeld ist rund eine Viertel Meile breit und ständig in Bewegung, Sir. Dahinter liegt eine direkt nach Norden führende Fahrstraße, die später nach Nordosten abschwenkt. Im Norden selbst aber ist sehr viel offenes Wasser zu sehen. Ich glaube nicht, Sir, daß uns die Eisverhältnisse hindern, unseren alten Kurs fortzusetzen.«

»Danke, Hobby, aber ich habe Sie nicht um Ihre Meinung befragt, sondern nur eine Lagebeschreibung verlangt«, sagte Hall und sprach dann den Eis- und Segelmeister an: »Überzeugt Sie das, Mister Buddington?«

»Nein«, sagte der, »denn wir werden im Eis steckenbleiben und das angeblich vorhandene Fahrwasser nie erreichen. Ich hab das im Gefühl, Sir, glauben Sie mir, und ich habe Erfahrung mit dem Wetter in dieser Gegend. Innerhalb von Minuten ...«

»Um Himmels willen, Buddington, stellen Sie sich doch bloß nicht so bockig«, fauchte Hall. »Was soll denn nun wieder das Gerede von ›angeblichem‹ Fahrwasser? Wenn Sie Ihren Matrosen nicht glauben, dann klettern Sie doch gefälligst selbst in den Ausguck und überzeugen Sie sich, was los ist, statt hier von Deck aus ohne die erforderliche Sicht die Lage zu beurteilen.«

»Ich werde mich hüten, Sir, in meinem Alter noch in den Wanten herumzuklettern«, konterte der Segelmeister. »Ich bin durchaus in der Lage, von Deck aus einzuschätzen, was für dieses Schiff gut ist. Doch wenn Sie partout nicht wollen, dann fahren Sie meinetwegen weiter und richten Sie die ›Polaris‹ zugrunde, bevor Sie Ihre Mission erfüllt haben. Sie sind ja der Leiter der Expedition.« Buddington wurde zum ersten Mal schärfer im Tonfall und ließ dadurch erkennen, wie er eigentlich zu Hall stand. »Die Regierung, der Marineminister und der Präsident werden sich dann freuen, gerade Ihnen das Unternehmen anvertraut zu haben. Ich jedenfalls wasche meine Hände in Unschuld und lehne jede Verantwortung für das weitere Geschehen ab. Guten Tag, Sir.« Damit ließ er Hall stehen und ging zu seiner Kabine.

Das war stark. Der höchste Offizier brüskierte den Kommandanten vor der gesamten Mannschaft. Keiner der Männer sagte ein Wort, nur das Krachen des Eises und das Pfeifen des Windes in den Wanten waren zu hören.

Hall brüllte ein herrisches »Buddington!« hinter dem kleinen Mann her, doch der ließ sich nicht beirren und ging weiter.

Es war zwei Uhr nachmittags, als der Kommandant an den Ersten Offizier die Aufforderung richtete, die »Polaris« auf Westkurs zu bringen und einen geeigneten Platz für das Winterquartier zu suchen. Später sollte sich zeigen, daß dieser Befehl nicht zu zeitig gegeben worden war. Als das Schiff den neuen Kurs aufnahm, klatschte ein Matrose begeistert Beifall: Joseph Mauch.

9

Charles Hall schreckte aus dem Schlaf hoch. An Deck der »Polaris« schien die Hölle los zu sein. Es dauerte eine Weile, bis er die Stiefel angezogen und die Pelzjacke übergeworfen hatte. Dann stapfte er, noch leicht benommen, aus der Kajüte. Bitterkalte Luft schlug ihm entgegen. Die Sonne stand als weißlicher Ball zwei Handbreit über dem Horizont.

Am Heck, nahe dem Bretterverschlag der Eskimos, war mehr als die Hälfte der Mannschaft versammelt. Die Männer bildeten einen Halbkreis, sie klatschten in die Hände, stampften auf die Decksplatten und feuerten mit lauten Rufen zwei Matrosen an, die sich mit den Fäusten bearbeiteten. Aus der Tür der Holzbude lugten die Eskimos hervor und betrachteten das Treiben ohne Anteilnahme. Nur Christin lächelte schelmisch.

Etwas abseits bemerkte Hall Dr. Smith, der sich gerade mit einem riesigen Taschentuch Blut aus dem Gesicht wischte. Sein linkes Auge war geschwollen, mit dem rechten starrte er böse in die von den Matrosen gebildete Arena.

Der Kommandant blieb entgegen seiner sonstigen Gewohnheit stehen und sah eine Weile zu. Seit einigen Tagen fühlte er sich schlapp und lustlos. Er lag lange auf seiner Koje oder saß regungslos am Kartentisch. Was um ihn herum geschah, nahm er zwar wahr, doch es interessierte ihn kaum. Er beteiligte sich nur noch selten an den Gesprächen der Offiziere bei den Mahlzeiten. Dabei war er nicht krank und fühlte keinerlei Schmerzen, und selbst Bessels, dem er sich einmal anvertraut und der ihn daraufhin gründlich untersucht hatte, konnte nichts feststellen, was auf eine Krankheit hindeutete. Merkwürdig war nur, daß Hall übermäßig von Durst geplagt wurde und den Steward beständig zum Smutje schickte, um Kaffee oder Tee zu holen.

Plötzlich stand Morton neben ihm, der den Lärm ebenfalls gehört hatte und nach dem Rechten sehen wollte. »Was ist denn hier los, Sir?« fragte er aufgeregt.

»Keine Ahnung ... Da prügeln sich zwei.« Hall zuckte mit den Schultern.

»Und weshalb?«

»Weiß ich auch nicht, Morton. Treiben Sie die Kampfhähne auseinander und fragen Sie mal, was die Zirkusnummer soll. Sagen Sie ihnen, es gibt Ärger, wenn nicht bald Ruhe herrscht.« Damit machte der Kommandant kehrt und ging in die Kajüte zurück.

Eine halbe Stunde später klopfte Morton. »Kann ich reinkommen, Sir?«

»Ja. Setzen Sie sich irgendwo hin. Was gab's denn so Wichtiges da draußen?« Hall, der wieder auf der Koje lag, richtete sich halb auf und stützte den Körper auf den linken Ellenbogen.

»Noah Hays und Hermann Siemens haben sich in die Haare gekriegt, wegen Mister Smith«, sagte Morton.

»Wegen Smith?«

»Na ja ... eigentlich aber wegen dieser Christin.«

Hall setzte sich. »Weswegen denn nun, Morton? Was haben die beiden Matrosen mit dem Arzt und dem Eskimomädchen zu tun? Wenn ich schon um meine Nachtruhe gebracht werde, dann will ich wenigstens auch wissen, warum! Schießen Sie los, Wilhelm!«

Der Zweite schob einige Papiere zur Seite und hockte sich auf den Kartentisch nahe bei Hall. »Eigentlich ist nichts besonderes passiert, Sir«, sagte er. »Diese Christin versetzt ja mittlerweile fast die gesamte Mannschaft in Aufregung mit ihren Flirts. Anbinden und einsperren kann der Vater sie ja auch nicht. Besonders scharf auf sie ist Noah Hays, doch sie zieht ihm den größeren und kräftigeren Siemens vor. Weiß der Teufel, was sie an diesem ruhigen und pedantischen Deutschen so anziehend findet! Außerdem schwänzelt Mister Smith immer in ihrer Nähe herum ...«

»Der alte Bock kann's eben nicht lassen«, lachte Hall, »den kann ich aber auch nicht anbinden.«

»Richtig, Sir. Ja, jedenfalls kam's heute zu der Verwicklung, die schon seit einiger Zeit fällig war. Auf wen Christin nun gewartet hat, ist unklar, aber das ist auch egal. Als sich die Mannschaft zur Ruhe gelegt hatte, machten sich alle drei zum Rendezvous auf. Smith war wohl am schnellsten. Er hielt das Mädchen schon in den Armen, als Hays angeschlichen kam. Der fackelte nicht lange und gab dem Arzt zwei Fausthiebe ins Gesicht, ohne dabei ein Wort zu sagen . . .«

Hall frohlockte. »Geschieht ihm ganz recht.«

»In diesem Moment«, fuhr Morton ungerührt fort, »tauchte Siemens auf und stürzte sich auf Hays, den er bestrafen wollte, weil er einen Offizier geschlagen hatte. Und da ging dann der Schlamassel los. Im Handumdrehen hatte die Mannschaft gemerkt, was los war, und die Jungs kletterten aus den Kojen, um bei der Auseinandersetzung dabeizusein. Wären Sie nicht gekommen, Sir, hätten sich bald alle geprügelt, denn des einen Mannes Freunde sind des anderen Feinde.«

»Und nun?« fragte Hall, der keine Lust verspürte, die Geschichte noch weiter zu verfolgen. Wenn Smith auch Offizier war, so war Hall ihm doch nicht mehr so gewogen, daß er Hays wegen Widerstandes gegen Vorgesetzte bestrafen würde. Auswirkungen konnten die paar Maulschellen kaum haben.

»Ich hab' sie alle wieder in die Kojen geschickt«, entgegnete Morton, »und Hays und Siemens bestraft, aber nicht allzu hart, Sir.«

»Smith?«

»Der steht noch an Deck und kühlt sein geschwollenes Gesicht.«

Es war Morton nicht anzumerken, ob er Mitleid mit dem Arzt hatte oder sich gar über die Abreibung freute.

Hall aber griente. »Auch gut, der hat Strafe verdient. Hören Sie, Morton, lassen Sie die Sache auf sich beruhen. Sagen Sie aber Tyson, er soll ein bißchen wachsamer sein, daß so etwas nicht wieder vorkommt. Und hauen Sie dieser hübschen Eskimogöre den Arsch voll.«

Morton nickte und ging. Er hatte ein großes Palaver erwartet, einen Wutausbruch Halls und anschließend ein großes Strafgericht vor der Besatzung. Nun war er beinahe enttäuscht, daß der Kommandant so wenig Interesse zeigte.

Auch er hatte Halls Wandlung bemerkt und machte sich Sorgen um den Mann, der zu ihm war wie ein väterlicher Freund und das Unterstellungsverhältnis niemals herauskehrte. Er bewunderte den Expeditionsleiter, der sein Leben dem Ziel untergeordnet hatte, als erster Mensch den Nordpol zu erreichen. Dafür nahm Hall sogar in Kauf, von anderen Menschen gehaßt zu werden. So streng und unnachgiebig der Kommandant gegen sich selbst war, so unerbittlich war er oft auch gegen seine Mitmenschen gewesen, denen er das Letzte an Leistung abforderte.

Morton hatte die zupackende, geradlinige Art Halls gefallen. Schwächen wie Unbeherrschtheit und den glücklicherweise selten aufflammenden Jähzorn verzieh er ihm. Nun aber war mit einemmal der Dampf raus, der Kommandant war beinahe über Nacht völlig ruhig und desinteressiert geworden, er erweckte den Eindruck eines Mannes, dessen Kräfte frühzeitig verbraucht waren.

Ungeachtet oder gerade wegen der für die meisten Besatzungsmitglieder unerwarteten Einsicht, die Charles Francis Hall bei der Auseinandersetzung mit dem Eis- und Segelmeister gezeigt hatte, blieben ihm Achtung und Respekt fast der gesamten Mannschaft erhalten. Wilhelm Morton hatte es, als sich der Kommandant für einige Zeit in die Kajüte zurückzog, in seiner verbindlichen Art übernommen, den Männern die Beweggründe Halls zu erläutern und ihnen die Entscheidung begründet, so rasch wie möglich eine schützende Bucht aufzusuchen.

Morton hatte das Verhältnis Halls und Buddingtons schnell durchschaut und deshalb auf ein langes Gespräch mit dem Kommandanten verzichtet, der vorläufig Chester den Befehl über die »Polaris« überlassen hatte. Dem Zweiten war klar, daß Charles Francis Hall nicht auf der Anweisung zur Weiterfahrt mit Kurs Nordnordost bestanden hatte, weil er dem seemännischen Können und den Erfahrungen Buddingtons in dieser Hinsicht mehr vertraute als seinen eigenen Fähigkeiten. Und ganz ohne Wirkung auf Hall war auch der Hinweis des Segelmeisters auf die eventuelle Reaktion des Präsidenten und der Regierung nicht geblieben, auf die Möglichkeit eines Gerichtsverfahrens gegen Hall, wenn er die Expedition in Gefahr brachte oder durch seinen Entschluß bei einer im Eis immer zu erwartenden Havarie vielleicht sogar Mitglieder der Mannschaft ums Leben kamen.

So jedenfalls argumentierte der Zweite Offizier, und die Mannschaft glaubte ihm, kam doch Halls Entscheidung den Wünschen der meisten Männer entgegen. Lediglich die Matrosen Hays und Mauch sowie Walter Campbell, der Heizer, konnten sich ein paar hämische Bemerkungen nicht verkneifen. Ginge es nach ihnen, würde die Fahrt nicht in eine geschützte Bucht, sondern zum Hafen von New York führen.

Nachdem Morton mit Hall gesprochen hatte, ging er zum Ruderhaus, um nach dem Rechten zu sehen.

John Smith stand noch lange allein an Deck und haderte mit sich. Der Angriff Hays' war für ihn so überraschend gekommen, daß er überhaupt nicht an Gegenwehr hatte denken können. Mit etwas mehr Überlegung wäre es ihm bestimmt nicht schwergefallen, sich den kleinen Mann vom Halse zu halten. Als dann Siemens dazwischen ging und sich mit Hays prügelte, war für den Arzt die Chance schon vorbei, sich noch mit dem kleinen Matrosen anzulegen.

Nun ärgerte sich Smith gewaltig. Noch war er ja Schiffsarzt und Offizier. Und daß er sich als solcher ungestraft von einem Matrosen schlagen ließ, schadete bestimmt seinem ohnehin nicht großen Ansehen bei der Mannschaft. Hall, das war ihm klar, würde Hays kaum für die zwei Schläge gegen ihn bestrafen. Einerseits, weil sich die Beziehungen des Kommandanten zu ihm noch weiter abgekühlt hatten und Hall ihm sicher eine kleine Abreibung gönnte, andererseits, weil seine Idee, Hall »ruhigzustellen«, Früchte trug.

Ergebnis seiner Überlegungen, wie man die Energie des Kommandanten im eigenen Interesse ein wenig »bremsen« könnte, war ein Vorschlag an Jackson gewesen – natürlich von der Warte des besorgten Arztes aus –, den Getränken Halls täglich ein Beruhigungsmittel beizumischen. Es dauerte seine Zeit, bis der Smutje begriff, was er tun sollte. Schließlich beugte er sich den medizinischen Argumenten, die ihm Smith redegewandt darbot, und entschloß sich für eine Mischung, bestehend aus Brom, das ihm der Arzt aus seiner Reiseapotheke lieferte, geringen Mengen Waldakelei und Knolligem Hahnenfuß, die er selbst gesammelt, getrocknet und aufbereitet hatte.

Die Wirkung war bis jetzt zufriedenstellend, fand Smith. Nach zwei oder drei kleinen Auseinandersetzungen zwischen ihm und Hall war Ruhe eingetreten. Der Kommandant beachtete ihn kaum noch und übertrug, ohne ihn offiziell von seiner Funktion zu entbinden, die medizinische Betreuung der Mannschaft mehr und mehr Bessels. Smith, der mit dieser Regelung durchaus zufrieden war, fühlte sich aus einem Rest von Verantwortungsgefühl genötigt, die Dosis an »Beruhigungsmitteln« langsam wieder zu reduzieren, denn ganz ohne Nach- und Nebenwirkungen konnte vor allem der hochgiftige Hahnenfuß auf die Dauer nicht bleiben. Jackson, der »Naturheilkundler«, wollte jedoch bei seiner Mixtur nicht darauf verzichten. Und das aus gutem Grund.

Der Smutje, so gutmütig wie leichtgläubig, hatte sich schnell an den erfreulichen Zustand gewöhnt, bei Smith zu kassieren für die Erhöhung der Alkoholrationen, die der Arzt in der Einsamkeit des Eises immer mehr brauchte. Smith' an Bord geschmuggelte Vorräte waren bald aufgebraucht, und Jackson, von Smith und seiner eigenen wachsenden Geldgier getrieben, hatte damit begonnen, die Alkoholbestände der Expedition »anzuzapfen«. Den Schwund vertuschte er, indem er – noch in Maßen – Wasser nachfüllte. Nun aber hatte er Angst, entdeckt und von Hall bestraft zu werden. Das Beruhigungsmittel konnte ihn vielleicht davor bewahren.

10

Je intensiver Noah Hays um die Gunst des Eskimomädchens Christin kämpfen mußte, desto verbissener ging er die Sache an. Was zuerst bloßes sexuelles Verlangen gewesen war, wurde mehr und mehr von Gefühlen verdrängt, wie sie der Matrose bislang kaum gekannt hatte. Kurzum, Hays verliebte sich in Christin, die er nun auf Schritt und Tritt belauerte. Zugleich wurde er immer aggressiver und konnte sein schnoddriges Mundwerk oft nicht im Zaum halten, vor allem, wenn er es mit Nebenbuhlern zu tun bekam.

Den eigentlichen Grund für die Veränderungen, die mit Noah Hays vor sich gingen, verschwieg er auch seinen beiden Kumpanen Joseph Mauch und Walter Campbell, die, von der Natur nicht übermäßig mit Geistesgaben gesegnet, ihn nachahmten und wie er alles bekrittelten, was um sie herum geschah. Ihre Aufgaben vernachlässigten sie zwar nicht, aber Unfrieden säten sie schon unter der Mannschaft.

Schließlich fand Chester, es sei nun genug mit der ewigen Meckerei und Nörgelei. Er stellte alle drei zur Rede, sprach aber lediglich in grinsende Gesichter, und Noah Hays schickte ihm noch eine seiner frechen Bemerkungen hinterher, als er seine Standpauke beendet und ihnen den Rücken zugekehrt hatte. Da beklagte sich der Erste beim Kommandanten. Hall gab dem Drängen Chesters nach, ließ die drei Männer vorführen und teilte ihnen in genau zwanzig Sekunden mit, daß er ihnen wegen Disziplinlosigkeit die Löhnung für einen vollen Monat gestrichen habe. Dann schickte er sie fort.

Hatte Hall ganze zwanzig Sekunden benötigt, die Situation zu klären, so hockten die drei während ihrer Freiwache nun schon geschlagene zwei Stunden in einem Winkel am Heck des Schiffes und ließen ihrer Wut freien Lauf. Sie wären ohne Zögern bereit gewesen, sofort abzuheuern und nach New York zurückzukehren, hätte sich dazu nur die kleinste Gelegenheit geboten. Sie bereuten bitter, sich auf dieses Expeditionsabenteuer eingelassen zu haben. Bisher immer nur auf Schiffen tätig, die wärmere Gefilde befuhren, hatten sie die Erschwernisse einer Fahrt gen Norden erheblich unterschätzt. Nun haderten sie mit ihrem Schicksal, mehr aber noch mit Charles Hall, der sie angeworben und ihnen von der Bedeutung der Expedition geschwärmt hatte.

Doch an Aufruhr dachte keiner, vielmehr beschlossen die drei im Ergebnis ihrer flüsternd geführten Unterredung, von jetzt an passiven Widerstand zu leisten und ihren Anteil an den notwendigen Arbeiten auf ein Mindestmaß zu reduzieren, zumal sie ja ohnehin für die nächste Zeit dazu verdammt waren, nur für ihre Verpflegung zu arbeiten.

Wilhelm Morton, dem dieses vertrauliche Tête-à-tête nicht geheuer vorkam, war mehrere Male unauffällig in die Nähe der drei Freunde geschlendert und hatte versucht, ein paar Brocken des Gespräches aufzuschnappen, doch vergebens. Sie redeten so leise, daß nur Wortfetzen sein Ohr erreichten, das meiste wurde vom Krachen und Knirschen des Eises übertönt.

Der Zweite Offizier wäre besser beraten gewesen, sich einmal im Schiffsinneren umzusehen, namentlich in der Kombüse, wo Smutje Jackson seit einer Weile Besuch hatte. An ein Regal mit Töpfen und Pfannen gelehnt, stand wieder einmal Dr. John Smith in dem niedrigen Raum. Er war angetrunken und wollte noch mehr

Alkohol, und Jackson sollte wie immer für Nachschub sorgen.

Doch der war jetzt nicht mehr so willig wie bisher, denn Smith hing mit der Bezahlung. »Ich denk nich dran, Doc, mich in die Nesseln zu setzen, bloß weil Sie sich das Saufen nicht abgewöhnen können«, sagte er und rührte verbissen in einem großen Topf, in dem eine angenehm duftende Bohnensuppe brodelte. »Was glauben Sie, wie lange man Alkohol mit Wasser verdünnen kann, ohne daß es jemand bemerkt? Es gibt ja kaum noch 'ne Flasche oder ein Fäßchen, das nich schon Ihretwegen gepantscht is.«

»Aber es gibt noch welche, he?«

»Klar. Nur das Risiko für mich wird immer größer. Veruntreuung nennt man das wohl. Und darauf steht Strafe, nicht zu wenig, wie Sie sich vielleicht denken könn'.«

»Machen Sie sich nicht in die Hosen, Jackson«, lachte Smith. »Ich werde Sie gut bezahlen für Ihre Dienste.«

Der Koch erwiderte heftig: »Bezahlen? Ich höre schon tagelang immer nur bezahlen! Seither, mein Lieber, hab ich Ihnen alles für Naß gegeben, für Versprechungen und ein paar Striche in meinem Notizbuch. Alles auf Treu und Glauben, daß ich nach unserer Rückkehr eine Menge Dollars von Ihnen bekomme. Warum eigentlich erst nach unserer Rückkehr? Warum nicht gleich hier auf dem Schiff? Sir, es ist ein Geschäft, das wir machen. Ich bin für Sie keine christliche Mission, Sir. Ihr Geld gegen mein Risiko.«

»Ich bin knapp bei Kasse, Jackson.« Smith tat zerknirscht.

»Dann könn' Sie eben nich mehr saufen, Sir. Ganz einfach. Entweder Sie zahlen, oder die Quelle versiegt.« Jackson schöpfte ein bißchen Suppe auf eine Untertasse, schlürfte davon, um den Geschmack zu prüfen und schmatzte zufrieden. Dann fuhr er fort: »Wer garantiert mir eigentlich, daß wir wirklich einmal zurückkommen, daß uns das Eis nicht zerquetscht wie eine Laus oder wir hier jämmerlich erfrieren? Sie etwa, Doktor Smith? Sie könn' doch in Ihrem Zustand nich mal mehr 'ne ordentliche Diagnose stellen oder einem verletzten Matrosen einen Verband anlegen. Und außerdem: Wenn wir diese Polarnacht überstehen, wer sagt mir, daß es die einzige bleibt und Hall nich noch 'ne weitere dranhängt, nur um sein Ziel zu erreichen? Ich will Ihnen was sagen, Doc: Ich hab' Angst, nackte Angst vor dem Augenblick, in dem der Kommandant eine Flasche findet, in die ich Wasser nachgegossen hab! Dann kann ich mein Testament machen, Sir. Die neunschwänzige Katze is wahrlich nicht das Instrument, nach dem man sich drängeln sollte.«

Smith sagte wieder lachend: »Hätte nie geglaubt, daß noch irgend jemand vor diesem alten Mann Angst hat, Jackson. Hall ist doch ...«

»Hall is unberechenbar, wenn er wütend is, Doc! Legen Sie's nich drauf an, mit ihm in Konflikt zu kommen. Aber Sie könn' machen, was Sie wolln, war nur 'n gut gemeinter Rat. Ich jedenfalls werd nichts mehr unternehmen, was mir Halls Zorn zuziehen könnte, denn so abgewrackt wie Sie denken, is der Alte noch lange nich.«

Smith winkte ab. »Schon gut, Jackson. Aber selbst wenn ...« Er vollführte mit den Händen eine vage Geste und geriet dabei erheblich ins Schwanken, weil er sich für einen Augenblick nicht festgehalten hatte. Nach einer Weile murmelte er: »Wenn es zu schlimm kommen sollte, geben Sie ihm eben wieder ein Pulver in den Kaffee. Ein anderes und stärkeres diesmal. Eins, das ihn für lange Zeit außer Gefecht setzt.«

»Das wäre ...!« sagte der Koch und starrte Smith entgeistert an. »Ich soll meinen Kommandanten umbringen?«

»Doch nicht umbringen«, entgegnete der Arzt entrüstet, »sondern nur für ein paar Wochen oder Monate ans Bett fesseln. Dann muß Buddington das Kommando übernehmen, und im Nu sind wir wieder zu Hause, wenn mich nicht alles täuscht. Zu Hause, sage ich, Jackson, in

New York, wo ich Sie auszahle. Dann sind Sie ein reicher Mann.«

Jackson brauchte lange, um über das Für und Wider dieses Vorschlages nachzudenken. Bisher hatte er Smith getraut, und das Beruhigungsmittel für Hall hatte Sinn gehabt. Warum sollte er nicht auch jetzt ...? Die von dem Arzt in Aussicht gestellte Belohnung war nicht von Pappe. Wann konnte er auf so einfache Art wieder so viel verdienen? »Ich besitze solches Pulver nicht, Doc«, sagte er zögernd.

»Aber ich, schließlich bin ich Arzt, Herr Kollege Löwenmaul. Ich bringe Ihnen etwas davon. Aber, wie gesagt, nur für den Notfall, Jackson, mit äußerster Vorsicht anzuwenden! Ich werde Ihnen die Dosis noch nennen, halten Sie sich dran, das Zeug ist gefährlich. Am besten, Sie fragen mich, bevor Sie es anwenden. Und nun geben Sie Ihrem Herzen endlich einen Stoß und mir eine kleine Flasche.«

Jackson verschwand im Vorratsraum, der auch von der Kombüse aus zu erreichen war, und kehrte wenig später mit einer in einen Leinenlappen gewickelten Flasche zurück, die er Smith mit der Bemerkung reichte: »Hier, Doc, das bringt weitere zwanzig Dollar auf Ihr Schuldenkonto.«

Der Arzt ließ das kostbare Stück unter der Jacke verschwinden und wankte durch die schmale Tür auf den düsteren Gang hinaus – Hall genau in die Arme.

Es läßt sich schlecht sagen, wer von den beiden Männern in diesem Augenblick mehr erschrak. Hall, weil er aus seinen Gedanken gerissen wurde, die ihn vorübergehend die Umwelt fast gänzlich hatten vergessen lassen, oder Smith, der in seinem Zustand nicht damit gerechnet hatte, auf dem Rückweg in seine Kabine jemandem zu begegnen, und der nun fürchtete, seine mühsam und teuer erworbene Beute wieder los zu werden.

Francis Hall fing sich jedenfalls schneller, zumal ihm bei dem unfreiwilligen Zusammenstoß eine Alkoholwolke in die Nase wehte. »Sie sind ja schon wieder betrunken, Smith«, sagte er ärgerlich und trat einen Schritt zurück, um aus dem Dunstbereich zu kommen.

»Na und?« fragte der Arzt aggressiv, denn er wollte Angst und Unsicherheit verbergen.

»Ich hatte Sie als Mensch gebeten, sich zusammenzureißen! Als Vorgesetzter aber hatte ich Ihnen verboten zu saufen!«

»Verboten?« höhnte Smith, und seine Stimme zitterte. »Sie können mir nicht mehr viel verbieten, Sir. Täglich stelzen Sie an mir vorbei, ohne mich zu beachten. Ich bin für Sie genauso Luft wie ein Schlittenhund. Sie strafen mich mit Mißachtung, nur weil Sie mich früher in den Himmel gehoben haben«, sagte er weinerlich. »Was bin ich denn noch für Sie? Ein Dreck! Nur wenn es darum geht, mir etwas zu verbieten, habe ich noch Ihre Beachtung. Wem schade ich denn außer mir selbst, Sir? Bringe ich Ihnen die Mannschaft durcheinander? Lehne ich mich auf? Hetze ich gegen Sie? Nichts dergleichen, Sir! Lassen Sie mich saufen, solange mein Vorrat reicht«, log er dreist. »Der Alkohol tröstet mich darüber hinweg, Ihnen gefolgt zu sein. Aber was tun Sie? Sie *befehlen* mir, mich zusammenzureißen, Sie *verbieten* mir zu saufen. Nein, Sir, wir sind fertig miteinander. Befehlen und verbieten können Sie mir nichts mehr.«

Und dann tat Smith etwas, was er später selbst niemandem erklären konnte. Er verspürte plötzlich die unbezwingbare Lust, Hall zu demütigen und ihm weh zu tun. Darum stieß er dem verblüfft vor ihm stehenden Kommandanten mehrmals den ausgestreckten Zeigefinger in den Bauch und sagte mit schiefem Grinsen: »Wissen Sie, Sir, was Sie mich können? Am Arsch lecken können Sie mich! Ich stehe Ihnen jederzeit zur Ver ...«

Verfügung hatte er wohl sagen wollen. Aber nun half auch keine Beruhigungstinktur mehr. Hall, unberechenbar und gefährlich im Augenblick der Wut, hielt nicht länger an sich. Solange man ihn mit Worten traktierte, blieb er vielleicht still. Aber ihn anzufassen, das war das Letzte, was sich ein Mensch auf dieser Welt erlauben durfte! Er schlug dem Arzt, dem gar nicht recht bewußt war, was er angestellt hatte, die linke Faust mit derartiger Gewalt unter das Kinn, daß es Smith mehrere Zentimeter vom Boden hochhob. Dann klatschte er wie ein Sack Mehl auf den Gang zurück und blieb bewußtlos liegen. Aus seiner Jacke war das in Leinen gewickelte Paket herausgerutscht und Hall vor die Füße geschliddert. Der wickelte die Flasche aus, erkannte eine Sorte Alkohol, die er eigens für Offiziere hatte an Bord bringen lassen, und er begann die Zusammenhänge zu ahnen. In einem erneuten Wutanfall stürzte er in die Kombüse, ohne sich um den am Boden liegenden Smith zu kümmern.

Jackson sah Hall kommen, in der Hand die Flasche, die er noch vor ein paar Minuten einem anderen gegeben hatte. Er wußte, was der Besitzerwechsel für ihn zu bedeuten hatte, und sah sich nach einem Versteck um, das ihm Schutz vor dem wütenden Hall bieten konnte. Doch auch ihn ereilte sein Schicksal.

Halls Jähzorn verrauchte so plötzlich wie er aufgekommen war. Der Kommandant brüllte, die Geräuschkulisse aus stampfenden Motoren, heulendem Wind und knirschendem Eis übertönend, nach seinem Sekretär George Tyson, der auch sofort herbeigehastet kam und die erforderlichen Schritte einleitete, um die beiden niedergeschlagenen Männer in die kundigen Hände von Dr. Emil Bessels zu bringen.

Hall zog sich wieder in seine Kabine zurück und stützte, auf der schmalen, harten Koje sitzend, den schweren und leicht schmerzenden Kopf nachdenklich in beide Hände.

Er konnte sich kaum noch des Tages erinnern, an dem ihm zum letzten Mal derartig die Galle übergelaufen war. Es war auf einer seiner ersten Fahrten ins Nordland, als er

einen Eskimo verprügelt hatte, der seine Hunde über das notwendige Maß mit der Peitsche traktierte, um sie so zu hohen Leistungen zu zwingen, anstatt ihnen ausreichend Futter und Ruhezeit zu geben. Die Auseinandersetzung zwischen beiden Männern war entstanden, als Hall die Hunde kaufen wollte, jedoch für den halben Preis, weil sie so abgemagert waren.

Der Eskimo schrie und tobte, und als er Hall mit einer Flut beleidigender Ausdrücke bedachte und sogar vor ihm ausspuckte, war in dem Forscher der Jähzorn hochgekrochen, und er hatte zugeschlagen. Damals war er noch jung und unerfahren, doch je reifer er wurde und je besser er es lernte, die Menschen zu durchschauen, desto besser war es ihm auch gelungen, sich im Zaum zu halten. Dabei half ihm, daß ihn die meisten Menschen achteten und verehrten und daß jene, die ihn nicht mochten oder ihn gar haßten, nur selten den Mut besaßen, sich gegen ihn aufzulehnen.

Warum aber war er jetzt nicht mehr wie früher in der Lage, seinen Willen durchzusetzen oder seinen Befehlen mit den entsprechenden rechtlichen Mitteln Nachdruck zu verleihen? Wo lagen die Ursachen dafür, daß er seit Tagen am Rande des Geschehens stand? Daß jeder an ihm vorbei tun und lassen konnte, was ihm behagte? Warum gab er sich einer für ihn so untypischen Lethargie hin? Er mußte sich jetzt zusammenreißen und das Heft wieder fest in die Hand nehmen. Schließlich hatte er einen Regierungsauftrag zu erfüllen – und er hatte das große Ziel seines Lebens noch nicht erreicht!

Wer war schon John Smith? Ein haltloser, nunmehr endgültig dem Alkohol verfallener Arzt, der sich zuviel zugetraut hatte, oder dessen Angst vor der Polizei so groß gewesen war, daß er das Expeditionsabenteuer dem drohenden Gefängnis vorzog. Hall hatte ihm vertraut und war bitter enttäuscht worden. Nun würde er ihn im Interesse der Expedition endgültig kaltstellen. Sollte nicht ein

Unglück über das Unternehmen hereinbrechen, so konnte Dr. Bessels neben seiner wissenschaftlichen Arbeit durchaus auch noch die medizinische Betreuung der Mannschaft übernehmen, also offiziell das tun, was er in den vergangenen Wochen ohnehin getan hatte.

Und wer war Jackson? Ein guter Koch, der die Besatzung bestens versorgte. Hatte er etwas veruntreut, so mußte er zur Rechenschaft gezogen und bestraft werden, ordnungsgemäß bestraft und nicht einfach verdroschen wie ein Schuljunge, schalt sich Hall, der es sich nicht verzeihen konnte, so aus der Rolle gefallen zu sein.

Er hatte einiges gutzumachen und wieder ins rechte Gleis zu bringen.

Charles Francis Hall erhob sich von der Koje und streckte seinen gewaltigen Körper, soweit das die enge Kabine zuließ. Er schickte sich an, den Raum zu verlassen, um eine kurze Ansprache an die Besatzung zu halten und die nach seinem »Ausrutscher« aufgekommenen Wogen zu glätten.

Ohne anzuklopfen, stürzte George Tyson in die Kajüte: »Vermutlich Feuer an Bord, Sir!« meldete er aufgeregt. »Starke Rauch- und Hitzeentwicklung mittschiffs und achteraus. Was sollen wir . . .?«

». . . vor allem nicht hier herumstehen, Tyson«, fiel ihm Hall ins Wort. »Alle Matrosen und die Eingeborenen sollen sich zum Bug begeben. Morton richten Sie aus, er soll eine Gruppe von drei Männern nehmen und die unteren Schiffsräume vom Heck her untersuchen. Chester soll mit einer gleichstarken Gruppe von vorn beginnen. Die beiden Maschinisten Schumann und Odell sowie die Heizer Both und Campbell sollen sich an die Löschgeräte begeben, der Obermatrose Johnson leitet ihren Einsatz. Alles klar? Dann ab, Tyson, ich komme sofort nach!«

Der Navigationsgehilfe und frühere Walfänger flitzte los. Hall zog Pelz und Handschuhe über und stülpte sich die Mütze auf den Kopf. Das hatte gerade noch gefehlt, daß die »Polaris« dem Eis widerstand und dafür einem Feuer zum Opfer fiel!

Als der Kommandant an Deck kam, herrschte ringsum helle Aufregung. Obwohl niemand die Ursache der starken Rauchentwicklung kannte, wußte sie doch ein jeder lautstark zu erklären.

Hall stakste mit schweren Schritten auf Sidney O. Buddington zu, der in der offenen Tür zum Ruderhaus stand.

»Was ist los, Segelmeister?« fragte Hall, nicht eben scharf oder unfreundlich.

Buddingtons kleines, zerknittertes Gesicht nahm sofort einen abweisenden Ausdruck an, als er entgegnete: »Was weiß ich, Sir? Ich kann schließlich nicht überall sein und die Fehler anderer ausbügeln.«

Das war deutlich. Buddington zielte wohl auf Halls längere Zurückgezogenheit. Doch der ließ sich nicht aus der Ruhe bringen, wandte sich ab und ging auf Morton zu, der soeben hustend und mit tränenden Augen an Deck kam. »Alles wieder in Ordnung, Sir«, meldete er, nach frischer Luft schnappend. »Die Ursache lag im Feuerraum. Ein Kessel war völlig leer, stand aber unter Feuer. Der Hahn für die Wasserzuführung war dicht. Zugedreht, Sir. Der gesamte Kessel glühte und hatte bereits die Filzverkleidung entzündet. Wir haben das Feuer herausgezogen, damit er langsam abkühlt. Es schien mir zu gefährlich, Wasser hinzuzugeben. Bestimmt wäre das Ding dann in die Luft geflogen.«

Hall klopfte dem Zweiten anerkennend auf die Schulter. »Gut gemacht, Wilhelm! Sie haben, glaube ich, die ›Polaris‹ vor größerem Schaden bewahrt. Doch wie konnte so etwas vorkommen? Wer hatte Dienst an den Kesseln?«

»Campbell.«

»Soll herkommen!«

Morton winkte den Heizer herbei, der langsam herangeschlendert kam, als ginge ihn die Geschichte überhaupt nichts an. Vier Schritte vor Hall blieb er stehen. »Ja, Sir?«

»Wissen Sie, was im Feuerraum geschehen ist, Campbell?« fragte der Kommandant.

»Nein, Sir.«

Hall wandte sich wieder an den Zweiten Offizier. »Mister Morton, erklären Sie Campbell bitte, was Sie da unten vorgefunden haben.«

Während Morton sprach, drängte sich die gesamte Mannschaft heran, bis sie einen Kreis um die kleine Gruppe bildete. Campbell hörte dem Zweiten mit unbeteiligtem Gesichtsausdruck zu, hatte aber die Augen gesenkt und betrachtete interessiert seine Stiefelspitzen.

»Haben Sie's nun begriffen, Campbell?« forschte Hall.

»Ja, Sir. Der Kessel hatte Feuer, war aber ohne Wasser.«

»Und weshalb hatte er kein Wasser?«

»Sicher weil ich vergessen habe, den Hahn aufzudrehen«, sagte der Heizer in einem Tonfall, als handle es sich um eine Lappalie.

Hall schnappte nach Luft und ballte seine rechte Faust, blieb aber ruhig. Vor der Mannschaft, die der Auseinandersetzung atemlos zuhörte, wollte er sich zu keiner Unbedachtsamkeit hinreißen lassen. Er sagte: »Das scheint Sie nicht weiter zu beunruhigen, Campbell? Aber Sie hatten Dienst und waren damit in Ihrem Sektor verantwortlich für das Schiff und seine Besatzung! Nennen Sie das Pflichtbewußtsein?«

Der Heizer wunderte sich, daß kein Donnerwetter losbrach, sondern Hall noch immer ruhig und relativ freundlich blieb. Er zog den irrigen Schluß, der Kommandant betrachte das Ereignis als nicht so wichtig, weil nichts Ernsthaftes passiert war, oder er sei durch die Vorkommnisse der letzten Tage verunsichert und habe nicht mehr den Mut, jeden Disziplinarverstoß zu ahnden.

Statt sich für seinen Fehler zu entschuldigen und um Nachsicht zu bitten, glaubte Campbell, er könne den Helden spielen und sich mit Hall anlegen. Mit erhobener Stimme, damit auch alle mitbekamen, was für ein toller

Bursche er war, antwortete er: »Bei dieser ewigen Plackerei wird man ja wohl mal was vergessen dürfen, oder? Und übrigens, Sir, Sie sollten nicht anderen die Frage nach dem Pflichtbewußtsein stellen! Was verlangen Sie von Ihrer Mannschaft, wenn Sie sich selbst in Ihre Kabine verkriechen und den lieben Gott . . .«

Weiter kam er nicht. Hall war blitzschnell zwei Schritte vorgetreten, hatte den Heizer an der Jacke gepackt und ihn ganz dicht zu sich herangezogen. »Kein Wort mehr, Campbell«, zischte er wütend, »sonst bist du der erste auf diesem Schiff, der die Neunschwänzige zu spüren bekommt!« Dann ließ er den vor Schreck sprachlosen Heizer wieder frei und stieß ihn so derb zurück, daß er in die Arme seiner Mannschaftskollegen taumelte.

Nun war es wirklich an der Zeit, fand Hall, reinen Tisch zu machen. »Mal herhören!« brüllte er und brachte damit das Gemurmel zum Verstummen, das nach dem frechen Auftritt Campbells entstanden war. »Ich verspreche feierlich jedem, der mir künftig mit solcher Arroganz und Anmaßung entgegentritt, eine unvergeßliche Belehrung darüber, wer dieses Schiff und diese Expedition führt. Im übrigen ist mir die Disziplin in jüngster Zeit zu locker geworden. Es gibt zu viele Nachlässigkeiten, die uns allen nur schaden können. Damit künftig wieder Ordnung herrscht, erteile ich folgende Befehle. Erstens: Doktor John Smith wird von seinem Amt als Schiffsarzt mit sofortiger Wirkung entbunden. Da er der Expedition somit keinen Nutzen mehr bringt, wird seine Verpflegung auf zwei Drittel der Mannschaftskost reduziert. Wer ihm in Zukunft auch nur einen einzigen Tropfen Alkohol zukommen läßt, wird drei Monate lang keine Löhnung erhalten. Das gilt auch für die Offiziere. Die medizinische Versorgung der Mannschaft übernimmt Doktor Bessels.«

Hall ließ den Leuten Zeit, diesen Befehl zu verdauen. Dann sprach er weiter: »Zweitens: Der Heizer Walter Campbell geht für zehn Tage bei Wasser und Brot sowie ohne Tabakration in den jetzt leeren Kohlenverschlag des Heizraumes. Zimmermann Coffin wird den Verschlag ausbruchsicher herrichten. Mister Morton ist dafür verantwortlich, daß alles so geschieht, wie ich es angeordnet habe. Für die Zeit der...«, Hall machte eine Pause, um nach dem richtigen Wort zu suchen, »Abwesenheit Campbells wird der Matrose Robert Krüger als zweiter Heizer arbeiten. Alles klar? Drittens: Wegen der erwiesenen Veruntreuung expeditionseigenen Alkohols bestrafe ich den Koch Wilhelm Jackson mit fünfundzwanzig Dollar Bußgeld, die von seiner Löhnung einbehalten und der Schiffskasse übergeben werden. Viertens: Weitere Verstöße gegen die Disziplin sowie Nachlässigkeiten in der Arbeit werden ab sofort mit Kerker oder hohen Geldstrafen, in schweren Fällen auch mit körperlicher Züchtigung geahndet. Ich hoffe, wir verstehen uns, Männer! Dann wieder an die Arbeit, die Polarnacht ist nicht mehr fern!«

II

Am Morgen des 5. September ging die »Polaris« endlich in einer kleinen Bucht vor Anker. Wenig später war sie bereits eingefroren. Emil Bessels ermittelte als Position des »Polaris-Bay« getauften und von Hall durch Flaggenhissung für die Vereinigten Staaten in Besitz genommenen Überwinterungsplatzes 81° 36′ 4″ nördlicher Breite und 62° 15′ westlicher Länge.

In geringer Entfernung vom Schiff hatten die Meteorologen ein Observatorium für ihre Forschungen errichtet, daneben war ein ausgedehntes, vor Springfluten und starken Eisbewegungen sicheres Proviant- und Kohlelager entstanden. Mußte zum Transport der Vorräte in den ersten zwei Tagen noch das große Beiboot eingesetzt werden, so kamen schon am 9. September Schlitten zur Anwendung, denn die Eisbrücke zwischen Schiff und Ufer war nunmehr so stark, daß sie jeder Belastung standhielt.

Die gesamte Mannschaft hatte tagelang so viel zu tun, daß kaum Ruhepausen für die Mahlzeiten eingeschoben werden konnten. Alle Freiwachen waren gestrichen. Jeder schuftete, bis ihm die Kräfte versagten, zum einen, weil alle ahnten, daß schlimme Zeiten auf sie zukamen, zum anderen, weil Halls große Rede nicht ohne Wirkung geblieben war und niemand eine Bestrafung wegen Faulheit riskieren wollte. Nur Campbell hockte Tag um Tag in seinem Kohlenverschlag und wälzte Rachegedanken. Hall hatte sich nicht bereitgefunden, ihn zu begnadigen und an der Arbeit teilnehmen zu lassen.

Doch Campbell war nicht die ganze Zeit allein, denn wann immer sich für Noah Hays und Joseph Mauch eine

Gelegenheit bot, hinter dem Rücken Mortons eine kurze Pause zu machen oder gar auf einen Teil der wohlverdienten Nachtruhe zu verzichten, nutzten sie diese und besuchten den Heizer, um gemeinsam mit ihm die Ungerechtigkeit Halls zu beklagen und auf Vergeltung zu sinnen. Johannes Both und Robert Krüger, abwechselnd an der Kesselanlage im Dienst, sahen großzügig über die Besuche der beiden Männer hinweg und verschwiegen sie auch dem Zweiten Offizier.

Nachdem alle Ladung gelöscht und an Land verstaut war, wurde der Raum unter der Kajüte, bislang als Proviantlager genutzt, wohnlich eingerichtet und mit einem Ofen versehen, der außer dem Kochherd in der Kombüse die einzige Heizquelle des gesamten Schiffes war. Die Lebensbedingungen komplizierten sich von Tag zu Tag. Im Speisesaal herrschte zumeist fast Außentemperatur, und warme Speisen waren bereits kalt, wenn sie gegessen wurden.

Hall führte sein strenges Regime weiter, zeigte sich jedoch sonst von seiner besten Seite. Er half, wo immer es notwendig war und hatte für jeden, der sich willig zeigte, ein freundliches Wort. Er tröstete jene, die nach einigen Tagen schon in Schwermut zu verfallen drohten und sich vor der langen Polarnacht fürchteten, brachte aber auch den einen oder anderen auf Trab, der seine Hände lieber im Pelzwerk versteckte, als sie im Interesse der Gemeinschaft zu rühren.

So wurde bald die nähere und fernere Umgebung erkundet, vermessen und kartografiert, soweit dies ohne den Einsatz von Hundeschlitten möglich war. Vor allem Bessels als wissenschaftlicher Leiter und sein Mitarbeiter Meyer gönnten sich kaum Ruhe, ja sie brachten es sogar zuwege, den weniger arbeitswütigen Bryan in all ihre Unternehmungen einzubeziehen, ohne daß der Kommandant ihm vorher die Leviten lesen mußte.

Der September verging, die Tage wurden kürzer. Ein

heftiger Schneesturm nach dem anderen fegte über das Terrain, der letzte von ihnen, einen Tag vor Monatsende, löste sogar eine Springflut aus, die das Eis in Bewegung setzte. Zum ersten Mal kam die »Polaris« in Gefahr, beschädigt zu werden.

Hatte Hall sich auch Buddingtons Meinung angeschlossen und die Schiffahrt gen Norden abgebrochen, so blieb es doch seine Absicht, so weit wie möglich in Polnähe zu gelangen – und das nicht erst im kommenden Frühjahr. Was mit dem Schiff nicht ging, mußte mit dem Schlitten möglich sein, sagte er sich und ließ umfangreiche Vorbereitungen für eine ausgedehnte Expedition treffen. Probeweise schickte er Bessels, Chester und die beiden Eskimos Hans und Joseph für sieben Tage mit einer Hundemeute in westlicher Richtung auf Erkundung.

Diese kleine Exkursion verlief ohne Zwischenfälle, sie brachte wichtige Erkenntnisse. Mängel in der Ausrüstung wurden korrigiert. Spätestens am 12. Oktober sollte Halls große Fahrt beginnen.

In den ersten Tages des neuen Monats sah sich der Kommandant gezwungen, die Lebensbedingungen der gesamten Mannschaft zu verschlechtern. Da bisherige Versuche, die Proviantmenge durch den Abschuß einiger Moschusochsen aufzufüllen, fehlgeschlagen waren – man fand zwar immer deren frische Losung, bekam die Tiere jedoch nie zu Gesicht –, ließ er die vorhandenen Vorräte neu berechnen und legte fest, auf eine ungewöhnlich lange Überwinterung orientierend, daß fortan täglich nur noch zwei Mahlzeiten ausgegeben werden sollten: Frühstück um neun Uhr und Mittagessen um fünfzehn Uhr. Wer damit nicht auskam, konnte sich abends von Johannes Herron, dem Steward, eine Tasse Tee bereiten und ein Stück Hartbrot verabreichen lassen.

Die Mannschaft nahm Halls Verordnung einsichtig und gelassen hin. Dem zu erwartenden Nörgeln der Matrosen Hays und Mauch hatte der Kommandant dadurch vorgebeugt, daß er sie gemeinsam mit Morton an der Berechnung und Einteilung der Vorräte teilnehmen ließ.

Beide Mahlzeiten waren so reichlich, daß man bei Kräften blieb. Dr. Smith war der einzig wirklich Leidtragende. In nüchternem Zustand zu feige, sich mit Hall auseinanderzusetzen oder dessen Entscheidung durch Arbeit rückgängig zu machen, zu stur, um Strafmilderung zu erbitten, und zu schwach, sich selbst zu einem anderen Lebenswandel zu zwingen, ging er wieder den leichtesten Weg. Er bekniete den schnell zu beeinflussenden Jackson, ihm ab und zu ein paar unerlaubte Bissen zuzustecken. Später ging er beim Smutje trotz der scharfen Kontrollen auch wieder auf Alkoholsuche, denn die Entzugserscheinungen machten ihm erheblich zu schaffen.

Die 25-Dollar-Strafe des Kommandanten hatte Jackson empfindlich getroffen, sie bedeutete für ihn ein verlorenes kleines Vermögen. Mehr Geld wollte er wahrhaftig nicht einbüßen. Also widerstand er einige Tage lang tapfer Smith' Überredungskünsten. Als der ihm jedoch einen seiner beiden goldenen Ringe schenkte und ihm obendrein einen richtigen Schuldschein über einhundert Dollar anbot, einlösbar in New York nach Rückkehr der Expedition, da waren alle guten Vorsätze Jacksons zum Teufel. Er betete zu Gott, daß er nicht erwischt werden möge, und vermachte dem Arzt eine Flasche Rum.

Smith war unfähig, sich das Gottesgeschenk einzuteilen. Keine Stunde verging, und die Buddel war leer.

Zufällig sah Hall den Arzt, als der über das Eis torkelte, um sich nach dem Hochgenuß ein wenig Bewegung zu verschaffen und irgendwo sein Wasser abzuschlagen. Hall ahnte die Zusammenhänge, ließ den Arzt seines Weges ziehen und stürzte in die Kombüse. Jackson stritt erst eine Weile alles ab, gestand dann aber seine Schuld ein, gewärtig, eingesperrt oder körperlich gezüchtigt zu werden. Er zeigte dem Kommandanten Smith' Schuldschein, den Hall kurzerhand zerriß und ins Feuer warf. Mit dem

Arzt würde er später in New York abrechnen, doch den Koch mußte er jetzt und hier zur Verantwortung ziehen.

Schläge oder Kerker verboten sich nach seiner Ansicht, obwohl angedroht, weil es niemanden unter der Besatzung gab, der auch nur annähernd in der Lage gewesen wäre, Jackson in der Kombüse zu ersetzen und wie dieser aus den steifgefrorenen Lebensmitteln gutes Essen zu zaubern. So blieb ihm also nur, den Smutje wieder am Geldbeutel zu strafen. Jackson gehörte augenscheinlich zu den Menschen, für die Geld alles bedeutete. Da die 25 Dollar keine ausreichende Wirkung gezeitigt hatten, erhöhte Hall die Buße auf 50 Dollar. Jackson würde damit am Ende der Reise von seiner Heuer nicht mehr viel übrigbehalten.

Der Koch nahm das Urteil des Kommandanten mit zusammengebissenen Zähnen hin, aber sein Plan stand jetzt fest. Er richtete sich dummerweise gegen Hall, obgleich Smith ja der Beelzebub gewesen war, den er hätte belangen müssen.

Weil eine Strafe für den einzelnen auch einen erzieherischen Einfluß auf die Allgemeinheit haben soll, wo viele nach Charakter und Temperament verschiedene Menschen auf engstem Raum zusammen leben, sah sich der Kommandant veranlaßt, gegen Abend ein weiteres Mal die Mannschaft zusammenzurufen und ihr den Vorfall zu erläutern. Dabei wiederholte er seine Drohung, jeden einkerkern oder gar auspeitschen zu lassen, der sich gegen die Disziplin und damit gegen die Gemeinschaft stellte. Diesmal fragte er mit Ausnahme der Offiziere jeden einzelnen, ob das verstanden worden sei. John Smith strafte er nunmehr mit Mißachtung. Halls Blick huschte über den zerschlagen und um Jahre älter aussehenden Arzt einfach hinweg.

Trotzdem mußte er unterbinden, daß Smith noch weiteren Schaden anrichtete oder unter der Mannschaft Unruhe stiftete. Deshalb sagte er abschließend: »Ich habe

Jackson so hart bestraft, weil er entgegen meinem Befehl erneut Eigentum der Expedition veruntreut und das, was uns allen gehören sollte, einem einzelnen hat zukommen lassen. Dafür sollte er von diesem Herrn einhundert Dollar bekommen. Doch Jackson ist nur das Opfer eines haltlosen Gauners, dem nun endgültig jede Möglichkeit entzogen werden muß, hier weiter seine Kreise zu ziehen.«

»He, he, Sir! Was fällt Ihnen ein?« protestierte Smith mit schwerer Zunge. Sein Körper hatte nach der zeitweisen Entziehung erhebliche Mühe, den Alkohol abzubauen.

Der Kommandant überhörte den Einwurf. »Für die Dauer meiner Schlittenreise«, sagte er, »soll deshalb Mister Smith streng bewacht werden. Er darf die ›Polaris‹ nur in Begleitung eines Offiziers oder eines zuverlässigen Matrosen zu kurzen Spaziergängen verlassen. Ich behalte es mir vor, ihn nach Rückkehr in die Vereinigten Staaten wegen Meuterei und Befehlsverweigerung vor Gericht stellen zu lassen.«

Dabei ließ es Hall bewenden, obgleich er den Arzt noch härter hätte belangen können.

In seine Kajüte zurückgekehrt, zündete der Kommandant drei Stearinkerzen an. Bei ihrem trüben Schein schrieb er eine lange Instruktion an Sidney O. Buddington, was während seiner Abwesenheit zu beachten und zu tun sei. Zugleich umriß er noch einmal Ziel und Aufgabenstellung seiner Schlittenreise.

Hall hatte lange mit sich gerungen, ob er Buddington oder Chester das Kommando übergeben sollte. Dem Segelmeister stand es zu, dem Ersten hätte er es per Befehl übertragen können. Beide waren hervorragende Seeleute, Chester sogar obendrein sein Freund. Am Ende entschied er sich doch für den Eis- und Segelmeister, dessen Gewissenhaftigkeit er achtete und auf dessen große Erfahrungen er setzte. Außerdem lag ihm daran, bei Buddington nicht den Gedanken aufkommen zu lassen, er benachteilige ihn wegen ihrer beider Meinungsverschiedenheiten. Also schrieb er jetzt an Buddington: »Mein Herr! Ich stehe im Begriff, eine Schlittenreise anzutreten, um festzustellen, wie weit das Land an der Ostseite der Straße, wo ›Polaris‹ überwintert, sich nach Norden erstreckt; gleichzeitig beabsichtige ich einen praktikablen Landweg nach Nordwesten aufzusuchen, um kommenden Frühling auf demselben nach dem Nordpol vorzudringen, falls das Eis, welches die Straße deckt, zu höckrig sein sollte, um für Schlitten passierbar zu sein. Außerdem werde ich Moschusochsen zu jagen suchen, da ich glaube und aus Erfahrung weiß, daß der Vorrat an frischem Fleisch, dessen eine Schiffsgesellschaft bedarf, die sich in ähnlicher Lage befindet wie die der ›Polaris‹, vor dem Beginn der langen Polarnacht gesichert werden soll.«

Danach legte Hall fest, daß alle Waren und der Proviant sortiert an Land zu lagern sind, eine regelmäßige Nachtruhe eingeführt, abends neun Uhr alle Lichter gelöscht, mit den Kohlevorräten hausgehalten und die Hunde jeden zweiten Tag ausreichend gefüttert werden sollen. Das Schiff müßte zudem mit einer Schutzmauer aus Eisblökken umgeben und ein Tagebuch geführt werden.

Außerdem befahl Hall: »Sollte das Schiff zum Wrack oder infolge der ungeheuren Gefahren einer . . . Eisdrift stark beschädigt werden, dann müssen Sie nach bestem Wissen und Gewissen Sorge tragen, um das Leben der Besatzung zu retten. Sie würden alsdann, sofort nach Ihrer Rettung, die Regierung der Vereinigten Staaten mit allen näheren Umständen bekannt machen. Sollte die ›Polaris‹ wirklich verloren gehen, so würde ich, nebst der kleinen Gesellschaft, die mich auf meiner Schlittenreise begleiten wird, hierbleiben, um Entdeckungen zu machen und den . . . Hafen als Hauptquartier benutzen. Wir würden sicher sein, daß unser Vaterland uns sonder Säumen Hilfe schicken würde, um den hohen Zweck der jetzigen Expedition zu erfüllen . . .«

Der Kommandant schloß seine Instruktion mit den Worten: »... Indem ich hoffe, daß Ihnen Gott bei der Erfüllung Ihrer schweren Pflichten behilflich sein möge, sage ich Ihnen und meinem ganzen Commando Lebewohl. Ich hoffe, daß bei meiner Rückkehr sich Alle des besten Wohlseins erfreuen werden; ich hoffe gleichfalls, daß unter der Führung des Himmels meine Schlittenreise ein vollkommener Erfolg sein werde; ich hoffe, daß es mir nicht nur möglich sein werde, dem Nordpol näher zu kommen, als irgendein Weißer vor mir, sondern daß es mir auch vergönnt sein möge, einen Landweg nach Norden zu entdecken ... 10. Oktober 1871.«

Mitternacht war vorüber, als er die Seiten ordnete und siegelte.

12

Am Morgen des 10. Oktober verließ Charles Francis Hall mit zwei Schlitten, welche von insgesamt sechzehn Hunden gezogen wurden, Polaris-Bay. Obwohl sich aus der Besatzung mehrere Leute angeboten hatten, ihn auf der Fahrt ins Ungewisse zu begleiten, beschränkte sich seine Auswahl auf den Ersten Offizier H. C. Chester und die beiden Eskimos Hans und Joseph. Nicht einmal auf seinen Vertrauten George Tyson griff Hall zurück, dem er wohl zutraute, die Ereignisse auf dem Schiff zu überwachen und gegebenenfalls in Halls Sinne mit der Faust nachzuhelfen, wenn etwas schiefgehen sollte.

Schon am nächsten Morgen war Hans mit einem der Schlitten zurück. Er berichtete, sie hätten nur knapp fünf Meilen bewältigen können und sich an geschützter Stelle eine Schneehütte errichtet. Hall habe noch eine Reihe von Wünschen. Hans übergab Buddington und Morton einen Brief, in dem der Kommandant folgendes forderte: vier Zwiebeln, ein Dutzend Stearinkerzen, ein Paar Handschuhe aus Bärenfell, eine Hose aus Seehundsleder, einen

Schneeschuh, einen Leuchter, eine dreikantige Feile, drei oder vier Paar Handschuhe aus Seehundsfell, zwanzig Faden Zugleine, acht Faden Lederriemen, drei Peitschenstiele, zwei Paar wasserdichte Stiefel, eine Holzschachtel, geräumig genug für ein Pfund Kaffee.
Morton brachte die Mannschaft in Bewegung. Die beiden Eskimofrauen schneiderten die Lederhose und nähten die Handschuhe, der Zimmermann Coffin schnitzte Peitschenstiele und Schneeschuh. Friedrich Janka kroch ins Unterkabelgatt, die Leinen und Lederriemen zu suchen. Jeder trug dazu bei, damit Hans so rasch wie möglich wieder zu Hall und Chester aufbrechen konnte.

Schon der Wunschzettel des Kommandanten läßt erkennen, daß Hall, der nicht mehr unter der von Jackson und Smith heimlich verabreichten Droge stand, seine frühere Energie wiedergewonnen und seinen ursprünglichen Reiseplan erheblich erweitert hatte. Hans wußte zu berichten, der Kommandant nehme jedes noch so große Hindernis in Form von Hummocks oder Eisbarrieren im Sturmlauf und werde wild, wenn jemand behaupte, an dieser oder jener Stelle sei kein Weiterkommen.

Am nächsten Morgen, als Hans sich auf den Weg machte, erschien zum letzten Mal die Sonne. Rund ein Viertel der roten Scheibe war über einem Gletscher im Süden zu sehen. Kurz darauf deutete nur noch eine gelbrote Lichtsäule die Stelle an, wo die Licht- und Lebensspenderin nunmehr für einen langen Zeitraum verschwunden war. Von jetzt an wurden die Tage rapide kürzer, um bald von dauernder Nacht abgelöst zu werden.

Am dritten Tag nach Halls Abreise begleitete Morton, wie es der Kommandant befohlen hatte, John Smith auf einem kleinen Spaziergang rund um die »Polaris«. Weit konnten sie sich wegen der Dunkelheit und der nur noch spärlichen Beleuchtung des Dampfers nicht entfernen, doch sie wollten bis zum Observatorium und einer etwa zweihundert Meter entfernt gelegenen Magnetfeld-Meßstation gehen, da Bessels sie gebeten hatte, die abendlichen Meßwerte zu ermitteln und ihm, der nun doch als Arzt eine Menge Arbeit hatte durch Erkältungen und Erfrierungen bei der Mannschaft, einen Weg zu ersparen.

Morton, der an den vorhergegangenen Abenden die Matrosen Krüger und Siemens gebeten hatte, den ehemaligen Schiffsarzt zu begleiten, hielt nun die Zeit für gekommen, sich mit Smith zu unterhalten und mehr über ihn in Erfahrung zu bringen, als das bisher bei ihren mehr oder weniger belanglosen Unterhaltungen möglich gewesen war.

»Was hat Sie eigentlich veranlaßt, Doc, diese Reise mitzumachen?« fragte er den schweigsam neben ihm herstapfenden Arzt.

Smith sah ihn verwundert an. Das war das erste Mal seit der Abreise, daß ihn jemand so direkt nach seinen Beweggründen fragte. Sollte er ehrlich antworten? Da er Morton mochte und ihn für einen integren Mann hielt, entschied er sich, die Wahrheit zu sagen. Es war jetzt ohnehin zu spät, sich mit Schwindeleien noch einen Anschein von Pflichtbewußtsein zu geben. »Die Angst vor der Polizei, wenn Sie es genau wissen wollen«, sagte er zögernd.

»Angst vor der Polizei? Ein Mann wie Sie, geachtet, wohlhabend und in jeder New-Yorker Gesellschaft gern gesehen? Das können Sie mir nicht weismachen, Smith!« Morton schüttelte ungläubig den Kopf. »Oder haben Sie jemanden umgebracht?« fragte er dann scherzhaft.

Smith blieb ernst. »Wenn Sie so wollen, Mister Morton, ja. Ihr Beichtvater – ich habe keinen – würde sagen, ich hätte ›im Werden begriffenes Leben‹ vernichtet.«

»Abgetrieben?«

»Sehr oft, Mister Morton. Und obendrein in einigen Fällen auch noch Kinder, die ich den Frauen selbst gemacht hatte – verheirateten Frauen, Mister Morton. Kein

Wunder, daß die Ehemänner hinter mir her waren und mich zum Teufel wünschten.«

Morton brauchte eine Weile, um mit dieser Eröffnung fertig zu werden. Schweigend gingen sie nebeneinander her. Erst als sie im Observatorium Temperatur, Luftdruck und Windgeschwindigkeit abgelesen hatten und sich auf dem Weg zur Meßstation befanden, setzte der Zweite von neuem an: »Nehmen Sie's mir nicht übel, Doc, aber ich kann Ihre Flucht nicht gutheißen. Lassen wir mal die Tatsache beiseite, daß ich Ihre Handlungsweise nicht billige und Sie, befänden wir uns jetzt in einer zivilisierten Gegend, bestimmt anzeigen würde, war es schäbig von Ihnen, Mister Hall so zu hintergehen. Mit Ihrer Einstellung und in Ihrer Verfassung sind Sie doch nur eine Belastung für die Expedition.«

»Zugegeben, doch was sollte ich tun, Mister Morton?«

»Sie hätten sich der Polizei stellen sollen. Rechtzeitige Reue ist immer noch ein Pfand für Milde.«

»Mag sein«, räumte Smith ein, »doch außer den Abtreibungen waren da noch die rachsüchtigen Ehemänner, die mir Ehebruch anhängen wollten. Das wäre sicherlich strafverschärfend gewesen.«

»Für mich sind das keine Gründe, Doc«, sagte Morton reserviert. »Mister Hall hat es nicht verdient, so betrogen zu werden.«

»Das weiß ich, doch wie gesagt, was sollte ich machen?«

»Dazu habe ich Ihnen meine Meinung bereits gesagt. Aber mich interessiert etwas anderes: Hätten Sie nicht wenigstens Ihre an Bord eingegangenen Verpflichtungen ernst nehmen können?«

»Ich hatte es vor, Mister Morton.«

»Dann hätten Sie's auch tun sollen! Harte Arbeit tröstet über viele Sorgen besser hinweg als Alkohol.«

Smith sagte kleinlaut: »Sie vielleicht, Morton, nicht aber einen Menschen wie mich. Ich trinke schon lange fast täglich, anfänglich meist aus Gesellschaft, dann aus Gewohnheit. Daß ich dem Alkohol verfallen bin wie den Weibern, Mister Morton, habe ich erst hier richtig bemerkt, als ich nicht mehr so trinken durfte, wie ich wollte. Jetzt weiß ich erst, daß ich süchtig bin. Vorher habe ich mir nie Gedanken darüber gemacht.«

»Von mir bekommen Sie jedenfalls nichts, Mister Smith«, sagte Morton abweisend.

Smith lachte. »Das ist mir klar, Mister! Von Ihnen ebensowenig wie von Mister Chester oder dem ewig nüchternen Buddington. Aber ich mach Ihnen daraus keinen Vorwurf. Doch ich hoffe, daß sich auf diesem Schiff noch eine mitleidige Seele findet, die mir hilft.«

»Machen Sie's nicht noch schlimmer, Smith«, sagte Morton.

Ohne ein weiteres Wort legten sie den Rest des Weges zurück.

Halls Reise erwies sich als beschwerlicher, als vorauszusehen war, das Eis war höckrig und teilweise in starker Bewegung. Zahlreiche steile Klippen stellten sich der kleinen Gesellschaft in den Weg, heftige Stürme zwangen sie, oft stundenlang, einmal sogar einen ganzen Tag lang, tatenlos zum Warten. Auch Moschusochsen ließen sich nicht blicken, obwohl sie öfter deren Losung fanden. Und ebensowenig Glück wie der Kommandant hatten die beiden Eskimos bei der Jagd auf Robben. Trotz der Kälte und des scharfes Windes verlor Hall nicht den Mut. Kamen er und seine Männer auch nicht wie geplant voran, so wollte er wenigstens in der nächsten Umgebung der Lager auf Entdeckung gehen. Wir lesen in seinen Tagebuchnotizen vom 20. Oktober: »Dann und wann verließ ich die Hütte, um nach Pflanzen und Kohlen zu suchen. Es ist mir unendlich viel daran gelegen, hier Kohlen zu entdekken, denn dieselben würden sicherlich nicht wenig zu unserem Erfolg beitragen und es gestatten, im Laufe des nächsten Jahres eine höhere Breite zu Schiff zu erreichen.

Fast allenthalben findet man hier kohlenartiges Gestein, aber bei genauerer Untersuchung erweist sich dasselbe immer wieder als Schiefer . . .«

Hall sammelte Pflanzen und prüfte ihre Brennbarkeit in der Absicht, sie mit Robbentran zu versetzen und dadurch ein neues Heizmaterial für die Kesselanlage der »Polaris« zu schaffen. Er vermaß mit Chester das Land und kontrollierte beständig Wind, Temperatur und Eisgang. Am Abend des 20. Oktober schrieb er vom sechsten Schneehaus-Lager am Cap Brevoort, gelegen am Nordufer der Newman's-Bay, einen langen Brief an den Minister der Bundesmarine, Georg M. Robeson. Darin schildert er das Ziel seiner Fahrt, gibt detailliert Auskunft über die Geografie des bereisten Territoriums und begründet, weshalb er diesem oder jenem Geländeabschnitt den Namen dieses oder jenes Forschers oder Politikers gegeben hat – Namen übrigens, die noch heute auf allen Karten zu finden sind. Eine Abschrift des Dokuments hinterlegen Chester und Hall kommenden Tags in einem »Steinmann« am Fuße von Cap Brevoort. Dann packen sie die Schlitten und treten die Heimreise an, ein wenig ermattet, nicht ganz zufrieden mit dem Erreichten, dafür aber gesund und munter. Drei Tage später, am 24. Oktober um 13.20 Uhr, langen sie wieder beim Schiff an.

Hall gibt sich aufgeräumt und glücklich, er umarmt Morton und hat auch für Buddington ein freundliches Schulterklopfen übrig. Bessels, dem er immer hohe Achtung entgegengebracht hat, wird förmlicher, aber doch herzlich begrüßt.

Die beiden Eskimos trollen sich in die Obhut ihrer Frauen, die sie vierzehn lange Tage entbehren mußten. Schon eine Minute später ist Joseph zurück mit der Meldung, Christin sei verschwunden. Zur gleichen Zeit bemerkt Hall, daß der einzige Mann an Bord, der ihn nicht begrüßt hat, Smith ist. Er fragt Morton, wo der Arzt sei. Der weiß es nicht und läßt ihn suchen, vergebens. Smith ist mit Christin verschwunden. Hall, noch immer euphorisch gestimmt und froh, schickt drei Mann, sich nach dem Vermißten umzusehen. Man findet sie bald darauf im Observatorium unter einer dicken Lage von Pelzen, friedlich schlafend. Schon nach kurzer Zeit hat sich die Aufregung gelegt, die Begrüßungszeremonie ist vorüber. Der Kommandant ruft nach Wilhelm Jackson, dem Smutje. Als der seinen Wuschelkopf aus der Tür steckt, befiehlt Hall: »Einen Kaffee, Jackson, schnell! Heiß und stark und bitter muß er sein. Ich brauche etwas zum Erwärmen und Aufmuntern!« Und dann fügt er lachend hinzu: »Später werden wir Zeit finden zu kontrollieren, was du Bursche während meiner Abwesenheit wieder alles veruntreut hast!«

Es soll ein Scherz sein, alle Umstehenden wissen es und lachen mit. Jackson aber fährt, obwohl er ein gutes Gewissen haben kann, ein gewaltiger Schreck in die Glieder. Was Hall nicht wissen kann – niemand auf der »Polaria« weiß es bisher: Smith ist heimlich in die Vorratskammer eingestiegen und hat sich bedient. Zwei Flaschen Rum fehlen, der Arzt hat sie noch mitgenommen zu seinem Rendezvous mit dem Eskimomädchen.

Jackson sieht sich schon im Kerker bei Wasser und Brot oder, was noch schlimmer wäre, von der neunschwänzigen Katze zerschunden, denn Hall wird ihm nicht glauben. In die Kombüse zurückgekehrt, sucht er fieberhaft nach dem Pulver. Er kann den Arzt nicht fragen, wieviel er nehmen muß, um Hall krank zu machen. So dosiert er die Menge nach Gutdünken.

Noch hat der Kommandant in der Kajüte seine schwere Pelzkleidung nicht abgelegt, da erscheint Stewart Herron bereits mit dem dampfenden Kaffee. Hall schlürft ihn genüßlich bis zur Neige. Er ist bitter, doch er tut gut. Wenige Minuten später wird ihm schwindlig, er klagt über starke Kopfschmerzen. Man legt ihn auf die Koje und behandelt ihn. Nach etwa einer Stunde muß er sich erbrechen. Doktor Emil Israel Bessels schreibt später in seinen Erinnerungen: »Leider sollte diese Unpäßlichkeit keine rasch vorübergehende sein, wie er anfangs gemeint, es war vielmehr der Vorbote eines Schlaganfalls, der ihn am Abend ereilte und seine linke Seite lähmte. Langsam begann er am folgenden Tage sich zu erholen, warme Fußbäder mit Senf und kalte Compressen, auf Haupt und Nacken gelegt, verschafften ihm Erleichterung. Kaum fühlte er sich etwas besser, als er die Absicht aussprach, eine neue Schlittenreise zu unternehmen. Er hatte ebensowenig Zeit, krank zu sein, als sich Ruhe zu gönnen. Sein rastloser Geist beschäftigte sich mit den geringfügigsten Kleinigkeiten, stets fragte er aufs neue, ob die Instructionen, die er zurückgelassen hatte, auch in allen Stücken befolgt worden seien.«

Man konnte dem ständig schwächer werdenden Kommandanten berichten, daß alles nach seinem Befehl geschehen, daß die Räume winterlich eingerichtet, der Proviant in Sicherheit gebracht und eine dicke Schneemauer um das Schiff gezogen worden war.

Doch so oft man Hall auch versicherte, daß alles in Ordnung wäre, er wollte es mit eigenen Augen sehen und raffte sich schließlich zu einem Rundgang auf, begleitet von Tyson, Bessels und Morton. Hall war viel zu schwach, um zu gehen, so daß sie ihn fast die gesamte Strecke stützen und schleppen mußten, aber er war geistig noch auf der Höhe und konnte mit Befriedigung konstatieren, daß man seine Befehle befolgt hatte. Doch der Zustand des Kommandanten sollte sich rasch ändern. Bessels schreibt: »Vorübergehend stellten sich bei Hall bedenkliche Geistesstörungen ein, die zuweilen in leichte Tobsucht ausarteten. Er glaubte, man trachte ihm nach dem Leben, man wolle ihn erdolchen, vergiften oder erschießen. Am vierten November befand er sich auf dem Wege der Besserung, doch sein Geist war häufig noch verdunkelt. Gegen alle Warnungen aß er große Mengen gekochten Seehundfleisches und trank mehr Rotwein, als für seinen Zustand gut war. Am sechsten ließ er sich nicht abhalten, das Bett zu verlassen, in der Kajüte umherzugehen und den Versuch zu machen, die Resultate seiner Schlittenreise zu dictiren. Am folgenden Tag ereilte ihn ein zweiter Anfall, welcher ihn am frühen Morgen des achten, um drei Uhr fünfundzwanzig Minuten, dahinraffte.«

Hall war tot, bevor seine Expedition in das entscheidende Stadium trat. Seinen Traum, als erster Mensch auf dem Nordpol zu stehen, konnte er sich nicht erfüllen.

Zimmermann Coffin baute einen Sarg aus dicken Eichenbohlen, und am 10. November 1871 beerdigte man Charles Francis Hall unter dem Läuten der Schiffsglocke in einer nur wenige Fuß tiefen Grube, die mühselig in den Frostboden gehackt worden war. Eine Fahne der Vereinigten Staaten von Amerika schmückte seinen Sarg, zwei Tage darauf stand ein bescheidenes Holzkreuz auf dem ärmlichen Hügel.

13

Mit Halls Tod war die Expedition endgültig vom Glück verlassen. Die »Polaris« wurde später vom Packeis zerquetscht und sank. Die Mannschaft lebte lange auf einer Eisscholle, die dann auseinanderbrach und die Besatzung in zwei Gruppen teilte. Die Hälften der Scholle drifteten in verschiedene Richtungen auseinander, die Besatzungsmitglieder konnten jedoch alle gerettet und wieder nach New York gebracht werden, die letzten im Herbst 1873.

Die Forschungsergebnisse waren, soweit sie erhalten blieben, von großem Wert für spätere Expeditionen.

Gegen Sidney O. Buddington wurde vor dem Seekriegsgericht verhandelt, aber eine Schuld war ihm nicht nachzuweisen. Jeder war froh, wieder an Land zu sein, warum sollten alte Geschichten aufgewühlt werden?

Halls Grab wurde 1980 von amerikanischen Polarforschern wiederentdeckt. Die Leiche des »Polaris«-Kommandanten war sehr gut erhalten. Man transportierte sie im Kühlraum des Forschungsschiffes nach den Staaten, wo sie einer gründlichen Untersuchung unterzogen wurde. Das Ergebnis war eindeutig und bestätigte, was man fast 110 Jahre lang als nahezu sicher angenommen hatte: Charles Francis Hall war an einer Überdosis Arsenik gestorben – war ermordet worden.

Blumen für die Fahrt ins Jenseits

I

Man schrieb das Jahr 1902.

Mit steinernem Gesicht ertrug Karl Hopf am noch offenen Grab seiner Ehefrau das Defilee der Trauergäste. Jeder, der dem Sarge Josefa Hopfs gefolgt war, drückte dem Witwer die Hand und sprach ein paar Worte des Mitgefühls. Jener dankte leise und lud zum Leichenschmaus ein. Wie für fast alles im Leben, so gab es auch für die Trauerfälle feste Verhaltensregeln, die Karl Hopf geduldig und genau einzuhalten gedachte.

Es war ein bescheidenes Mahl, das der Witmann den Eingeladenen auftafeln ließ; gerade an der unteren Grenze dessen, was die Etikette mittelständischer Bürgerlichkeit noch erlaubte. Ebbe war in Hopfs Kasse. Alle, die hier saßen und die heiße Rindsbouillon in sich hineinschlürften, wußten das und auch, daß die Feier den Gastgeber nur noch tiefer in die roten Zahlen brachte. Doch keiner ließ sich deswegen den Appetit verderben. War ein glückloser Mann, dieser Hopf, nun ja, so etwas gab es eben. Verplemperte sein Geld mit Hundezucht und bakteriologischen Versuchen, ein Drogist, der gerne Apotheker wäre und nicht einmal zu seinem eigentlichen Berufe richtig taugte. Dem einen oder anderen hatten Hopfens Mittelchen auch schon geholfen. Ein Präparat, das wirksam die Hundestaupe bekämpfen könne, hieß es, habe er gefunden. Aber das alles brachte nicht den erhofften finanziellen Segen. Da war niemand in der Runde, von dem Karl Hopf nicht schon Geld geborgt hätte; von dem einen mehr, vom anderen weniger. Irgendwie waren jedoch alle immer wieder zu ihrem Ausgleich gelangt, und wenn er bei einem einen Kredit aufnahm, um einen früheren zu tilgen. Hopfs Vater hatte die Mißwirtschaft des Sohnes stets getadelt, ohne sie damit freilich beendet zu haben. Sogar von Enterbung war damals die Rede gewesen. Nun, den Vater deckte seit einigen Jahren die Erde, und Auguste Hopf, die Mutter, half ihm so manches Mal aus der Patsche. Auch jetzt stand sie ihm hilfreich zur Seite.

Die Suppenteller wurden abgeräumt, doch ein Gespräch kam nicht so recht in Fluß. Als Hauptgang hatte der Witmann sich für Gulasch, Kraut und Knödel entschieden. Das war nicht teuer und machte satt.

Wortlos legte die Mutter ihre faltige Linke auf die feingliedrige, doch durchaus feste rechte Hand des Sohnes. Es war der dritte Todesfall, der den Sohn und sie betraf. 1895 wurde der Vater beerdigt. Ein Jahr später starb der kleine Karl, Kind einer außerehelichen Beziehung ihres Sohnes – und damit ihr leiblicher Enkel. Was konnte das Kind dafür, und was machte es, daß diese Beziehung nicht von Dauer war? Und nun trauerten sie um ihre Schwiegertochter. Hopf schenkte der Mutter einen dankbaren Blick. Sie war sicher die einzige, die wirklich für ihn Mitleid empfand, allerdings war auch sonst keiner unter seinen Gästen, für den er Interesse und Mitgefühl aufbrachte. Welten, meinte er, würden sich zwischen jenen dort am Tische und ihm auftun. Welchen Sinn gaben sie ihrem Leben? Wonach strebten sie? Hatten sie Wünsche, Sehnsüchte? Wenn ja, dann fehlte ihnen der Mut zu ihrer Erfüllung. Biedermänner, streng darauf bedacht, in den Bahnen bürgerlicher Ehrsamkeit zu wandeln. Lieber stürben sie vor Langeweile im Ehebett, als auch nur für einen Augenblick ihren prüden Frauen ihre wirklichen Begierden einzugestehen. Dafür waren sie dann um so eifriger bei Lola und den anderen »Damen«.

Sprach er einmal beim Apfelwein von seinen Versuchen, konnte es ihm sogar passieren, daß sein Nachbar – wohl aus innerem Grusel – ein Stück von ihm abrückte. Was gab es für ein Gerede, als er seinen Laden, diese fatale Drogerie, aufgab! So ein Geschäft, das sei ja immerhin eine solide Lebensbasis. Solide Lebensbasis, dachte er bitter, von morgens bis abends auf den Beinen ... »Ein Viertelpfund grüne Seife, der Herr? – Bitte sehr, bitte gleich, Empfehlung an die Frau Gemahlin. Zwanzig Gramm Salbeiblätter, Frau Amtsvorstand? Aber mit Vergnügen! So, der Herr Gemahl hat sich verkühlt? Da empfehlen wir ein Kamillendampfbad, Lindenblütentee und tüchtig schwitzen.« ... zehn tiefe Bücklinge für zwei, drei Pfennige Gewinn. Nein, nein! Wenn schon Arbeit, dann solche, die Spaß machte und zudem ihren Mann nährte. Aber davon verstanden die dort nichts.

Eine Arbeit, die seinen Intentionen entsprach, war rasch gefunden. Schon damals, beim Infanterie-Regiment Nr. 81, bei dem er seinen einjährigen Militärdienst abgeleistet hatte, war er wegen seiner ruhigen sicheren Hand, seines ausgeprägten Reaktionsvermögens und der Fähigkeit, sich in fast jeder Lage zu beherrschen und zu konzentrieren, aufgefallen. Allerdings: Militärdienst kam für ihn nicht in Frage. Die Beschneidung seiner Freiheit durch die militärische Disziplin und die ihm dabei abverlangte Unterordnung wären ihm ein noch größerer Greuel als das Dienern vor seiner Drogerie-Kundschaft gewesen. Aber dennoch: das Militär bestimmte in jenen Jahren um die Jahrhundertwende maßgeblich das Leben in Deutschland, die Männer in den bunten Röcken des Kaisers gaben den Ton an. Allen voran natürlich die Offiziere, die sich in ihrer überwiegenden Zahl aus dem Adel rekrutierten. Und die Bürger, die etwas auf sich hielten, kopierten eifrigst die Umgangsformen der Militärs. Wenn so ein milchbärtiges Kaufmanns- oder Industriellensöhnchen eine Universität besuchen sollte, ein Doktortitel im Firmennamen machte sich fast so gut wie ein Adelsprädikat, dann mußte er natürlich einer schlagenden Verbindung angehören. Und genau hier sah Karl Hopf seine Chance. Er wurde Fechtlehrer. Es war eine sportliche, ja fast spielerische Arbeit, die ihn blendend in Form hielt und nur mäßig ermüdete. Zuweilen hatte er auch Zutritt zu Adelshäusern, eine Tatsache, die sein Ansehen in den Augen der Nachbarn und des Bekanntenkreises erheblich steigerte, wenngleich ihm die Vordereingänge verschlossen blieben und er die Dienstbotenstiegen benutzen mußte. Er verschaffte sich schon seine Genugtuung, hielt er erst mal Degen, Säbel oder ein Florett in der Hand. Seine Schüler ließ er Stöße und Hiebe parieren, bis sie kaum noch Gefühl in den Armen hatten, und während sie schwitzten und schnauften, gab er lächelnd Ratschläge.

Bedachte er es recht, war es eigentlich ein feines Leben, er konnte sich das Maß seiner Arbeit einteilen, und es blieb ihm genügend Zeit für seine Versuche. Ein feines Leben, ja, wenn nicht seine Einkünfte ebenso unbefriedigend gewesen wären, wie es vorher die Einnahmen aus der Drogerie waren. Und oft genug mußte er sogar um sein Salär bangen, denn ein Adelswappen über der Tür hieß noch lange nicht, daß da auch Geld in der Schatulle klimperte.

Das Borgen bei jenen, die gerade sorgfältig mit breitgedrückten Kloßstückchen die letzten Reste Gulaschsoße auf ihren Tellern zusammenwischten, hielt an. Nun war Josefa nicht gerade eine Meisterin des Wirtschaftens gewesen, andererseits zweigte er auch gehörige Teile der Familienfinanzen für seine Studien ab. Und nicht nur für sie.

Karl Hopf hatte über seinen Überlegungen zu essen vergessen. Er ließ die inzwischen kalt gewordene Portion vom Kellner abräumen. Seine Gäste nickten verständnisvoll, glaubten, daß die Trauer dem Witwer den Appetit verschlagen hätte. Ein Dessert hatte der Witmann gar nicht erst eingeplant und bestellt. Statt dessen wurde nun, wie es Brauch war in der Gegend um Frankfurt am Main, Apfelwein kredenzt.

Hopf klopfte an sein Glas, dann erhob er sich. »Ich danke Ihnen allen, daß Sie meiner unvergessenen, treuen Ehefrau Josefa das letzte Geleit gegeben und mir die Ehre erwiesen haben, meiner Einladung zu diesem bescheidenen Essen zu folgen. Dank auch dafür, daß Sie mir in diesen schweren Stunden Beistand gaben.« Er machte eine Pause. Einige schneuzten sich verlegen. »Bitte erheben Sie nun mit mir Ihr Glas zum ehrenden Andenken an die so früh von uns Gegangene.«

Die Trauergesellschaft stand auf, man verneigte sich leicht gegen Hopf, erhob das Glas und trank in gemessenen Zügen. Traditionsgemäß hatte nun ein jeder die Pflicht, eine Tugend der Verblichenen zu rühmen oder eine Begebenheit zu erzählen, die sie und ihre Vorzüge zur Geltung brachten. Die Runde dieser Laudationes mußte der Gastgeber noch abwarten, ehe er mit einem Gefühl der Erleichterung die Tafel aufheben konnte.

2

»Mein tiefempfundenes Beileid, sehr geehrter Herr Hopf, welch ein Verlust«, die Stimme des Versicherungsangestellten hatte einen fast zitternden Klang. Jener vor wenigen Monaten abgeschlossene Vertrag über die gegenseitige Lebensversicherung der Eheleute Josefa und Karl Hopf entpuppte sich für das Unternehmen in der Tat als Verlustgeschäft. Zwanzigtausend Reichsmark waren nun an den Witwer zu zahlen. Eine Summe, die die Versicherung nicht gerade in die Nähe des Ruins brachte, sie aber doch zu gründlichen Recherchen veranlaßte. Aber da gab es wohl nichts zu tippen. Josefa Hopfs Leiche war obduziert worden. Das Sektionsergebnis besagte eindeutig: Todesursache – ein Darmgeschwür.

»O ja, ein schwerer Verlust«, echote der Witmann.

»In solchen Stunden fragt man ehrlich, was alles Geld nutzt.«

»Wie recht Sie haben, lieber Herr«, stimmte Hopf zu.

»Aber es hilft wenigstens, die Unkosten zu tragen«, klopfte der Angestellte auf den Busch.

»Sie werden ja selbst wissen, daß so ein Begräbnis nicht ganz billig ist, außerdem hat sich meine Frau ein würdiges Denkmal verdient. Nicht zu vergessen, daß ich nun jeden Handschlag, den meine Gattin bislang für mich machte, fremden Personen übertragen muß, und Sie können es sich leicht denken, jeder hält seine Hand auf.«

Der Angestellte hatte inzwischen die Formalitäten erledigt, läutete nach einem Bürodiener und befahl diesem, Herrn Hopf zur Kasse zu geleiten. Neidvoll starrte er den beiden Männern hinterher. Zwanzigtausend Reichsmark, ging es ihm durch den Kopf, das könnte der Anfang einer eigenen Existenz sein. Ja, manche Leute sind vom Schicksal halt bevorzugt. Er selbst war ebenfalls Witwer, doch die Versicherung seiner Frau hatte damals knapp die Beerdigungskosten abgedeckt.

Nachdem er aus dem Gebäude der Versicherungsgesellschaft wieder auf die Straße getreten war, überlegte sich Karl Hopf, ob er nicht wenigstens einen Teil des Geldes zur Bank tragen sollte. Doch er entschied anders. Bankgeheimnis hin, Bankgeheimnis her, wie schnell konnte publik werden, daß ihn der plötzliche Tod seiner Frau ebenso plötzlich wohlhabend gemacht hatte. Er würde nun die über zweitausend Mark Schulden bezahlen können. Was ihn mit der größten Genugtuung erfüllte, war, daß er zugleich damit eine fällige Hypothek tilgen konnte, die auf seinem Hause lastete. Der Hypothekengläubiger hatte sich schon nach einem Architekten umgesehen, er wollte das Haus umbauen lassen. Aber noch gehörte es Hopf, und daran würde sich nun auch nichts ändern.

Nichts war mit der Ersteigerung seines Anwesens für ein Butterbrot! Der Gedanke an die saure Miene des Geldverleihers, wenn er ihm die Scheine auf den Tisch zählte, erheiterte den Witwer so sehr, daß er ein offenes Lachen nur mühsam zu unterdrücken vermochte. In seinem Triumph beschloß er, erst einmal essen zu gehen, um die notwendige innere Haltung zurückzuerlangen. Für einen Moment war er geneigt, in eins der teuren Lokale einzukehren, verwarf aber diese Idee schnell wieder; schön bescheiden bleiben und nur keinen Reichtum zeigen, befahl er sich.

Es war drei Uhr nachmittags, als Karl Hopf das Büro seines Hypothekengläubigers betrat.

»Na, mein lieber Hopf, haben Sie das Geld zusammenbekommen?« fragte der in einem Ton, der eine verneinende Antwort vorwegnahm. Desto größer war daher der Effekt, als der Besucher kurz und trocken antwortete: »Ja.« Ungläubig und mit genau jenem blöden Gesichtsausdruck, den der Witwer erwartet hatte, fragte der andere zurück: »Sie haben also das Geld wirklich?«

»Nebst Zinsen.«

»Nebst Zinsen«, echote der andere verständnislos, »darf man erfahren, wer, ich meine woher . . .«

»Geschäftsabschlüsse, Sie verstehen«, erklärte Hopf.

Sein Gegenüber verstand gar nichts, erinnerte sich aber an frühere Gespräche, in denen Karl Hopf von seiner Arbeit berichtet hatte, für deren Fortgang er das Geld zu benötigen vorgab: »Haben Sie also das Serum entdeckt?«

»Genau das. Entdeckt und verkauft.«

»Dann will ich Ihnen gratulieren, lieber Herr Hopf, Sie glauben gar nicht, wie sehr es mich freut, Sie wieder flüssig zu sehen.«

Der Witwer glaubte es ihm wirklich nicht, aber er registrierte mit Befriedigung, daß er nun wieder »Herr« Hopf war. Und so sehr Karl Hopf das Spießige des bürgerlichen

Mittelstandes auch verachtete, so legte er doch Wert auf bestimmte Vorzüge, die die Zugehörigkeit zu dieser Gesellschaftsschicht mit sich brachte. Um nichts in der Welt wollte er sich mit den Arbeitsleuten gemein machen, mit den Dienstboten und anderen Hungerleidern, denen er sich nach Bildung und Lebensart haushoch überlegen dünkte.

Das Geld war schnell vorgezählt und quittiert, die Genehmigung zur Löschung des Hypothekeneintrags im Grundbuch würde dann später vom Anwalt des Geldverleihers ausgestellt und dem Witwer zugesandt werden.

3

Nachdem sich Karl Hopf eine Pause von zwei Wochen auferlegt hatte, begann er wieder mit dem Alltag. Es war ein herrliches Gefühl zu arbeiten, ohne es gegenwärtig nötig zu haben. Arbeiten – das war seit einiger Zeit die Demonstration seiner Kunstfertigkeit im Umgang mit Säbel und Pistole vor einem großen Publikum. Hopf war unter die Artisten gegangen.

Hermann Strauß, Hopfs Impresario, hatte es doch tatsächlich fertiggebracht, einen Vertrag mit dem Albert-Schumann-Theater in Frankfurt am Main abzuschließen. Der Kontrakt war zwar auf zwei Wochen befristet, dann würde er wieder woanders auftreten müssen, aber das Schumann-Theater, das war schon etwas! Auch die Gage konnte sich sehen lassen. Das Spiel mit dem Tode war ein sicherer Zuschauermagnet, die Direktoren des Hauses konnten mit ausverkauften Rängen rechnen. Der Neuheitswert einer Nummer, das wußten sie auch, hielt jedoch nicht ewig. Sie hatten sich eine simple Handlungsmaxime erarbeitet: sensationelle Nummern in einer Folge rasch wechselnder Programme – volles Haus und gute Gagen.

Kapellmeister Wahl ließ schmissige Marschmusik spielen, und das Ballett stapfte als Garde verkleidet über die Bühne. Hopf stand ruhig in einer Seitenkulisse und beobachtete das Publikum. Es war der erste Abend des neuen Programms, und das Theater war ausverkauft; viertausend Zuschauer saßen im Parkett und auf den Rängen. Die Girls sprangen eins nach dem anderen im Takt der Musik in den Spagat, schließlich fiel der Vorhang. Applaus brandete auf, die Mädchen liefen knicksend durch den Spalt zwischen den beiden Vorhangshälften an die Rampe. Das brachte die nötige Zeit, um die Bühne für Karl Hopfs Auftritt zu präparieren. Hauptrequisit war eine dicke Weichholztafel, die als Kugelfang diente. Hopf war in einen eleganten Smoking gekleidet. Seine Partnerin trug über einem fleischfarbenen Trikot ein kurzes, tiefausgeschnittenes Kleidchen. Die beiden Artisten nahmen ihre Position ein, und bei den Klängen eines Schützenliedes hob sich der Vorhang. Die Zuschauer spendeten Vorschußbeifall. Hopf verneigte sich kurz. Die Partnerin brachte ein Köfferchen, wie es zum Transport von Duellpistolen üblich war. Als erstes legte der Schütze allgemeine Proben seines Könnens ab. Einem überdimensionierten As schoß er das Herz aus der Mitte, Tonscheiben, die seine Partnerin ihm zuwarf, traf sein Schuß im Flug. Bunte Luftballons, die von einem Ventilator in Bewegung gehalten wurden, waren sein nächstes Ziel. Das Orchester, das bisher leise gespielt hatte, setzte aus. Ein verhaltener Trommelwirbel erklang. Hopfs Partnerin hatte sich eine lange Zigarettenspitze mit einer Zigarette in den Mund gesteckt. Der Schütze gab ihr artig Feuer und ging wieder an die Rampe. Der Trommelwirbel wurde stärker. Aus der Seitenkulisse, hinter der Hopf zuvor gestanden hatte, trat ein Feuerwehrmann und rief: »Hier ist Rauchen verboten!«.

»Gut«, antwortete Hopf, »machen wir die Zigarette aus.«

Die junge Frau nahm inzwischen vor dem Kugelfang

Aufstellung, Hopf ihr Profil zuwendend und die Zigarettenspitze mit einem Kußmund haltend. Die Trommel dröhnte. Der Schütze zielte sorgfältig. Der Schuß krachte. Ein Stück Zigarette zerstob, Funken sprühten. Das Orchester setzte mit einem Furioso ein, und die Zuschauer tobten.

Acht Vorhänge zählte Karl Hopf.

Nach der Pause hatten Hopf und Partnerin einen weiteren Auftritt, diesmal mit einer Säbelnummer. Das Mädchen erschien in einem langen, weichfallenden blaugrünen Kleid mit einem weiten runden Halsausschnitt, Hopf war in ein Phantasie-Kostüm gestiegen, das wohl einen spätmittelalterlichen Ritter darstellen sollte. Auch jetzt zeigten sie erst einmal einige kleinere Kunststückchen. Hopf zerteilte mit einem geschickt geführten Hieb eine Zeitung, die seine Partnerin mit den Händen spannte. Dann zerhieb er eine der Hälften, die Hälfte der Hälfte, und schließlich blieb ein Stückchen knapp von der Größe einer halben Postkarte. Trommelwirbel erklang, das Papier zerriß, die Partnerin zeigte glücklich ihre unversehrten Hände hoch, und das Publikum klatschte begeistert. Doch Hopf winkte ab. Das, was die Leute für den Höhepunkt gehalten hatten, war erst der Anfang. Die junge Frau im Blaugrünen warf ihm jetzt in rascher Folge Äpfel zu, die er mit dem Säbel in der Luft zerteilte. Einen warf sie jedoch so ungeschickt, daß Hopf ihn nicht erreichen konnte. Nun markierte er einen Zornesausbruch, packte sie am Arm und zerrte sie an die Rampe, wo eine Art Richtblock hingestellt worden war. Die Frau mußte niederknien und ihren Kopf auf den Holzklotz legen. Jetzt nahm der Mann den verunglückten Apfel und plazierte ihn auf dem Nacken seiner Partnerin. Atemlose Stille herrschte im weiten Rund des Theaters. Erneut ein Trommelwirbel, Hopf nahm Maß, holte mit dem Säbel aus und zerteilte den Apfel, daß die Stücke ins Publikum spritzten. Eine kurze Pause trat ein, dann endlich erhob sich die junge Frau, lächelte ins Publikum und ein wahrer Beifallssturm brach los. Hopf konnte zufrieden sein; diesmal waren es sogar neun Vorhänge.

Das Abschminken und Umkleiden dauerte doch ein kleines Weilchen. Hopf und Partnerin hatten im Schumann-Theater Einzelgarderoben. Als der Mann fertig war und auf den Flur trat, erblickte er vor der Garderobe seiner Partnerin etliche Offiziere, die darauf warteten, daß

die junge Frau zu ihnen herauskommen würde. Als sie den Artisten erkannten, machten sie ihm scheu Platz. Einer jedoch faßte sich ein Herz, verbeugte sich steif vor Hopf, knallte die Hacken zusammen und schnarrte: »Jestatten, Hauptmann von Neuberdt, wollte Sie und die Jnädigste auch im Namen der Kameraden zu Umtrunk einladen. Bombastische Vorstellung. Jrandios. Phänomenale Waffentechnik. Die Jnädigste: phantastisches Frauenzimmer, Mut wie sieben Kavallerierittmeister. Jratuliere!«

Der Artist wurde einer Antwort enthoben, denn die Garderobentür ging auf und seine Partnerin erschien. Sofort wandte sich ihr die Aufmerksamkeit aller Anwesenden zu. Hopf stellte vor: »Herr Hauptmann von Neuberdt – Fräulein Alice.« Dann erklärte er: »Der Herr Hauptmann und die Herren Offiziere haben uns gerade zu einem Umtrunk eingeladen. Nehmen wir die Einladung an?«

Schelmisch entgegnete sie: »Können wir denn anders? Wo wir so freundlich entführt werden sollen?« Die Offiziere jubelten laut. Alice hob abwehrend die Hand: »Nicht so stürmisch, meine Herren«, bat sie, »ich hab' auch noch einen kleinen Einwand. Ich fürchte, daß ich als einzige Frau mit so vielen Männern doch ein wenig überfordert sein werde.«

Großes Gelächter. Harmlos schlug Hopf vor: »Gehen wir doch zu Lola, dort ist's gemütlich und ein paar Damen sind sicher auch noch da.«

Von allen Seiten klang es nun »zu Lola, zu Lola«.

Wenigstens vom Hörensagen kannten die meisten Offiziere Lolas Etablissement. Der Abend versprach lustig zu werden.

Lola und ihre Mädchen hatten offenbar mit Gästen gerechnet. »Karlchen«, wie sie Hopf vertraulich nannten, hatte ihnen bei einem kurzen Besuch am Mittag vorausgesagt, daß es so sein werde. Und was Karlchen sagte, das mußte einfach stimmen, er war ein so kluger Mensch. Hopf kannte sich aus in der Lebensart seiner Zuschauer, und er wußte, daß gerade adlige Offiziere Artistinnen und Künstlerinnen als Edelprostituierte ansahen, die nur darauf warteten, von ihnen eingeladen zu werden. Er hatte da seine Erfahrungen. Häufig wurde er sogar um Vermittlungsdienste ersucht. Was also lag näher, als Lola und ihren Mädchen ein Geschäft zuzuschanzen?

Karl Hopf und Lola verband eine alte Freundschaft. Bei ihr fühlte er sich wohl, hier wurde nicht geheuchelt, hier brauchte sich niemand zu verstellen. Die einen boten Alkohol und käufliche Liebe, und die anderen wollten trinken und Liebe kaufen; klare Verhältnisse. Auch Alice gehörte zu Lolas Mädchen, sie war nur vorübergehend an »Karlchen« ausgeliehen. Jetzt jedoch saß sie auf den adligen Knien des Herrn von Neuberdt und ließ sich von ihm mit Champagner verwöhnen. Der Alkohol zeigte bei Alice rasch Wirkung. Das mochte eine Folge jenes Beruhigungsmittels sein, das ihr Karl Hopf vor jeder Vorstellung einflößte, um sie ruhigzustellen. Mutig war Alice zwar, aber auch nervös. Alice knöpfte dem Hauptmann die Jacke auf, und er attackierte stürmisch ihr Mieder. Plötzlich schien er sich zu besinnen, schob das Mädchen auf die rotsamtene Sitzbank und ging zu Hopf, der mit Lola in einer Nische saß und dem Treiben mit Wohlgefallen folgte, denn von jeder Mark, die hier eingenommen wurde, gehörten neuerdings vierzig Pfennige ihm, was allerdings außer der »Chefin« niemand wußte.

»Hoffe nicht, daß ich in Ihrem Revier wildere, wäre untröstlich, wenn ich Eifersuchtsdrama auslöste.«

Hopf mußte lachen. »Mein Revier ist das hier«, sagte er und faßte Lola um die rundlichen Hüften.

»Bin ich aber beruhigt.«

»Sie hatten wohl Angst um Alices schönen Hals, was? Ja, ja, fürchtet Euch nur alle, denn ich bin der Herr über Leben und Tod. Eure Tage sind gezählt, alle, wenn ich es will. Aber keine Bange! Auch im Tod liegt eine gewisse Logik.«

Neuberdt schlug sich vor Vergnügen über diese arroganten, groben Scherze auf die Schenkel und trollte sich zu seiner Alice.

Ganz ruhig wandte sich Karl Hopf nun Lola zu. »Eifersucht – wie unlogisch, was liegt schon daran, wer mit wem schläft. Der Nutzen, das ist die einzige Frage, die zählt, Lola, glaub's mir, der Nutzen. Nimm Josefa als Beispiel. Ihr Leben war keinen Pfifferling wert – aber ihr Tod zwanzig Tausender. Und selbst das war nur ein Anfang.«

Lola sah sich ängstlich um, jedoch niemand nahm von ihnen und ihrem Gespräch Notiz.

4

Die Monate zogen ins Land, und Hermann Strauß fiel es immer schwerer, ein Engagement für Karl Hopfs Vorführungen zu finden. Ja, wenn Hopf zu reisen bereit gewesen wäre. In Breslau, Königsberg oder Greifswald zum Beispiel hätte seine Nummer noch einen gewissen Neuigkeitswert gehabt. Doch Hopf blieb starrsinnig dabei, daß er nur in der Umgebung von Frankfurt/M aufzutreten gedenke. Dem Impresario erklärte er es damit, daß er in der Nähe seines Hauses zu bleiben beabsichtige, das er nicht ausschließlich in der Obhut von Dienstboten lassen wollte. Außerdem ließen auch seine bakteriologischen Forschungen und Versuche eine längere Abwesenheit nicht zu.

Sicher war an den vorgebrachten Gründen ein Gran Wahrheit, den Ausschlag gab für Hopf wohl eher, daß er sich bei einem Engagement in weiter entfernten Gegenden Deutschlands von Lola und ihren Mädchen würde getrennt haben müssen. Und auf Reisen konnte er die »Damen« schlecht mitnehmen, denn er war darauf bedacht, eine gutbürgerliche Erscheinung abzugeben.

Die Einnahmen aus dem Fechtunterricht flossen spärlicher. Die Proben und Auftritte, welche viel Zeit in Anspruch nahmen, hatten ganz naturgemäß zu einer Reduzierung seiner Kundschaft geführt; die Konkurrenz schlief auch hier nicht. Und neue Kunden waren häufig nur durch die Vermittlung zufriedener Fechtschüler zu bekommen.

Trotzdem bestand für Karl Hopf im Moment keine Not. Von der Versicherungssumme war noch ein gewisser Teil flüssig, und aus Lolas Etablissement kamen ja auch Einnahmen.

Insgesamt war er mit seinem Dasein zufrieden, und der Mangel an Arbeit änderte daran nichts. Im Gegenteil, er empfand die Zunahme an Freizeit eher als wohltuend.

Karl Hopf hatte sich an einen genau feststehenden Lebensrhythmus gewöhnt. Die Nächte bei und mit Lola forderten ihren Tribut. Früh schlief er ausgiebig, dann arbeitete er ein, zwei Stunden im Labor oder gab Fechtunterricht. Pünktlich um 13.00 Uhr stellte er sich im »Weißen Schwan« ein. Hopf war stolz, zum dortigen Honoratiorenstammtisch zu gehören. Wer konnte schon von sich behaupten, ständig mit dem Herrn Apotheker, dem er sich besonders verbunden fühlte, mit dem Herrn Kanzleirat und dem Herrn Professor, der am Gymnasium den Naturkundeunterricht erteilte, zu Mittag zu speisen! Natürlich sprach sich herum, daß der Herr Fechtlehrer Tischgenosse jener Männer war, und die Ehrerbietung, die ihnen entgegengebracht wurde, ward auch ihm zuteil. Die Herren des Stammtisches erwiesen sich auch als interessiertes und sachverständiges Publikum für Karl Hopfs Berichte über seine Versuche. Selbstverständlich, daß die Informationen nicht in diesem Kreise blieben, und wenn der Apotheker Hopfs Arbeit »interessant und höchst bemerkenswert« fand, dann mußte schon etwas dran sein, meinten die Leute.

Nach dem Stammtisch standen wieder Fechtstunden oder Studien im Labor auf Hopfs Programm. Oft genug mußte er sich dann beeilen, um den Einladungen, die er für den Fünfuhrtee erhalten hatte, pünktlich Folge zu leisten. Auch diese Einladungen waren ein Ergebnis der Tafelrunde vom »Weißen Schwan«. Alle möglichen Leute rechneten es sich zur Ehre an, den »Herrn Fechtlehrer« in ihrem »Salon« willkommen zu heißen. Ganz uneigennützig war das zumeist freilich nicht. Wollten die einen nur ein sicheres Mittel gegen Spulwürmer, Migräne oder nachlassende Potenz, versuchten andere, Hopfs Interesse an ihrer Tochter zu wecken. Immerhin war der Herr Fechtlehrer Witwer, offensichtlich nicht unvermögend – wie könnte er sich sonst die Teilnahme am Stammtisch leisten – und zudem noch ein Mannsbild, nach dem sich die Frauen auf der Straße schon mal verstohlen umdrehten: im besten Alter, blauäugig, mit einem dicken Seehundsbart auf der Oberlippe, der ihm den Anschein gutmütiger Männlichkeit gab, immer gediegen gekleidet und von einer tadellosen Figur. Seine Besuche in Lolas Etablissement waren seinem Ruf als Mann eher zu- als abträglich.

Bei Lola war er von sieben Abenden in der Woche bestimmt fünf. »Nichts ist für die Manneskraft schädlicher als ewiges Einerlei«, pflegte Lola ihren Mädchen beizubringen, und danach handelte sie letztlich selbst. Nach einiger Zeit kannte Karl Hopf die Mädchen alle; den dauernden Champagner-Schluckauf der rothaarigen Annina, Rosalindes Plappermäulchen, die Kapricen seiner Alice und auch die strenge Herrschsucht Barbaras. Hopfs Problem war, daß er sich selbst weder als Zuhälter noch als Kunde sah, sondern daß er sich vor den Mädchen in der Rolle des großzügigen Liebhabers gefiel. Ein Steckenpferd, teurer, als wenn ein Wirt, dem eigenen Schnaps verfallen, sein bester Gast ist.

Eines Tages stellte Lola Karl zur Rede.

»Hör mal, Karlchen, so geht das aber nicht weiter mit dir und meinen Mädchen.«

»Du meinst, mit *unseren* Mädchen«, entgegnete er spitz. »Bist du etwa ... eifersüchtig?«

»Quatsch. Eifersucht. Ich dachte, du würdest mich besser kennen ...«

»Na also«, unterbrach er sie barsch.

»Nichts na also, ich dachte nämlich auch, daß du deine – oder wenn es dir lieber ist: unsere Finanzen besser kennen würdest.«

Diese Ankündigung traf Hopf wie ein Guß Eiswasser.

»Rede!« befahl er kurz.

»Was gibt's da viel zu reden? Es wird Zeit, daß Geld ins Haus kommt. Man kann nicht immer nur den großen Mann markieren, mein Lieber. Wenn du deine Mäuse als

Lude verdienen willst, dann zieh' die Konsequenzen. So jedenfalls geht es nicht, daß du immer für eine mehr ausgibst, als alle anderen Mädchen einnehmen. Es sei denn, du hast genug Pinke, ich fürchte nur, daß du bald im Dalles bist, mein Lieber.«

»Im Dalles?« Karl Hopf sah verständnislos drein. Es war genau jener unbeholfene Gesichtsausdruck, der Lola rührte. Er war eben so etwas wie ein Kind, das über seinem Spiel die Realität vergaß.

Es wurde eine anstrengende, nüchterne Nacht. Lola und Karlchen rechneten; einmal, zweimal, zehnmal. Das Gespenst der Armut sah zwar noch nicht zum Fenster herein, aber eines stand fest: Karl Hopfs Vermögen ging zur Neige. Der Tag, an dem er wieder Schulden machen würde, war abzusehen. Es mußte etwas passieren.

5

»Und so frage ich dich, Karl Hopf, willst du vor dem Angesicht Gottes und der versammelten Gemeinde geloben, daß du die hier anwesende Jungfrau Christine Schneider zu deinem ehelichen Weibe nehmen, sie allzeit lieben, achten und ehren, ihr in guten und in bösen Tagen, in Gesundheit und Krankheit ein treuer Ehemann sein willst, bis daß der Tod euch scheide, so antworte mir mit JA.« Die Stimme des Geistlichen klang hallend durch das Kirchenschiff. Bis daß der Tod uns scheide, dachte Hopf, gut formuliert. Dann sagte er in die feierliche Stille hinein fest und laut sein JA.

»Ich frage dich, Christine Schneider, willst du vor dem Angesicht Gottes und der versammelten Gemeinde geloben, den hier anwesenden Karl Hopf zu deinem Ehemann zu nehmen, ihn allzeit zu lieben, zu ehren und zu achten, ihm in guten und bösen Tagen, in Gesundheit und Krankheit zu folgen, ihm ein treues Eheweib zu sein, bis daß der Tod euch scheide, so antworte mir mit JA!«

In Christine Schneiders JA klang ein wenig Triumph mit. Dieser 28. März des Jahres 1904 war *ihr* großer Tag. Einige der Mitbewerberinnen um die Gunst Karl Hopfs saßen in der Kirche. Wenn sie ihn schon nicht bekommen hatten, so wollten sie sich die Hochzeitszeremonie doch nicht entgehen lassen. Zugleich war es eine Demonstration dafür, daß sie durch die Wahl, die der Bräutigam getroffen, nicht verletzt oder verärgert waren, was dem offenen Eingeständnis einer Niederlage entsprochen hätte. Und diese Freude gönnten sie der Braut in keinem Falle. Allerdings verstanden sie zum Teil die Welt nicht mehr. Was hatte ihnen diese Christine Schneider voraus? Sie war doch sicher nicht schöner als die meisten anderen. Auch war sie keineswegs reicher als sie, ihre Mitgift eher bescheiden. Wo hatte dieser Kerl bloß seine Augen?

Inzwischen war die Trauungszeremonie beendet, Christine Schneider hieß nun Frau Hopf, und aus dem Witwer war ein Ehemann geworden. Arm in Arm verließen sie das Gotteshaus; beide von dem Bewußtsein erfüllt, die rechte Wahl getroffen zu haben.

Karl Hopf hatte sich nicht ohne Grund für das Mittelmaß der Christine Schneider entschieden. Sie erfüllte die Hauptbedingung: sie strotzte geradezu vor Gesundheit. Ganz mittellos kam sie auch nicht in die Ehe. Das wäre aufgefallen. Zuviel Mitgift hätte auch Aufsehen erregt, und in den Verdacht, ein Mitgiftjäger zu sein, wollte der Mann nicht geraten. Sicher gab es attraktivere Damen, die allzugern jetzt an seiner Seite gegangen wären, aber Schönheit lockte nur die männliche Konkurrenz, Hopf kannte sich aus im Leben. Die Zahl fremder Ehebetten, die ihm bereitwillig von Frauen, Müttern und Schwestern seiner Fechteleven aufgetan wurden, wußte er längst nicht mehr, nicht zu denken an jene Abenteuer, die sich ihm nicht selten im Anschluß an eine Vorstellung geboten hatten. Und die Gunst, die ihm erwiesen wurde, da war er sicher, hatten vor ihm schon andere genossen.

Nicht, daß es ihn gestört hätte, seine Christine gelegentlich mit einem anderen zu teilen. Aber: Liebhaber erfuhren oft geheimste Gedanken, Gefühle und Ängste; sie waren eine Art Teilhaber am Familienleben – da lag die Gefahr. Aber ein erkanntes Risiko verlor viel von seiner Gefährlichkeit.

Jedermann, der Christine Hopf in den folgenden Wochen sah, gewann die Überzeugung, daß die junge Frau das große Glück gefunden hatte, zumal sie selbst eifrig die Vorzüge ihres Gatten, seine vornehme Art, sein umfassendes Wissen, seine liebevolle Sorge und Hingabe zu rühmen wußte. Da war auch nicht der Schatten eines Konfliktes.

Eines Abends bemerkte Christine Hopf eine Veränderung im Wesen ihres Mannes. »Hast du Sorgen, Liebster?« fragte sie anteilnehmend.

»Nein, wie kommst du darauf?«

»Dein Gesicht sieht heute so ernst, fast finster aus.«

»Nun ja, mein Kind«, entgegnete er mit dem Abstand des sehr viel reiferen Mannes, »es sind eben im Leben nicht alles Sonnentage.«

»Habe ich etwas falsch gemacht, Liebster?« Obwohl sie sich keiner Schuld bewußt war, sah sie den Gatten erschrocken an. »Nein!« Er dehnte seine Antwort unwillig.

»Ja, was ist es denn dann?« ließ sie nicht locker.

»Eissek ist gestorben. Du kennst ihn doch nicht. Ein früherer Kollege vom Theater.«

»Wart ihr befreundet?«

»Was heißt befreundet? Wir kannten uns. Er war in meinem Alter.«

Christine Hopf war beruhigt. Ein wenig unverständlich blieb ihr allerdings, warum ihren Karl die Nachricht von Eisseks Ableben so mitnahm.

»Sei nicht traurig, Liebster, wir haben uns doch, und für uns geht das Leben weiter, natürlich ist es schlimm,

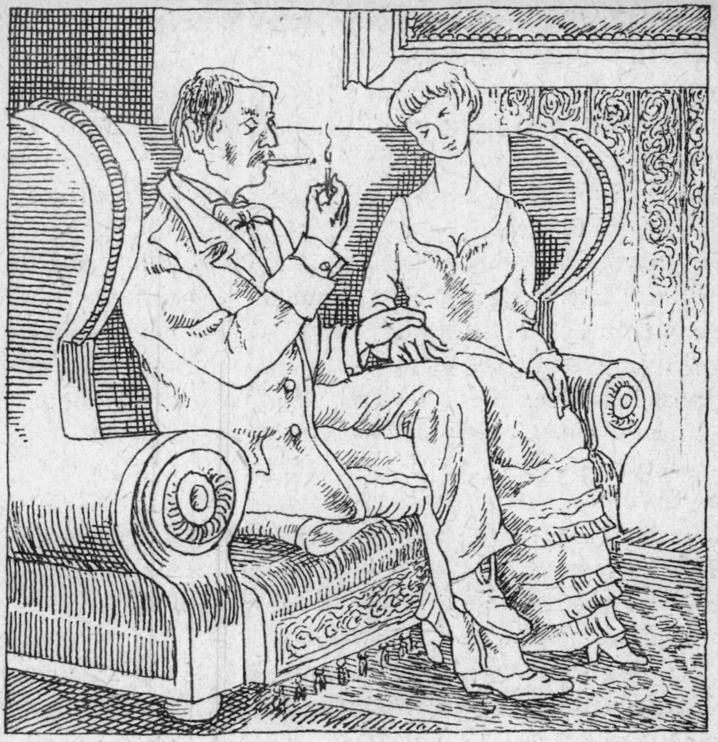

wenn jemand stirbt, der einem nahesteht, ich versteh' das . . .«

»Nichts verstehst du, mein Kind, gar nichts«, unterbrach er sie, merkte aber, daß er zu schroff gewesen. »Ich weiß ja, daß du es gut meinst, Kindchen.« Er zog sie an sich, küßte ihr Stirn und Nasenspitze und fuhr ihr streichelnd über das Mieder. »Ich trauere doch nicht um Eissek. Natürlich läßt mich sein Tod nicht gleichgültig, vor allem hat er mir wieder klar vor Augen geführt, daß wir alle nur zu Gast sind in diesem Leben. Und das, verstehst du, das erfüllt mich mit Nachdenklichkeit.«

»Wie klug du bist.« Sie schmiegte sich an ihn. Seine liebkosenden Hände hatten ihre Sinnlichkeit geweckt. Er merkte ihr Drängen, doch er gab ihm nicht nach. Leise sagte er: »Vielleicht war es doch nicht gut, daß du mich zum Manne genommen hast.«

»Wie kannst du nur so etwas denken!« Tränen traten ihr in die Augen.

»Aber Kind, so fang doch um Himmels willen nicht zu heulen an. Ich zweifle ja nicht an deiner Liebe. Nur manchmal, weißt du, denke ich eben an morgen und übermorgen. Und das macht mir Sorgen. Schließlich bin ich ja nicht mehr der Jüngste. Du siehst ja, wie schnell so etwas gehen kann und dann stehst du da . . .«

»Aber Liebster, ich bitte dich, wenn man dich so hört, könnte man denken, du hättest eine Vision gehabt.«

»Unfug. Ich sorge mich um dich, um deine Zukunft. Wenn ich kalt und steif bin, dann ist's zu spät. Nein, Kindchen, Liebe hin, Liebe her, am Ende macht sie allein eine Witwe nicht satt. Wir müssen etwas tun für den letzten, den schlimmsten, den unabänderlichen Fall.«

»Ach, du denkst an ein Testament?«

»Ja, daran auch, aber vor allem denke ich mal an eine Versicherung.« Jetzt war es heraus. Karl Hopf beobachtete seine Frau aus den Augenwinkeln. Sie war absolut arglos. »Ja, wenn es so etwas gibt.«

»Du bist also einverstanden?«

»Natürlich, warum auch nicht, wenn es dich beruhigt.«

»Du wirst dich untersuchen lassen müssen.«

»Na wenn schon. Ich bin gesund, da können sie mich lange untersuchen. Aber . . . wieso muß ich mich eigentlich untersuchen lassen?«

»Es ist eine gegenseitige Versicherung, da ist das eben so.«

»Gegenseitige Versicherung?«

»Ja. Sterbe ich, bekommst du die Versicherungssumme; gehst du früher zu Gott, wird sie mir ausgezahlt.«

»Du wirst schon wissen, was für uns richtig ist, bist eben doch der Beste.«

Nun gab Karl Hopf auch ihrem Begehren nach.

Später, in der Nacht, dachte Christine Hopf noch einmal zärtlich an die Fürsorglichkeit ihres Mannes. In dem Bewußtsein, von ihm umsorgt und beschützt zu werden – noch über die Grenze des Lebens, seines Lebens, hinaus – schlief sie glücklich ein.

Wenig später hatte Karl Hopf alles zum Abschluß einer gegenseitigen Lebensversicherung Nötige unternommen. Gewitzt durch seine Erfahrungen hatte er diesmal eine noch höhere Versicherungssumme vereinbart: dreißigtausend Reichsmark.

Die von der Versicherung verlangte gründliche Untersuchung der Christine Hopf erledigte der langjährige Hausarzt der Familie ihres Vaters, Dr. Marx. Er konnte ihr die allerbeste Gesundheit attestieren.

Die beiden Eheleute hatten vereinbart, über den Abschluß der Lebensversicherung Stillschweigen gegen jedermann zu wahren. Denn falls wirklich einer von ihnen in wenigen Jahren stürbe, konnte der Überlebende allzuleicht ins Gerede kommen. Und daran, daß sie die Überlebende sein und in den Genuß der Versicherungssumme kommen werde, zweifelte die junge Frau keinen Augenblick. Allerdings kannte sie die Versicherungssumme nicht und wußte auch ebensowenig davon, daß Hopf schon einmal eine Lebensversicherung kassierte.

Die Versicherungsgesellschaft hatte der Mann zur Vorsicht gewechselt.

Ein Vertrag über eine so beträchtliche Versicherung bedurfte im Bürobetrieb der Gesellschaft einiger Unterschriften und Zustimmungen.

6

Als Karl Hopf die Police entgegennahm, erschien ihm der Angestellte wie ein Bote der Götter. Nun kam er der Verwirklichung seiner Ziele endlich ein gehöriges Stück näher.

Wäre Christine Hopf auf den Gedanken gekommen, Tagebuch zu führen, sie hätte den Umschwung im Verhalten ihres Mannes genau datieren können. Nämlichen Tags brach Hopf wegen einer Nichtigkeit Streit vom Zaun und verließ, kräftig die Türen knallend, sein eheliches Heim.

Während sich seine junge Frau die heftigsten Vorwürfe machte, begab sich Karl Hopf erstmalig seit seiner Hochzeit wieder zu Lola. Sie zog ihn gleich in ihr Kontor.

»Ach, läßt der Herr sich auch mal wieder sehen, ist ja reizend. Hast du endlich genug von der Hausmannskost, ja? Daß du dich nach so vielen Wochen überhaupt noch her traust! Bist wohl das fade Lärvchen endlich über?«

»Jetzt halt aber die Luft an, mein Schatz. Weißt genau, warum ich jetzt erst komme.«

»Du willst mir doch wohl nicht erzählen, daß es so lange dauert, diese beschissene Versicherung abzuschließen.«

»Es dauert so lange. Und schließlich kann ich ihr ja nicht in der Hochzeitsnacht damit kommen.«

»Du hast ja recht. Verzeih! Es geht mir alles zu langsam.«

»Unser Geschäft braucht nun mal Zeit. Bin ja kein Schlagetot und Straßenräuber.«

»Ja, du brauchst Zeit – und Zeit ist genau das, was wir zu wenig haben. Du weißt nicht, was in den Monaten hier los war! Irgend so 'ne Sau hatte uns hier die Krankheit eingeschleppt. Kein Problem, wenn du dagewesen wärst. So kamen wir erst mal alle auf die ›Tripper-Station‹. Eins der Mädchen ist dort sogar gestorben. Syphilis hieß es. Ausgerechnet 'ne neue, 'ne junge, siebzehn, muß ich dir mehr sagen? Ein Glück, daß der alte Justizrat so versessen auf mich ist. Der hat mich da rausgehauen. Kennt clevere Tricks, der Knabe. Hier tut er so infantil. Ich muß mir seinetwegen immer ›Mauseschwänzchen‹ binden und ein kurzes Kleidchen anziehen. Aber im Gericht – da hättest du ihn sehen sollen. Er hat gewonnen, der schlaue Fuchs. Als er mir seine Rechnung schickte, dachte ich allerdings, ich drehe durch. Soviel schaffen die Mädchen in drei Jahren nicht an.«

»Soll das heißen, wir sind pleite?«

»Genau das, mein Lieber. Sieh dir die Bücher an. Du mußt endlich etwas unternehmen, verstehst du? Tu' was! Oder hast du es dir etwa anders überlegt?«

»Nein. Aber so einfach geht das nicht.«

»Hast du kein wirksames Mittel?«

»Unsinn, ich hab' Gift genug, um halb Frankfurt in die Hölle zu schicken.«

»Ja, verdammt, warum fängst du dann nicht endlich an?«

»Ich hab's dir doch schon erklärt. Wir brauchen Zeit. Es ist wie in der Landwirtschaft. Das Saatgut haben reicht allein nicht aus. Man muß auch den Boden bearbeiten, säen, die Saat pflegen – und so Gott will, wird man eines Tages ernten können.«

»Du bist gut. Eines Tages, was nutzt mir das Geld eines Tages? Jetzt brauchen wir es, hörst du, jetzt!«

»Bin ja nicht taub. Aber trotzdem: es geht jetzt noch nicht. Die Versicherung müßte doch mit Blindheit geschlagen sein, wenn sie darauf hereinfiele. Heute habe ich den Vertrag endlich bekommen, und morgen beißt Christine ins Gras. Nein, nein, so geht das nicht. Schon deshalb nicht, weil sie laut ärztlicher Untersuchung gesund war.«

»Dann hat der Arzt eben etwas übersehen.«

»Ja, ja, pfiffig, aber so pfiffig ist die Versicherung längst gewesen. In diesem Fall nämlich gibt's nichts, gar nichts.

Die zahlen nur, wenn einer in der Versicherungszeit krank wird und daran stirbt. Wir müssen behutsam vorgehen. Christine zu den Engeln zu schicken, ist das eine, aus ihrem Tod sicheren Gewinn zu ziehen, das andere. Ich sag' dir, wir müssen die Angelegenheit langsam angehen.«

»Wir?« Lola dehnte ihre Frage. »DU – meinst du doch wohl? Ich habe mit deiner Frau nichts zu schaffen. Für meinen Lebensunterhalt hat mein ›Institut‹ bisher allemal ausgereicht. Du wolltest mein Geschäftspartner sein. Na schön, hab' nichts dagegen. Geschäft geteilt – Risiko geteilt – Gewinn geteilt und auch Verlust! Und jetzt sind wir gerade bei der Aufteilung der roten Zahlen. Ich muß ja wahnsinnig sein, daß ich mir überhaupt deine Geschichte anhöre. Was interessiert mich, wie du zu deinem Geld kommst. Das geht mich nichts an. Ich weiß nur, daß wir es dringend brauchen.« Lola hatte Angst. Angst davor, ihr Etablissement schließen zu müssen und damit ihre Existenzgrundlage einzubüßen. Ihre Mädchen fänden schnell eine andere Bleibe, aber sie – entweder man hatte es in ihrem Alter geschafft oder es hieß: Endstation Obdachlosenasyl. Dann faßte sie sich und fragte ruhig: »Und wie lange wirst du brauchen, Karlchen?«

»Denke, ein Jahr. Das könnte gerade reichen, um keinen Verdacht aufkommen zu lassen.«

»Ein Jahr! Das ist viel Zeit.«

»Ein bißchen Geld habe ich schon noch, und wenn das nicht reicht, na dann müssen wir eben einen Kredit aufnehmen.«

»Kredit aufnehmen? Laß mich nicht lachen! Hast du schon mal einen Kredit ohne Sicherheiten bekommen?. Was soll ich denn der Bank anbieten? Sieben abgewetzte Plüschsofas, Anninas rote Haare, Olgas Busen oder Rosalindes Hintern?«

»Ich bin ja schließlich auch noch da. Bisher habe ich immer noch einen Geldgeber gefunden. Da ist das Haus, darauf gibt's allemal 'ne Hypothek. Und außerdem kommt ja auch wieder Geld herein.«

»So, meinst du? Na, dann sieh dich doch mal um. Mächtiger Betrieb, ja?« Dabei schob sie einen Vorhang zur Seite und ließ Karl Hopf durch einen Spion spähen, der auf der anderen Seite von den Ranken eines kunstgeschmiedeten Wandleuchters getarnt wurde. Es war in der Tat nichts los. Die Mädchen saßen in dem »Kontaktsalon« herum, häkelten oder strickten und schwatzten.

»So geht das fast Abend für Abend«, erklärte Lola, »ab und an ein paar Stammkunden oder auch mal 'ne Horde Gymnasiasten. Das Geschäft läuft seit der Schließung einfach nicht mehr.«

»Das wird schon wieder. Vielleicht müssen wir uns was Neues einfallen lassen.«

Amouröse Stimmung würde zwischen Lola und ihm heute wohl nicht mehr aufkommen. Und diesen Abend mit einem der Mädchen zuzubringen, wagte Hopf mit Rücksicht auf Lolas Gemütsverfassung nicht. So verabschiedete er sich bald. Dennoch war es schon spät geworden, als er zu seiner Christine ins Bett kroch. Der Streit der Eheleute war bald vergessen. Doch von Stund' an pflegte der Hausherr ein- oder zweimal in der Woche des Abends auszugehen und erst am frühen Morgen heimzukehren. Als Christine sich darüber einmal einer älteren Freundin gegenüber beklagte, konnte diese nur lachen. »Mein Gott, bist du naiv«, wurde Christine gescholten. »Was erwartest du denn? Ein rechter Mann muß auch seine Freiheit haben. Oder kommst du deswegen im Bett zu kurz? Nein? Na also! Der wird schon ruhiger, wenn er erst älter wird.« Christines Eltern äußerten sich in ähnlicher Weise.

7

Karl Hopf hatte sich in sein Laboratorium zurückgezogen. Der Raum war zweckmäßig eingerichtet, an den Wänden Regale mit allen notwendigen Gerätschaften eines Labors, ein paar Schränke mit verglasten Türen, ein hohes Regal voller Bücher, in der Mitte des Raumes, unter der Lampe, der Experimentiertisch, etwas verborgen – im toten Winkel der Tür – der Giftschrank.

In einer Ecke, in der Nähe des Fensters, stand ein bequemer Sessel vor einem eher spartanischen Schreibtisch, dessen Holzplatte davon zeugte, daß er durchaus nicht nur als stabile Schreibunterlage benutzt wurde. Da waren kreisrunde Flecken von Nässe, Verfärbungen durch allerlei Chemikalien und auch einige Vertiefungen und Löcher, die Säuren in das Material gefressen haben mochten. Der Mann rückte den Sessel zurecht, goß aus einer kristallenen Karaffe einen dunklen Rotwein in sein grünstieliges Schoppenglas. Er trank einen winzigen Schluck, gerade soviel, wie nötig war, das Aroma auf dem Gaumen zu spüren. Dann wandte er sich einem abgegriffenen, schmalen Büchlein zu. Er hatte es am gleichen Tag erst bei einem Antiquar billig erstanden. Es war eine Abhandlung über einige Probleme der forensischen Chemie, die schon mehreren Studentengenerationen gute Dienste geleistet hatte, wie die Unterstreichungen und Randbemerkungen schlußfolgern ließen.

Die Gerichtsärzte und -chemiker, das waren Karl Hopfs potentielle Gegner. Wollte er das Risiko umgehen, entdeckt und verurteilt zu werden, mußte er sich vor allem mit den Erkenntnissen der forensischen Medizin und Chemie vertraut machen.

Zwar dachte er mit der Überheblichkeit des Verbrechers voller Geringschätzung über die als exakte Wissenschaft noch recht junge Gerichtsmedizin, von der forensischen Chemie und Toxikologie ganz zu schweigen, aber er wollte sichergehen. Man wußte ja nie ... Es war gewissermaßen jene Neugier, die ihn an den Studiertisch brachte, die auch den Fuchs in das Lager der Jäger lockte, um deren Waffen zu beäugen.

Er begann zu lesen, oberflächlich erst und ohne innere Anteilnahme. Doch dann wurde er hellwach. Seine Gestalt straffte sich. Er griff zum Glas, trank hastig, las. Kalter Schweiß trat ihm auf die Stirn. Er blätterte zurück, las erneut. Das durfte doch nicht wahr sein! Er schob das Büchlein von sich, goß Rotwein nach, lehnte sich zurück und trank ohne jeden Genuß.

Ihm war, als ginge von der kleinen wissenschaftlichen Abhandlung tödliche Gefahr aus. Bisher hatte er Arsenik immer für ein sicheres Erbschaftspulver gehalten, sicher in jeder Hinsicht; geruch- und geschmacklos, so daß das Opfer nicht gewarnt wurde oder Verdacht schöpfte; in der richtigen Dosierung zuverlässig wirkend – mit einem ausreichenden Abstand zwischen Einnahme und Einsetzen der ersten Symptome, so daß eine Ursache-Wirkung-Beziehung nicht deutlich wurde. Außerdem war der Verlauf von den ersten Anzeichen der Wirkung des Giftes bis zum Tod so verwirrend und undurchsichtig, daß die Ärzte in aller Regel an alle möglichen Krankheiten dachten, wie zum Beispiel an Cholera, und entsprechend Wirkungsloses unternahmen. Die Vergiftungserscheinungen waren sehr unspezifisch, meist heftige Magenschmerzen, häufiges Erbrechen und ein brennender Rachen. Der Todeskampf dauerte je nach Konstitution des Opfers zwölf Stunden bis hin zu mehreren Tagen; auch das schien für eine ganz gewöhnliche, wenn auch schwere Erkrankung zu sprechen. Hopf hatte bislang geglaubt, daß es einen unumstößlichen Arsen-Beweis nicht gebe. Doch was mußte er nun lesen? Ein Engländer, der Chemiker James Marsh, soll schon 1832 in einem Giftmordprozeß den Geschworenen den Beweis einer Arsenvergiftung demonstriert haben. Die Abhandlung berichtete davon, daß

Marsh seine Methode 1836 veröffentlicht hatte. Und dabei war, wie Karl Hopf beurteilen konnte, die Sache höchst einfach und zudem sicher. Das Gift, Arsenik, war das Oxid des dreiwertigen Arsens (As_2O_3). Marshs Idee bestand darin, das Arsenoxid durch einen Reduktionsvorgang in Arsenwasserstoff umzuwandeln, der unter Wärmeeinwirkung in Wasserstoff und Arsen zerfiel. Hopf beschloß, die Sache sofort auszuprobieren. Er lief zu seinem Giftschrank, entnahm eine dunkelbraune Chemikalienflasche und wandte sich dann dem Experimentiertisch in der Mitte des Raumes zu.

Eine Winzigkeit Arsenik löste er in Wasser auf. Davon entnahm er mit einer Pipette ein paar Tropfen als Probe. Das in dieser Probe gelöste Arsenik konnte nur im Milligrammbereich liegen. »Nun werden wir ja sehen, ob es geht, dear Mister Marsh«, murmelte der Mann. Er tropfte den Pipetteninhalt in einen Glaskolben, füllte verdünnte Schwefelsäure und Zink hinzu, verschloß den Kolben flugs mit einem Stöpsel, in dem ein Glasröhrchen stak. Dieses wiederum war mit einer Röhre verbunden, in der sich als Trocknungsmittel Calciumchlorid befand, diese Röhre mündete in ein hitzebeständiges Glasrohr, unter dem ein Bunsenbrenner eine bläuliche Flamme fackeln ließ. An das erhitzte Glasrohr schloß sich ein nach oben gebogenes Röhrchen an, dessen Ende zu einer Art Düse zusammengedrückt worden war. In dem Kolben brodelte es. Ein Gas entstand.

Karl Hopf traute seinen Augen nicht. Doch eine Täuschung war ausgeschlossen. In dem gebogenen kalten Röhrchen hatte sich ein schwärzlich glänzender Spiegel niedergeschlagen. Er ging wieder zu seinem Schreibtisch zurück. Wenn der Nachweis bei ihm auf Anhieb gelang ... Verstört glotzte er auf das Büchlein, mechanisch die chemische Formel murmelnd, As_2O_3 plus $6H_2$ wird zu $2AsH_3$ plus $3H_2O$, $2AsH_3$ zerfällt zu $2As$ plus $3H_2$, so einfach war das also – und so gefährlich.

Noch eine zweite Hiobsbotschaft hatte die abgegriffene Schwarte aus dem Antiquariat parat: Arsenik, schrieb der Autor, ließe sich in Leichenteilen, in den Haaren und Knochen und im Erdboden mit den Leichenresten noch nach Jahrzehnten sicher nachweisen.

Alle seine Pläne waren damit fürs erste zunichte gemacht worden.

8

Das Geld wurde knapper. Lola drängte ihn, endlich zu handeln. Für den Augenblick verschafften ihm einige Kredite Luft, aber Karl Hopf wußte genau, daß damit, ergab sich keine generelle Lösung, der Zusammenbruch nur aufgeschoben war.

Stunden- und tagelang vergrub er sich in seinem Labor. Mit der größten Ernsthaftigkeit arbeitete er nun auch jeden für ihn erreichbaren gerichtsmedizinischen beziehungsweise -chemischen Artikel und jedes zutreffende Lehrbuch durch. Ein Student im Examen konnte nicht fleißiger sein als Karl Hopf.

Bei diesen Studien gewann Hopf den Eindruck, daß die Naturwissenschaftler geradezu ein Faible für die Kriminalistik haben mußten. Was die Kommissare und Inspektoren übersahen oder nicht beweisen konnten, den Fahndern aus den Laboren schien nichts und niemand zu entgehen. Immer mehr Verurteilte verdankten den Wissenschaftlern, daß sie trotz zunächst anscheinend aussichtsloser Beweislage auf seiten der Anklage dennoch der Tat überführt wurden. Durch das Literaturstudium fühlte sich Karl Hopf wie gelähmt.

Doch dann regte sich sein Ehrgeiz. Er mußte und er würde pfiffiger sein als alle diese Doktoren, die Mediziner und die Chemiker. Zwar wußte er noch nicht wie – aber er würde es schaffen.

Eins stand für ihn fest: mit Giften wie Arsenik durfte

der Versicherungsfall, wie er es vornehm umschrieb, nicht herbeigeführt werden. Selbst dann nicht, wenn er in der Literatur für ein Toxikum noch keine Nachweismöglichkeit fand. Zu viele Unwägbarkeiten gab es da. Woher konnte er denn die Gewißheit nehmen, daß nicht doch noch in letzter Minute jemand auf irgendeinen Test käme, die Vergiftung bewiese und ihn dem Henker auslieferte?

Er würde den Beweis antreten, daß es das perfekte Verbrechen doch gab. Es reizte ihn immer mehr, den ach so klugen Männern der Wissenschaft ein Schnippchen zu schlagen. Seine Geldgier wurde nach und nach fast noch von einer Art Spielleidenschaft übertroffen. Ein Spiel, in dem Leben der Einsatz war, das Leben seiner Ehefrau und möglicherweise auch sein Leben. Schade nur, dachte er, daß er seinen Triumph, von dem er felsenfest überzeugt war, mit niemandem – außer vielleicht mit Lola – würde teilen können. Bevor er aber triumphieren konnte, war noch ein hartes Stück Arbeit nötig.

Der Hundefänger machte in jenen Wochen ein gutes Geschäft mit Karl Hopf. Zwar war es üblich, für medizinisch-pharmakologische Versuche Ratten oder weiße Mäuse zu verwenden, doch Karl Hopf dachte, daß Hunde wegen ihres größeren Körpergewichts für seine Testreihen geeigneter wären, daher kaufte er ab Setter-Größe alles. Die Tiere bekam er vergleichsweise billig, dennoch ging für ihre Anschaffung und für das Futter eine Menge Geld drauf. Christine Hopf sah dies alles mit Sorge im Herzen. Sie betete nicht nur einmal zu Gott, daß er ihren Karl doch erfolgreich sein lassen möge, damit sich finanziell das Blatt wieder zum Guten wendete. Den Eltern gegenüber nahm sie den Gatten in Schutz. Ganz ohne Geschäftsrisiko lief eben gar nichts, argumentierte sie voller Vertrauen in die Fähigkeiten ihres Mannes.

Karl Hopf kam inzwischen der Grundeinfall für sein

weiteres Vorgehen. Wenn er erfolgreich sein wollte, mußte er es schaffen, seiner Christine die Erreger einer Krankheit beizubringen, die mit einiger Sicherheit tödlich ausging, zugleich aber eine ganz natürliche Angelegenheit war. Cholera, Typhus und Tuberkulose fielen ihm auf Anhieb ein. Kein Mensch würde auf den Gedanken kommen, daß hier ein Mörder seine Hand im Spiele hatte.

Aus seiner Drogistenzeit waren noch einige Geschäftsbogen übriggeblieben, die im Kopf den Aufdruck »Chemisches und pharmazeutisches Laboratorium« trugen. Der Überzeugungskraft des Gedruckten vertrauend, schrieb er auf diesem Papier an ein österreichisches biologisches Institut und ließ sich entsprechende Bakterienkulturen zusenden. Sein Auftrag wurde dort ohne weitere Rückfragen und bürokratische Formalitäten erledigt.

Unter Beachturg der gebotenen Vorsicht machte sich Hopf sofort ans Experimentieren. Zwei Gruppen teilte er ein. In der einen bekamen die Tiere die Bakterien unter das Futter gemischt. Die Hunde der zweiten nahmen sie über die Nasen auf. Nun hieß es warten. Die Geduld des Mannes wurde auf eine harte Probe gestellt. An jedem Morgen führte ihn der erste Weg zu den Zwingern, wo ihn fröhliches Gebell begrüßte. So ging das Tag für Tag. Nach drei Wochen buchte Hopf diese erste Versuchsreihe als Reinfall. Möglich, daß er einen Fehler begangen hatte, möglich aber auch, daß die Virulenz der ihm übersandten Bakterienstämme geringer als die Widerstandsfähigkeit seiner Hunde war. Eine neue Bestellung ging auf die Reise. Inzwischen traf Karl Hopf Vorbereitungen für neue Tests. Er teilte einem Teil der Tiere bewußt geringere Futterrationen zu, an manchen Tagen ließ er sie sogar völlig fasten. Ihr Allgemeinzustand verschlechterte sich, sie magerten ab, das Fell wurde struppig, die Augen verloren an Glanz. Die neuen Bakterien trafen ein. Gleichen Tages infizierte er die Hunde in der schon einmal probierten Art. Die Warterei, die sich nun wieder anschloß, zehrte an seinen Nerven. Dann endlich, eines Morgens, lagen drei der Tiere unter deutlichen Krankheitszeichen in ihren Boxen. Ein paar Tage später waren sie verendet. Die Verschlechterung des Allgemeinzustandes und die damit offenbar einhergehende Herabsetzung der Widerstandsfähigkeit hatten das Ausbrechen der Krankheit und den letalen Verlauf begünstigt.

Verglich er seine Christine mit den Hunden, so mußte er zugeben, daß sie es in puncto Vitalität wohl mit den vitalsten Rüden aufnehmen konnte. Nun war es aber schlecht möglich, der Hausfrau die Essenrationen zu kürzen. Neue Versuche waren nötig. Außerdem: er hatte seine Tiere ohne Medikamente gelassen. Wie würde der Krankheitsverlauf aussehen bei einer zielgerichteten, zweckmäßigen Therapie? Wie auch immer, der Anfang war gemacht, und die drei Hundekadaver erfüllten Karl Hopf mit Stolz und Zuversicht. Er beschloß, diesen ersten Erfolg zu feiern.

»Na, wie ist es?« fragte Lola mit unverhohlener Neugier.

»Stell dir vor, drei Hunde sind verreckt. Drei!« Triumphierend hielt er Lola drei gespreizte Finger vor das Gesicht.

Die Frau entgegnete ihm: »Ach, du hattest deine Köter versichern lassen, na da wird der Rubel ja nun bald rollen!« Sie lachte böse. »Himmel, was bist du nur für ein Traumtänzer!«

»Ja, begreifst du denn gar nichts? Kapierst du nicht, was die toten Hunde bedeuten? Ich habe den Weg gefunden! Den Weg! Es funktioniert!«

»Bleib auf dem Teppich, Junge! Funktioniert hat es doch wohl erst dann, wenn von der Versicherung der Zaster herüberwächst.«

Verstimmt knurrte er: »Ich hab' dir doch erklärt, wie es läuft.«

»Ach, Erklärungen, Erklärungen! Was interessieren mich denn deine Erklärungen! Ich will sie gar nicht wissen. Du kennst ja das alte Sprichwort ›was ich nicht weiß, macht mich nicht heiß‹.«

Am Lachen der Frau merkte Hopf, daß sie offenbar zu tief in die Wermut-Flasche gesehen hatte. Was jetzt folgte, kannte er schon. Es würde nicht mehr lange dauern und sie läge auf dem breiten seidenbezogenen Bett ihres Zimmers und schliefe wie ein Stein.

Und genau so passierte es.

Hopf lugte durch den Spion in den »Kontaktsalon«. Die Geschäftslage hatte sich zwar in den vergangenen Wochen etwas verbessert, war aber immer noch mäßig. Auch jetzt saßen Olga und Annina untätig herum.

Lola schnarchte. Es würde nun wenigstens zwei Stunden dauern, ehe sie wieder aufwachte und klar denken konnte, Zeit genug, um an Olgas Busen ruhen zu können, oder Anninas roten Schopf zu zausen. Am besten beides, entschied Hopf. An einem Tag wie diesem konnte er einfach nicht unverrichteterdinge wieder abziehen.

Die Mädchen ließen sich von »Karlchen« gerne ein wenig verwöhnen, und sie waren freigebig mit ihrer professionellen Zärtlichkeit. Das Zusammensein mit »Karlchen« war für sie nicht die übliche, lästige Pflicht. Sie hatten sich in Olgas Zimmerchen zurückgezogen und den »Kontaktsalon« in der Obhut eines Hausfaktotums zurückgelassen. Karl Hopf fühlte sich wohl wie lange nicht.

Wie durch einen Nebel hörte Karl Hopf plötzlich Lolas Stimme keifen: »Euch werd' ich es geben, macht hier 'nen flotten Dreier gratis und laßt die zahlende Kundschaft warten, ihr Schlampen! Jetzt aber los, an eure Arbeit, sonst knallt's!«

Als Gäste kamen, hatte das Faktotum die Chefin wachgerüttelt. Diese war außer sich bei dem Gedanken, daß ihr durch Hopfs Übermut Einnahmen verloren gehen könnten. Halbnackt wurden die Mädchen in den Salon zurückgejagt. Auch Hopf bekam seinen Teil von Lolas Unmut zu spüren.

»Hör mal«, fauchte sie ihn an, »wenn du schon keinen Zaster in das Geschäft einbringst, dann halte wenigstens meine Mädchen nicht von der Arbeit ab! Klar?«

»So laß dir doch erklären . . .«

»Mir brauchst du nichts zu erklären. Ist doch ganz einfach, du willst mal was anderes als den ewigen Ehe-Eintopf im Bett. Meinetwegen kannst du es mit allen Mädchen meines Instituts auf einmal treiben, aber nicht, wenn die Freier warten – oder du bezahlst.«

Hopf war zwar etwas verärgert über das abrupte Ende des Abends, doch immerhin – er hatte sein Vergnügen gehabt, und es kostete ihn nicht die Heuchelei von Liebe.

9

Christine Hopf hatte auf den Gatten gewartet. Erst häkelte sie, dann las sie einige Seiten, und schließlich war sie wohl vom Schlaf in ihrem Sessel übermannt worden.

O Gott, dachte Karl Hopf, als er sie wie leblos in dem samtbezogenen Fauteuil sitzen sah, wie schön wäre es, hätte sie inzwischen der Schlag getroffen – alle seine Probleme wären gelöst. Doch das gleichmäßige Heben und Senken des Brustkorbes seiner Frau zerstörte seine Hoffnungen. Jetzt lauert sie mir schon auf, sinnierte er weiter, und Wut kam in ihm hoch.

Die Schlafende mußte sein Eintreffen im Unterbewußtsein registriert haben. Sie schlug die Augen auf, und sie war keineswegs überrascht, ihren Mann mitten im Zimmer stehen zu sehen. »Verzeih mir, Liebster, daß ich noch nicht zu Bett gegangen bin. Ich wollte dich unbedingt noch sprechen.« Ihre Stimme klang so sanft, so wenig anklagend, daß der Mann gänzlich verwirrt war. In seinem Innersten hatte er sich auf eine Litanei von Vorwürfen gefaßt gemacht. Statt dessen bat sie ihn um Verzeihung! Soll sich einer in den Weibern auskennen! Er schwieg und starrte sie an. »Ich konnte einfach mit diesem Geheimnis nicht schlafengehen.«

»Mein Gott, so rede doch schon, es ist spät.«

»Oh, ja richtig, du weißt ja gar nicht, worum es geht. Ich war doch heute bei Doktor Portmann.«

»Ja, und – fehlt dir etwas?«

»Nein. Ahnst du gar nichts?«

»Ich? Ahnen? Was sollte ich ahnen?« Es überlief ihn heiß. Hatte sie ihm nachspioniert? Waren seine bakteriologischen Versuche aufgeflogen? Wenn ja, warum erwartete ihn nicht die Polizei? Ob sie ihn erpressen wollte: sein Wohlverhalten, eheliche Treue, Geld gegen ihr Schweigen?

»Du ahnst wirklich nichts? Ja, so seid ihr Männer, setzt Kinder in die Welt und ahnt von nichts.«

»Was denn, du bist . . .?«

»Ja«, sagte sie euphorisch, »ich bin schwanger. Doktor Portmann meinte, es sei völlig sicher, und ich brauche mir keine Sorgen zu machen.«

Karl Hopf war, als träfe ihn der Schlag.

»Na, das verschlägt dir wohl die Sprache, Liebster? Ich wollte es zuerst auch nicht glauben. In einem guten halben Jahr werden wir nicht nur Mann und Frau sein, sondern auch Vater und Mutter. Ist das nicht herrlich? Nun sag doch mal was.«

»Ja, herrlich«, stammelte er, Freude heuchelnd. Jetzt muß ich wohl vor einfältigem Glück strahlen und sie in die Arme nehmen, dachte er. Und er zog sie zu sich, küßte ihre Wangen und den Mund und streichelte den noch flachen Bauch.

Hopf lag in dieser Nacht lange wach und grübelte.

Ein Kind wäre das letzte, was er ertragen könnte, das stand fest. Sollte er etwa das Kind alleine aufziehen? Unmöglich! Auf die Versicherung pfeifen? Ebenso unmöglich. Christine töten, solange sie schwanger war? Wie aber töten? Doch mit Arsenik und einfach auf das Glück vertrauen? Unmöglich. Die Leichen Schwangerer wurden genau untersucht. Bakterien? Er hatte nur die wenig virulenten Stämme, bei denen der Erfolg von der vorherigen Untergrabung des Allgemeinzustandes abhängig war, und aller Erfahrung nach bewirkte die Schwangerschaft eher noch eine Stärkung der Gesundheit. Nein! Unmöglich! Er wollte die forensischen Wissenschaften herausfordern. Also: keine vorschnelle Stümperei, die alles verderben konnte. Er mußte noch eine Reihe von Versuchen machen, dann würde er schon einen Weg finden. Jetzt nur nicht die Nerven verlieren, befahl er sich. Vielleicht machte ihr die Schwangerschaft auch unerwartet zu schaffen, untergrübe ihre Gesundheit, hoffte er, auch das gab es ja. Abwarten. Ja, abwarten und gute Miene zu diesem ihm gar nicht genehmen Spiel machen.

Seit seiner Hochzeit ging Karl Hopf nur noch des Mittwochs zu seinem Mittags-Stammtisch, außerdem trafen sich die Herren am Sonntagabend. Eben dem Stammtisch hatte er die Rolle des Publikums bei seiner Demonstration bürgerlicher Mannesgesittung zugedacht; ein stolzer Vater, der sein Kind freudig erwartete und an seinem Glück die Welt offen teilhaben ließ, ein solcher Vater käme wohl kaum in Verdacht, sollte dem Neugeborenen das Lebenslicht verlöschen.

Es war Mittwochmittag. Christine mochte im selben Moment in der »guten« Stube ihrer Eltern sitzen und sie von der zu erwartenden Großelternschaft informieren. Die Herren der Stammtischrunde hatten Eisbein, Weinsauerkraut und Erbspüree gegessen und zur Verdauung einen Schinkenhäger »eingenommen«, da tuschelte Hopf mit dem Kellner. Als dieser eilfertig verschwand und gleich darauf mit Gläsern und einer Flasche Wein zurückkehrte, ergriff Karl Hopf das Wort. »Meine Freunde, bitte gestatten Sie mir in der Freude dieses Augenblicks diese

Anrede, denn viele Jahre kennen wir uns nun schon, und ich möchte Ihnen eine Nachricht bekanntgeben, die mich sehr bewegt. Eine Nachricht, die außer mir bis jetzt nur meine liebe Gattin, der von uns allen geschätzte Herr Doktor Portmann und« – ein kurzer Blick auf die Taschenuhr – »jetzt vielleicht auch meine verehrten Schwiegereltern kennen. Ich will es kurz machen: meine Gattin befindet sich guter Hoffnung, und ich bitte Sie, meine lie-

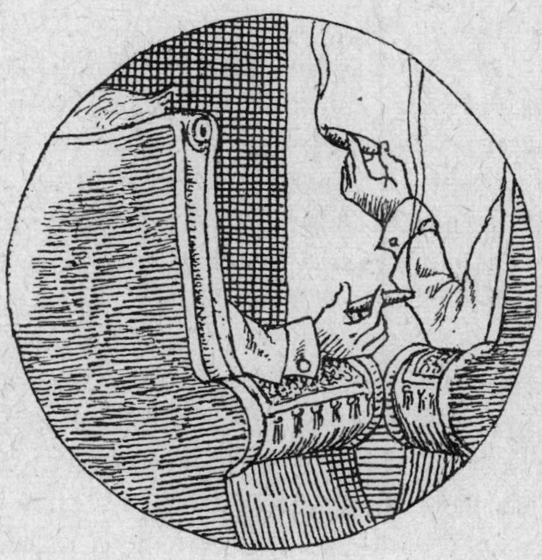

ben Freunde, mit mir auf die Gesundheit der Mutter und des werdenden Lebens unter ihrem Herzen das Glas zu erheben.«

Hopf wurde nun mit Glückwünschen überhäuft, gefeiert wie ein Held. Und als die Herren am späten Nachmittag das Lokal verließen, war ihr Gang alkoholschwer, denn diesen Grund, eine Runde über die andere zu spendieren, konnte man schwerlich auslassen, zumal der Herr Fechtlehrer so überaus glücklich war.

Am Sonntag stellten sich zum Mittagessen die Schwiegereltern Hopfs ein. Nach dem Mahl, die Frauen hatten sich in die Küche zurückgezogen, saßen sich Schwiegervater und Schwiegersohn in den tiefen Plüschfauteuils gegenüber. Sie rauchten dicke Zigarren und wärmten mit ihren Händen Cognac in kristallnen Schwenkern auf Körpertemperatur. Hopf als der Hausherr prostete seinem Schwiegervater schließlich zu: »Also dann, Schwiegerpapa, auf deinen Enkelsohn!«

Die Männer tranken.

Während Karl Hopf nachgoß, sprach Vater Schneider: »Mein lieber Sohn, gell, du weißt, ihr liegt mir beide am Herzen, die Christine und du. Und nun natürlich auch dein Sohn, euer Sohn, oder eben auch mein Enkeltöchterchen, wenn es dem lieben Gott so gefällt. Nur eines macht mir Sorgen . . .«

»Sorgen?« fragte Hopf mißtrauisch.

»Ja, du darfst mir jetzt nicht böse sein, wenn ich mich in deine Angelegenheiten einmische, gell. Versprichst du mir das?«

»Ja. Wieso sollte ich dir böse sein?«

»Also gut: wir, die Mutti und ich, gell, meinen, daß du jetzt fürs erste deine Versuche mit den Hunden aufgeben mußt. Es ist gefährlich, und zu leicht könnt' Christine Schaden nehmen und mit ihr das Baby.«

»Was? Meine Versuche soll ich abbrechen? Aber wieso? Christine geht so gut wie nie ins Labor und zu den Hunden schon gar nicht.«

»Siehst du, nun wirst du doch böse. Aber glaub mir, wir meinen es doch nur gut. Solche Versuche sind doch nicht ungefährlich, und wenn du oder ein Dienstbote . . . nur aus Versehen . . . also wenn Christine oder dem Kind etwas passieren würde . . . wir würden uns alle unglücklich machen. Versteh doch, es soll ja auch nicht für immer sein, gell, nur so lange, bis euer Kind von der Mutterbrust entwöhnt ist.«

»Du kannst doch unmöglich im Ernst von mir verlangen, jetzt, in diesem Stadium meiner Arbeit, die Versuche abzubrechen ... Weißt du, was das bedeutet? Monate währendes Forschen war vergebens!«

»Dir liegt doch an Christines Gesundheit? Und ein gesundes Kind willst du auch, gell ...«

»Ja, sicher, keine Frage.«

»Na, dann ist ja auch alles gut, gell, dann wirst du doch bestimmt mit mir nicht weiter über deine Versuche kuhhandeln wollen?«

Karl Hopf hüllte sich verstimmt in Schweigen. Welches Argument sollte schon einen ängstlich-besorgten Großvater in spe überzeugen können.

Der Schwiegervater ließ nicht locker. »Am besten ist, du läßt die Tiere gleich morgen vom Hundefänger abholen, gell, ein allzu großer Verlust dürft' es ja nicht gerade sein. Versprichst du mir's in die Hand?« Er hielt Hopf die behaarte Rechte hin, in die dieser nur widerwillig und zögernd seine Hand legte.

10

In den folgenden Wochen beobachtete Karl Hopf argwöhnisch das Befinden seiner Frau. Während andere Schwangere oft über Unwohlsein und Mattigkeit klagten, schien dieser gesegnete Zustand bei Christine Hopf genau das Gegenteil zu bewirken. Voller Stolz reckte sie ihren bald täglich an Umfang gewinnenden Leib, strotzend vor Kraft und Gesundheit. Es war Karl Hopf, als hätten sich die Mächte gegen ihn verschworen.

An einen Besuch bei Lola und den Mädchen war im Moment auch nicht zu denken. Gewisse Spielregeln mußte er schon einhalten. Eine Tatsache, die ihn mehr und mehr verdroß, zumal sich Christine ihm mit Hinweis auf den schon strampelnden Jung-Hopf standhaft verweigerte.

Als die Niederkunft bevorstand und die Hebamme täglich hereinschaute, versuchte er bei ihr sein Mannesglück.

Allerdings auch ohne den gewünschten Erfolg. »Wofür halten Sie mich?« hatte sie ihn gefragt – als wenn es darauf ankäme.

Der Schmerz der Entbindung war für Christine Hopf beinahe leichter zu ertragen gewesen als die Enttäuschung, einem Mädchen das Leben geschenkt zu haben. Ein Mädchen! Wo sie ihrem Karl doch so gerne einen Stammhalter geboren hätte. Um so mehr schätzte sie es, daß er die Tatsache, daß es kein Junge war, mit Gleichmut trug. Im Umgang mit dem Kind und ihr zeigte er jene tolpatschige Fürsorge, die Christine Hopf immer wieder zu nachsichtigem Lächeln veranlaßte. Er hatte sich auch mit der Anstellung einer Monatsfrau einverstanden erklärt, welche die Angelegenheiten des Haushalts in die Hand nahm, solange die junge Mutter in den Wochen war, und die pflegerischen Arbeiten erledigte. Sie war eine umsichtige Person, diese Helene Wüst, sauber, ordentlich und erfahren. Vorzüge, die Christine Hopf an ihr schätzte.

Karl Hopf empfand als angenehm, daß sie mit allen äußeren Reizen gesegnet war, die ein Frauenzimmer aufweisen mußte. Genüßlich saß er oft in seinem Sessel und beobachtete Helene Wüst bei der Arbeit. Dabei blickte er fasziniert auf ihren mächtigen Busen und auf den Schwung ihrer breiten Hüften. Er machte ihr Komplimente; erst harmlose, ihren Fleiß lobend und ihr Geschick, dann deutlichere, die ihr offenbar nicht unangenehm waren, die sie aber mit verschämtem Kichern und unter Hinweis auf seine schöne junge Frau, mit der sie nicht konkurrieren könne, so abwies, daß er merkte, sie würden im Grunde doch angenommen. Nun, Karl Hopf kannte sich mit den Weibern aus, meinte er, nicht lange und diese da würde ihm gehören. Eine Flasche Dessertwein, taxierte er nüchtern, und sie liegt mir in den Armen.

Eines Abends war es dann soweit. Karl Hopf hatte alle

Vorkehrungen für eine »günstige Gelegenheit« geschaffen. Der Hausherr hatte es sich auf dem weichen Sofa bequem gemacht. Er las. Zumindest tat er so, als würde er lesen. Helene Wüst huschte eifrig hin und her. Aus den Augenwinkeln erhaschte der Mann ihren – wie er meinte – sehnsüchtigen Seitenblick zu seinem geschliffenen Pokal, in dem der Rotwein funkelte. Verstohlen sah er zu der wuchtigen Standuhr hin. Eigentlich müßte der Schlaftrunk, den er seiner Frau gemischt hatte, längst wirken. Baldrian und Mohnauszüge – sie würde für Stunden fest im Schlummer liegen.

Die Monatsfrau kam auf Zehenspitzen aus dem Schlafzimmer: »Ihre Frau ist eingeschlafen, Herr«, meldete Helene Wüst.

»Nun ja, Schlaf ist die beste Medizin«, antwortete er gleichmütig. Dann fügte er mit einer Stimme, die voller Freundlichkeit war und dennoch keinen Widerspruch zuließ, hinzu: »Dann machen Sie jetzt auch Schluß. Setzen Sie sich zu mir. Ein Glas Wein wird Ihnen wohltun.«

Nur den Bruchteil einer Sekunde zögerte die Frau; lange genug jedoch, um nicht den Eindruck zu erwecken, als hätte sie auf diese Einladung gewartet. »Sofort, Herr, danke, es ist mir eine Ehre. Ich räum' nur noch diese Windeln hier weg.«

»Gut, gut, machen Sie nur. Sie trinken doch Roten? Oder – vielleicht einen Schluck Dessert?«

»Wenn ich es mir aussuchen darf – Roten.«

Karl Hopf holte ein zweites Glas und schenkte es voll.

Helene Wüst war im Handumdrehen wieder zurück, und sie hatte es noch fertiggebracht, die schmucklose Schürze abzulegen und sich die Haare zu frisieren. Gut sah sie aus.

»Na dann, also: prosit«, Hopf hob sein Glas und nickte der Frau zu.

»Prosit, Herr, auf die Gesundheit Ihrer Frau und Ihres Kindes und natürlich auch auf Ihre.«

»Danke, ich gestatte mir, Ihre guten Wünsche zu erwidern.«

Die Arbeit hatte Helene Wüst offenbar durstig gemacht. Sie trank den Rotwein in großen Schlucken.

Nicht gerade damenhaft, aber ungeziert, konstatierte Hopf für sich. Sogar eine gewisse Ähnlichkeit mit Lola glaubte er feststellen zu können. Nicht so sehr vom Anblick her, vielmehr von der Haltung.

Nach dem dritten Glas mußte Helene Wüst für einige Zeit hinaus, nach dem Kind sehen. Hatte sie bisher im Sessel gesessen, dem Hausherren gegenüber, stand ihr Glas, als sie jetzt wieder hereinkam, auf dem Tisch genau vor dem freien Platz auf dem Sofa neben Karl Hopf.

»Kommen Sie doch ein bißchen näher, das ist gemütlicher, und man braucht nicht so laut zu sprechen«, lachte er. Und sie wagte nicht, sich ihm zu widersetzen.

Allerdings war auch ihr das Zweideutige der Situation durchaus bewußt. »Wenn die gnädige Frau nun wach wird, und sie sieht uns hier nebeneinander beim Wein, wird sie da nicht denken . . .«

»Sie wird nicht wach, nicht vor morgen früh.«

»Sind Sie sich da so sicher?«

»Absolut.«

»Haben Sie ihr am Ende etwas in den Tee getan?«

»Und wenn es so wäre?«

»Dann sind die Gerüchte also wahr, daß Sie Pulver und Tränke mischen können?«

»Der Apotheker ist mein Kunde.«

»Donnerwetter! Aber ist das denn nicht gefährlich? Woher wissen Sie denn, wie was wirkt?«

»Das ist eben die ganze Kunst.« Er machte eine Pause. Dann fuhr er gespreizt fort: »Ja, eine gewisse Übung ist in solchen Dingen schon nötig, sonst . . .«

»Sonst? Haben Sie denn auch Gift, so richtig gefährliches Gift?«

»Das will ich wohl meinen!« Er weidete sich einen Moment an dem ungläubigen, ehrfurchtsvollen Staunen in ihrem Gesicht. »An dem, was in meinem Giftschrank steht, könnt' der halbe Taunus verrecken.«

Erschreckt rückte Helene Wüst ein paar Zentimeter von ihm ab. Hopf lachte schallend. »Nur keine Angst. Wenn die Menschen alle brav sind, dann tut ihnen Papa Hopf auch nichts.«

Vielleicht flunkert er nur, dachte die Frau. Wenn jetzt die Gnädige erscheint, ist alles gut. Christine Hopf aber schlief.

Helene Wüst wußte nicht so recht, was sie nun tun sollte. Das beste wäre es wohl, ihn bei seiner Eitelkeit zu packen. »Meinen Sie, Sie könnten auch mir einen Schlaftrunk machen? Durch die Wöchnerinnen und die Kinder ist man immer auf dem Sprung, der Schlaf ist oft eine einzige Marter, dauernd werde ich wach – auch wenn ich noch lange schlafen könnte. Ich gäb' was drum, mal wieder eine Nacht durchschlafen zu können.«

»Kleinigkeiten. Mach' ich Ihnen nachher. Jetzt wollen wir aber erst mal die Gunst der Stunde für uns nutzen, meine Liebe. Wer wird denn jetzt an Schlaf denken. Ich bin ganz wach, und – wenn ich Sie sehe – werde ich immer munterer.« Er rückte näher an die Monatsfrau heran. Doch sie war durch seine Eröffnungen so sehr verängstigt, daß sie ihn schroffer als beabsichtigt abwehrte: »Nein! Bitte nicht! Ich möchte das nicht!« Steif stand sie auf. »Außerdem, Herr, ist es schon spät, ich muß früh wieder raus.«

»Mein Gott, was will ich denn Abscheuliches von Ihnen? Sie sind doch ein Weib, oder? Und ich bin ein Mann von Fleisch und Blut. Meiner Frau geht ja im Moment wirklich nichts ab. Nun komm, Mädchen, zier dich nicht lang, die Nacht ist kurz.«

»Bitte, Herr, sprechen Sie nicht so zu mir. Jetzt mach' ich mir ernsthaft Vorwürfe, daß ich mich habe einladen lassen. Das mußte Sie ja zu den falschesten Schlüssen führen.«

In Hopfs trunkenen Verstand tröpfelte langsam die Erkenntnis, daß er *diese* Festung nicht würde nehmen können, heute Nacht nicht und auch nicht später. Er trat den Rückzug an. »Brav, sehr brav, meine Liebe. Wollte nur mal Ihre Standhaftigkeit und Treue prüfen. Nichts für ungut, Sie haben glänzend abgeschnitten. Ja, ist schon spät heute, Sie haben völlig recht. Ich mach' Ihnen noch Ihren Schlaftrunk, und dann gehen wir zu Bett.«

»Aber, Sie brauchen sich doch nicht zu bemühen. Heute nach dem Wein, da schlafe ich ganz bestimmt hervorragend.«

»Keine Widerrede! Sie bekommen Ihren Schlaftrunk.«

Wohl oder übel mußte Helene Wüst unter der Aufsicht des Mannes ein Likörglas voll einer aromatischen Mixtur auf einen Zug austrinken.

Die Mischung wirkte rasch. Helene Wüst war, kaum daß sie sich auf ihrer Lagerstatt ausgestreckt hatte, eingeschlafen. Ihr letzter wacher Gedanke galt dem schweren Riegel an ihrer Tür, den sie vorsorglich zugeschoben hatte.

Diese Nacht würde Helene Wüst nicht vergessen können; trotz des so schnell gefundenen Schlafes wachte sie am nächsten Morgen völlig zerschlagen auf. Es war die Rache Karl Hopfs. Ein wenig Extrakt der Wirkstoffe von Tollkirsche und Stechapfel in dem Schlaftrunk brachten der Frau erotische Alpträume und die Visionen ausschweifendster sexueller Orgien in einer solchen Plastizität, daß sie nach dem Erwachen eine Weile brauchte, um zu begreifen, daß hier nur Unterbewußtes aufgebrochen war. Helene Wüst lag wie im Schock, und ihr dämmerte, wem sie die Bilder der Nacht zu verdanken hatte. Unter dem Einfluß der Drogen waren verdrängte Wünsche in ihr wach geworden. Sie war verunsichert, fürchtete sich plötzlich vor sich selbst und ihren geheimen Begierden. Noch mehr als vor sich selbst geriet sie jedoch bei dem Gedanken an Karl Hopf in Panik. Über welche Mittel dieser Mann verfügte! Und wie skrupellos er war! Was würde ihm wohl noch einfallen?

In der kommenden Zeit beobachtete Helene Wüst Karl Hopf sehr genau. Und vieles, das ihr zuvor unbedeutend erschien, sah sie nun in einem anderen Lichte.

Christine Hopf erholte sich nur langsam, langsamer als es ihrer Jugend, ihrer körperlichen Statur und dem Verlauf der Entbindung entsprochen hätte. Dabei war sie nicht eigentlich krank. Der Hausarzt hatte Stärkungsmittel verschrieben. Diese wurden nicht aus der Apotheke geholt, sondern von Karl Hopf selbst zubereitet und verabreicht. Wenigstens einmal am Tage reichte er seiner Frau auch das Essen. Helene Wüst ahnte, was sich hinter dieser zur Schau getragenen Fürsorglichkeit verbarg. Beweise hatte sie allerdings nicht. Sie beschloß Vorsichtsmaßregeln. Ab sofort aß sie nur noch gekochte Eier und trockene Semmeln, die sie sich beim Bäcker kaufte und an ihrem Körper verbarg. Das Trinkwasser schlürfte sie am Wasserhahn aus der Mulde ihrer Hand. Sie sah jedoch keine Möglichkeit, den Mann von Frau und Kind fernzuhalten.

Auch das Kind wurde bald ohne jede erkennbare Ursache krank. Die Medizin für das Baby mischte Hopf ebenfalls. Besserung blieb aus. Christine Hopf kam und kam nicht auf die Beine, und der Zustand des Säuglings wurde bedenklich; eines Morgens lag das Kind dann tot in seinen Kissen. Hopf schauspielerte Trauer – doch längst nicht so gut, um Helene Wüsts Verdacht zu zerstreuen. Er war für sie der Mörder seines Kindes. Eine gerichtsärztliche Untersuchung des kleinen Leichnams würde das sicher beweisen. Es galt, einen weiteren Mord zu verhindern.

Sie schrieb dem alten Schneider einen Brief, in dem sie die Eltern Christine Hopfs anflehte, sich den Hilferuf einer treubesorgten Dienerin zu Herzen zu nehmen und ihre Tochter in das Elternhaus zurückzuholen, ehe es zu spät sei. »Wenn nicht bald Rettung kommt«, schloß sie, »so übernehme ich keine Verantwortung, daß ein junges Leben zugrunde gerichtet werden soll durch Meuchelmord.«

Einen weiteren Brief übergab sie einem Inspektor Meyer, welcher ihn an die Staatsanwaltschaft nach Wiesbaden schickte.

II

Gendarmeriewachtmeister Baumann aus Schönberg, zu dessen Dienstbereich auch der Wohnort Hopfs, Niederhöchstadt, gehörte, nahm seinen Auftrag, für Ruhe, Ordnung und Recht zu sorgen, ernst. So ernst, daß ihm die Gerüchte, die wegen Hopfs angeblicher Giftmischerei umgingen, körperliches Unwohlsein verursachten. Es zog und zog keine Ruhe ein. Und jetzt auch noch die Anzeige dieser Helene Wüst bei der Staatsanwaltschaft! Wer, überlegte Baumann, sollte sachverständiger über das Tun und Lassen dieses Hopf Auskunft geben können als diese Frau, die wochenlang bei der Familie lebte, die dem Mann direkt auf die Finger sehen konnte?

Der Staatsanwalt sah die Sache anders.

Hier beschwerte sich eine Dienstbotin. Sie verdächtigte ihren Herrn. Man kannte das ja. Hatte vielleicht Porzellan zerschmissen, war dafür gemaßregelt worden und wollte sich nun so revanchieren. Wenn dreist nichts herauskäme, die Tatsache der Kriminaluntersuchung allein brächte schon genügend Schande über den »Gnädigen«, so dachten diese dummen Dinger nun mal, meinte der Staatsanwalt. Vielleicht hatte sie sich beim Hausherrn irgendwelche Chancen ausgerechnet, war nicht zum Zuge gekommen und suchte auf diese Weise Vergeltung, sinnierte er weiter. Vielleicht ging es ihr auch nur darum, sich interessant zu machen. Wer kannte schon diese Sorte Weiber genau? Nein, entschied er, ein gewisses gesellschaftliches Gespür mußte man für derlei Anzeigen schon haben. Er lächelte innerlich, dachte er an Baumanns Eifer. DER wäre am liebsten gleich an der Spitze einer Eskadron Gendarmen zu Hopf geritten und hätt' ihn erst mal eingesperrt. War eben ein einfältiges Gemüt, dieser Baumann.

Andererseits: es konnte natürlich auch was dran sein, an dem Geschreibsel dieser Helene Wüst. Nachgehen mußte man der Geschichte schon. Aber mit Bedacht. Nicht à la Baumann.

Es war kein großes kriminalistisches Kunststück für den Staatsanwalt, Informationen über Hopfs Leben zusammenzutragen. Die Fakten lagen so offen zutage und waren so leicht zugänglich, daß die Ermittlungen an der Oberfläche der Erscheinungen endeten. Karl Hopfs Beziehungen zu Lola blieben unentdeckt, dafür stieß der Staatsanwalt auf Hopfs Stammtischrunde. Ein Mann mit diesem Umgang sollte ein Mörder sein? Absurd!

Wie beiläufig zog der Staatsanwalt den Kanzleirat in ein Gespräch. Jener blähte sich ob dieser Ehre förmlich auf. Der Staatsanwalt lenkte das Gespräch geschickt vom Stammtisch im allgemeinen zu dem im »Weißen Schwan« im besonderen. Nun konnte der Kanzleirat glänzen. Die Vorzüge der Herren und ihre Eigenheiten wußte er genau zu schildern. Er war stolz, solche Stützen der bürgerlichen Gesellschaft wie den Herrn Apotheker, den Herrn Gymnasialprofessor und den Herrn Fechtlehrer und Drogisten Hopf zu seinen persönlichen Bekannten zu zählen. Letzterer sei ein bedeutender Naturforscher und eines Tages werde gewiß die Welt von seinen Entdeckungen reden. Und dabei wäre gerade Hopf ein Mann, dem das Schicksal übel mitspielte: der Tod der ersten Ehefrau, nun der Tod seines Babys, auf das er sich mit so unbändigem Vaterstolz gefreut hatte. Lang und breit erfuhr der Staatsanwalt von dem Stammtischtreffen, auf dem Hopf die Schwangerschaft seiner Gattin mitgeteilt hatte. »Um so mehr«, erklärte der Kanzleirat zornig, »trifft einen solchen integren Mann das widerwärtige Geschwätz, das irgendein mißgünstiger Mensch über ihn ins Leben gesetzt hat.« – Mehr wollte der Staatsanwalt nicht wissen. Er verabschiedete sich darum bald vom Kanzleirat, zumal Dr. Portmann auf ihn wartete.

»Hopf soll was?« fragte Dr. Portmann den Staatsanwalt. »Hab' mich wohl verhört? Ganz ausgeschlossen! Ist ja lachhaft! Der hat nie und nimmer seine erste Frau vergiftet. War doch ihr Arzt. Hätte das doch als erster merken müssen. Und sein Baby – sicher traurig, der Mann ist nicht gerade vom Glück verfolgt, aber Vergiftung – nein! Das Kind war schon gleich nach der Geburt kränklich. Die Säuglingssterblichkeit ist immer noch groß. Diese ganze Anzeige ist nichts als eine bösartige Verleumdung. Man kennt das ja. Sie haben doch sicher auch Dienstboten, Herr Staatsanwalt?«

Der Staatsanwalt nickte gedankenschwer und verstehend. Er klopfte sich wegen seines richtigen Riechers innerlich auf die Schulter. Ein Glück, dachte er, daß ich diesem Baumann nicht nachgegeben habe. Wäre eine schöne Blamage geworden.

Der Arzt unterbrach die Gedanken des Juristen: »Aber bitte, Sie können ja gerne auch noch den Kollegen Ziegler befragen, der meines Wissens ebenfalls von der Familie Hopf konsultiert wurde. Denke mir jedoch, daß der – genau wie ich übrigens – bei dem geringsten Verdacht eine Anzeige erstattet hätte.«

Auch Dr. Ziegler wies die Anschuldigung, Hopf hätte seine erste Frau und sein Kind aus der zweiten Ehe durch Gift ums Leben gebracht, in das Reich der Sagen und Märchen.

Für den Staatsanwalt war die Angelegenheit damit erledigt. Einzig Baumann war enttäuscht. DIE Gelegenheit, seine polizeiliche Tüchtigkeit unter Beweis stellen zu können, dafür eine Beförderung oder vielleicht einen Orden einzuheimsen, erwies sich als ein Schlag ins Wasser. Er wollte es nicht glauben, und er fragte selber bei den beiden Ärzten nach. Sie lachten ihn seines Verdachtes und seiner Hartnäckigkeit wegen aus.

Beruhigt war Gendarmeriewachtmeister Baumann aber erst, als er erfuhr, daß Hopf, der wohl Wind von der Anzeige gegen ihn bekommen haben mußte, eine Beleidigungsklage gegen Helene Wüst erhob und diesen Prozeß gewann. Die ehemalige Monatsfrau mußte wegen Beleidigung eine Geldstrafe von dreißig Mark bezahlen. Es war ja kaum anzunehmen, daß Hopf so dreist wäre, gegen die Frau vorzugehen, wenn er wirklich etwas zu verbergen gehabt hätte. Der Polizist war dem umsichtigen Staatsanwalt von Herzen dankbar, daß jener ihn vor einem Reinfall bewahrt hatte.

12

Natürlich blieb auch Schneiders nicht verborgen, daß der Verdacht, in den ihr Schwiegersohn geraten war, zerfloß wie Morgennebel in der Sonne. Es bestand also eigentlich keine Veranlassung mehr, ihre Tochter noch länger vom Ehemann fernzuhalten. Doch mit seinem untrüglichen Geschäftssinn witterte Vater Schneider den drohenden Bankrott Karl Hopfs. Zu undurchsichtig waren ihm dessen Geschäfte und viel zu vage die Einnahmequellen. Da gab es durchaus bessere Partien. Christine konnte einem geschäftstüchtigen Mann mehr sein als eine bloße Haushälterin. Auch die Tatsache ihrer Niederkunft sprach für sie. Durfte doch ein neuer Partner damit rechnen, daß er mit ihr seine Erben zeugen könnte.

Einziger Hinderungsgrund, die Chancen der Tochter

beim Schopfe zu packen, war, daß sie jenem unglückseligen Karl Hopf angetraut. Nun, Vater Schneider hatte ein gutes Gedächtnis; er erinnerte sich der Klagen Christines, daß ihr Gatte abendlichen Vergnügungen nachginge.

Christine war eine brave Tochter, die sich den Wünschen des Vaters willig unterordnete, außerdem hatten sie des Ehemanns abendliche »Ausflüge« schon immer gestört. Ein Scheidungsgrund war also gefunden.

Ein Advokat bestätigte Vater Schneiders Vermutung: »Der Ehekontrakt verpflichtet nun einmal auch zur ehelichen Treue. Allerdings . . .«, der Jurist machte eine bedeutungsvolle Pause.

»Allerdings – was?« fragte Schneider.

»Nun, wenn Ihre Frau Tochter nach derartigen Abenden die Ehe wieder körperlich mit ihrem Gatten vollzogen hat, dann gelten solche Eskapaden als verziehen. Auf sie können wir uns bei einem Scheidungsbegehren nicht stützen. Es wären also die Fragen zu beantworten, wann der letzte eheliche Verkehr stattfand und ob der Ehemann danach . . . Sie verstehen.«

Christine Hopf gab die gewünschten Auskünfte. Ein Detektiv sorgte für weitere Informationen; ihm entging Hopfs Verbindung zu Lola und deren Mädchen keineswegs.

1908 wurden Karl und Christine Hopf wegen »Ehebruchs« geschieden. Die Richter sprachen dem Manne die Schuld zu.

Christine Hopf, geborene Schneider, heiratete kurze Zeit später den Kaufmann Heinrich Seeger.

Karl Hopfs Geschäfte standen ausgesprochen schlecht.

Lolas Etablissement hatte seinen Ruf so gründlich eingebüßt, daß die Einnahmen immer weniger ausreichten, um die Ausgaben zu decken.

Entscheidungen waren nötig.

Hopfs Aktivitäten schienen gelähmt. Er geriet immer

tiefer in die roten Zahlen. Und je mehr Schulden er hatte, desto mehr litt sein gesellschaftliches Ansehen, und je stärker dieses abgebaut wurde, desto geringer flossen Finanzen auf sein Konto. Ein Teufelskreis. Doch er hatte im Moment nicht die Kraft, ihn zu durchbrechen; durch Arbeit nicht und auch nicht durch einen erneuten »Versicherungsfall«. Denn der Schrecken der staatsanwaltschaftlichen Ermittlungen steckte ihm noch tief in den Knochen. Die Beleidigungsklage, die er gegen Helene Wüst angestrengt hatte, war durchaus kein Ausdruck von Mut oder Übermut, sondern ein nüchtern kalkulierter Versuch, sich zu retten. Würde er sich nicht gerührt haben, wäre das in den Augen der Gesellschaft einem Schuldbekenntnis gleichgekommen. Um vor Nachreden sicher zu sein, hatte er handeln müssen. Sein Auftreten in dem Verfahren kostete ihn damals fast alle psychischen Reserven. Was, wenn der Richter auf den Gedanken gekommen wäre, die Exhumierung der Leiche seines Kindes zu verfügen, um eine gerichtsmedizinische Untersuchung durchführen zu können? Es waren bange Tage.

Der nächste Schock war diese unglückselige Scheidung. Auch sie kostete Kraft und Geld. Prozeßkosten, Anwaltskosten, Unterhaltszahlungen. Was ihn aber am meisten ärgerte, waren die Summen, die er in Christine investiert hatte, besonders die Versicherungsprämien. Karl Hopf sah sich in einer Sackgasse.

Lola, obwohl sie selbst genug Probleme hatte, erwies sich für Hopf in dieser Situation als Stütze. Über ihr Verhältnis zueinander hatten sie nie große Worte gemacht. Sie mochten einander auf eine verhaltene, spröde Art. Lola verkniff sich jetzt jeden Vorwurf. Sie handelte, gerade noch rechtzeitig. Das Etablissement wurde an die Konkurrenz verkauft. Von dem Erlös richteten Lola und er ein Massageinstitut ein. Ihr Verlust hielt sich auf diese Weise in Grenzen.

Lola bat Hopf inständig, er möge sich schnelles Reichwerden durch einen neuen »Versicherungsfall« aus dem Kopf schlagen. Denn auch sie war durch die Untersuchungen der Staatsanwaltschaft zutiefst erschreckt. Dabei mußte sie sich eingestehen, daß ihr dieser vermaledeite Karl doch mehr bedeutete, als ihr bisher bewußt war. Die Beleidigungsklage war ihr, obgleich sie ihre Notwendigkeit einsah, wie ein Vabanquespiel erschienen, und heimlich schlich sie in eine Kirche, stiftete eine Kerze und erflehte voller Inbrunst die Gnade Gottes für ihren Geliebten.

Sie waren schließlich auch Teilhaber, und irgendwie würde es schon gehen. Ja, sie gab ihm sogar Geld, damit er pharmazeutische Studien betreiben könne, vielleicht gelänge ihm doch eines Tages der große Wurf. Und Hopf begann neben seiner Tätigkeit als »Masseur« tatsächlich wieder in seinem Labor zu arbeiten.

Vater Schneider hatte recht behalten, und er war stolz auf seinen guten Riecher. 1910 mußte Karl Hopf den Offenbarungseid leisten. Er war schlicht und einfach pleite. Christine dankte ihrem Schöpfer, ihren Ex-Gatten durch dieses Jammertal irdischer Existenz nicht begleiten zu müssen.

1911. Der Welt wurde das Ableben der Frau Christine Seeger mitgeteilt. Karl Hopf empfand bitter die Ironie des Schicksals. Der Kaufmann Heinrich Seeger würde nun eine reichliche Lebensversicherung kassieren. Wo Mist ist, kommt Mist dazu, dachte Hopf zornig. Lächerliche fünf Jahre! Für ihn fünf Jahre zu spät.

Am Ende dieses Jahres starb auch Auguste Hopf, Karls Mutter. Ihrem Wunsche entsprechend wurde ihr Leichnam eingeäschert. Sie hinterließ ihm eine kleine Erbschaft, die ihm wieder einige finanzielle Bewegungsfreiheit verschaffte.

Inzwischen hatte er auch den Schock der früheren Ermittlungen gegen ihn überwunden, und selbst die Gerüchte, die sein Tun betrafen, waren versickert.

Höchste Zeit, wieder über die Beschaffung einer gewissen Summe Geldes nachzudenken, die einen ruhigen Lebensabend sichern würde. So viel warf das Massageinstitut nicht ab, und die Zeit war nahe, wo sich die Kunden lieber von einer jüngeren Masseuse erotisieren lassen wollten. Das aber hieß: eine Angestellte anstelle von Lola. Und es bedeutete Lohnforderungen, also eine Schmälerung der eigenen Einnahmen.

Auch mit Hopfs angeblichen Wunderpräparaten zur Steigerung der Manneskraft, die in Lolas Institut feilgeboten wurden, war auf die Dauer kein Reichtum zu erlangen. Und als Bordell-Faktotum wollte Karl Hopf seine Tage keinesfalls beschließen, er, der einst mit einem Apotheker, einem Professor und einem Kanzleirat an einem Tische speiste.

13

Je länger er über die Vergangenheit nachdachte, desto mehr sah Karl Hopf sich als Sieger. Sein Plan, die Versicherung zu schröpfen, war zwar nicht aufgegangen, doch ihm war auch niemand auf die Schliche gekommen.

Nachdem er seine akuten Ängste verarbeitet hatte und mit einer gewissen Gelassenheit zurückdenken konnte, bereitete ihm der Gedanke sogar Vergnügen, die Staatsmacht nicht nur getäuscht, sondern darüber hinaus zu seinem Werkzeug gemacht zu haben. Es würde ihm gelingen, diesmal ganz gewiß, und diesmal wollte er auch absahnen. Dreißigtausend würden nicht ausreichen, nicht einmal das Doppelte. Auf Lolas Einwände, als er ihr seinen neuerlichen Plan mitteilte, reagierte er abweisend.

Sein Wirken im Labor hatte nun wieder Zielgerichtetheit und Energie. Der Hundefänger machte ein gutes Geschäft, und auch das bakteriologische Institut in Wien verdiente sich manche Mark.

Lola beobachtete Hopfs Aktivität mit Sorge und appellierte an ihn, das Schicksal nicht zu versuchen, sondern mit dem zufrieden zu sein, was sie sich geschaffen hatten. Immerhin hielten sie einen gewissen bürgerlichen Lebensstandard, er war nicht gerade üppig, aber sie hatten doch weit mehr als die Arbeitsleute. Sie erklärte ihm, daß ihr ein einfaches, genügsames Dasein mit ihm und ohne Angst um ihn allemal lieber wäre als jene überaus unsichere Aussicht auf das »große Geld«, verbunden mit dem Risiko, ihn – ginge es schief – zu verlieren.

Doch Hopf war nicht mehr aufzuhalten. Die Versuche mit den neuen Kulturen waren bei den Hunden äußerst erfolgreich. Und beachtete er einige Vorsichtsmaßregeln und seine bisherigen Erfahrungen, dann konnte jetzt dem großen Coup nichts mehr im Wege stehen.

Die Erfahrungen aus der Ehe mit Christine Schneider hatten Karl Hopf vor allem gelehrt, daß eine am Ort ansässige Sippe seinen Intentionen nur schädlich sein konnte. Außerdem fände sich wohl jetzt in der näheren Umgebung keine gutbürgerliche Familie mehr, die ihn begeistert in ihren Kreis aufgenommen hätte. Die Frau, die er suchte, sollte gesund und naiv und von möglichst weit her sein.

Er studierte die Heiratsannoncen.

Die kargen Informationen der Inserate reichten für Hopf allerdings in keinem Fall aus, um eine Entscheidung treffen zu können. Er vereinbarte in wenigen Wochen Rendezvous in Massen und beschlief die meisten der Bewerberinnen. Wenn er schon genötigt war, eine Ehe einzugehen, um sein Ziel zu erreichen, dann wollte er in der Zeit des notwendigen Zusammenlebens auch seinen Spaß haben.

Irgendwann in diesen Tagen lernte er Wally Sievinc aus Galizien kennen. Mit ihren knapp neunundzwanzig Jahren war sie nicht mehr ganz taufrisch und ihm schon deswegen dankbar zugetan. Die Torschlußpanik ließ sie darüber hinwegsehen, daß Hopf zwanzig Jahre älter war als sie. Im Gegenteil: es erschien ihr wie ein Wink der Vorsehung, daß sich ein so erfahrener, reifer Mann wie der Herr Hopf ihrer annahm, sie fühlte sich an seiner Seite geborgen, und sie bewunderte sein Wissen, seine Vornehmheit und Weltläufigkeit. Wie begabt dieser Mann in Liebesdingen war! Wally schwebte nach der ersten Nacht mit Hopf durch die rosaroten Wattebäusche des siebten Himmels.

Er sah die Dinge sehr viel nüchterner. Da gab es kein Nein zu irgendeinem seiner Wünsche; Spaß also würde es geben. Gesund war sie auch, jedenfalls soweit er das einschätzen konnte – und vor allem naiv. Naiver als ein junges Ding aus einem Provinzlyzeum. Und: er war von Schwiegereltern und weiterer Sippe verschont, sah man mal von einer Schwester ab, deren ganzes Trachten darauf gerichtet war, Wally endlich unter die Haube zu bringen.

Von all jenen, die er bisher kennengelernt hatte, war sie ohne Zweifel die Geeignetste.

Er machte ihr den Hof und spielte ihr gekonnt genau jenes Theater vor, das sie brauchte, um an leidenschaftliche Liebe glauben zu können.

Am 31. Januar 1912, Wallys neunundzwanzigstem Geburtstag, verlobten sie sich. Nicht ganz ein Vierteljahr darauf, im April 1912, gaben sie einander ihr Jawort. Es gehörte zu Hopfs wohldurchdachter Inszenierung, die Trauung nach London zu verlegen. Hochzeit und Hochzeitsreise waren eins. So vermied er das Aufsehen, das eine erneute Vermählung in Frankfurt nach sich gezogen hätte. Wie leicht erinnerte sich jemand jener längst vergessenen Gerüchte!

Bereits die Überfahrt vom Festland zu den britischen Inseln nutzte der Mann, um die Weichen für seine weiteren Vorhaben zu stellen. Sie standen beide an der Reling des Fährschiffes und beobachteten das Auf und Nieder der Wellen. Er hatte seinen rechten Arm um ihre Schultern gelegt und drückte sie an sich.

»Weißt du, ich frage mich, ob es recht ist, daß wir heiraten.«

Sie reagierte erschrocken. »Was denn, willst du, willst du nicht . . .?« stotterte sie.

»Dummchen. Natürlich will ich. Aber ich habe auch eine Verantwortung. Immerhin bin ich um so viele Jahre älter als du, du könntest in allen Ehren meine Tochter sein.«

»Ich bin dir also zu jung?«

»Nein, das habe ich nicht gesagt und auch nicht gemeint.«

»Ach, dann fürchtest du, du seist zu alt für mich? Da kann ich dich wirklich beruhigen. Für mich gibt es keinen jüngeren und begehrenswerteren Mann als dich.«

Er küßte sie anscheinend gerührt. »Trotzdem bleibt da die Verantwortung des Älteren. Ich sorge mich schlicht um dich. Ein Herzschlag in meinem Alter gehört nicht zu den Seltenheiten.«

»Denk' nicht an so was«, wandte sie ein und kuschelte sich zärtlich an ihn.

»Doch, ich muß daran denken, lieben heißt auch sorgen. Schau mal, du sollst das kennen«, er zog ein sorgfältig gefaltetes Blatt Papier aus seiner Brieftasche und reichte es ihr, »es ist mein Testament.«

Der maschinengeschriebene Text, der, wie Hopf wußte, gerade deshalb juristisch unwirksam war, bestimmte sie kurz und lakonisch zur Alleinerbin.

Einmal mehr war Wally Sievinc in ihrer Naivität davon überzeugt, daß sie den besten Mann der Welt heiraten würde.

»Wenn wir wieder zurück sind, das mußt du mir versprechen, werden wir eine Lebensversicherung abschließen.«

»*Wir* – eine Lebensversicherung?« fragte sie erstaunt. Erst als sie seinen verärgerten Gesichtsausdruck wahrnahm, merkte sie, daß sie ins Fettnäpfchen getreten war. Wie ungeschickt von ihr, so zu fragen! Was sollte Karli von ihr halten? Daß nur er sich versichern lassen solle? Damit sie ihn beerben könne? »Verzeih mir, Liebster, ich war dumm. Du hast recht. Wir werden uns versichern.« Sie küßte ihn verlegen.

Karl Hopf war fürs erste zufrieden.

Wochen später kam er ihr mit einer Erklärung, in der sie ihr Einverständnis mit der Feuerbestattung bestätigen sollte. Sie lehnte ab und war auch mit Hinweis auf seine Mutter und deren Urnenbegräbnis nicht umzustimmen.

Wally Hopfs Leben wurde mit achtzigtausend Reichsmark versichert. Die jährliche Versicherungsprämie betrug viertausend Mark, eine gewaltige Summe, die Hopfs Verhältnissen bei weitem nicht entsprach.

Für Wally war der Gatte als Fechtlehrer tätig. Er vermittelte ihr den Eindruck, als sei er in seinem Beruf ein sehr gefragter und gut honorierter Mann. An jedem Abend brachte er für sie eine Kleinigkeit mit. Überall standen in der Wohnung Vasen mit Blumensträußen, und Wally mußte Obacht geben, daß ihr die Figur bei all den Süßigkeiten nicht außer Kontrolle geriet. Und fleißig war Karli. Frühmorgens verließ er das Eheheim, und fast immer kehrte er erst spätabends zurück. Bei alledem war er nie mürrisch oder launisch, von Müdigkeit keine Spur, auch seine ehelichen Pflichten erfüllte er mit nie ermüdender Vitalität. Wally war selig. Ihr spätgewonnenes Glück wollte mitgeteilt sein. Natürlich war sie vorsichtig genug, nichts den Nachbarinnen vorzuschwärmen, warum sollten sie auf eine Perle wie Karli aufmerksam gemacht werden! Allzuschnell konnte sich eine für Karli interessieren, und das hatte sie das Leben bislang gelehrt: die Konkurrenz unter den Weibern war hart und unerbittlich. Ihr Glück machte sie auch mißtrauisch, zu ungewohnt war es, sie fürchtete manchmal, aus dem Taumel zu erwachen, die Augen aufzuschlagen, und alles war nur ein Traum.

Doch ihr Mitteilungsbedürfnis staute sich in einem geradezu unerträglichen Maße an. Eines Tages bat sie den Gatten um sein Einverständnis, zu ihrer Schwester fahren zu dürfen. Es sei nur für wenige Tage, versicherte sie ihm, länger hielte sie eine Trennung von ihm ohnehin nicht aus.

Zögernd, so, als müßte er sich überwinden, ihr auch nur für vierundzwanzig Stunden Lebewohl zu sagen, gab er seine Zustimmung zu der Reise.

Karl Hopf hatte es von vornherein darauf angelegt gehabt, daß Wally, rundherum zufrieden, ihr Glück eines Tages ausposaunen würde, desto leichter und risikoloser ließen sich seine weiteren Pläne verwirklichen.

Bis dato konnte er sich gratulieren. Alles verlief wunschgemäß. Allerdings mußte er einer neuen Gefahr Rechnung tragen: Lola war eifersüchtig geworden. Sie glaubte, daß sich ihre Attraktivität verringert hätte, sie beneidete Wally um jene fünfzehn Jahre, die diese jünger war und vor allem darum, daß Karlchen Nacht für Nacht bei ihr, der Jüngeren, verbrachte. Tagsüber war er zwar im Salon, viel Zeit hatten sie hier jedoch füreinander auch nicht. Hopf war auch ungeschickt genug, Lola gegenüber davon zu sprechen, daß eine seiner »Kundinnen« ebenso feste Brüste wie Wally hätte. Der Busen der Kundin – das war Geschäft; den Vergleich mit Wally empfand Lola wie Nadelstiche in ihrer Seele. Sie machte ihm keine Szene, dafür war sie zu klug, aber verstimmt war sie doch, und er merkte es, ahnend, wo die Ursache lag.

»Liebling, Geduld, ein wenig Geduld, und alle unsere Probleme lösen sich«, versuchte er sie zu beschwichtigen.

»Geduld? Sag mir nur eins: wie lange noch und wofür?«

»Ein paar Monate, ein Jahr . . .«

». . . vielleicht zwei, fünf oder zehn Jahre«, unterbrach sie ihn ironisch. »Vergiß nicht, daß wir langsam älter werden!«

»Eben deshalb bitte ich dich um noch ein wenig Geduld. Wir wollen doch wenigstens im Alter etwas vom Leben haben.«

»Ich weiß nicht, was du dir erhoffst, Karl, manchmal habe ich fürchterliche Angst; wir verlieren unsere schönsten Jahre, und am Ende verlieren wir einander. Früher habe ich oft von Nerzmänteln, teuren Ohrgehängen und raffinierter Garderobe geträumt. Hab' gedacht, daß mich das glücklich machen würde. Weißt du, was ich mir heute wünsche? Morgens wieder einmal neben dir aufzuwachen!«

»Was meinst du wohl, wünsche ich mir? Aber ich will alles! Dich UND die Nerzmäntel, Diamanten und teure Roben. Nein, hab' bitte ein wenig Geduld, du weißt doch genau, daß keine andere Frau für dich eine ernstzunehmende Konkurrenz in meinem Herzen ist.«

»Weiß ich das?«

»Weißt du es nicht?«

»Bisher weiß ich nur, daß du mit IHR verheiratet bist, daß du neben IHR aufwachst, daß deine Sonntage IHR gehören, ja, ich kenne nicht einmal deine Wohnung.«

Wallys Reise bot Karl Hopf die Möglichkeit, Lolas Stimmung ein wenig zu heben. Ihr Wunsch, mit ihm zusammen morgens zu erwachen, erfüllte sich schon nach der ersten Nacht seines Strohwitwertums. Zwar übernachteten sie in Lolas Wohnung, doch das war immerhin schon besser als jene von ihr verfluchten Nächte, die sie allein mit all ihren Sehnsüchten oder in den Armen irgendeines schweißriechenden Freiers in dem breiten Bett ihrer Schlafkammer zubrachte.

Am Morgen war er lange vor Lola wach geworden. Er hielt die Augen geschlossen und hing seinen Gedanken nach. Bedachte er es recht, so war dieses Leben eine einzige große Lotterie. Entweder man hatte zur richtigen Zeit das richtige Los gezogen, oder man mußte zu mogeln verstehen. Verglich er – mit dem kühlen Abstand des Morgens – Wally und Lola, so meinte er eine geradezu ideale Bestätigung seiner These gefunden zu haben. Lola war eigentlich in nichts besser als seine Wally, ein klein wenig hemmungsloser vielleicht, aber nicht besser. Lola war auch keineswegs hübscher oder auch nur attraktiver, sie hatte einfach das bessere Los gezogen. Wally würde nichts nutzen, absolut gar nichts, und mochte sie noch so liebenswert, schön, anhänglich und – verglichen mit Lola und ihm – jung sein. Und wenn Wally verlöre, würde es niemanden geben, der seine Mogelei bei der Lebenslotterie merkte. Er würde gewinnen, und Lola mit ihm, weil sie seine Karte gezogen hatte; Haupttreffer für sie, Niete für Wally. Das Spiel ist gemacht, nichts geht mehr. Wie war das aber, betrachtete man die Sache vom Einsatz her? So ging sie nicht auf – kein Wunder, er mogelte ja. Nur so war's möglich, daß Wally ohne jeden Einsatz alles verlor, Lola ohne eigenen Einsatz gewänne und er allein das Risiko trug. Ja, Lotterie, ein Spiel. Aber nicht nur um die ganz großen Einsätze machte es Vergnügen zu spielen, sinnierte der Mann, und ein Lächeln überzog sein Gesicht. Er beschloß, sein Glück auf die Probe zu stellen; gewissermaßen eine Art Omen für den Ausgang seiner »Hauptziehung« wollte er erreichen. Neben ihm rekelte sich Lola im Halbschlaf.

»Lola – Häschen.« Er flüsterte.

»Hm«, antwortete sie träge und schlaftrunken.

»Lola – Häschen«, wiederholte er.

»Jaa«, erklang es, schon munterer.

»Lola – Liebling. Guten Morgen!«

Sie wandte sich dem Mann zu, schlug die Augen verschlafen auf, dann umarmte sie ihn. »Guten Morgen, mein Karlchen«, sagte sie ihm leise ins Ohr.

»Hast du gut geschlafen?«

»Wie tot.«

»Was meinst du, wie gut du in der nächsten Nacht schlafen wirst?!«

»Warum? Was hast du vor?«

»Du wolltest doch meine Wohnung kennenlernen. Gut. Dein Wunsch ist mir Befehl. Wir werden immer abwechselnd bei dir und bei mir schlafen.«

»Das ist doch nicht dein Ernst?«

»Doch.«

»Und die Leute? Und deine . . . Wally?«

»Betrachte es einfach als Spiel.«

Waren sie die ersten zwei, drei Male klammheimlich im Schutze der Nacht in die Wohnung Hopfs geschlichen, so wurden sie bald dreister. Schließlich lotsten sie sogar zwei Kunden mit, einen Mann und eine Frau. Das Bewußtsein des Verbotenen übte auf die vier einen eigenartigen Reiz aus. Sie wähnten sich sicher – dennoch blieb ein Restchen Unsicherheit. Was, wenn plötzlich Wally Hopf zur Tür hereinkäme und die Orgie in ihrem ehelichen Schlafgemach erblickte? Lola hoffte sich sogar dieses Malheur herbei; mit einem Schlage wäre wohl alles geklärt. Eine Bürgersfrau, die auf sich hielt, konnte das unmöglich übergehen. Doch: der Morgen graute herauf, das fremde Pärchen schlich davon, Wally Hopf blieb aus.

Weit, freilich, war Wally an diesem Morgen nicht mehr entfernt. Sie hatte beschlossen, früher als ursprünglich geplant nach Hause zurückzukehren, um für ihren Karli die Zeit des Alleinseins abzukürzen.

Nun, Unordnung hatte sie erwartet, Männerwirtschaft halt. Doch dies? Ihr Bett war ebenso zerwühlt wie Karlis, auf dem Tisch standen vier Weingläser (na immerhin, dachte sie, besser als zwei), im Schlafzimmer lagen Reste einer Reisigrute und allerlei Schnüre. Was war in ihrer Abwesenheit hier vorgefallen? Die Frotzeleien ihrer Schwester kamen ihr wieder in den Sinn. »Hast du schon mal darüber nachgedacht, daß so ein erfahrener Mann seine Erfahrungen schließlich irgendwo gesammelt haben muß?« hatte sie gefragt und: »Weißt du, wen er fechten lehrt und mit welchen Waffen?« Nie hätte sie geglaubt, daß diese als Neckerei gemeinten Fragen einmal für sie einen ernsteren Hintergrund gewännen. Ihr Mißtrauen war wieder geweckt, und sie hatte Zeit, viel Zeit. Mit einer Haarnadel öffnete sie den verschlossenen Schreibtisch des Gatten. Krimskrams, Aufzeichnungen über irgendwelche Laborversuche. Fotos. Fotos! Wally Hopf gingen die Augen über. Das waren nicht nur die üblichen

Nackedeis, die Männer zuweilen sammelten, das war harte, unter Strafe stehende Pornographie, was sie da in den Händen hielt. Eins beruhigte sie: ihren Karli entdeckte sie auf den Bildern nicht. Mehrere Päckchen Briefe erregten ihre Aufmerksamkeit, ordentlich mit breiten Seidenbändern über Kreuz verschnürt. Liebesbriefe, wie sie bald feststellte, Liebesbriefe fremder Frauen an ihren Karli – allerdings alle datiert vor ihrer Hochzeit, doch warum hob ihr Mann sie auf?

Wally hatte nicht Lolas Klugheit. Sie machte Karl Hopf eine Szene, daß ihm Hören und Sehen verging. War das nun ein gutes Omen? Sicherlich, denn noch in derselben Nacht ließ sie sich versöhnen. Dies hinderte sie jedoch nicht, insgeheim einen Chemiker mit der Analyse einer Probe des Tees zu betrauen, von dem sie während der Auseinandersetzung mit Karli trank und auf dessen Genuß sie Atem- und Herzbeschwerden, die sie für kurze Zeit befielen, zurückführte. Ihr Mißtrauen, einmal erwacht, verlangte danach, von anderer Seite bestätigt oder entkräftet zu werden.

Die chemische Analyse erbrachte keinen Befund, ihre Beschwerden hatten ihre Ursache wohl doch in der allgemeinen Aufregung. Ihr Mißtrauen war also unbegründet, konstatierte sie erfreut, zumal sie ihr Karli wie eh und je mit Aufmerksamkeiten überschüttete.

14

Der Sommer zog ins Land, und Wally hatte den Zwischenfall bald vergessen. Nichts deutete in ihrem Verhalten mehr darauf hin, daß sie Karli zürnte oder mißtraute.

Karl Hopf bestellte beim Kral'schen Institut Wien Bakterienkulturen von Typhus.

Wally Hopf fühlte sich wie zerschlagen, ihr Kopf schien zu glühen, die Beine versagten ihr fast den Dienst, sie mußte sich ins Bett legen. Karl brachte ihr ein Fieberthermometer. Nach ein paar Minuten holte er es wieder ab.

»Na, was ist, habe ich Fieber?« fragte sie schwerfällig artikulierend.

»Ach i wo. Kein Fieber. Nicht einmal erhöhte Temperatur. Wirst 'nen Sommerschnupfen haben. Bleibst am besten zwei, drei Tage im Bett, tüchtig schwitzen, dann ist alles schnell wieder vergessen.«

»Ich hab' wirklich kein Fieber?«

»Nein, wenn ich es dir doch sage.«

»Und das Thermometer ist nicht entzwei?«

»Nein.«

»Ob wir nicht doch besser einen Arzt rufen?«

»Wegen eines Schnupfens? Laß dich nicht auslachen.«

»Mir ist so sterbenselend.«

»Ich mach' dir einen Tee von Holunderblüten, den trinkst du sehr heiß, dann schwitzt du ordentlich und schläfst dich gesund.« Die Bestimmtheit, mit der der Mann sprach, duldete keine Widerrede.

Vorsorglich hatte er schon vor Tagen, als er Wally die ersten Bakterien beibrachte, eine Fieberkurve angelegt. Wenn er schon den Kampf mit den Wissenschaften aufnahm – dann streng wissenschaftlich. Er notierte das Datum: 9. August 1912, dann die Uhrzeit und schließlich die Körpertemperatur: 39,5 Grad Celsius.

Karl Hopf wich keinen Augenblick vom Bett seiner Frau.

Das Fieber blieb zwar konstant hoch, ihr Zustand spitzte sich jedoch nicht noch mehr zu, wie er insgeheim, gestützt auf die Versuchsergebnisse bei seinen Hunden, gehofft hatte. Er hielt die heißen Hände der Gattin, streichelte sie, kühlte ihre Stirn und beklagte ein über das andere Mal, daß er ihr nicht helfen könne, er sprach ihr Mut zu, und sogar ein paar Tränen rang er sich ab. Schließlich konnte er die Benachrichtigung des Arztes nicht länger hinauszögern.

Der Doktor kam, stellte eine Diagnose, die zu Hopfs Freude falsch war, und verschrieb Medikamente, die nicht wirken konnten.

Inzwischen war eine weitere Sendung Typhus-Bakterien aus Wien eingetroffen. Gerade zur rechten Zeit, konstatierte Hopf, denn Wallys Körper begann mit zögerndem Erfolg den ersten Bakterienangriff abzuwehren; sie fühlte sich subjektiv etwas besser, nähte im Bett sitzend, und auch das Fieber war deutlich gesunken.

Mit der Medizin nahm Wally den nächsten Schub Bakterien zu sich, und wenig später verschlechterte sich ihr Zustand abermals. Aber auch jetzt wartete Karl Hopf vergeblich auf den endgültigen Sieg des Typhus über dieses Leben. Er war sehr unzufrieden. Und er teilte dies dem Kral'schen Institut mit. Vor allem beklagte er die fehlende Virulenz der ihm zugesandten Kulturen, die nicht einmal beim Menschen richtig anschlügen. Er wies das Institut darauf hin, daß es doch wohl möglich sein müßte, frischere und vor allem virulente Bakterienkulturen von den Schlachtfeldern des Balkans zu beschaffen. Dort kämpften seit Oktober 1912 Bulgarien, Serbien, Griechenland und Montenegro im Ersten Balkankrieg um die Befreiung Thrakiens, Mazedoniens und Albaniens von türkischer Herrschaft. Und zu den Begleitumständen der Schlachten des Krieges gehörten auch Typhus und Cholera, die auf beiden Seiten der Front Opfer forderten.

Doktor Rosenbaum, der Hausarzt der Eheleute, war bald ständiger Gast im Hause Hopf. Die Ehefrau war leidend, und er stand vor einem Rätsel. Da waren keine klaren Symptome, allgemeines Unwohlsein, Brechreiz, auch Durchfälle, Fieber, mal mehr, mal weniger. Er verzeichnete eine deutliche Schwächung des Organismus, aber es entwickelte sich, wie er es auch schon in anderen Fällen längerer Leiden festgestellt hatte, eine gewisse Zähigkeit des Körpers, eine Art Kompromiß zwischen Krankheit und Leben. Und dabei hatte diese Frau Hopf das Glück, einen treusorgenden Ehegatten an ihrer Seite zu wissen. Bei keiner Konsultation fehlte Karl Hopf; er saß still und bescheiden, mit gefaßter Miene auf dem Bettrand oder in dem geschwungenen weißlackierten Korbsessel ganz in der Nähe seiner Frau. Er lauschte auf jedes Wort, war ständig auf dem Sprung. Der Arzt war mit diesem Pfleger sehr zufrieden; denn seine Anordnungen wurden jedesmal prompt erfüllt, davon konnte er sich überzeugen.

Weihnachten war vorüber, und der Schwebezustand von Wally Hopfs Gesundheit hielt an.

Lola hatte Hopf inständig gebeten, von seinem Vorhaben abzulassen. Die Frau tat ihr langsam leid. Zuweilen überkam sie auch heimliches Grauen, wenn sie an Karlchen dachte. Da war aber auch eine nüchterne Überlegung: Wie lange würden sich die Ärzte wohl an der Nase herumführen lassen? Stieg nicht mit jedem Tag auch das Risiko der Entdeckung?

Für diese Befürchtungen hatte Karl Hopf nur ein verächtliches Lachen. »Die Ärzte, die Tölpel«, argumentierte er, »tappen doch völlig im dunklen. Nicht einmal die richtige Diagnose haben sie gestellt. Pfuschen vor sich hin. Gewiß, sie verordnen nichts, was schaden könnte. Leider. Stell dir vor, Doktor Rosenbaum oder sein Kollege Doktor Kraemer müßten sich einen Kunstfehler vorwerfen lassen. Das wäre die absolut geniale Lösung aller Probleme! Aber so schlau sind sie. Nichts verschreiben, was vielleicht ein Risiko bedeuten oder was auch nur fehlerhaft dosiert werden könnte. Ich meine, so ein Irrtum bei einem verordneten Medikament wär' ja auch keine schlechte Variante, aber nein, nichts läuft in der Richtung. Schicken mir große Rechnungen, das ist alles. Allerdings: sie unternehmen auch nichts, um meine Kreise zu stören. Ob sie kommen oder nicht, das ist nur ein finanzieller Unterschied; obendrein sind sie die beste Tarnung. Wer glaubt schon an Mord unter den Augen der Ärzte! Wenn Wally jetzt in die Ewigkeit abgeht, wird es heißen: ›Erlöst von langem Leiden‹!«

»Und wie lange willst du das so durchhalten?«

»Bis ich mein Ziel erreicht habe. Vorher gebe ich nicht auf, das kannst du wissen! Ich nicht!«

»Ist dir schon mal der Gedanke gekommen, daß deine Bakterien nichts bewirken können, jedenfalls nichts Endgültiges?«

Sie vermied es absichtlich, von Mord oder Tod zu sprechen.

»Sie werden ›bewirken‹, verlaß dich darauf!«

Die Entschlossenheit Karl Hopfs änderte nichts daran, daß er in höchstem Maße ungeduldig war. Nach seinen Berechnungen hätte er längst Witwer und damit reich sein müssen. Die Zeit drängte. Offenbar hatte er die Abwehrkräfte eines jungen, gesunden Frauenkörpers unterschätzt. Diese Abwehrkräfte wollte er erschöpfen. Er griff zu geringen Arsenikgaben. Später – sollte es eines Tages wider Erwarten eine Untersuchung des Leichnams geben – konnte er etwaige Arsenikspuren, zum Beispiel in den Haaren, auf arsenikhaltige Mineralwässer schieben. Vorsicht war angebracht. Zu genau erinnerte er sich an die dünne Schwarte und seinen eigenen Nachweisversuch.

Doch Arsenik in solch niedrigen Dosierungen reichte nicht aus. Hopf versuchte es mit Digitalis. Eine Herz-Kreislauf-Attacke war die Folge.

Doktor Rosenbaum, nach dem Hopf geschickt hatte, war selbst erkrankt, Doktor Kraemer erschien. Hopf war das erste Mal bei einem Arztbesuch nicht im Hause.

Dr. Kraemer war die ganze Angelegenheit zu riskant. Ging es bei seiner Patientin jetzt ans Herz, konnte das bald »Exitus« heißen. Und stürbe ihm ein Patient, noch dazu einer, den er immer nur vertretungsweise behandelte, dann wäre das keine gute Reklame für ihn. Er empfahl Wally Hopf dringend, ins Krankenhaus zu gehen. Die Kranke stimmte zu. Der Anfall hatte sie Todesangst spüren lassen.

Karl Hopf konnte unmöglich offen dagegen opponieren, daß die Ehefrau ins Hospital ginge, er mußte gute Miene zu diesem Spiel machen, das die Verwirklichung aller seiner Interessen gefährdete.

Eine neue Lage war entstanden. Hopf dachte gar nicht daran, sich durch die Krankenhauseinweisung von der Verfolgung seiner Ziele abbringen zu lassen. Er betrachtete es als eine Herausforderung und stellte sich diesem Duell.

Die Ärzte im Krankenhaus fanden bald die richtige Diagnose. Der erste Schritt zu einer zielgerichteten, erfolgversprechenden Behandlung der Patientin Wally Hopf schien damit getan. Sie erklärten der Patientin ihre Diagnose und die Therapie. Von ihr erfuhr es Karl Hopf. Er fand die Gattin zwar bleich, doch voller Hoffnung auf die Kunst der Mediziner.

»Siehst du, war es also doch gut, daß du ins Hospital gegangen bist«, sagte er, so, als wären dies schon immer seine Idee und sein Wunsch gewesen.

»Oh, ja«, hauchte sie, »'s war richtig, jetzt wird bestimmt alles gut werden.«

»Ganz bestimmt wird alles gut werden«, bestätigte er, sich insgeheim an dem Doppelsinn seiner Worte erfreuend.

Obwohl sie sich durchaus nicht über Wichtiges unterhielten – sie berichtete ihm Krankenhaustratsch, er ihr davon, daß eine Nachbarin ins Gerede der Leute gekommen sei – mußte die Schwester dreimal daran erinnern, daß die Besuchszeit zu Ende war. Als Hopf ging, bat er die Krankenschwester, sich doch ganz besonders um seine liebe Frau zu kümmern. Ein liebevoll-besorgter Ehemann.

Am nächsten Besuchstag war Karl Hopf als einer der ersten auf der Station. Er brachte der kranken Gattin einen wunderschönen Strauß rosa Rosen mit. Immer wieder hob Wally die Blumenpracht vor ihr Gesicht, den betörenden Geruch der Blüten der Liebe in die Nase einatmend.

Tage später erlitt sie einen Rückfall. Unerklärlich für die Ärzte. Sie überprüften Diagnose und Therapie, die Schwestern wurden ernsthaft ins Gebet genommen; ein Fehler ließ sich nirgends entdecken. Ein Phänomen der Bakteriologie? Die Neugier der Mediziner war geweckt; denn die Arbeiten Kochs, Pasteurs und Behrings waren noch in aller Munde, und vielleicht gelänge es gerade ihnen, aus dem Fall der Wally Hopf neue Erkenntnisse zu gewinnen und ein Steinchen zum großen Mosaik der Wissenschaft beizutragen. Genauigkeit tat not, die Hygienemaßnahmen wurden verschärft.

Zunächst trat dann auch wieder erwartungsgemäß eine Besserung ein, gefolgt von einem erneuten Rückschlag. Den Ärzten war schleierhaft, wie sich offenbar immer wieder aufs neue kräftige Bakterienkulturen bilden konnten, allen Therapiemaßnahmen zum Trotz.

Die Patientin ertrug das ständige Auf und Ab ihrer Gesundheit mit bewunderungswürdigem Gleichmut, selbst wenn es ihr wieder einmal schlechter ging, verlor sie doch die Hoffnung auf Heilung nicht. Ihr Lebensmut trieb auch die Mediziner immer wieder zu neuen Überlegungen. Und sicher hatte an dem hoffnungsvollen Willen der Frau die tiefe Zuneigung ihren Anteil, die ihr ihr Gatte offenbar entgegenbrachte. Die schönsten Blumenarrangements schmückten das Krankenzimmer. Der Mann mußte ein Vermögen in den Gärtnereien gelassen haben!

Die BLUMEN!

Ein junger Assistenzarzt hatte als erster die Idee. Er bat sich von Wally Hopf eine Rosenblüte aus. In seinem Dienstzimmer schob er nach einigen Vorbereitungen einzelne Blütenblätter unters Mikroskop. Er glaubte seinen

Augen nicht trauen zu können. Pralles Bakterienleben wimmelte da vor der starken Optik. Waren die Blumen eine Art unbeabsichtigter Nährboden, ein Zwischenwirt, ein Danaergeschenk? Sollte seine Entdeckung sich als richtig erweisen, bedeutete dies eine Revolution in der Krankenpflege – Blumen wären von den Krankenlagern zu verbannen. Vielleicht würden sich so eine Reihe rätselhafter Rückschläge der medizinischen Praxis ganz logisch

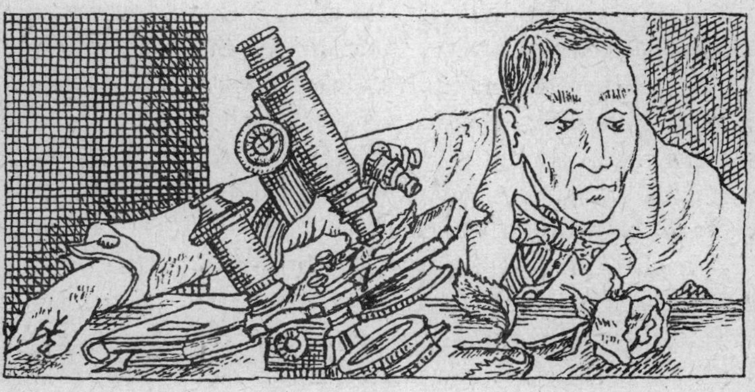

und simpel erklären lassen. Mein Gott, dachte der junge Mann, wenn das richtig war ... vielleicht dankten ihm eines Tages Menschen ihr Leben. Der Nobelpreis für Medizin? Seine Büste in den Hörsälen der medizinischen Fakultät? Sein Denkmal im Stadtpark?

Seine Euphorie wurde jäh gebremst, als er Blüten von den Blumensträußen untersuchte, die neben den Betten anderer Patienten standen: *nichts*. Nun gut, bei diesen Patienten verlief der Heilungsprozeß völlig normal. Er erkundigte sich nach Rückschlägen, untersuchte hier siegesgewiß die Blütengebinde. *Nichts*. Sonderbar. Sehr sonderbar. Er teilte seine Untersuchungen dem Chefarzt mit.

»Sie scheinen mir überarbeitet, Herr Kollege, Typhus- und Cholerabakterien auf Rosenblüten als Zwischenwirt!

Lachhaft! Wo sind denn dann die kranken Gärtner und Blumenbinder? Sterben die Choleratoten der Schlachtfelder in Rosenplantagen?«

»Aber, Herr Professor, das Bild unter dem Mikroskop – ganz eindeutig, ein Irrtum ist ausgeschlossen, absolut unmöglich.«

»Genau, junger Mann, absolut unmöglich. Aber wir können ja ein Experiment versuchen.«

»Ein Experiment?«

»Ja. Kaufen Sie der Frau einen Rosenstrauß. Geben Sie ihn ihr, untersuchen Sie ihn zuvor und nach einem, zwei, drei Tagen. Wette mit Ihnen, daß Sie vorher nichts finden werden und nachher auch nicht. Cholerabakterien sind ja keine Flöhe.«

»Und woher stammen dann die Bakterien auf den von mir untersuchten Blüten?«

»Eine kluge Frage, mein lieber junger Kollege.«

Der Chefarzt gewann seine Wette, und damit errang die Frage des Assistenzarztes akute Bedeutung. Wenn nämlich die Bakterien auf den Blumen eingeschleppt wurden, dann konnte das ein – sicherlich unverzeihliches – Versehen oder Absicht sein. Diese Fragen zu klären, überstieg allerdings die Kompetenz der Medizin. Der Chefarzt benachrichtigte die Kriminalpolizei.

Karl Hopf wurde beobachtet. Es war schnell festzustellen, daß die Pflanzen, die in der Gärtnerei aufgezogen wurden, in der er die Blumen für seine Frau kaufte, einwandfrei waren. Wie also kamen die Bakterien auf die Blüten? Jetzt erinnerte man sich auch der Anzeige Helene Wüsts wieder und der Gerüchte, denen niemand Glauben geschenkt hatte.

Noch bevor Karl Hopf seine Frau wieder besuchen konnte, wurde sie von dem Verdacht, der gegen ihren Ehemann bestand, informiert. Jetzt sah sie verschiedene seiner Verhaltensweisen in einem anderen Licht. Darum also hatte Karli ihr die Blumenarrangements immer nur im Papier gezeigt, war dann zu einer Schwester geeilt, die für ihn die Blumen in eine Vase stellen mußte! Es war nicht männliche Unbeholfenheit, wie Wally und die Schwestern angenommen hatten, sondern schlicht und einfach die Angst, sich mit den Bakterien zu infizieren! Nun war ihr auch klar, warum er sie immer wieder animierte, an den duftenden Blüten zu riechen, es selbst aber konsequent ablehnte. Das Testament fiel ihr ein und auch die Versicherung; sie begann das Ausmaß jener Gefahr zu ahnen, in der sie sich seit ihrer Hochzeit befand. Eine tiefe Traurigkeit erfaßte sie. Konnte es wirklich einen Menschen geben, der so kalt und berechnend war? Und sie hatte sich insgeheim Vorwürfe gemacht, daß sie an Karlis Aufrichtigkeit und Liebe gezweifelt hatte!

Wally Hopf sagte bereitwillig aus. Zum Beispiel erfuhr die Kriminalpolizei von ihr, daß Hopf ständig verschiedene Gifte bei sich trug. So leicht sollte er sich nicht seiner Verantwortung entziehen können. Sie fand sogar die Kraft, einen weiteren »Krankenbesuch« ihres verbrecherischen Mannes gleichmütig zu ertragen.

Der Polizei kam es darauf an, Hopf quasi auf frischer Tat zu stellen, zu leicht hätte er sich sonst vor Gericht darauf herausreden können, daß die Bakterienkulturen auf seinen Blumen nicht von ihm in die Blüten praktiziert worden waren, sondern aus dem Krankenhaus stammen mußten.

15

Hopf lief zum Ausgang des Krankenhauses, tief in Gedanken. Er kam mit der Realisierung seiner Pläne nicht voran. Trotz der ständigen Zufuhr frischer Bakterien hatte sich Wallys Zustand keineswegs verschlechtert. Er hatte heute sogar den Eindruck gewonnen, daß es ihr bedeutend besser gehe. Ob sich eine Resistenz des Körpers gegen diese

Bakterien herausbilden konnte, eine Art Impfeffekt? Krampfhaft überlegte er, ob ihm eine andere Möglichkeit einfiele, eine Krankheit als wohlfeile Mordwaffe nutzen zu können. Er trat ins Freie. In dem Moment stürzten sich vier kräftige Männer in Zivil auf ihn und blockierten jede Bewegungsmöglichkeit. Ein fünfter durchsuchte ihn, fand in den Jackentaschen die Glasröhrchen mit dem Gift, das er – für alle Fälle – für die Anwendung an sich selber bei sich trug. Seine Hände wurden mit starken Stahlbändern auf dem Rücken gefesselt. Nun stellten sich die Zivilisten als Angehörige der Kripo vor und erklärten ihn namens des Kaisers für verhaftet; verhaftet wegen des versuchten Mordes an seiner Ehefrau Wally.

Gendarmeriewachtmeister Baumann erzählte es jedem, der es hören wollte, daß er es schon immer gewußt hatte, daß jener Hopf ein übler Galgenstrick sei. Aber auf ihn, den im Beruf ergrauten Beamten, wollte ja niemand hören, und fast hätte es wieder eine Tote gegeben. Im Kreise von Freunden wurde des Gendarmeriewachtmeisters kriminalistischer Scharfblick gebührend gewürdigt. Den Ruhm, einen der skrupellosesten Giftmörder der neueren Zeit dingfest gemacht zu haben, diesen Ruhm heimste ein anderer ein: Kriminalinspektor von Salomon, Chef der Frankfurter Kriminalpolizei. Das heißt, so weit war man ja noch nicht. Denn: wenn von Salomon und seine Männer geglaubt hatten, die Überrumpelung Hopfs würde diesen so schockieren, daß er ohne weiteres alle gewünschten Geständnisse ablegte, sahen sie sich in ihren Erwartungen bitter getäuscht. Karl Hopf kehrte vielmehr den besorgten Ehemann heraus, dessen sterbenskranke Gattin im Hospital liege, und nun sei deren Betreuung gefährdet. Als Schauspieler wäre Hopf außergewöhnlich begabt gewesen. Erst stundenlange Verhöre machten ihn weich, so gab er die Mordversuche an Wally endlich zu; mehr aber auch nicht.

So schlampig die Justiz bisher in Sachen Hopf war, so genau nahm man es jetzt. Die Staatsanwaltschaft ordnete die Exhumierung der Leichen seiner ersten und zweiten Ehefrau, des in der zweiten Ehe geborenen Kindes, seines Vaters und eines von ihm vor seiner ersten Ehe gezeugten Kindes, ja sogar der Urne seiner Mutter an. Die Leichenreste, das vermoderte Holz der Särge und Proben von der Erde darunter sowie die Kremationsasche wurden von vereidigten Gerichtschemikern auf Arsen hin untersucht. Auch die allgemeinen Ermittlungen wurden forciert. Bald gab es kaum einen Tag in Hopfs Leben, von dem der Untersuchungsrichter nicht wußte, wo der Beschuldigte gewesen, wen er gesprochen, was er gegessen oder getrunken und was er ansonsten getan, egal, ob es für die Anklage von Bedeutung war oder nicht.

Karl Hopf hatte für die polizeiliche Emsigkeit nur ein verächtliches Lächeln. Ihn ging das alles nichts mehr an. Was lag schon daran, ob sie ihm einen, zwei, drei, vier oder fünf Morde nachwiesen? Das Gesetz war eindeutig: der Mörder wird mit dem Tode bestraft. Und einen Tod konnte er nur sterben. Aus den Vorhalten in den Verhören wußte er bald, wie genau Inspektor von Salomon und der Untersuchungsrichter informiert waren. Was ihm bewiesen werden konnte, das gab er dann auch mehr oder minder bereitwillig zu. Wenn sich die anderen schon – auf seine Kosten – im Glanze ihres Erfolges sonnen wollten, dann ohne seine Beihilfe. Von ihm erfuhren sie jeweils nur das, was sie ohnehin schon wußten. Mit der Zeit gewöhnte er sich eine Betrachter-Haltung an; er besah sich wie von einer höheren Warte aus, was mit ihm geschah und welche Rolle ihm in diesem vorletzten Akt des Spiels zugedacht war.

Apropos Spiel: eins stand nun fest: diese Lotterie hatte er verloren, nicht nur eine Ziehung, alles. Nun schön, das war von Anfang an sein Risiko gewesen. Wer spielt, der muß auch verlieren können, war sein Motto. Was ihn eine

Zeitlang heimlich geärgert hatte, war die Tatsache, daß er gezwungen wurde, seine Niederlage des langen und breiten auszukosten, daß er für die Siegesfeier seiner Gegner als lebende Kulisse herhalten mußte. Aber auch dieser Ärger war inzwischen einer allgemeinen Neugier gewichen. Die Frage, wie es mit ihm weitergehen würde, war kein Daseinsproblem mehr, er brachte für sie ein eher akademisches Interesse auf.

Ja, wer erlebte schon einen gegen ihn selbst angestrengten und von vornherein verlorenen Mordprozeß von der Warte des Beobachters?

In einem der letzten Verhöre war er vom Untersuchungsrichter gefragt worden, ob er seine Verbrechen bereue. Er hatte lächelnd geschwiegen. Die Frage schien ihm zu einfach gestellt und zu schwierig für eine einfache Antwort, und er hatte Zweifel, daß der Jurist ihn verstehen könnte. Was war Reue? Reute es seinen Vater, ihn gezeugt, seine Mutter, ihn geboren zu haben – hinein in eine Welt wie diese? Hatte es seine Eltern gereut, daß sie ihm nicht die Mittel mit in die Wiege legen konnten, die ihm ein angenehmes Leben hätten sichern können? Reute einen satten Reichen ein hungriger Armer? Reute den Wolf das Schaf, das er riß?

Alles roch in diesen Tagen nach Krieg. Würden den Kaiser die gefallenen Soldaten reuen, ginge es doch um seinen Gewinn? Reuten je einen König die Toten eines Schlachtfeldes? Allenfalls reute ihn der Verlust etlicher Quadratmeilen Landes, einiger hundert oder tausend Untertanen. Bezogen auf die Schlachten eines Königs waren seine Handlungen harmlos, und auch die Summen, die er sich verschaffte beziehungsweise die er sich zu verschaffen beabsichtigte, hielt er keineswegs für überzogen.

Nein. Er bereute, so betrachtet, nichts. Die Frauen, die das Pech hatten, daß das Los auf sie fiel, ja, diese armen Geschöpfe taten ihm schon leid, denn schließlich war es ja nicht sein Ziel, sie zu quälen, sondern durch ihren Tod zu Geld zu gelangen, was er für einen bedeutenden Unterschied hielt.

Als ihm die Anklageschrift zugestellt und der Termin seiner Verhandlung vor dem Schwurgericht mitgeteilt wurde, war Karl Hopf innerlich ganz ruhig. Er wußte, daß dies den letzten Akt des von ihm beobachteten Stückes einleitete, und er hatte den Tag schon fast ein wenig ungeduldig herbeigewünscht. Für das Schwurgerichtsverfahren hatte der Angeklagte – wie es die Strafprozeßordnung verlangte – auch einen Verteidiger, obwohl klar war, daß es da nicht viel zu verteidigen gab.

Rechtsanwalt Dr. Sinzheimer hatte dieses Amt, um das ihn keiner seiner Kollegen beneidete; denn allzuschnell wurden in der öffentlichen Meinung die Tat, der Täter und sein Anwalt miteinander identifiziert. Ein Vorgang, gerade in einer Sache, wo es kaum etwas auszurichten gab, der sich als ausgesprochen geschäftsschädigend erweisen konnte.

Daß auch Dr. Sinzheimer damit rechnete, zeigte sich in seinem Plädoyer am Ende der Verhandlung. Sein Vortrag wurde damals von den Zeitungen abgedruckt. Zwar wandte er sich der Form nach an die Geschworenen, dem Inhalt nach wohl aber doch an die Öffentlichkeit, als er ausführte: »Unsere Strafprozeßordnung hat gesetzlich bestimmt, daß kein Angeklagter vor dem Schwurgericht ohne Verteidiger verurteilt werden darf. Diese Bestimmung dient der Objektivität des Urteils und dazu, daß die Verteidigung pflichtgemäß alle Umstände anführt, die erwogen werden müssen und deren der Spruch des Richters bedarf. Der Verteidiger ist nicht, wie sein Name besagt, der Mann, der *alles* verteidigt; aber er hat die Pflicht, alles vorzuführen, was in der Beweisaufnahme noch fehlt zum schlüssigen Beweis, und welche Erwägungen Sie anstellen müssen, ehe Sie das schwere Wort sprechen – nur auf Grund der Beweisaufnahme, nicht auf Grund des Menschen Hopf.«

Am 12. Januar 1914 begann vor dem Schwurgericht Frankfurt am Main die Hauptverhandlung gegen Karl Hopf wegen Mordes. Den Vorsitz führte Landgerichtsdirektor Dr. Heldmann. Die Anklage wurde von Staatsanwaltschaftsrat Dr. Bluhme und Staatsanwalt Keller vertreten. Der Zuschauerraum des Schwurgerichtssaals war berstend voll, der Zutritt nur mit Einlaßkarten erlaubt.

In einem zeitgenössischen Pressebericht war zu lesen:

»In erwartungsvollem Putz, mit geröteten Gesichtern, die kostbare Eintrittskarte wie einen Tausendmarkschein in die Finger gepreßt, an der Scylla der Schutzleute vorbei kommen die *Zuschauerinnen* in den dunkel-ernsten Saal. Sie recken sogleich die Köpfe nach dem Käfig hin und betrachten mit ehrfürchtigem Staunen das darin befindliche Untier. Sie brennen darauf, möglichst viele von den Zeugen aus nächster Nähe zu besehen, die mit dem Prozeß in engster Verbindung stehen und womöglich auch aus Hopfens Giftschränkchen bedacht wurden. Leider kommt da nur eine Person in Frage, die arme *Frau*, die sich trotz aller bakteriologischen Versuche des Mannes am Leben erhalten hat. Sie wird dicht umlagert und weiß sich vor den Wogen des Mitgefühls und den starrenden neugierigen Augen kaum zu retten. Namentlich in den Pausen ist es besonders schlimm. Doch die Klingel erbarmt sich ihrer. Man stürzt in den Saal. Der Film rollt weiter.«

Der Fall Hopf war jedoch mehr als eine lokale Frankfurter Sensation. Im Gerichtssaal befanden sich Dutzende Journalisten, die aufmerksam jedes Wort verfolgten, um die nach Millionen zählende Schar neugieriger Zeitungsleser in allen Himmelsrichtungen aktuell über alle Ereignisse und Wendungen des Prozesses zu informieren.

Der einzige, den das Spektakel dieses Verfahrens nicht in Rage brachte, war offenbar der Angeklagte selbst. Mit stoischer Ruhe ließ er den Gang der Dinge an sich vorüberziehen. Immer wieder wanderte sein Blick hinüber zur Bank der Geschworenen. Samt und sonders würdige Männer im feierlichen Gehrock. Sie waren zu Verhandlungsbeginn ausgelost worden, die Herren Bock-Vogel, Kölsch, Wiedenbrug, Appel, Leykauff, Koch, Schöller, Moskopf, Huth, Solzer, Faß und Professor Salomon. Wegen der längeren Dauer des Prozesses waren auch zwei Hilfsgeschworene ausgelost worden, die Herren A. Fey und Henning. Die Geschworenen hatten Professor Salomon zu ihrem Obmann bestimmt. Diesen Männern dort oblag die Entscheidung über ›schuldig‹ oder ›nicht schuldig‹. Zu Anfang hatte sie der Vorsitzende belehrt: »Die Aufgaben, die Ihnen diesmal gestellt sind, sind zum Teil größer und schwerer als sonst. Die schwerste Verantwortung, die einen Richter treffen kann, wird Ihnen nicht erspart werden. Leben und Tod eines Menschen sind in Ihre Hände gegeben. Gehen Sie an die Sache ohne Vorurteil heran. Lassen Sie alle Rücksichten schwinden, die abseits von dem Wege liegen, dem die Wahrheit als Ziel gesetzt ist. Ich gebe der Hoffnung Ausdruck, daß das Recht treue Hüter in Ihnen gefunden haben wird.«

Karl Hopf war klar, daß das ›schuldig‹ schon gesprochen war, ehe der Prozeß noch begonnen hatte. Um sein Leben ging es also eigentlich nicht mehr, eher darum, daß er in einem genau fixierten Ritus zu Tode gebracht wurde; es ging um eine monströse Tötungsschau. Er ergötzte sich innerlich eine Weile an der Vision, Teilnehmer seiner eigenen Beerdigung zu sein. Die feierliche Kleidung der Justizbeamten und der Geschworenen und der Troß der Neugierigen ließen diese Vorstellung so lebhaft werden, daß er fast greifbar deutlich die frisch ausgehobene Gruft und seinen Sarg vor sich sah; der Gerichtspräsident als Prediger, die Staatsanwälte als Ministranten, die Geschworenen als Leichenträger. Und die Zeugen mit ihren Aussagen warfen gewissermaßen den Sand auf seinen Sarg. Hopf genoß das Bild. Wer konnte sonst schon Zuschauer bei seiner eigenen Beerdigung sein? Und wer von sich behaupten, er wäre ein lebendiger Leichnam? Der Angeklagte war so in Gedanken, daß der Landgerichtsdirektor ihn häufig mehrfach ansprechen mußte, ehe er reagierte.

Das Gericht hatte eine Vielzahl an Zeugen und Sachverständigen geladen. Die Zeitungen sprachen von rund fünfzig Zeugen und neunzehn Sachverständigen. So sah sie Hopf alle noch einmal wieder: seine ehemaligen Schwiegereltern, die Schneiders; Helene Wüst, die Monatsfrau; Gendarmeriewachtmeister Baumann aus Schönberg; Hermann Strauß, den einstigen Impresario; die Hebammen, die seinen Kindern auf diese Welt halfen; den Eisenbahnsekretär Pajunke, sein Nachbar aus Niederhöchstadt; Doktor Portmann und Doktor Ziegler, die Ärzte; und natürlich Wally, inzwischen von ihm geschieden, blaß und verunsichert. Als Sachverständige dienten dem Gericht unter anderem die Gerichtschemiker Dr. Popp und Dr. Sieber, der Gerichtsmediziner Dr. Roth sowie Prof. Neißer, Sanitätsrat Dr. Rödiger, Dr. Kraemer, außerdem alle Ärzte, die die Frauen und Kinder Hopfs untersuchten beziehungsweise behandelten, wie Dr. Marx und Dr. Vatter. Auch Kriminalinspektor von Salomon wurde vernommen und selbst die Prostituierten, die mit Hopf Umgang hatten, waren ermittelt worden und mußten ihre Aussage machen – freilich wurde zuvor die Öffentlichkeit für die Zeitdauer dieser Vernehmungen ausgeschlossen.

Über die Beweis- und Verhandlungsführung schrieb damals ein Journalist: »Manchmal ist es so, als ob der Angeklagte in seinem Käfig gar nicht da wäre. Als Mensch nämlich. Es ist, als ob alle an ihm vorbeireden. Richter, Zeugen, Sachverständige. Sein ganzes Leben, soweit es nicht mit seinen Verbrechen verknüpft ist, scheint wie ausgeschaltet, wie weggeschnitten. Kinderjahre, Jugend- und Werdezeit, in denen er doch nachweisbar noch keine Vorliebe für Bakterien zeigte. Sein ganzes Leben hat jetzt nur noch die eine Bedeutung: *Mit welchen Verbrechen ist es verknüpft*? Alle Fäden der Verhandlung laufen darauf hinaus, das Bild eines *Mörders* möglichst lückenlos zusammenzubekommen. Es ist alles wie ein Wettrennen nach dem einen Ziele.«

Am 17. Januar 1914 war der letzte Verhandlungstag. Er begann damit, die Schuldfragen, auf die die Geschworenen antworten sollten, zu formulieren. Sie lauteten:
»Ist der Angeklagte schuldig:

1. a der Ermordung seines *Vaters* 1895, oder
   b des Mordversuchs?
2. a der Ermordung seines außerehelichen *Kindes Karl Richter,* 1896, oder
   b des Mordversuchs?
3. a der Ermordung seiner *ersten Frau Josefa geb. Henel* 1902, oder
   b der Beibringung von Giften, wodurch der Tod herbeigeführt wurde (§ 229 StGB), oder
   c des Mordversuchs?

4. des Mordversuchs gegen seine *zweite Frau Christine geb. Schneider* 1906?
5. a der Ermordung seines *Kindes Elsa* 1906, oder
   b des Mordversuchs?
6. a der Ermordung seiner *Mutter Auguste Hopf geb. Schuster* 1911, oder
   b des Mordversuchs?
7. des Mordversuchs an seiner *dritten Frau Wally geb. Sievinc* 1912 und 1913?«

Dann ergriff Staatsanwaltschaftsrat Dr. Bluhme das Wort: »Meine Herren Geschworenen! Der Fall, über den Sie zu urteilen haben, gehört zu den sensationellsten, die jemals in deutschen Gerichten verhandelt worden sind. Der Giftmord, diese niederträchtigste und feigste Art des Mordes, ist glücklicherweise eine Seltenheit, und der Mord durch Bakterien ist, soweit bekannt, überhaupt bei uns noch nicht beobachtet worden. Hier aber wird dem Angeklagten eine ganze Reihe von teils vollendeten, teils versuchten Giftmordtaten vorgeworfen. Eine furchtbare Beschuldigung! Aber das Furchtbare ist wahr. Es kann keinem Zweifel unterliegen, daß wir hier einen Giftmörder vor uns haben, wie er abschreckender und gefährlicher wohl kaum gedacht werden kann.« Er machte eine Kunstpause, um die Wirkung seiner Worte zu vertiefen. Atemlose Stille herrschte im Saal. »Er hat allen seinen Angehörigen mit Gift nach dem Leben getrachtet, und der Beweggrund war überall schnöde Habgier. Langsam und bedächtig, mit teuflischer Überlegung hat er seine Opfer durch immer neue Zuführung von Gift zugrunde gerichtet. Auch bei den schwersten Verbrechen findet man irgendeinen Milderungsgrund; hier findet man nichts, was seine Tat in einem milderen Lichte erscheinen lassen könnte. Wer dieser Verhandlung beigewohnt hat, ist erfüllt von Abscheu.«

Beifälliges Geraune erhob sich unter den Zuschauern,

der Vorsitzende ließ sie gewähren. Der Staatsanwaltschaftsrat verschaffte sich mit einer dezenten Handbewegung wieder Ruhe, dann fuhr er fort: »Der Angeklagte hat das zweifelhafte Verdienst, eine moderne Art des Giftmordens gefunden und angewandt zu haben. Er hatte so viele Bakterien in seinem Besitz, daß er ganz Frankfurt in der furchtbarsten Weise hätte verseuchen können.«

Das hatte nur noch wenig mit dem Mordvorwurf zu tun, diente vielmehr dem nach dieser Prozeßwoche völlig überflüssig gewordenen Anheizen der Emotionen.

Doch dann war der Ankläger wieder beim Thema: »Im Falle seiner dritten Frau war Hopf geständig.« Kunstpause. »Nicht aus Reue, sondern weil er einsah, daß er gegen die vorliegenden Beweise mit Erfolg nicht ankämpfen könnte. Niemand konnte sich einer gewissen Ergriffenheit erwehren bei den Worten dieser armen Frau, die dem Manne Liebe und Treue entgegengebracht hatte. Und der Angeklagte?« fragte er mit erhobener Stimme. »Als er ihr die Typhusbazillen eingegeben hatte, notierte er sich den Tag in seinem Block, ebenso den Tag, an dem die Wirkung eintrat, und dann saß er am Bette der armen, sich in Schmerzen windenden Frau, Besorgnis heuchelnd, und beobachtete kalten Herzens die Wirkung der Bakterien! Das ist das scheußlichste Bild eines Verbrecherlebens, das mir je vorgekommen ist. Wer das fertigbringt, dem kann man alles zutrauen.« Er griff nach dem geschliffenen Kristallkelch, der, gefüllt mit frischem Wasser, vor ihm auf dem Tische stand, und trank einen bemessenen Schluck. »Es kann jetzt keinem Zweifel mehr unterliegen, daß er auch in den früheren Fällen seinen Frauen das Gift gegeben hatte in der Absicht, die Versicherungssummen zu erlangen. Die Kinder waren ihm unbequem; deshalb hatte er auch sie beseitigt. Alle Ausreden, die er im Prozeß vorbrachte, sind schlechterdings erlogen. Ein schäbiger Versuch, seinen Hals aus der Schlinge zu ziehen. Auch bei den alten Eltern ist an der verbrecherischen Absicht nicht zu zweifeln. Hopf befand sich in schlechten Vermögensverhältnissen; seinem Vater war er eine größere Summe schuldig, seine Mutter hoffte er zu beerben.« Beifallheischend sah sich der Staatsanwaltschaftsrat im Gerichtssaal um. Aller Augen waren auf ihn gerichtet. »Nun noch einige Worte zur Person Karl Hopf: Daß er ein verabscheuungswürdiger Verbrecher ist, ergibt sich schon aus seiner Tat. Was wir aber auch sonst von ihm hörten, läßt ihn nur im ungünstigsten Lichte erscheinen. ›Für Geld ist mir alles feil‹, soll er einmal gesagt haben. Er ist sehr habgierig. Er ist außerdem verurteilt wegen Abtreibung – das Urteil ist inzwischen rechtskräftig. Er hat sich den widerlichsten geschlechtlichen Ausschweifungen hingegeben – sogar während seiner Ehe. Seine Umgebung hat er in der niederträchtigsten Weise verfolgt. Hinzu kommt seine Roheit. Von Unzurechnungsfähigkeit kann natürlich keine Rede sein.«

Das Plädoyer des Staatsanwaltschaftsrates Dr. Bluhme strebte jetzt seinem Höhepunkt zu: »Meine Herren Geschworenen!« rief er in den Saal. »Sie haben eine schwere Entscheidung zu fällen. Aber sie wird Ihnen erleichtert durch das Bewußtsein, daß Sie über einen Menschen zu urteilen haben, der eigentlich nur als Unmensch bezeichnet werden kann. Alles, was man bei einem Menschen zu empfinden pflegt, fehlt hier vollständig. Alle bösen Instinkte aber sind in erhöhtem Maße ausgebildet und stempeln den Angeklagten zu einem gemeingefährlichen Schädling in unserer menschlichen Gesellschaft. Wenn ein solcher Schädling beseitigt ist, wird ihm niemand eine Träne nachweinen!« Mit der großen Geste eines Volkstribuns beendete Dr. Bluhme seine immerhin etwa einstündige Anklagerede. Er hatte darin weder zu einer Rechtsfrage noch zu einem Beweisproblem Stellung bezogen. Das erledigte nun sein Kollege, der Staatsanwalt Keller. Im Ergebnis seiner Überlegungen, meinte er, sei hinsichtlich der ersten Frau Hopfs, bei seinen beiden Kindern und der

Mutter von vollendetem Giftmord auszugehen, hinsichtlich der zweiten und dritten Frau und des Vaters ginge es um Mordversuch. Seine Ausführungen schloß er mit folgendem Appell an die Geschworenen: »Ich hoffe, daß Sie durch Ihren Spruch dem Gericht die Möglichkeit geben, die Strafe auszusprechen, die in diesem Falle die einzig richtige ist, nämlich die Todesstrafe. Sie trifft einen Mann, der nicht nur mehrere Menschen getötet hat; sondern die Menschen, die er tötete oder zu töten versuchte, waren auch diejenigen, die ihm am nächsten standen, die ihm die liebsten gewesen sein sollten. Seine Opfer haben unsägliche Qualen erlitten. Diese Qualen und Leiden hat er ihnen aus schnöder Gewinnsucht zugefügt. Auch für die Allgemeinheit bedeutete Hopf eine große Gefahr. Ich hoffe, daß Sie ihn nicht wieder in die Lage versetzen, mit der Frage zu spielen, was aus Frankfurt und dem ganzen Taunus wird.«

Dann erhielt Rechtsanwalt Dr. Sinzheimer das Wort. Nach der schon erwähnten förmlichen Entschuldigung dafür, daß er Hopfs Verteidiger ist, ging er sein Amt mit großer Ernsthaftigkeit an. Karl Hopf bewunderte diesen Mann, der das Risiko nicht scheute, gegen die allgemeine Meinung aufzutreten, und der ihn offenbar allen Ernstes vor dem Henker bewahren wollte. Daß dieser Versuch erfolgreich wäre, lag aber nicht in seinem Interesse. Denn träfe ihn nicht das Richtbeil, würde er vermutlich bis an sein Lebensende in irgendeinem Zuchthaus sitzen. Diese Vorstellung war für Hopf weit schlimmer, als die Aussicht auf den baldigen Tod durch den Stahl des Scharfrichters, mit dem er sich ohnehin längst abgefunden hatte. Und hätte er auch nur im geringsten geglaubt, daß das Bemühen des Anwalts von Erfolg gekrönt sein würde, er hätte es ihm untersagt. So aber genoß er Dr. Sinzheimers Erwiderungen als eine willkommene Bereicherung der Prozeßschau, heimlich gespannt, ob dem Verteidiger tatsächlich so viel einfiele, um Staatsanwälte, Richter und Geschworene – und sei es auch nur für einen Moment – aus dem Konzept zu bringen.

Zuerst versuchte der Verteidiger, die Emotionen, die die Staatsanwälte geschickt aufgeputscht hatten, zu beruhigen. »Es gilt in jedem Strafprozeß auch das Recht zu wahren, und es darf keiner verurteilt werden, mag er noch so sehr Unmensch sein, ohne daß die Beweiskette nach Prüfung aller Umstände schlüssig geworden ist. Sie dürfen nicht fragen: Was ist der Mensch Hopf? Verliert die Allgemeinheit etwas an ihm? Erst wenn Sie sich überzeugt haben, dürfen Sie das Urteil fällen. Dann werden Sie nicht nur dem Menschen Hopf gerecht, sondern Sie werden das Urteil auch gefällt haben aus dem Geiste heraus, der Ihnen zu Beginn dieser Verhandlung zugerufen wurde, daß Ihre Aufgabe auch ist, Hüter des Rechts zu sein.«

Hinsichtlich des Todes der Eltern des Angeklagten hielt der Verteidiger für nicht erwiesen, daß überhaupt eine Vergiftung vorlag, zumal die angebliche Arsenvergiftung der Mutter aus deren Kremationsresten nachzuweisen versucht worden war. Der erste bekannte Fall dafür, und Dr. Sinzheimer stellte die Methode als solche in Zweifel. Auch wegen des Todes der Kinder sei allenfalls von Mordversuchen, nicht aber von vollendetem Mord auszugehen. Zu den von der Staatsanwaltschaft angenommenen Mordversuchen an der zweiten und dritten Frau äußerte sich der Anwalt nicht, was einem Eingeständnis der Richtigkeit gleichkam. Zum Komplex »Josefa Hopf« gab es dann noch einmal Erregung im Saal.

Der Verteidiger zitierte nämlich aus dem Sektionsprotokoll, daß Josefa Hopf an einem Geschwür des Zwölffingerdarms verstorben sein soll. Der Vorsitzende rief jetzt nochmals die Gutachter auf.

Bange Sekunden für die Staatsanwälte. Dann die Antworten:

Medizinalrat Dr. Roth: »Das Geschwür kommt als Todesursache gar nicht in Betracht.«

Sanitätsrat Dr. Rödiger: »Das Geschwür war eine Folge der Arsenvergiftung.«

Dr. Portmann, der Josefa Hopf seinerzeit behandelt hatte: »Ich habe damals das Geschwür für die Todesursache gehalten, stehe aber heute auf einem anderen Standpunkt.«

Staatsanwaltschaftsrat Dr. Bluhme war wieder beruhigt. »Irren ist menschlich«, erteilte er Dr. Portmann die Absolution.

Schließlich erhielt Hopf das letzte Wort. Er verzichtete.

Die Kunde von der bevorstehenden Urteilsverkündung hatte Hunderte ins Gerichtsgebäude gelockt. Die Schutzleute hatten Mühe, die Menschen im Zaum zu halten. Erregt wurde auf den Fluren diskutiert, ob die Geschworenen wohl des Verteidigers Bedenken teilen würden und der Unmensch an dem Beil des Henkers vorbei käme.

Die Geschworenen waren sich bald einig. Schon nach einer Stunde und zwanzig Minuten erschienen sie wieder im Gerichtssaal. Professor Salomon, der Obmann, verkündete ihren Wahrspruch: Zu den Fragen 1a und b sowie 6a und b (Mord beziehungsweise Mordversuch an Vater und Mutter): nicht schuldig. Enttäuschtes Raunen im Saal und auf den Fluren. Zu den Fragen 2b, 4, 5b und 7: schuldig (also schuldig des Mordversuchs an den beiden Kindern und seiner zweiten und dritten Frau). Zu der Frage 3a (Ermordung seiner ersten Frau Josefa): schuldig mit mehr als sieben Stimmen.

Im beifälligen Gezischel der Zuhörer machte sich deren aufgestaute Erregung Luft. Es dauerte Minuten, ehe wieder Ruhe im Saal war.

Was jetzt kam, war mehr oder weniger eine formelle Übung. Der Staatsanwalt verlangte wegen des Mordes die Verhängung der Todesstrafe über Karl Hopf, zu allem Überfluß wegen der Mordversuche eine fünfzehnjährige Zuchthausstrafe.

Eine halbe Stunde später wurde das Urteil verkündet. Es folgte dem staatsanwaltschaftlichen Antrage.

Bleibt nachzutragen, daß Karl Hopf gegen dieses Urteil kein Rechtsmittel einlegte, den Triumph, ihn ›abfahren‹ zu lassen, wollte er keinem da draußen gönnen.

Im Sommer wurde die Todesstrafe vollstreckt; überall kündeten in Frankfurt am Main kleine, rote amtliche Verlautbarungen davon.

Wally Hopf genoß das allgemeine Mitleid der Frankfurter Gesellschaft. Mittellos wie sie war, hatte sie Aufnahme bei der Familie Schneider/Seeger gefunden, der Familie der zweiten Frau Hopfs. Daß sie hier nicht auf Dauer bleiben konnte, war klar. Von den Geschworenen ging zu ihren Gunsten eine Hilfsaktion aus. Die Juroren verzichteten auf die ihnen für den Mordprozeß zustehenden Diäten, dies ergab eine Summe, die immerhin ausreichend war, um Wally Hopfs Unterhalt für einige Wochen zu sichern.

Und dann wurde eine Sammlung organisiert. Der Aufruf dazu war unterzeichnet von Dr. Göring, Landgerichtsrat, Dr. Heldmann, Landgerichtsdirektor, Louis Koch, Hofjuwelier, den Ärzten Dr. Kraemer und Sanitätsrat Dr. Rödiger, dem Rechtsanwalt Justizrat Dr. Max Meyer, dem Ersten Staatsanwalt Geh. Justizrat von Neden sowie von Prof. Bernhard Salomon, Generaldirektor. Schon einen Tag später konnte die Presse ein Sammelergebnis von immerhin 3492.90 Mark mitteilen. Vornehme Spender aus nah und fern schickten ihren Obolus ein. Und auch vom Vermögen der Baronin Rothschild fielen für Wally Hopf 400.00 Mark ab.

Am Ende kam soviel zusammen, daß ihr sogar eine Kur und einige Wochen Erholung ermöglicht wurden. Gegen Blumenspenden behielt sie jedoch zeitlebens eine Aversion.